点 —— 校 —— 全 —— 本

廸吉録

〔明〕颜茂猷 著

学谦 点校

团结出版社

图书在版编目（CIP）数据

迪吉录 /（明）颜茂猷著 . — 北京 :团结出版社, 2020.12

ISBN 978-7-5126-7773-9

Ⅰ.①迪… Ⅱ.①颜… Ⅲ.①杂著—中国—明代

Ⅳ.①Z429.48

中国版本图书馆CIP数据核字(2020)第034475号

出版: 团结出版社

（北京市东城区东皇城根南街84号 邮编: 100006）

电话:（010）65228880　65244790（传真）

网址: www.tjpress.com

Email: zb65244790@vip.163.com

经销: 全国新华书店

印刷: 三河市富华印刷包装有限公司

开本: 145×210　1/32

印张: 17.75

字数: 370千字

版次: 2021年1月 第1版

印次: 2021年1月 第1次印刷

书号: 978-7-5126-7773-9

定价: 68.00元

出版说明

我国明代曾经诞生过两部著名善书，一部是《了凡四训》，一部是《迪吉录》。《了凡四训》是袁了凡给后代的四篇家训，在清末民初，因为许多大德学者的推荐，流通非常广泛。相比《了凡四训》，《迪吉录》今天则不太广为人知了。但在清代诸多著作中，引用《迪吉录》材料的典籍，则非常之多。如周安士先生编纂的《安士全书》、陈弘谋编撰的《五种遗规》、唐翼修编撰的《人生必读书》，这些书中都有大量征引《迪吉录》的材料，足见该书影响之大、传播之广。

《迪吉录》是晚明思想家颜茂猷所撰的一部善书著作，为明清期间众多官员、读书人所珍重，并以此作为趋吉避凶、积功累德的人生必读书。

颜茂猷（1578-1637），福建漳州府平和县人，字光衷，号宗璧居士。天启四年（1624）举人，崇祯七年（1634）进士。大约生于1578年，卒于1637年。据清屈大均撰《广东新语》云："明制科，以全作五经题中式者，仅有二人。其一为福建颜茂猷，颜中甲子乡试，时监察御史止誊录其本经，至甲戌会试，颜仍全作五经题。知贡举者左宗伯林某疏闻，奉旨，今其该博，准与誊录。主司不知上属意，以置乙榜之首。撒场后，宗伯陈公子壮，具揭代请，上准与廷试，取其墨卷进览，命会试录另为一项，列于正榜之前，廷试二甲第二，此异数也。"可见其对五经之学烂熟于胸。此外，其对释、道二氏之学也颇有研究。在中国思想史中，颜茂猷似乎名不见经传，但是，在晚明时代的劝善思想家中，他的名字足以和袁了凡并列。

《迪吉录》全书共八卷，分官鉴、公鉴二门，皆杂录诸书因果之事。"迪吉"之名出自《尚书·大禹谟》："惠迪吉，从逆凶，惟影响。"孔颖达传："迪，道也。顺道吉，从逆凶。"蔡沈注云："惠，顺；迪，道也；逆，反道者也。惠迪从逆，犹言顺善从恶也。禹言天道可畏，吉凶之应于善恶，犹影响之出于形声也，以见不可不艰者。"

此书名为"迪吉"，意谓人顺从善道而行，则可成效立见，有吉祥之报。这与《易经》中的"积善之家，必有余庆；积不善之家，必有余殃"和《尚书》中的"作善降之百祥，作不善降之百殃"的理念相呼应。全书自历代史书和史料笔记、小说中选取各种事例，阐明因果之理，读来令人不由战兢惕厉，心生戒慎恐惧，从而断恶修善，其转化人心之功亦大矣！

由于这部书近代以来一直无人整理，为了让这部劝善经典适合现代读者阅读，我们以该书的明末刻本为底本，组织相关人员对该书进行了点校，将原抄本中出现的错字、讹字加以订正，对异体字做了规范化处理，将原先的繁体竖排改为简体横排并加注现代标点，对引文出处与编者评论做了小字号处理。此外，原书眉笺有顾锡畴的点评，本次出版没有收录。

由于点校者水平所限，是书在编辑过程中，难免存在不妥之处，恳请广大读者不吝赐教！

编　者

2020年11月

《迪吉录》序

　　颜子光衷以五经得隽，自制科以来未有也。海内于是知有颜光衷矣。所知者，不过曰学本六经，胸富五车，才敏七步焉已耳。不知其心则圣贤之心，其学则性命之学也。穷年矻矻，日惟以继往开来为务。故其形之于著述者，罔非淑世觉民之言，其书梓行于闽漳者，已不下千卷。撤闱之后，颜子以其书数种进，予逊谢不能及，归而进诸家大人。大人不胜喜，相与庆得士。暇时遍阅群书，至《迪吉录》，则又跃然大喜曰："此录善恶具载，劝戒毕彰。人尽天下之人，而事该天下之事。读之而有不勃然兴、竦然惧、避凶而趋吉者，非夫也。"陆务观有云："为善自是士人常分，区区议报如市道，吾实耻之。"光衷岂见不及此？乃谆谆以报应为言，其所以破人之疑，而鼓人之趋者，已具在七辨六祝中。无俟予赘。先是家大人于山居之暇，手辑古人嘉言善行，以为家规，业已成编。一见是书，遂为辍笔，即拟授梓。适逢意外，事竟不果。方今圣明在御，百度振肃，朝野兢兢，惟恐失坠，然于本心之良，似觉未曾唤醒。即使道以德，齐以礼，亦未可旦夕取效。不若以吉凶之说动之，庶几易人，则此书之行，不可以少缓矣。工既竣，家大人命畴为之序。窃惟通天地人曰儒，内圣外王之学，皆儒者分内事。士以穷通分途，而侈谈性命者，遂不复究心经济，则岐而二之矣。无惑乎天下无真学，亦无善治，上厪圣主之焦劳也。光衷应征入太学，杜门著书，有《祖训广义》《天道管窥》《道统元集》《太平蒭议》等七种。内而身心性命，外而兵农礼乐刑政之类，无不备载。拟献诸阙庭，恐触忌讳，尚未敢镂行。近奉明诏，将复贤良方正之旧，则应荐举之选者，舍光衷其谁？不佞拭目俟之矣。

鹿城友生顾锡畴撰

《迪吉录》自序

　　世界只此慈悲接引一脉，天帝以之提转法界，圣贤仙佛以之超度群伦，君相以之长育万品，雷霆以之弹压妖氛，阎罗大王以之殛察幽冥。吁嗟！使世而顽梗不灵则亦已矣。若犹此含生负气中人，则疾痛堪怜，颠连莫告，身在九霄之上者，岂其无情。是以或乘运而龙飞，或蟠泥而木铎，或处幽而视明，或用杀而卫生，或谈上乘妙义，或说因果归趣；或为法求贤，展转溥度；或分身显化，播美神通；或直指，或迂谈；或约伦理之中，或超有为之法；或驱符役鬼，或点金施药，随机应量，无非抽着这个，使映满天地间耳。所以然者，人生在世，倏忽蜉蝣，百种皆妄，惟此爱根作业，跟随生死，万劫不化。其卑者，既为异类所转，沉堕所苦，千生万死，毒痛销魂。即有英雄将相建大旗鼓，而一丝不断，百渴咸生。阴阳得而贼，轮回得而授，劫火得而焚，所以道万善易积，一我难捐。究竟法门，归于罪福，双遣赤条条、光亮亮去也。或云既已双空。何意度人。吁嘻。是不然。今夫人有身而疾摩之，痛搔之，与夫慈媪之鞠育乳哺，心殚力瘁不知也。彼直动乎天机而莫适，为使若然者，何善名，何恶名，二俱不立。则一长自在。夫天地圣贤之化天下、生众庶也。亦若是则已耳。世界许阔，粉身难度，是以席不暇暖，而突不得黔，栖栖皇皇，非为人寰，担当苦恼，只图自家快乐无边耳。吾人依影而立，为忠为孝，是为大丹梯航，到本体现前，絪缊恻怛，自然流布，即名到家。虽然，悟中悟，修中修，无了无休，假饶一法胜似勋华，众生冤鬼犹然消遣不得，安得遍满世界，百万手眼，以运量此事也？

宗璧居士颜茂猷题

目 录

卷之二　官鉴二

卷之三　官鉴三

卷之六　公鉴二

卷之七　公鉴七

卷之八　公鉴四

卷之首

七辨

或曰："子罕言利，兹之谈报，比于利矣。"

曰："固也。顺性命之理者莫如《易》，然不曰趋吉避凶乎？不曰以义理配祸福乎？变化云为，吉事有祥。圣人终日迎福，君子终日怀刑。众人则懵懵懂懂，祸始福先，而莫可何如也。虽有圣人，无不愿其身显荣，其子孙昌盛，奕世无疆者。卞随、鲍焦之徒，君子以为苦而近于僻。故舜之大孝，全在尊亲养亲，而其尊养显亲，全在德为圣人。惟德大，故福大而孝亦大，天自圣人出也。吾侪生初赋予，既有定分，不能为谋，所堪自种自收者，独此方寸地耳。若不猛为致力，乃自比于倾覆夭札，则安在于天为完人，于亲为肖子乎？"曰："若是，则孟子何为斥之？"曰："孟子所显斥者，富强之利也。至仁义之利，则屡谈之矣。仁不遗亲，义不后君，报之衡也。色货同民，而可以王，恕之效也。至五十里之滕，抽展不得，怂恿莫施，则又揣摩而耸之曰："为王者师，新子之国，其捭阖鼓美如此，犹恐其不动，而乃曰"仁义不谋其利，国贫亦贫，削亦削"，则孟子真迂阔非人情者哉？

曰："然则报信乎？"

曰："何不信？人于天地间一气耳。一气在混芒之中，声相闻，嘘相属也。景星庆云，和气所现；雷斧鬼火，暴气所钟。秋之不为黍也，稗之不为稻也，万古而然。由此言之，乌有不报者乎？"

曰："然则其报之迟速何也？"

曰："偶也。人与人俦类错而处耳。然而言善事，或有朝发而夕闻者，或有累时而后觉者。贷券于人，责偿于后，其所限之岁月日时有异焉。夫一代二代，至于三四五代，是亦天地偿限之大数也。报迟则息必倍焉，而不观夫田主之收成者乎？委土于佃，秋而课之。夫其朝种而暮获也，非田主职也。以扶舆之大，洪蒙上下，无穷无极，而食报于百年之闻，其秋成不既速乎？

曰："然则有不报之善恶者何？"

曰："固也。世无百年之人，则冥司有未结之案；人无纯善之局，则考较有那移之术。是故有种善未熟而死者矣，有积恶未稔而毙者矣；有隐德隐过，独甚独真，而冥司霸之，世人不解者矣。其善恶也，非人耳目前之善恶也，则以为不报也；其报也，非人耳目前之报也，则又以为不报也。栾黡之汰，其报在书；栾盈之死，其报在黡。颠之倒之，其变多矣，则又以为不报也。前生后生，犹是一人，人诛鬼诛，同归一痛，而世不之知也，不之忆也，则又以为不报也。何以明之？曰：以一杀众杀明之，杀人者死，身而既当之矣。若白起之坑四十万，李林甫、秦桧之毒流四海，亦仅以一生毕其冤乎哉？故杀者杀，杀杀者罪有重于杀者也。今夫飞廉雷师滕六封夷，与夫崩涛怒峰之要渺。蛟龙罔象之翘奇。其神一变化，皆非人间所能。而谓善恶之报，仅以一身一世，仅以凶害福泽，舍此别无为也，又乌睹所谓不测者哉？"

或曰："子不语怪，兹所称说，近于怪矣。"

曰："固也。土之怪曰羵羊，夫子言之矣。魑魅魍魉，著自禹鼎，则天下莫能逢焉。奇肱之飞车也，越裳之指南也，圣人尽怪也。一死一生，一寐一起，万物尽然，莫知其理，天下尽怪也。且所谓不语怪者，惧生民心，且骇众耳。今混沌凿矣。《宣室》《齐谐》《杂俎》之书，所在而起。孰不闻病而眦语，与二竖为构者乎？又孰不闻死而复生，见冥间种种者乎？民怪于怪矣，一以义理，配以神明，怪而后定。以怪止怪，君何诧焉？

或曰："然则无为而善与有为而善孰佳？"

曰："无为者佳矣。有意为善，是谓作之。作之不已，乃成君子。夫所恶于意者，为其觊报也。觊报而不至，怠将及焉。修其大而重遗其细，持之勉而难要之纯。故每忽不自持，不足以合天。若时时刻刻主善为师，退托不生，倦勤不作，则与行法俟命者何异？亦何恶于意哉？"

或曰："善恶之报信有之，然导引而至于长生，积德而至于动天，皆非常人所能。"

曰："是不然。长生不死非常也；若百岁内之寿，则常矣。大德受命非常也；若履顺迪吉，富贵福泽则常矣。大圣贤大豪杰可以致非常，实修实践，独不可以收庶常乎？且如文字可以却虎，符咒可以治鬼，不食牛之家，可以辟瘟，一些小事便灵妙如此，况念念积阴功，时时行方便者哉？今夫大富贵之家，其所从出，皆贩佣侧陋，隐德不耀，而后子孙忽食其报，非必尽圣贤也。胥靡登高，剑侠凌璧神各有所极。当其极时，即圣人且多让焉。患心之不坚，无患报矣。

六祝

一、起信心。

夫迪吉逆凶，圣人已断之矣，而世乃指顺逆之少爽者，懵然不信。谓为善未必获报，为恶未必蒙灾，是其心为何心哉？且以此而语人，是其语为何语哉？断自己种子，灭他人善根。皆是之为也。故不信不积，不积不信，见此者，正宜起大信心。一念信，便是一念善根；念念信，便是念念善根。以至言言信，事事信，而靡不归于善也。古固有拜枯木而发叶，食之成道者矣。又有钻石十九年而得穿，因之致仙者矣。夫枯木顽石，何灵之有？然心力勤，天将鉴焉，道将舍焉。又况为善获福，至德动天，乃理之常，而有不信者哉？信则勤，勤则积，积则福。小信小福，大信大福，疑信参半，而祸福或不验也。则有高之者曰："君子言善恶耳。何必谈报？"吁！是固然矣。人果能悉心伦彝，尽力施济，而家事孙子付之不理否？若有着祸福根，则吐纳清虚之说，固不若吃饭也。且世自揣，何如圣人？圣人之语人曰："积善余庆，积不善余殃。"其相语曰："四海困穷，天禄永终。"圣人岂妄语误人者，而何必尽举而空之？纵能空之又空，可得圣人之体，而恐未尽圣人之用者也。

一、重传流。

此书善恶两报，森然指掌，是上帝之神道，冥府之案牍也。

官审已备，书笔之而已。故辑之者不必有其名，不敢以善为德也；市之者不必求其赢，不宜以善为利也。书记所在，即属善缘，秘而不流，必有天殃。故能以此意传一人者当十善，传十人者当百善，传大贵人及大豪杰大力量者当千善，刻印传流，广布无疆者当万善。时时称说，时时提掇，令人耳而目之，下及田夫闾妇，牧竖顽童，无不变化，善缘无边，福缘亦无边矣。昔孙思邈刊《医书千金方》，书成平地仙去。周篪为人说《太上感应篇》，脱饥馑死籍。由此言之，公善之德，岂有量哉！

一、愿增补发挥。

古今善恶酬报者何限，偶笔记取，安能悉其大全？同怀此意者，或的然载籍，或昭昭闻见，不妨搭入，更加大笔，挑剔微危，跃人心耳。一句赞扬，便是一句护持善根；一念打动，便是一念消弭罪业。发挥愈朗，神理愈现，助天阐教，为功厚矣。孟子有云："能言拒杨墨者，圣人之徒也。"愚于此篇亦云。

一、嘱勤修。

夫为善未有二三其念而得报者，以一杯水，救一舆薪，遂谓善不必为，怠玩复生，不又与于不仁之甚者乎？夫住世以善也，而传世亦以善；弃世而转世以善也，而出世亦以善。裴度之延其龄也，曹惟思之蹐其生也，此住世法也；禹稷之为天子也，子元之断其嗣也，此传世法也。积谷千万，权势赫奕，而一旦付之无常之鬼，关节不通，功过对簿，惟有作业相随，此弃世法也。郄后为蟒，王稍变牛，人身难得，自古患之。视其今作，以为来受，又转世法也。《悟真诗》云："大药修之有易难，也知由我亦由天。若非积行修阴德，动有群魔作障缘。"而上阳解之曰："欲修还丹，先积阴德。"夫施与不求报，阴德也；积善无人知，阴德也；不迫人于险，阴德也；暗中作方便，阴德也。若修行人，自己阴德未克，鲜不为外魔所攻。若能回思省疚，大忍辱精进，则魔障化阴德。由此言之。则又出世法也。人纵不为超度地，独不为生死地，为子孙地乎？勘破此机者，最当吃力修持，勇猛不懈。常如天地临我，鬼神诏我，不敢孤负善缘，令异日愿力既遂，又添一段公案也，则其有功于劝善不少哉。不然，悠悠忽忽，日复一日，人生能得几时待我徐徐积累也，终受阴阳磨弄中而已矣。

一、重养心。

夫所谓善者，贵其诚也。诚之不至，则遇善不必行，行善不必果，虽有施济，泛泛若视越人之肥瘠焉，固不能满注也。又甚则有市之为德者矣，又有邀之为名者矣。此二念者，于善何居乎？《管子》有云："喜气迎人，亲于兄弟；怒气迎人，惨于戈兵。"而《南华》亦云："兵莫惨于志，而镆铘为下。"由此言之，志气之间，于物未有所济，而含和饮醇，固已捷若桴鼓，一施之德，岂有量哉？昔禹稷氏佐尧舜定天下，饥民而致饱之，水民而致居之，功德浩大，卒享天下数百年，而吾夫子以尼山布衣，一筹不展，空言何施？独惟是老安少怀之心，勤恳至死，竟得与南面者争功洁德，帝祀万世，则心之具万法也。此意独仪封人、南宫适知之，其余鲜不以道大兴嗟，有穷致叹矣。人但能涵养本原，冲和活泼，不动浮气，遇亲便能孝，遇物便能仁，遇善便能果，遇辱便能忍，有情无情，有事无事，都是一团生意盎满虚空界。其福德又乌可思议哉？此为善之第一切务也。

一、贵坚永。

夫善有近报，有远报。蘩蒲之质，朝种暮发，松柏则不然，困于蓬蒿，厄于牛羊，而后获千万年之用。方有虞之未遇也，竭力耕作，流荡易业，父母兄弟迫欲杀之，鳏身愁苦，靡所控告，几不得比于庸。夫有周之未王也，至公刘、太王时且几发矣，而东驰西逐，地无卓锥，强敌侵陵，若压狐鼠，几不得比于庸诸侯，此其后何如也？令此时善根不固，悍焉凭陵，与母弟、敌人为难，则大任不降，而八百不王矣。故积善而弱者，福之胎也；履险而贞者，德之辨也。风霜摧折之下，屈强犹昔，气力自是不同，一发则翻天撞地，流播无疆矣。久矣，夫造物者之默，以是勘破人也。

三破

破安不善者习心习见（三条）

〇读李登案　登十九宜状元，以应举后过恶，迟十年，降一甲，累次如此，遂至不第（见宣淫门）

课士以十年，其概也，科甲成否之大较也。使李登不闻神巫之言，则少年乡举，骄淫横佚，自以为福分止此耳。而旁观者亦莫窥其微，遂疑天道。不知大根器的人，有才有智，横行过手，尽是结得好缘，天付之将以救济斯民也。使其人能用之善，何知不大富贵、大寿考？既造恶业，所减已多。世第见其薄有福分，犹非低命所及，便谓无报，岂识生前带来，自饶分数乎？薄福者之为善亦然。若泄泄不足动天，虽乡里好人，旋转几何？惟大力量、大豪杰，则自有翻腾手段，不落寻常格式中矣。

〇读喻妇案　喻氏生前不孝，宜雷震而先毙，再生三十年当结案，以至孝哀吁获免（见孝弟门）

课众以三十年，其概也。人生祸福之大限也，而前业今受，随受随脱，其变幻不可知如此，何怪世人之难悟乎？况人生大善恶，必自十五岁上方始造之，如是而又三十年，则四十五年矣。世徒见此四十五内之人，善未必福，恶未必祸，已啧啧不信果报，及其天之既定，则或不及见也。即及见之，其寻常顺逆，既谓寻常事不及察其大迪吉、大逆凶，真耸动人者，是可信矣。又援他事不尽验者，以自眩自疑，沉豫不反，就使阅历既久，觉悟或生，而人已老、习已成矣。少年后起者豪气政炽，又复不信，此世所以多迷途也。

〇读罗巩冥责案（不孝门）曹惟思鬼朴案（枉滥门）及杀生负财偿债案

近世病危者亦谈冥报，梦魂中或受神责，且以诚其至亲闻之与人，而众习不解，何也？曰："此自有说。盖其过绝浩大，报绝惊心者。既不肯言，即父子兄弟闻之亦不忍泄。间有一二人备知其详，转传数手，即有诘之者曰："汝自听见否？"便把这话头搪塞。呜呼！冥报安得人人而显之哉？就其知者，新犹儆省，数日之后，精神愈狃，物诱愈浓，且渐放下矣。辟如士人畏考黜，爱科第，这大利害，当时要如何愤发，久且忘之。又如淫妇招刑，偷盗被责，色风中病，岂不千辛万苦，羞惭刻责？数时之后，犹不禁也。故往往有显报，习久而忘之，畏谈而置之，瞒心而姑犯之，此地狱所以无虚，而济恶所以不悟也。

破阻善者习心习见（三条）

○读公善奖善案

善何大乎，与人同最大。今世修善之士，有见一事则攘臂争先者，或用人而成，或用我而败，不解也。有逢一缘则喋喋恐后者，或默诱而劝，或渎听而疑，不察也。有见人喜名，则求其忘名；见人修福，则求其忘福。而不知鼓舞之根，或随之而塞。有自入世则厌出世法，自出世则厌入世法。而不知接引之机，或乘之而隘。又有自家所不屑做的事，便嗤人做彼实鄙其小也。不知见大见小，随人分量，即有纤毫善根，只可引不可沮。引之至于大善，为无量功，即不能而坚之护之，善根故在耳。又有自家偶乏，不能共为，便破人做，不知人做我做，同归一善。我若欢欣赞叹，便是助彼为善，不关财用事也。又有善从我倡者即乐，从人倡者即不乐，此益大错。总之起于有我，有我之善，则不能成大名矣。

如是者皆知为之为,而不知不为之为也。

○读救济案

有泄泄为善,而驾其词曰:"善在心而已,奚必论事?"不知悯人之死而不救,与救之者孰功?若使如天好生,不以仁政,能平治乎?昔有一妻一妾而处室者,夫与妻同眠。妻恨之曰:"子虽身在此,心却在彼。"夫曰:"然则吾愿身在妾边,心来汝处也。如何?"吁!此可为心善不用施济者作一笑柄。

○又有谓施济有限,尧舜犹病者,况匹夫哉?夫限我以不得为,我既谢不为矣,乃我财分得为,损我锱铢。救人当厄者,尚可曰:吾不能过及也,姑已之乎?又曰:后来值此,将难继也。遂吝施已乎。夫立人达人,未尝不施济,只顾分量何如耳。安有颠者、窘者日现乎前,而我之力又足以拯之?徒以立达在念,不务博众为解哉。且我之衣食奢淫等项,据现施设,不必顾前虑后,至于救济,直计较久远,以不能遍及自解,是终无行善时也。

○又有谓"善在无心无意,偶触为之,才作意便不是"者,此又大错。

孟子尝云:"孳孳为善矣。"武王尝言:"吉人为善,惟日不足矣。"夫子尝云:"善不积不足以成名矣。"今使有饿者于此,一人偶尔施之,过念即忘;一人用意照顾,日夕不倦,二者孰德?又使有二子于此,一子偶尔就学,暂时即懈;一子专心致志,不贵不休,二者孰幸?此最现前之理,而犹执偏漏如此,甚矣,人之难悟也。

如是者借口不为之为，而不知为之为也。

○读口业是非案

有一等人，遇善辄沮，见人放生，则曰人为重；见人助丧，则曰生者要食为重；见人施济，则曰穷亲戚赈之为重。果尔，则亲亲、仁民、爱物，必一件完而后可做那一件耶？亦无时可做矣。夫施或因其当厄，事或就其易举，心或触其偏到，随在可行，随行可满，必以此难人者，其人必非实心周急可知也。

○又一等人，遇善人辄责备，或做某事，必举其所不足者比拟之，曰：莫为那事便佳，何必尔尔？夫人非尧舜，谁能尽善？极力克己，尚有过差，其美者自美，恶者自恶，不妨瑕瑜互救，而必以是沮其向进乎？然则必无过而后可以行善耶？

○又有一等人，专谓世情薄恶，不可以善行。他遇人为善，不曰姑息柔软，养成人恶，则曰是斋公一流话，不则又曰忠厚是无用表德。不知善难逢世，都是圭角未化，情理未合，内交要誉，恶声之心未忘，就中磨炼，自有妙手，自是退火进善机权。夫子云"虑以下人"，孟子云"行有不得，反求诸己"是也。遽谓善不可为，以术文之，以武济之。得则为伯道，失则遂有不可言者矣。彼见神圣好生处都抹过，刑杀处即取来借口，而不知其心之已化为嗜杀也。故术不可不慎也。凡此等人，皆成人恶、不成人美者也。间有君子作此议论，已是留小人之根矣。

如此者，己不为而又禁他人之为者也。

○破饰善小善及善恶两挂善恶双遣者习心习见

有一等人，明知善之当为，自家亦尽去做，及论果报，则恐人以祸福目之，抵死不肯认，此等人为名根所护。知自利而不知利他。有一等，专习持斋施经，造像度人，而于自家德行，本来心术，殊不照管。此等人为福德所动，知利他而不知自利。又一等人。习闻道德仁义，从而附之，至一切嗜欲不能禁也，则又从而庇之，遮掩不得，则明目恣谈，以自快其洒落，破绽未露，则展转弥缝，以胶投于意气。又甚则又以天地为大戏场，视人世无真面目。遇方与方，遇员与员，徇众所趋，甘言泉涌，以自托于宛转灵妙。此等人，善恶虽无定面，然总之成就一个恶德。何也？彼其心在媚世也，欺世也，玩世也。又有没力量的人，恐笑骂而止善根，彼不敢与众争势也；辟如贫儿愧人，甘心饿死。（不惜性命）又有没巴臂的人，逢横逆而沮初心，彼不敢与运争畸也；辟如良药苦口，即便讳疾。（未究药力）此等人名为物大我小，不满善根。又有等人张设自是，旁若无人，救人救到底，杀人不见血，酒色财气，明翻无理之案，是非毁誉，时骋不经之辩。此等人名为物小我大，左袒恶业。又有等人，居高位而施乞丐，作奸宄而活薮鱼，己自煦煦而假手杀人者不悟，善亦累累而末流种毒者不知，此之谓顾指失头，杀牛放蚁。又有等解忽超荡，专谈名理，以有为为迹，以德行为粗，以不思善恶为奇，恐慈悲之缚我，则戒行精进，不甚吃力。觉玩好之亲人，则喜怒游戏，驾言自在。此之谓菩萨口波旬心，梦游清都极乐国，而自身却在厕池上打盹也。

奏疏全活之报

奏议似属空言，比见之行事者，善力得无减乎？不知善念满时，鬼神已知。况行事只施济下民，而奏则转移主意，得采一善，视自为善者，已更难更难！况格主心乎？一人有庆，四海永赖。其为福德，宁可计算？昔王安石祗议复肉刑，父子冥谴（见《严刻门》）；林机只议缓赈蜀一节，祸至灭门（见《缓赈济门》）；马默奏草投海例，天赐男女（见《全活门》）；王仆射请贷饥民，神报相位（见《徭赋门》）。祸福之应，其显如此。言事及覆旨者如何若何？但实以天下生全、万世太平为心，则宛转虚活，自有窾却，击邪扶正，定无虚憍。不然，而左右手，轻重心，论事过当，议人失实，当其偏于所执，亦自实见得是，然已祸天下也。又不然，而矜名矜气，致天子愎谏，权贵褊衷，其于害事，亦甚不少。此皆直道，犹恐有失。若借事权，报私怨，植邪党，排正人，逢上意，希奥旨，则固不可言矣。

○苏绰奏施王道六条，三世相国

绰于宇文泰时为行台郎中，岁余未之知也。仆射周惠达荐之，以为有王佐才。适泰游昆明池，问及汉故事，无对者。绰具言其详，因与语造化治道，达旦不厌。即拜左丞，典机密。始制文案《式微》《周官》，减冗员，置屯田，以赡军国。又为六条诏书，奏施行之。其一，理身心。言守令当理心而化民也；（俗吏不办有此，纯乎王矣。）其二，敦教化。言性随化迁，化于敦朴，不欲化于浇伪，宜去兵革，薄刑罚，而敦德化，使还淳反素，垂拱而天下平也；其三，尽地利。言衣食足而后教化随宜，勤劝课，禁游惰，重农时，而单劣之户，无牛之家，又劝令有无相通也；（看似平平，实当时切务，纯乎王矣。）其四，擢贤良。言立贤无方，先德后才，又须勤求之实课之，省事省官，以专任之。即闾胥里正，犹必择人；（妙法能运动天下）其五，恤狱讼。谓伐木杀草，田猎不顺，尚违时令，而亏帝道，况刑罚乎？惟奸猾败伦者必诛；其六，均赋役。谓当斟酌贫富，捡举吏胥也。六条在凋弊疮痍之中，尤切窾会。泰常置左右，令百官诵习，非通六条不得任。（得行其志了）绰性俭素，常以丧乱未平为己责（圣之任），博求贤俊，共弘治道（休休有容），爱人如慈父，训人如严师，积劳成疾卒。子威为隋宰相。威子瓛，瓛子颋，为唐宰相，俱名臣。

是实实用世的孟夫子也。今虽饱熟经书，挥霍长才，能知此中滋味者鲜矣。不意周、隋乃有此人。

○魏徵劝行仁义，既效，两代传芳

唐太宗励精求治，数引魏徵入卧内，问以得失。徵知无不言。尝谏点中男为兵，固执数四。上怒，召让之，明辨得理，赐金瓮。又岭南酋长冯盎与诸猷相攻，或言其反，上欲击之。徵谏曰：

"岭南瘴疠险远，不可以宿大兵。且告者已数年，而益兵不出，其不反明矣。若遣信臣，示以至诚，可不烦兵而服。"上从之。益即遣子随使者入朝。上曰："魏徵一言胜十万师，不可不赏。"乃赐绢五百匹。又尝与上语教化，上恐大乱未易格心。徵曰："不然。久安民骄佚，佚则难教；经乱民愁苦，苦则易化。"上深然之。封德彝非之曰："三代以还，人渐浇漓，故秦任法律，汉杂霸道。盖欲化而不能，岂能之而不欲邪？魏徵书生，不识时务，信其虚论，必败国家。"徵曰："五帝三王不易民而化，顾所行何如耳！昔黄帝征蚩尤，汤武当放伐，皆能身致太平，岂非大乱之后邪？若谓古人淳朴，渐至浇讹，则至今日当悉化为鬼魅矣。上安得而治之？"（妙妙）上卒从徵言。元年，斗米直绢一匹。二年，蝗。三年，大水。上勤而抚之，民虽东西就食，未尝嗟怨。四年，天下大稔，斗米不过三四钱。终岁断死刑只二十九人，外户不闭，行不赍粮。帝谓群臣曰："魏徵劝我行仁义，既効矣，惜不令封德彝见之。"又尝上《十渐疏》，谓帝渐不克终。帝以疏列为屏幛，时时观省，兼录付史官。又赐黄金十斤，厩马十匹，封郑国公。拜相，谥文贞，图绘凌烟阁上。思慕不置，自立石碑。至文宗时，孙魏谟复为相，令献其祖文贞公笏以比甘棠，盖思仰如此。宋神宗复录魏徵、狄仁杰子孙，所谓"仁人之言，其利溥也"。

　　魏郑公既以直谏震当时，而保全名流殊切。又见张玄素谏修宫，则曰："张公论事有回天之力，真所谓有技若已有者矣。"当时太宗英武威严，喜怒易恣，而用兵武略，尤所技痒，非得魏公仁义王道，敷陈凯切，鲜不以操切易慈祥者矣。寿一唐之国脉，兴百代之教化，功何如哉！

○马周代陈便宜，以白衣致相

太宗时，马周客游长安，舍于中郎将韦何之家。会以旱求言，何武人不学，周代之，陈便宜二十余条。上怪其能，问之，对以马周具草。上立召之，未至，遣使督促数辈。及谒见，与语大悦。除监察御史。以韦何知人，赐绢三百匹。寻以周为中书舍人。岑文本常称："马君论事，援引商确，举要删烦，会文切理，一字不可增减。"迁中书令。帝尝飞白赐之曰："鸾观冲天，必假羽翼；股肱之寄，要在心力"。

一布衣而条陈天下事如指诸掌，至劝圣君击节欣慕如此，非存心救济所致乎？大略熟练世故，欲致太平的人，则词理自别，徒矜辨博才谞者，不能有此也

尝记正德中尚书韩文具疏有云："词不欲文，文不省也；不欲多，多弗竟也。"可为奏疏之法。又唐德宗称李泌云："朕言当，卿常有喜色；不当，常有忧色。虽时有逆耳之言，而气色和顺，无陵傲好胜之志，直使朕中怀已尽，而屈服不能不从。此朕所以私喜得卿也。"又可得进言论事之神矣。

○吕夷简请免农器税，以州守平章

宋真宗时，农器有税，知滨州吕夷简以河北边境徭赋烦重，当劝民力田，请除农税。帝曰："务穑劝农，古之道也，岂独河北哉？"诏诸路并除之，可谓一言利天下矣。时王旦为首相。王曾由

三元擢官，致位中书舍人，德望极重。尝与旦论人物，旦曰："有知州吕夷简，当与舍人共相。"时王曾颇自负，不甚以为然，问其故，旦曰："尝观其《请除农税》一书，委曲周浃，存心天下，真宰相器也。"后夷简知开封府，严辨有声，真宗识姓名于屏风，将大任之，未果，帝崩。刘太后临朝，遂擢居参政，寻平章事，果与王曾并相。凡执政二十年，以太尉致仕。

一纸书遂可卜终身事业，王文正固眼识过人，而亦可为奏议全活者，挑剔一个隐现微机矣。夫心量所感，通神矣哉。

○卫仲达疏谏工役，塞其恶业，官至尚书

仲达初为馆职，被摄至冥司，冥官命吏具呈善、恶二录。比至，则恶录盈庭，善录才如筋小。官色变，索秤称之，既而小轴乃能压起恶录。官喜曰："君可出矣。"仲达曰："某未四十，安得过恶如是之多？"官曰："不然，但一念不正即书之，不待其犯也。"曰："然则小轴中所书何事？"官曰："朝廷尝大兴工役，修三山石桥，君上疏谏止之，此谏稿也。"曰："某虽言之朝廷，不从何益？"官曰："朝廷虽不从，然念之在君者已是。向使听从，则君善力何止如是？将见乘此而获度世矣，安得而摄君邪？奈恶念太多，力已减半，不可复望大拜。"后果止于吏部尚书。

恶念被录，阴司损福如此，恶何隐而可萌？善言无补，而功力浩大如此，善何虚而可忽哉？

○林镐疏罢工役，塞其恶业，既死复苏

镐，莆田人，为工科给事中。诏开陕岱以通运载，奏罢其事。后以他事谪龙泉县丞。中途伤寒，气绝而身未冷，家人未敢棺殓。镐瞑目间见二鬼，使摔之。至一朱门内，枷杻者不可胜数。见紫袍者云："着林镐善恶评报。"乃见案前一天平架，侍吏持善恶二札置之两旁，善则其轻。俄一叟空中而下，手掷黄卷而去，善条重堕。侍吏跪云："此太上老君以林镐生有大善，尝罢行役，苏万民，此谏章也。"侍吏还报，镐伏地中，闻呼云："入狱者某某，变牲者某某，还魂者林镐。"鬼使呕引出，镐问紫袍为谁，曰："此宋参政范仲淹也。"镐曰："我初来时甚难，何以得去？"鬼使曰："汝闻钟声乎？"遂一捶至地，始惊寤，流汗如洗。家人诘其故，因吐颠末。

朝廷生一事，则民不得死者多矣。此中外便宜，一切报罢，所以为圣相也。一疏之力，至于如此，况躬活数万者乎？

荧感主心之报

主心一邪，则百事皆谬。天下不得其心死者，多矣！若好战、若宴乐，若刑法、刻薄，一中其毒祸延不解。导君者，，可不审杀人活人手段哉？

○李斯、赵高导君佚乐惨刻，皆夷三族

始皇并天下，丞相李斯请焚书坑儒，灭三代典章。及二世即位，问居尊安乐法，则对以督责之术，谓："使百姓莫必其命，而

后主严尊，而所欲无不得。"又《贾子》云："赵高傅胡亥所教者，非斩割人，则夷人之三族也。故胡亥今日即位，明日射人。岂胡亥之性恶哉？其所以导之者非也。"二人以学术杀天下多矣，后皆夷三族。

○晁错启帝更令变制，全家弃市

景帝为太子时，错为家令，峭直刻深，以智辩得幸。及帝即位，为内史，数请间，言事辄听，宠幸倾九卿，法令多所更定，因请削六国列侯，宗室莫敢难，卒致六国反，共以诛错为名。袁盎间之，遂全家斩东市。

错之削六国，忠谋也。然当时欲反者独吴耳，得其机会而制之，使兵革不起，生灵安堵，不亦善乎？遽曰："削亦反，不削亦反。"遂轻举致寇，祸人家国如此。景帝提局杀吴太子，其质原非近厚者，以错辅之，愈长其鸷击。虽然，适足以杀其躯而已。

○王恢倡议开边，不售，自杀

诱虏入寇，而伏兵击之，此武帝边功之始。（详见《邀功门》）

○桑弘羊言利取宠，坐事族诛

如算商车、平准等法，并为万世之害。（详见《兴利门》）

○江充以告密中帝意，祸成巫蛊

充初为赵王客，得罪赵太子，亡诣阙，告太子阴事。上悦，拜为直指使,督察贵戚近臣。遇太子家使,乘车马行驰道中,即诘奏之,太子谢不获。帝益信用,威震京师。及上有疾,梦木人所击,江充即奏言疾在巫蛊。上以充治巫蛊狱,遂云:"于太子宫得木人最多,且有帛书,所言不道,当奏闻。"太子惧,收捕斩之,骂曰:"赵虏,汝乱乃国父子不足,复乱吾父子邪?"后上知其情,并族灭江充家。

倾危之计,无施而可,况人父子间乎?况国本乎?充之狂狡,本欲图废立之勋,而己被赤族之惨矣。

〇李世勣以立后阿上旨,灾在后嗣

唐高宗欲废皇后,立武后,召群臣于内殿。褚遂良曰:"今日之召,多为中宫。既受顾托,当以死争之。"李世勣称疾不入(便要观其变了)。遂良叩头极谏,且曰:"武氏经事先帝,众所共知。"上怒,令引出。韩瑗因间奏事,泣涕恣言,以妲己、褒姒为比,至恐宗庙不血食。上不纳。是二人皆远窜(遂良竟先死,诏斩韩瑗,而亦先死,不及于难)。他日,李(世)勣入见,上问之曰:"朕欲立武昭仪为后,遂良执不可,事当且已乎?"对曰:"此陛下家事,何必更问外人。"上意遂决,命李世勣册立武氏。后武氏革唐,世勣子敬业起兵致讨,败绩族诛。吁!勣之立武,欲迎上意,长享富贵也,竟以武氏锄其宗乎!使勣推遂良为锋,而已收其利,则上意可回,妖运可挽。然己非纯忠矣,况人舍死而争之,我摇舌而鼓之哉!敬业之败,有天道焉。

当时长孙无忌不助武后,亦不立异同,但以受赐依违,竟坐事死。而遂良强净者，固无恙也。孰谓死生为人力哉？

○周兴、来俊臣、索元礼、侯思止等阿武后为酷虐，皆死。（《酷利门》）

○宇文融、杨慎矜、韦坚、王鉷等希玄宗为掊克，皆诛。（《兴利门》）

○徐湛之、江湛等成伐魏之举，同及国难

五代宋时，文帝欲伐魏，徐湛之等劝之。沈庆之谏曰："檀道济再行无功，到彦之失利而返。今六军之威不过往时，恐重辱王师。"帝使湛之、江湛难之。庆之曰："耕当问奴，织当问婢。陛下欲伐国，而与白面书生谋之，事何由济？"宋主不从。攻魏失利，死者万余人。魏主因引兵南下，所过无不残灭。建康震惧，民皆荷担而立。宋主登石头城，有忧色，谓江湛曰："北伐之计，同议者少。今日胡马至此，朕之过也。"魏破六州，杀掠无算，丁壮者即加斩截，婴儿贯于槊上，盘舞为戏，魏之士马死伤亦过半（是谁为杀人如麻）。自是邑里萧条，元嘉之政衰焉。魏王、宋主皆不克令终，而徐湛之、江湛皆同为逆劭所杀。盖兵戈荼毒，不两年中，构此大变。二湛虽死君难，其亦非不幸哉！谋国者宜用为戒。

先阅史，见二湛劝伐之举，至宋、魏杀伤，令人掩卷，私谓："此是死法，何以得活？"及睹癸巳之变，殊觉不爽。

○李林甫、杨钊等启奢淫之渐，悉坐谋逆

玄宗在位久，浸侈。林甫用王鉷等岁贡百亿，贮于内库，以供宴赐，且曰："此皆不出于租庸调也。"又荐姚思义为进食使，水陆千盘，一盘费中人十家之产。上意益豪。尝阅岁贡物于尚书省，悉辇赐林甫，而杨钊亦迎上意，以聚敛骤迁，一岁领十五余使，赐金紫。当时杨氏五家，赐第京师，并为安禄山起宅，但穷壮丽，不限才力，皆二人成之也。林甫死，杨钊诬以谋反，剖棺暴尸，而钊亦以从上入蜀，军士嗛其与虏谋反，争杀之。

○王安石以僻学误主，绝其后

安石博学强辩，卓行高谈，衣垢不浣，面垢不洗，世争贤之，独仁宗以食钓饵一节，烛知其奸。神宗时，韩维、吕公著力荐，遂参大政，以皋、夔、稷、契自居，虽富弼、司马光诸贤未之觉也。首急理财，引《周礼》置泉府之官，以权制兼并，谓桑弘羊、刘晏粗合此意，毅然行之。犹恐帝不决，则言曰："尧与群臣共择一人治水，不能无败，况任事数人，岂能无失？要当计利害多少，而不为异论所惑。"（便理拒谏，饰非公案）。帝意益坚。于是青苗、保甲、保马、免役、均输、方田，种种新法，颁行天下。初与诸贤相善，因争新法不合，皆肆其诋毁。其子雱至云："枭韩琦、富弼之首于市，则新法行，他可知矣。"以吕公著荐登大位，极言其美，后极诋其恶。喜同伐异，执拗抗狠。惟吕惠卿论经义与合，则亟引之。叶祖洽以对策媚时宰，得大魁。李定以誉新法便民，拜御史。邓绾以褒安石伊周，得馆职。盖一我见横于中，而是非中变矣。以攻者众，益傲狠纵诞，谓天变不足畏，人言不足恤，祖宗之法不足守，保任此三言，而万世之祸烈。帝忧旱，则曰："水旱，尧、汤所不免，但当修人事以应之。"帝曰："此岂细事，朕正恐人事之未修耳。今免役钱太重，人情咨怨，无不言其害者。"冯京曰："臣亦闻之。"安石曰："士大夫不逞者以京为归，故京独闻此言，臣未之闻也。"上览郑侠《流民图》，罢新法，即日大雨，安石竟坐侠罪，其侮天骄妒如此。帝复以彗星求直言，语安石云："民间殊苦新法。"安石对曰："祈寒暑雨，民犹恐咨此，无庸恤。"帝曰："岂若并祈寒暑雨之怨而无之？"安石不悦，退而属疾。又韩维言保甲扰民，至有截指斩腕以避丁者。帝问安石，安石对曰："此固未可知，就令有之，亦不足怪。"帝曰："民言合而听之则圣，不可不畏也。"对曰："为治而止，任民情所愿而已，何必立君？其贱民抗上如此。"山阴陆佃尝受经于安石，及应举入京，问以新政。佃曰："法非不善，但推行不能如初意，反为扰民。"安石惊曰："何乃尔？"又访外议，佃曰："公乐闻善，古所未有。然外间颇以为拒谏。"安石笑曰："吾岂拒谏者？但邪说营营，殊无足听。"佃曰："是乃所以致人言也。"（妙妙）。范镇疏云："陛下有纳谏之贤，大臣进拒谏之计；陛下有爱民之性，大臣用残民之术。"（尽之）。安石持其疏至手颤，乃自草制极诋之。司马光求去位，上曰："安石善卿，无自疑。"光曰："安石执政，凡忤其意如欧阳修、苏轼辈者，皆毁其素履，中以危法。臣不敢避削黜，但欲苟全素履。且臣善安石孰如吕公著？安石初誉公著，后亦毁之。一人之身，前是后非，曷可信哉！"其拒谏妒贤又如此。原其意，盖欲理财用兵，平夏伐辽，复汉、唐故疆，本以此中上旨，而畏辽之大，则先试之小夷。于是王韶试熙河，章惇试湖北，熊平试泸夷，郭逵试交趾，皆能致胜。然生事邀功，杀人盈野，已得不偿失。交人露布有云："中国青苗等法，穷困生民。我今出兵，欲相拯济。"遂陷邕城，屠民五万八千口，谁之咎者？

一再伐夏，则徐禧败衄，所得仅六堡，而灵州、永乐之役，官军熟羌死者六十万人。至辽，则我未及加，而已先来求割地矣。安石乃大言曰："将欲取之，必姑与之。"遂割河东失地七百里，为异日兴兵之端。至于通金、伐辽，二帝为虏，皆安石始谋之作俑也。罪重恶盈。一子雱，聪明才气，安石甚爱之。发背早夭，悲伤不自胜，屡谢病求去。帝益厌之，乃罢政。上失君宠，下悲嗣绝，所斥逐君子，相继柄用，尽废其法，愧惧而死。吁！如安石者，岂止执拗泥古，其娼嫉贪功，慁非几国，真宋室之罪人也。

仁宗所养仁贤，被安石掊击殆尽；所留元气，被安石荼毒殆遍。彼其初曷尝不欲为名臣哉？但取名太重，遂至矜学饰节，护名太胜，遂至好谀排直，不尽满朝为小人不止者，而国事已不可为矣。悲夫！此根可不猛自斩断。

○蔡京、蔡攸以绍述乱

徽宗亲政，蔡京始倡为"绍述父兄"之说。帝赐坐访问之，复行新法，籍元祐党人，禁锢其子孙。专政日久，公论益不与，帝亦厌薄之。子蔡攸权势相并，浮薄者复间焉。父子各立门户，遂为仇敌。京竟致仕。又与童贯等倡和开边，卒致边衅。乃窜蔡京于儋州，行至潭州死。窜蔡攸于雷州，寻复诛。子孙二十三人分配远地，遇赦不许迁移，后死亡殆尽。

锢元祐党人子孙，而己子孙乃婴其祸，何利而为此哉？有张髶者，蔡京延以教子。一日问曰："诸生曾学走否？"对曰："先生之教，足容必恭。"髶曰："不然，天下被汝翁弄坏，盗贼将至，能走可以免患。"诸子告京曰："先生忽如此狂颠。"京曰："是非汝所知。"乃载酒私觌问计，因荐杨时，然则奸人之败，人固非不自知也，私炽难捐，势重难释，无如何耳。子孙分配远方，而学走之言果验。

○王黼、朱勔等导君佚乐，皆诛死

黼为少宰，与蔡攸俱有宠于帝，进见无时，得预宫中秘戏。攸尝言于帝曰："人主当以太平为娱，岁月几何，徒自劳苦。"帝纳之，遂数微行。其幸蔡京第也，轻车小辇，共坐传觞，略用家人礼。京《谢表》云："主妇上寿，请醉而肯从；稚子牵衣，挽留而不却。"盖纪实也。又为苑囿，象村居野店；珍禽异兽，动以数百。日与黼等纵谑媟亵，无所不至。（凡奸臣必导君佚乐而后可弄权无忌耳）用朱勔为花石使，民间有一异草奇石，则发屋取之，毒遍生灵，骚扰海内，其进帝所者不能什一，余皆入黼家。民心嗟怨，聚众为盗。又约金人夹攻辽，蔡京、童贯主之。帝颇惮用兵，王黼乃言曰："今不取燕云，女直即强，中原故地将不复为我有。"遂决。既灭辽，金背初约，要求不已。王黼利功之速成，许代租税一百万，仅得六州空地，其子女、玉帛、职官、富民尽为金人掠去。论复燕功，加王黼太傅、楚公，蔡攸少师、英公，童贯徐豫公，后竟致边隙。王黼窜永州，为盗所杀。朱劢、童贯皆后先诛死，而逆党尽焉。"欲不可纵，乐不可极。"宋徽宗与唐玄宗若一辙，而其时逢君之恶者，报应亦概可睹矣。

不教民而用之，谓之"殃民"。若应兵制敌，则不在此限，当求可胜之理。选将慕材，利器广蓄，出奇运变，无浪战为也。

○高德儒诬奏祥瑞，受显戮

隋炀帝时，有二孔雀自西苑飞集朝堂，校尉高德儒见之，奏以为鸾，百官皆称贺。诏以德儒诚心冥会，肇见嘉祥，称朝散大夫，后为西河郡丞。太宗拔其城，执至军门，数之曰："汝指野鸟为鸾，以欺人主、取高位。吾兴义兵，正为诛佞人耳。"遂斩之，民大悦。

隋炀之横，奏祥瑞不为加侈，但设此心以谀诳君父，为罪大矣。朝散大夫直得一死否？

○崔浩以左道、战争事主，夷其族

五代魏武时，有嵩山道士寇谦之，修通阴阳之术，自言尝遇老子，能辟谷轻身，又遇神人李谱文，授以《图箓真经》。至是献书魏主，人多未信，浩独师受其术，且上书曰："圣主受命，必有天应。《河图》《洛书》皆寄言虫兽之文，未若今日人神接对。手笔粲然，词旨奥妙。"帝欣然起道坛，受符箓。又奏作静轮宫，必欲高接天神，经年不成。太子谏曰："天人道殊，不可相接，岂有耗府库、疲百姓为无益之事？"不听。浩多智，习兵算无遗策，动魏主伐蠕蠕、伐凉，皆其决胜也。当时封疆鼎立，而邀功域外，杀人多矣。又劝魏主尽诛天下沙门，毁佛像。其崇道诋释，各守私意，非介然不惑也。且不戒而杀，则又甚矣。明年，以修史夷族。非不幸也。

仙教不可谓无，但如贺兰语真宗："以尧舜之道点化天下。"尽之矣。又陈抟答宋琪云："圣上有天日之表，君臣协心同德，兴化致治，勤行修炼，无出于此。"此两人真大仙之言。

〇新垣平以祠帝却日邀宠，卒伏辜

汉文帝时，赵人新垣平言长安东北有神气，成五采，于是作渭阳五帝庙，亲祀之。以平为上大夫，议封禅事，未果。平又令人持玉杯献阙下，即先言曰："阙下有宝玉气。"已果然，杯刻曰："人主延寿。"上悦。又言："候日再中。"居倾之，日却复中，于是以明年为元年。有告平所言皆诈也，下吏诛平。

人主百灵呵护，小神怪莫来请死也。

〇少翁、栾大托神仙，旋被诛斩

武帝时，少翁以鬼神方见上。上所幸王夫人死，能致见之，拜文成将军。又劝上为台室，置祭具而致天神。岁余，方益衰，乃为帛书饭牛，佯不知，言曰："此牛腹中有奇。"杀视得书，言甚怪。天子识其手书，诛之。后颇悔其方不尽。有栾大见上，验小方斗棋，棋能自击。上方忧河决，而作黄金不就，大诈言："往来海上，见安期、羡门之属。言黄金可成，河决可塞，不死之药可得，仙人可致也。然须贵其使者，令为亲属，以客礼待之，乃可使通言。"上拜大为五利将军，佩玉印。平立受之，示不臣。封侯尚主，贵震天下。使夜祠神，神未至而百鬼集，然颇能使之，后竟坐诬罔。

○柳泌求长生，翻成促寿

宪宗晚好神仙，诏求方士。李道古荐柳泌能合长生药，召之。泌言："天台多灵草，诚得为彼长吏，庶几可求。"乃以泌三知台州刺史。谏官争论，以为人主喜方士，未有使归民者。上曰："烦一州之力，而能为人主致长生，臣子何爱焉？"药成服之，多躁怒，暴崩中和殿。柳泌伏诛，李道古亦贬。

方士敢诳主上者，非无奇术，然如技之易穷何？且天地神明，自不容一狐质，假托大道，浪享富贵也。我朝如王臣、李广、李子龙等，皆以妖术获诛，乌有能自脱哉？

定策调和伦理之报

尝闻鲁漆室女子倚柱而哭，问其故，曰："吾忧君老太子幼。"人曰："此卿大夫之忧也。"曰："鲁国有变，妇女安所逃其难乎？"故不二心之臣，托孤寄命，大节莫夺，尤福天下之第一要紧者。如伊尹之成太甲，周公之辅成王，两代命脉，都是二人心精结成，其世德显荣，亦既只千古矣。至于父子兄弟，关系非细，能为帝王调和其间，不至伤恩败化，亦所云"其仪不忒，正是四国"者也。大臣扶持格君，当以此为首务云。

○狄仁杰起房州之帝子，德业冠世

武后革唐为周，降封中宗为庐陵王，以豫王旦为皇嗣。武三思日营求为太子，格元辅等不从，既为所害。未几，武后复问宰相，无敢对。仁杰曰："臣观天人，未厌唐德。比匈奴犯边，使梁王三思募勇士，逾月不及千人，庐陵王代之，浃日至五万，欲继统，非庐陵不可。"后怒，罢议。他日又问曰："朕常梦双陆不胜，何也？"仁杰对曰："双陆不胜，无子也，天其儆陛下乎？且姑侄与母子孰亲？陛下立子，则万岁后，庙食无穷，未闻侄为天子而祔姑于庙者也。"后意稍寤。张易之尝问自安之计，仁杰曰："惟劝迎庐陵王，可以免祸。"二张果乘间为太后言。（此最好机括）。后他日又问曰："朕梦大鹦鹉，两翼皆折，何也？"对曰："武者，陛下之姓。陛下起二子，则两翼振矣。"太后由是召还庐陵王。王至，后匿之帐中，复召仁杰与语，仁杰敷陈苦口，涕泣不止。后乃令中宗出曰："还尔太子。"仁杰泣拜顿首曰："太子归，未有知者，人言纷纷，何所信？"后然之，更令太子舍龙门，具礼迎还，遂定位，卒兴唐祚。仁杰封梁国公，子孙袭阴。

仁杰之复唐祚，初无奇法，只是至诚恻怛，敷对明白，使人主信而从之耳。至举子光嗣一节，亦好机权，与左触龙爱少子之意同。（见《荐贤门》）

〇丙吉拥在狱之皇孙，勋爵双高

汉武帝时，戾太子遭巫蛊事，妻妾男女遇害，皇曾孙亦系狱。丙吉受诏治巫蛊狱，心哀之，择谨厚女乳养之。望气者言长安狱中有天子气。帝令被系者皆杀之，吉闭门不纳，曰："他人无辜死者犹不可，况亲曾孙乎！"使者还报，武帝亦寤曰："天使之也。"因赦天下。及昌邑王废，大臣议所立未定。丙吉奏记光曰："皇甫孙病已者，今十九年矣。通经术，有美材，愿将军定大策。"霍光从之。宣帝既立，吉绝口不道前恩。会掖庭宫婢自陈有阿保之功，辞引使者。丙吉知状，上亲见问，然后知吉有旧恩，而终不言。大贤之，封为列侯。丙吉临当封，病，上忧其不起。夏侯胜曰："有阴德者必飨其乐。今吉未获报，非死疾也。"果愈。后为丞相。

吉之有德不显，霍光专定策之功为之也。浅夫于此能无觖望乎？夏侯胜明于洪范五行，以理断祸福，若合符契，以知天之果可必也。

〇李泌两护国储，宰相元勋，名籍神仙

肃宗即位灵武，谋抗敌，以次子建宁王倓才勇，使为元帅。李泌曰："建宁诚元帅才，然广平兄也，岂可使为吴太伯乎？"上曰："广平冢嗣，何必以元帅为重？"泌曰："天下艰难，众望在于主帅。若建宁功成，同立功者，其肯已乎？大宗、太上皇即其事也。"乃将广平。（有先事之虑）既而建宁王为张良娣、李辅国所谮，赐死，广平惧，谋去二人。泌曰："不可。王不见建宁之祸乎？

但尽人子之孝，良娣妇人委曲顺之，亦何能为？"（正法）盖时广平王有大功，良娣忌之，潜构流言，泌未有以为之地也。及复长安，捷书至，上喜，就泌饮酒，同榻寝。泌曰："臣今报德足矣，复为闲人，何乐如之？"上曰："卿且眠。"泌曰："陛下今就臣榻，臣犹不得请，况异日香案之前乎？陛下若不听臣去，是杀臣也。"上曰："不意卿疑朕至此，是直以朕为勾践也。"对曰："陛下不办杀臣，故臣得以求去。若其既办，臣安得言？陛下向日待臣如此，臣于事犹有不敢言者，况天下既安，臣敢言乎？"上良久曰："卿以朕不从北伐之谋乎？"对曰："非也。所不敢言者建宁耳。"上曰："建宁，朕之爱子，艰难有功，但为宵小所教，欲害其兄，图继嗣，朕不得已除之耳。"泌对曰："若有此心，广平王当怨之。广平尝与臣言其冤，辄呜咽流涕。"上曰："渠尝夜扣广平，意欲加害。"泌曰："此皆谗人之言，岂有建宁之孝友聪明而为此乎？且陛下昔欲用建宁为元帅，臣请用广平。建宁若有此心，当深憾臣，而以臣为忠，益相亲善，陛下可以察其心矣。"上泣下曰："先生言是也。既往不咎，朕不欲闻之。"泌曰："臣所以言者，非咎既往，乃欲陛下慎将来耳。昔天后酖长子宏，立次子贤，贤内惧，作《黄台词》以动后心，其词云：'种瓜黄台下，瓜熟子离离。一摘使瓜好，再摘使瓜稀。三摘犹为可，四摘抱蔓归。'然竟不免也。今陛下已一摘矣，慎毋再摘。"于是广平无恙。（一言拨动天性，贤于累牍）德宗时，复为相，郜国公主女萧氏为太子妃，或告主淫乱，且厌祷。上幽主禁中，切责太子，太子请与萧氏离昏。上召泌告之，且曰："舒王仁孝，近已长立。"泌曰："陛下惟有一子，奈何疑废之而立侄？"上怒曰："卿何得间人父子？谁语舒王为侄者？"（太难了）对曰："陛下自言之。大历初，陛下语臣：'今日得数子。'臣请其故。陛下言：'昭靖诸子，主上令吾子之。'今陛下所生之子犹疑之，何有于侄？舒王虽孝，陛下勿复望其孝矣。"上曰："卿违朕意，何不爱家族耶？"（闻此易悚惧，易动气，便下不得转语）对曰："臣为爱家族，故不敢不尽言之。（转妙甚）若畏陛下盛怒而为曲从，陛下明日悔之，必尤臣云'吾任汝为相，不力谏，使至此'，必复杀臣子。（又妙）臣老矣，余年不足惜，若冤杀臣子，以侄为嗣，臣未得歆其祀也。（太显譬了然，不得不如此）"因呜咽流涕。上亦泣曰："事已至此，使朕如何而可？"对曰："此大事，愿陛下审图之。（缓得好）臣始谓陛下圣德，当使海外蛮夷皆戴之如父母（松得好，令惭愧），岂谓自有子而疑之至此！不敢避忌讳。自古父子相疑，未有不亡国覆家者。（急阵了，亦此时才可用）陛下记昔在彭原，建宁何故而诛？"上曰："建宁叔实冤，肃宗性急，谮之者众耳。"（好了）泌曰："臣昔者以建宁之故辞官爵，誓不近天子左右。（自家心事，别得轻松有味）不幸今者为陛下相，又睹此事。臣在彭原，承恩无比，竟不敢言建宁之冤。（尤妙）及临辞，乃言之，肃宗亦悔而泣。先帝自建宁死，常怀忧惧。（中心拳）臣亦为先帝诵《黄台瓜辞》，以防谗构之端。"上曰："朕固知之。"意色稍解，乃曰："贞观、开元皆易太子，何故不亡？"（难应）对曰："臣方欲言之。（捷甚）承乾谋反，事状显白，当时言者犹云：'愿陛下不失为慈父，使太子得终天年。'（其问无干了，是转舌法，亦妙）太宗从之，并废魏王泰。陛下既知肃宗性急，以建宁为冤，臣不胜庆幸。（毕竟此一公案好扯）愿陛下戒覆车之失，从容三日，究其端绪而思之，必释然知太子之无他也。（改急怒，片时天性自现）若果有其迹，当令鞫实。又如贞观之法行之，废舒王而立皇孙，则百代之后，有天下者，犹陛下子孙也。（又再松然，实是打动亲生血脉）至开元时，杀太子瑛，海内冤愤，又何足法乎？幸赖陛下语臣，臣敢以宗族保太子必不知谋。向使杨素、许敬宗、李林甫之徒承此旨，已就舒王图定策之功矣。”（唤得醒）上曰：“为卿迁延，至明日思之。”泌扣头泣曰：“如此，臣知陛下父子慈孝如初也。（接得捷，甚可喜）然陛下还宫，当自审，勿露此意。露之，则彼皆欲树忠于舒王，太子危矣。”（周浃。且令谗间者缩舌，妙甚）上曰：“具晓卿意。”（平复了）泌归谓子弟曰：“吾本不乐富贵，而命与愿违，今累汝曹矣。”间日，上开延英殿，独召泌，流涕抚其背曰：“非卿切言，朕悔无及矣。太子仁孝，实无他也！”泌贺曰：“陛下圣明，察太子无罪，臣报国毕矣。惊悸不可复用，愿乞骸骨。”上曰：“吾父子赖卿得全，方祈报德。”不许。泌相三朝，封为邺侯，天子以师友处之。幼时，天乐来迎，身足暂腾，家人捣蒜厌之，乃止。每道引，骨节珊然，后尸解，去为仙真。帝及诸王皆有著咏，谈其得仙云。

○韩琦两朝定策，世家相业，致位真人

仁宗时，琦为相。帝春秋颇高，连失三王，适有疾，不御殿，中外惴惴，争以立嗣固本为言，依违未行。琦乘间进言，怀《孔光传》以进曰：“彼成帝中材之主，犹能早定大计，况圣主乎？”

帝曰："朕有意久矣。宫中常养二子，小者甚纯，近不慧；大者可也。"琦请其名，帝曰："宗实。"琦即力赞立之。英宗即位，挂服枢前，哀未发而疾暴作，大呼，左右皆走，大臣错愕痴立，莫知所措。（少停须史，中外传矣。）琦投杖直趋至前，抱入帘以授内人曰："须用心照管。"（何等识胆）仍戒当时见者曰："今日事惟某人见，外未有知者。"复就位哭处之，若无事然。（密甚，敏甚）上既以惊疑得疾，数日疾平而疑未解，每面壁卧，不受药。盖帝遇貂珰少恩，故多为谗间两宫，又外作飞语，虽大臣亦心惑之。琦独昌言曰："岂有外朝不曾差一语，而一入宫门便得许多错者？"时有阴进废立之说。琦奏事帘前，太后忽问汉昌邑王事。琦对曰："汉有两昌邑王，不知所问何王耶？"（难之以开口废立耳）后语既塞。琦曰："此语必有从来，不知甚人于太后前道此事？"后曰："旧尝闻耳。"琦因从容曰："太后无亲生儿女，皇帝少鞠宫中，皇后又是外甥，乃天安排此儿妇以遗太后，岂可不自爱惜？"（说得巧）又谓太后曰："大大王长，且与照管。"太后含怒曰："尚欲旧窠中寻兔耶？"闻者惊惧，皆退数步。琦独曰："太后不得胡思乱量。"（劲些）少间，欧阳修进曰："太后事仁宗数十年，仁孝之德闻于天下。昔温成之宠，太后处之裕如；（扯得好，甚打动）今母子之间，反不能兼容耶？"后意稍和。修复进曰："仁宗在位岁久，德泽在人，故一日晏驾，天下禀命，奉戴嗣君。今太后一妇人，臣等五六措大耳（好），非仁宗遗意，谁肯听从？"（摹得势动）。琦因言："帝在宫中久，先帝有诏与子，其为子母不为不顺。若更怀犹豫，听谗佞，祸乱必起矣。"后由此语塞。（才立得定）

琦虑宫中或有不测。一日，以言动太后，曰："臣等在外不得见官家，宫中保护，全在太后。若官家失照管，太后亦未安稳。"太后惊曰："相公是何言语，自家更是用心。"琦即曰："太后照管，即众人自照管。"（虑于无形）同列为缩颈流汗。一日，太后送密札与琦，有为孀妇作主之语。琦因见上曰："有一文字进呈，陛下即位，皆太后恩，不可不报。愿加意奉承，便自无事。"上云："谨奉教。"琦又云："此文字臣不敢留，幸宫中密焚之。若泄则其间遂开，卒难合矣。"（自焚而劝帝为正法，或恐臣子有不可深言者耳）后数日，琦独见帝，帝曰："太后待我少恩。"琦曰："自古圣帝明王，不为不多，独称舜为大孝，岂其余皆不孝哉？父母慈而子孝，此常事，不足道。惟不慈而能孝，乃可称耳。"上大悟，自是不复言太后短矣。时英庙已安，太后无还政意。琦乃先白英庙："可一出祈雨，令天下之人识官家。"上然之，咨太后。太后怒其不先白，乃曰："孩儿未安，恐未能出。且天子出，不可以不备仪。"琦曰："些少事，颐指即办。"不数日，素仗成。上出幸相国寺，京师之疑遂解。（此与仁杰备礼迎太子同机括）太后犹未还政，琦乃取十事奉帝批决，因上之太后，太后事事称当。琦因求去，后曰："相公何可去？吾当居深宫耳。每日在此，甚非得已。"琦因言："汉马、邓之贤，犹不免久贪朝政。太后能如此（引古，妙），胜前代远甚，但不知何日撤帘？"太后遽起，琦即令卷帘撤坐。既撤，犹于屏内见太后衣也。时都知任守忠奸邪反覆，间谍两宫。琦一日出空头敕一道，令同列签，赵概难之。欧阳修曰："第签，韩公必自有说。"（分明使之做帮手）琦坐政事堂，召任守忠立庭下，责曰：

"汝罪当死,姑蕲州安置。"取敕填之,即日押行。琦以为稍缓即生变也。(数项事得手,俱在一敏寂)先是,后对大臣泣诉帝事,富弼亦以为然,故琦劝撤帘等,俱不敢令弼预闻。(因时有言其专者)初,帝卧疾久,琦问起居,退遇神宗出寝门,琦曰:"愿大王早晚当在上左右。"神宗曰:"此臣子之职。"琦曰:"非为此也。"神宗感悟而去。英宗初晏驾,急召神宗,未至,帝复手动,曾公亮愕然,欲止召太子。琦曰:"先帝复生,乃一太上皇耳。"愈促召之。琦再决大策,以安社稷。朝廷多故,独处危疑之冲。或谓:"公所为诚善,万一蹉跌,岂惟身不自保!"琦叹曰:"是何言也!人臣当尽力事君,生死以之,至于成败,天也。岂可预忧其不济遂辍不为哉!"又言:"任事须办一死,其不死,命也。" 故忠勇如此。琦识量英伟,临事喜愠不形于色。(养得此根定,方能沉捷。)自谓:"才器须足周八面,入粗入细,乃是经纶好手。"又谓:"成事在胆。"盖自许也。琦封魏郡王,子忠彦继相,其属孙勉以杀鼋受冥责,见公为紫府真人云。

琦尝论王安石曰:"为翰林则有余,居辅弼则不足。"或问其故,曰:"尝见其奏议,只为一己,而不为天下也。"此可以得魏公之相道矣。○又于近世宰相独取裴度。然度当穆、敬终始之际,尚未能正,恐未是魏公敌手也。

○田叔烧梁狱词,见赏擢官

汉景帝时,弟梁王以至亲有功,赐天子旌旗警跸,宠公孙胜、羊诡等,求为汉嗣。袁盎谏止其事,乃阴刺杀盎及他议臣。

天子意梁王为之，逐贼，果梁也。遣田叔捕诡、胜，王匿之后宫。内史韩安国见王泣曰："大王信邪臣浮说，犯上禁，手挠明法，天子以太后故，不忍致死，幸大王自改，终不觉悟。有如太后晏驾，大王尚谁攀乎？"语未卒，王泣数行，令公孙胜、羊诡自杀，出之。（此可为扇惑亲王二心，社稷之戒）时太后忧梁事，不食，日夜泣不止，帝亦患之。田叔还，悉烧梁狱词，空手来见。帝问："梁事安在？"叔曰："上毋以梁事为问也。问之而梁王不伏诛，是汉法不行也；伏法而太后食不甘味，寝不安席，此忧在陛下也。"上大然之，使叔等谒太后曰："梁王不知也。所知者，幸臣公孙胜、羊诡之属耳。谨已伏诛，梁王无恙也。"太后立起坐餐，气平复。梁王因上书请朝，至阙谢罪。（到此乃知王位之乐）太后、帝大喜相泣，复如故。帝以田叔为贤，擢为鲁相。

使其时撄上之怒，田叔能无死乎？而竟以动两宫之眷，此非意所至也，信理而已矣。胜、诡求为佐命元勋，而竟杀其躯，究来成就一个韩安国，故知行险徼幸，莫足为也。

○田千秋一言悟主，封侯拜相

江充以巫蛊陷戾太子，已而以巫蛊告讦者，按验多不实。上颇知太子无他意，然未显然赦之也。高寝郎田千秋上书讼太子冤曰："子弄父兵，罪当笞。天子之子，诖误杀人，当何罪哉？臣尝梦一白头翁教臣言此。"上乃大感悟，召见，谓曰："父子之间，人所难言，公独明其不然，此高庙神灵使公教我也。公当遂为吾辅佐。"立拜大鸿胪，而族灭江充家，焚苏文于横桥上（苏文曾奏太子反者，此可为谋危国本之戒），乃作思子宫。明年，以田千秋为丞相，封富民侯。千秋无材能、文学及他阀阅，以一言回主意，数月贵极人臣，世未有也。然武帝自此一悟，省功便民，维汉家基业，盖从根本上一拨转，即依慈作仁，其功伟矣。此佐治者以人伦为急也。

二心社稷交构伦理之策

此立心不忠，自为己地者也。而国本奕棋，民庶之受其荼毒者多矣。故世之为此者，非希宠则避祸，不则首鼠模棱，坐观成败，谓此等心能欺天地神鬼乎？至于相谋相尤，胥谗胥怨，在庶民家，已为作慝，况帝王以孝友治天下者哉！交构之罪，何可胜言？此道君所以感叹于李纲，孝景所以致动于田叔也。

○晋里克中立祈免，竟至丧身

晋献公欲废世子申生，惮其傅里克，未敢发，使人探之。里克曰："中立其免乎？"称疾不朝。三旬，献公遂定计立奚齐。献公薨，公子夷吾赂秦，复与里克成议，杀奚齐及公子卓而立夷吾，是谓惠公。将杀里克以自解免，乃谓之曰："微子则不及此。虽然，子弑二君与一大夫，为子君者不亦难乎？"对曰："不有废也，君何以兴？欲加之罪，其无辞乎？"遂伏剑而死。

使克能守正于废立之际，则死忠可也，况未必死乎！中立祈免，自谓智矣，而卒不免，且以弑君成名，独何哉？

○李斯依违废立，祸被三族

秦始皇崩于沙丘，惟少子胡亥在焉。宦赵高欲矫诏立之，乃见丞相李斯道意。斯曰："安得亡国之言，此非人臣所当议也。"高曰："长子即位，必用蒙恬为相，而君侯归故里明矣。胡亥慈仁，君侯审计定之，则富贵永保。"（以利歆之，大臣只此根最苦事）斯以为然，乃相与矫诏，立胡亥为太子，而为书赐扶苏及蒙恬，责其罪，皆自杀。已而胡亥酷虐惨刻，斯不敢谏，复阿其意说之，竟为赵高所诬谤下狱，腰斩咸阳市。顾谓子曰："今欲与尔牵黄犬出上蔡东门逐狡兔，岂可得乎？"遂夷三族。赵高寻为子婴所诛，亦夷三族。

为宠利故，立一人而毒天下，虽不以罪死，然罪已贯盈矣。

○傅游艺成伪周之革命，诬反被诛

武后临朝称制，欲图革命，未发也。侍御史傅游艺揣知之，帅关中百姓诣阙上表，请改国号为周，赐皇帝姓武氏。太后可之，赦天下，立武氏七庙。游艺期年之中，累次超迁，历衣青禄朱紫，时人谓之"四时仕宦"。于今年九月建议荣贵，明年九月梦登湛露殿，有告其谋反者，下狱自杀。吁！游艺倡革唐祚，罪以谋反，则狱词至当；期年为限，则天网至近。彼奸臣者，胡不悟哉！

○王庆之觊援立之富贵，丁时杖杀

王庆之请立武承嗣为太子，廷臣多以不从坐罪。（奸人遂自谓得计了）庆之复固请，太后怒，命凤阁侍郎李昭德杖之。昭德引出门，示朝士曰："此贼欲废我皇嗣，立武承嗣。"命扑之，耳目皆出血，然后杖杀之，其党乃散。

此为游艺所误，而欲踵其荣耀者也，岂知刀剑已临头乎？凡奸人之行险，视君子之死义，安危相去无几，胡不死于节而死于贼？试观狄梁公之涕泣兴唐，竟终身富贵，亦奚必回而求福哉？

○黄玹倡议易储，僇身殄子

景泰时，欲以见济代宪庙为太子，未发。广西土官黄玹，庶出也，杀其嫡弟黄瑊，谋袭爵，事发下狱，当死。乃遣人赴京上疏，请易太子。下礼部议，陈循等覆奏从之。宪庙就沂邸，而见济立，玹以大赦原免，复职，寻被黜。及上皇复位，玹饮药死，斫棺鞭尸，子政等皆伏诛。

玹欲以世袭贻子孙，孰知其世斩乎？快哉！奸人之求福而反得祸也。且当时大臣，怵于利害，啗于美官，而莫敢异辞，即于忠肃犹自俛首就之，况陈循辈乎？后来诛贬谴责，亦已得不偿失，惟李贤数人不预，皆为名臣。甚矣！荣辱之际，不可不自洒然也。

○陆完、钱宁、臧贤等私通外藩，谪戍诛死

完先为江西按察使，与宁王交善。及为兵部尚书，宸濠喜曰："护卫可得矣。"遂遗完书，并辇载货贿，令与宠幸钱宁及臧贤等布置，遂准复护卫。宁等又谋入宁世子进香，为援立计。及宁王

反，陆完等俱下狱籍家。嘉靖初，发陆完充军，余皆死于狱。

宁王荼毒江西，皆二三子之所致也。欲无死得乎？

○长孙无忌成玄武门之兵，卒殒非命

建成、元吉日夜谮秦王于上，上惑之。长孙无忌、房、杜等劝秦王先发。秦王叹曰："骨肉相残，古今大恶。吾诚知祸在旦夕，欲俟其变，然后以义讨之，不亦可乎？"无忌等固争之，于是定计，伏兵玄武门，射建成、元吉，杀之。当是时，建成既已立矣，又兄弟懿亲，虽以至仁伐至不仁，然蹀血禁门，推刃同气，为谋则太亟，举事亦太暴矣。卒之长孙为武后、许敬宗所诬，身死家破，未必非是之故也。有唐开国气运，遂杂华夷，无忌辈安得不任其责哉？

○徐正构南城之隙，竟以磔诛

景泰中，给事中徐正密请召对，言："今日臣民有望上皇复位者，有望前太子嗣位者，不可不虑，宜出沂王于沂州。又南城宫门之锁，亦宜灌铁。"上怒，黜为卫经历，复眷所请者未行，乃谪戍铁岭卫。及天顺复辟，械正至京，引见，悸甚，便溺皆青，人谓其惊破胆也，遂剐于市。（小胆亦敢作大奸慝）又有某御史，滑县人，亦言"南城多树，事叵测"，遂尽伐之。时盛夏，上皇尝依树凉息，又树伐，得其故，惧甚。复位后，下御史诏狱，杖杀之。

二人希旨，冀望非常富贵，遂至以臣子谋害君父，颠狂如此，祸败何逭？

○赵普构秦王廷美，竟遭神谴

普久病无生意，解所宝双鱼犀带，遣亲吏甄潜诣上清宫醮谢。道士姜道玄为公叩幽都乞神，语神曰："赵某开国功臣，奈何冤对不可避。"姜又叩乞冤者为谁。神以淡墨一巨牌示之，浓烟罩其上，但识牌末火字而已。道玄以告，公曰："我知之矣，必秦王廷美也。当时自是渠与卢多逊遣堂吏赵白交通，事露速祸，咎岂在吾？"呜呼！一闻火字，乃知必是秦王心下事，其可打过？

太宗欲擅天下，则廷美之罪，希旨所成也。普固预金匮之盟者，至云"太祖已误，陛下岂容再误"，此狙狯两舌甚矣。德昭之死，元佐之狂，皆为是举，尚得辞其咎哉？○普尝上书太祖，极道皇弟之美。盖揣太祖孝友，必传太宗，故以是为内交地也。至太宗时，便作此离间伎俩，负心甚矣。特太宗为利所啗，并为是书所买，而不烛其奸耳。不然，"已误再误"之说，肝胆如见，且今日于廷美，非即前日于太宗哉！普非社稷臣明矣。

权贵荐贤之报

是第一阴功。《孟子》云："为天下得人谓之仁。"故舜举禹、皋，平治天下，身食其报；周公吐握求贤，辅相太平，世为显诸侯，享天子礼乐，此其极也。孔子尝论贤大夫，而取鲍叔、子皮加于管仲、子产之上，以其能荐贤也，故二子世家于齐、郑焉。但荐贤甚难，功高则凌逼易生，才高则抗拂易起，势均党分，则嫌隙谗间，形迹危疑，不可胜道。非实心体国，断断无技，莫能当此者也。如鼎浚洛蜀之党，且相倾轧，况其下乎！能如是，已足为大圣大大圣矣。

○萧何荐韩信为将，荐曹参为相，身居元勋，累世侯封

韩信未显时，亡去，何亲追之，荐于汉高，筑坛拜将，不虞其夺宠也。至信以功多封王，荣贵无二，而萧何犹然故识，可谓恬让矣。及韩信诛死，诸功臣皆殊祸，而何独为宗臣，非其德量所致哉！何冲然不言功，而元勋卒归之，是有天焉。又与曹参不相能，至病时乃荐以为相，忘怨体国，而参卒守其法不变，真纯臣也。古人此等处，皆后人极难耳。

○房、杜容贤为国，身居元勋

房玄龄为秦王记室时，每从行所至，收人物，致府幕。引杜如晦为兵曹参军，同心共政。诸将有勇力智计者与密结，令毕输心力。登贤下不肖，不欲令一物失所。闻人善，若己有，绝媢忌，使卑贱人咸得自尽。唐太宗当称玄龄曰："自吾得回而门下益亲。"文中子尝称如晦曰："异日得用于天下，如天然，则两君之为人可识矣。"玄龄爵邢国公，如晦爵蔡国公，并为宰相元勋，群臣无与为比。

按：史称房、杜社稷功，而怪其所以致太平，不少概见也。柳芳有云："帝定祸乱，而房、杜不言功；王、魏善谏，而房、杜逊其

直；英、卫善战，而房、杜让其劳。持众美效之君，使人由而不知相道也。"当时英贤比迹，而拟功拟宠，卒不能驾其上，奚必露技冯人哉？○或疑房、杜有不肖子孙，大坏门墙，此其子累之也。然究而观之，亦有微议。太宗之喋血禁门，推刃同气，房启之，杜决之也。预劝谋者长孙无忌，即身不克令终，毋乃是为憾欤？盖当时君父在上，太子已建，兄弟相夷，所伤实多也。然房后有房琯为相，杜后尤盛。杜佑、杜悰、审言、审权相继将相，至杜让能复为忠臣，与唐终始云。

○邓禹举贤任能，为中兴首功，历代贵显

禹事光武，无战伐功，常居左右为谋臣。每诸将自远至，禹察其忠力可任使，辄轻身与交驩。世祖任使诸将，常密访禹，举用各当其才。世祖欲定河北，举吴汉，勇鸷智谋，一往成功；欲守河内，举寇恂，文武备足，卒胜其任。其荐贤知人如此。然一持节入关，则为更始所困；一战渑池，则为赤眉所败。将非所长也，而卒居元勋，子孙贤达，济济盖用。人之与自用，固不侔哉！相臣宜以为法。

○郭子仪推贤让能，勋德贵寿无比

郭子仪与李光弼俱为安思顺牙门将，不相能，虽同席饮，未尝交言。后子仪代为将，光弼欲亡去，恐见诛，乃入跽请曰："死所甘心，但乞贷妻子。"子仪趋堂下，握其手曰："今国乱主辱，非公不能定，仆岂敢怀私忿哉！"因涕泣，勉以忠义，遂定交，荐以

为节度副使，分兵捣贼。于是光弼权名日盛，同居将相，无纤毫猜忌。既而子仪为朝恩所毁，罢其军，而以光弼代将之。士卒涕泣，遮中使请留，子仪绐之曰："我饯中使耳，未行也。"因跃马去，而光弼将五百骑驰赴入其军，子仪处散地，不怨也。明年，河中、朔方两军乱，非新进诸将所能制，乃封子仪汾阳王，为行营副元帅出镇。〇代宗时，阉元振得幸自恣，忌子仪功高，谮构百端，遂解副元帅、节度使，留京师。光弼在淮、颍，畏谗不敢朝，而子仪一呼即至，两以部曲数千骑，却回纥、吐蕃数十万众。有仆固怀恩者，铁勒部酋也，为子仪将佐，从征。子仪以其功大，请以副元帅让之。副元帅者，副皇太子为元帅，实总六师也。后怀恩有异志，迫帝出奔，乃以子仪伐怀恩将，朔方将士相谓曰："吾从怀恩为不义，何面目见汾阳王！"于是子仪斩十四人，杖三十人而定。众鼓舞涕泣，喜其来而悲其晚也。

按：子仪举光弼，让怀恩，忘盖世之功，推僚属之贤，共成国事如此。迨后光弼拥兵不朝，诸将不复禀畏，怀恩恃功作逆，身死异乡，而子仪忠贞独著，为中书令二十四年，号"尚父"。八子七婿，俱列显官，年八十五而终。华夷慕义，宠乐冠世，非天祐致然乎？〇荐贤易，容贤难，方其荐光弼，犹可能也。迨其节钺代领，让副元帅之职，不可能也。吁！抑可谓纯乎纯矣

〇王旦忘怨避德，荐贤为国，宠荣冠世

旦为宰相，守祖宗法度无所变，帝久益信，言无不从。凡奏事，群臣异同，旦徐一言以定。居家贫，客常满堂，察可与言及素

知名者。数月后，召与语，询访四方利病，或使疏其言而献之。观才之所长，密藉其名，不复与之相见。遇有差除，必先疏白三人姓名以请，所用者，帝以笔点之。同列不知，争有所用，惟旦奏入，无不俞允。○又旦凡荐人，人未尝知。谏议大夫张师德两诣门不见，意为人所毁，托向敏中言之。旦曰："旦处安有毁人者？但师德后进，待我薄耳。"及议知制诰，旦谓敏中曰："可惜张师德！累于上前言师德名家子，有士行，不意两及吾门。状元及第，荣进素定，但当静以守之耳。若复奔竞，使无阶而入者，当如何也。"○旦任事久，人有谤之者，辄引咎不辨。至人有过失，虽人主盛怒，可辨者辨之，必得而后已。○是时，寇准以大功故相退位枢密，意轻同列，旦折节下之。准尝与三司使林特忿争，帝谓旦曰："准间忿如畴昔？"旦曰："准好人怀惠，又欲人畏威，皆大臣所当避，而准不能，此其所以短也。非至仁之主，孰能容之！"初，准数短旦于帝，而旦专称准。帝谓旦曰："卿虽称其美，彼专谈卿恶。"旦曰："此臣所以重准也。臣在相位久，阙失必多，准言之无隐，益见忠直。"上愈贤旦。会中书有事送枢密，违诏格者，准举以奏，旦及僚属皆受罪。已而枢密有文送中书，亦违诏格。左右欣然白旦，旦命送中书更之，准大惭谢。准罢枢密，托人求为使相，旦惊曰："将相之任，岂可求也？吾不受私请也。"准憾之。已，除准节度使、同平章事，判河南。准入见，谢曰："非陛下知臣，安能至此？"帝具道旦所以荐准，乃愧叹不可及。后寇准以僭侈被劾，旦以全家保其无罪。疾革，惟荐寇准。上难其刚直，旦曰："他则臣所不知也，真所谓休休心好者矣。"公知枢密院五年，平章事十二年，为太平宗臣，勋业盖世，宠幸无比。生子质，为侍制，素为尚书，后来富贵不绝。

按：短人者所以自长，危人者所以自固，而旦皆不然。然缘以取信于上，虽莱公之功，钦若之媚，莫能与争宠也，非忠诚所致哉！

○狄仁杰广植桃李，卒兴唐祚，为一代勋臣

仁杰为宰相，武后命举尚书郎一人，举其子光嗣称职。武后曰："卿足继祁奚矣。"有元行冲数规谏，谓仁杰曰："公之门珍味多矣，愿备药物攻疾。"仁杰叹曰："吾药笼中物，何可一日无也！"其乐善如此。已，复荐张柬之为宰相，又荐姚崇、桓彦范、敬晖等，皆为名臣。或谓之曰："天下桃李，悉在公门矣。"仁杰曰："荐贤为国，非为私也。"柬之等卒反周为唐，时仁杰已没矣。推功所自出，赠司空，追封梁国公，官其子孙。

向使仁杰不引用柬之等，虽心切为唐人，亦谅其忠义而已，安能勋耀天日，名勒彝鼎如此哉！至宋时犹录其子孙，盖流泽如此。

按：不独宰相宜得人，自古圣贤豪杰，无不由此。汉高问人于监门，卒得郦食其，收子房于韩相，拔陈平于亡虏，汲汲求贤，无须史离也。昭烈三屈隆中，而天下已鼎足。又如夫子大圣，而齐交平仲、郑兄子产，一遇程本于途，即修币定交，若恐失之。遇一浣女有异，则命子贡抽琴去轸往说之。其汲汲于人如此。故子游宰武城，而夫子首问得人，此第一要义也。子贱宰单父，只用父事兄事，便已了了。今世士大夫，只急急簿书，不知政本。又见一二卑贱儒绅，奔求可厌，一概峻其门户，尊已凌人，是

乌足与言风化哉？故经世而不知急人，不成大功；度世而不知急人，不成大道。诚使君相至于守令乡绅，莫不彰善崇德，求贤敷教，何忧人才不盛、俗化不美乎？且自家善量品格，全在此处别大小耳。

〇文彦博荐劾己台谏，勋寿双高，为四朝元老

仁宗时，彦博为首相。时张贵妃有宠，伯父张尧佐骤除宣徽使，御史唐介力争之。帝谓曰："除拟本出中书。"介遂劾彦博知益州日，造奇锦通宫掖，以得执政。今显用尧佐，益自固结，请罢之。帝怒甚，曰："将远窜。"介徐读疏毕，曰："臣忠愤所激，死且不避，何辞于谪？"帝召执政示之曰："介论事是其职，至以彦博由妃嫔致宰相，此何言也！"时彦博在帝前，介责之曰："彦博宜自省，即有之，不可隐。"彦博拜谢不已，帝怒益甚，声色俱厉。蔡襄恐祸不测，趋进曰："介诚狂直，然纳谏自美德，伏望全贷。"遂贬介英州别驾，而罢彦博知许州。介直声动天下。（以污名染贤宰相，而自家又叨直声，他人当此何如哉！）后文彦博与富弼同相，上夫相庆于朝。御史吴中复请召还唐介。（若是祸相，他人自不敢请。）彦博因言于帝曰："介顷为御史，言臣事多中臣病。中间虽有风闻之误，然当时责之太深。请如中复奏。"乃召知谏院，时称彦博长者。历英、神、哲三宗，位太师、平章军国重事，班宰相上，封潞国公。任将相五十年，名闻四夷，虽穷极富贵，而谦下接物，尊德乐善，如恐不及。寿九十二而卒。

凡谏臣以讦直成名，亦有不尽是处，然真盛世风也，今世亦然。居言路者雌黄似宜少裁，但因之而遽谓不足信，启人主杀谏臣之渐，则事

变矣。如彦博者，真可师可法，为国家不为一己也。尝记永乐朝谏臣极论建都事，与大臣跪立争辩，祸且不测，赖夏尚书原吉，引咎力护谏官而免。或问其故，曰："吾侪经事久，虽失计，上犹宽之。若使谏臣获戾，其失不小。"吁！此真能保我子孙黎民者。又阁下李贤尝议杨文贞为本朝巨擘，然以攻己者为轻薄，必欲黜之，视文潞公何远哉？及自家为相，以罗伦议己，亦谪为提举。或引彦博故事，请贤留伦。贤曰："潞公市恩，归怨朝廷，吾不可袭之也。吁嘻！痛不由己。"皆曰："忍之。痒切身上，直是难堪。"故知潞公真不可及也。言官知此，则宜顺事恕施，使言必可受，为国惜体，勿贻势极之反。而相量休容，则自是不可少。的能实实以致千万世太平为心，共商国是，求人辅治为急，则悖入悖出，不期而销。不然，其不为气焰所用者鲜矣。

妒贤嫉能之报

○燕相薛瑗媢嫉，罪几灭门

瑗持重权，不能平心，见人有得如己有失，见人有失如己有得。未尝荐一贤士，有可称者，疾之如仇，使不得进。晚年一子死于狱，余皆盲聋喑哑、伛偻颠覆。公明子皋见而怜之，责曰："此皆汝心行不好，罪当灭门。诸子虽尔，未足尽子之罪。"瑗大惊求救，于是以赤松子《中戒经》授之。瑗誓志力行，仅全一子。

只一味妒贤，便百般中伤，且绝百姓造福种子矣，恶得无报？

○庞涓刖孙膑，卒为孙膑所杀

膑与涓俱学兵法于鬼谷子。涓仕魏，自以能不及膑，乃召至之，縻以官，寻借事刖其足，使成废人。膑佯狂得免死，又禁不许出魏城。齐使者至魏，窃载以归。田忌进之威王，以为军师。时庞涓伐赵，胜之，齐欲救赵，膑计直走大梁，致魏还师与战，大破之。后涓伐韩，膑又伐魏以救韩，致魏兵于马陵。临夜，万弩俱发，庞涓乃自刭，曰："遂成竖子之名。"魏兵大败。

使涓能用膑，则强在魏，而涓之功名完矣。百计毒谋，无如膑命何，卒以覆军败国。身既不免，辱及国储，故知妒贤之人，真堪万死也！

○李斯遏韩非，寻为赵高所陷

斯与非俱事荀卿，自知其能不如非。秦王见韩非《说难》书，恨不获见之。及韩王遣非使秦，秦王与语，大悦。李斯惧其宠，谮之，下狱，又以毒药遗之。非欲自陈不得见，竟死。后李斯为赵高所谮，亦欲自陈不得，识者以为好还。

非为韩公子，而欲用秦灭韩，罪人也，然其为秦则忠矣。斯以争宠之心杀能士，能无及乎？

○萧望之怨杀韩延寿，身亦以谮死

望之闻延寿在东郡时，放散官钱千余万，使御史案之。延寿即部吏，案望之在冯翊时，亦放散官钱百余万。望之自奏："职在总领，闻事不敢不问，而为延寿所拘持。"上由是不直延寿，各令穷考。望之卒无事实，而延寿竟坐弃市，百姓莫不流涕。盖延寿循吏,守颍川、东郡、冯翊俱有惠政,教化大行,虽有微罪,议贤议功,赦之可也。以望之相怨,致膺重辟,失容贤之义矣。厥后,望之为恭显所奏,下狱自杀。元帝涕泣不食,恨杀贤傅,而竟不罪恭显。此虽谗小蔽明,亦若有司命者制其间乎?责备贤者,不得不自反矣。

○王允忌杀才士蔡邕,卒蹈其难

蔡邕为董卓所荐,及卓诛,邕为惊叹,允叱之,收付廷尉。邕谢曰:"身虽不忠,愿黥首刖足,继成汉史。"太尉马日磾谓允曰:"伯喈旷世逸才,当赦之,使续成后史,为一代大典。"允曰:"昔武帝不杀司马迁,使作谤书,流于后世。方今国祚中衰,不可令佞臣执笔,讥讪吾党。"邕卒死狱中。日磾告人曰:"王公其无后乎?善人,国之纪也。"既而允为卓部将所杀,竟符其言。

○李林甫百计妨贤,斫棺削爵

林甫为相,凡才望功业出己右,及为上所厚、势位将逼己者,必百计去之。或阳唁以甘言而阴陷之,世谓林甫"口有蜜,腹有剑"。兵部侍郎卢绚,风标清粹,上尝目送之。林甫知,乃召绚子弟谓曰:"交、广籍才,上欲以尊公为之,如惮远行,则当左迁。"绚惧,自请降,乃出为华州刺史。又帝问:"严挺之可用,今安在?"挺之时为绛州刺史,林甫谕以上意甚厚,可称疾求还,挺之从之。林甫因奏挺之老疾,宜授散秩,以便医药。上叹咤久之,其巧覆如此。是时,边帅皆用名臣功著者,往往入为宰相。林甫欲杜其路，乃奏言："文臣为将，怯当矢石，不如用寒族胡人能尽死。"于是诸道节度使尽用胡人，久任专制，禄山遂乱天下，皆出林甫固位之谋也。每夜坐偃月堂，思所以排斥胜己，诛逐贵臣。皇帝宠幸日隆，卒死于位，而明年即以"通谋叛人"剖棺斩尸矣，非其罪也。然嫉贤士而用禄山，卒以叛逆，讵非默定公案哉？

按：记称林甫仙官降凡，以为恶故，尽削其籍，数世牛畜，其报能止此哉？元和六年，惠州一娼震死，而胁下书云："李林甫毒害弄权，帝命震死。"盖恶报不一，累累在记载中云。○又《群谈采余》云："陆允诚割鸡请客，而鸡背宛然'李林甫'三字，惊而不食，事动杭州。"吁！乱天下者，冥报信难测哉！

○杨国忠率意用舍，为军士所杀

国忠代林甫为相，强辩轻躁，公卿以下，颐指气使，莫不震慑。台省官有时名不为己用者，皆出之。（恣威）选人无问贤不肖，皆依资据阙注官，淹滞者翕然称之。（恣福）或劝进士张彖往谒，谓富贵立可图。彖曰："人倚杨右相如泰山，吾以为冰山耳。皎日出，得无失所恃乎？"未几，禄山反，从帝入蜀，军愤于路，扑杀之。冰山之言果验。

林甫死，使国忠能举贤任能，以维持国势，禄山未必敢反；即反，必不济也。乃以妨贤当之，又疑哥舒翰谋己，促师致败，盖媢嫉不悛如此。惜乎从驾之士卒不及排挤，致为所杀也。

〇卢多逊毁功嫉能，全家远窜

多逊为相，每毁赵普。逊父尝曰："赵普元勋，而小子毁之，能无及乎？吾得早死为幸。"及普复相，多逊不自安，普讽之退，不能决。因廉得其交通秦王事，下御史杂治之，削官流崖州，徙家属于远裔。多逊既赴贬所，食于道旁。有逆旅妪能言京邑旧事，逊问之，蹙然曰："我本中原士大夫家，有子任某官。卢多逊作相，令枉道为某事，不从，中以危法，尽室窜南荒，骨肉沦没，惟老身流落山谷。彼卢相者，妒贤怙势，终当南窜，幸未死间，或可见之耳。"多逊默然，趣驾去之。盖好还如此。

多逊之父，逆旅之妪，其知天道矣。

〇丁谓谮贬寇准，身死崖州

谓为准所拔，未几，以奸佞见恶于准，遂谮准，贬为雷州司户。又尝与李迪忿争，同罢相。明旦，复乞身请留，其贪位无耻如此。初逐准时，京师语曰："欲得天下宁，当拔眼前钉；欲得天下好，莫如召寇老。"不半岁，谓以擅移皇陵，亦连贬。人以为报复之速，天道安可诬也？又谓命宋绶责准，词有"《春秋》无将，汉法不道"等语，绶不从。及谓贬，即以此为草词，朝论快之。丁谓既窜崖州，道出雷州，准使人以一蒸羊迎境上，谓求见，拒绝之。准家僮谋欲报仇，乃杜门使纵博，俟谓行远，乃罢。盖谓待准甚刻，准待谓甚宽，然自不能逃天网云。

后贾似道窜叶、李，及似道有罪，而叶、李召用，相遇于道。李赠诗曰："君来路，我归路，天理章章胡不悟？雷司户，崖司户，客中邂逅欠蒸羊，聊赠一篇长短句。"亦画出此段精神。

凡媢嫉之人，与容贤之人，争差不远，只是我见为累耳。有闻其名，雅相慕重，至到面前相处，便有一二事忍耐不过，积久愈成仇隙。故容远贤易，容近贤难；容贱易，容贵难；容暂易，容久难。何也？气相触也，才相抵也，名相倾也，势相轧也。而彼贤人亦未能尽平心无我。交久以后，实见他有不是处。往昔慕德，已认为错敬；今朝嫉贤，已觉为平心矣。夫是之谓实不能容彼寔，寔是消遣不下也。审若此，安所尽得化人而用之？故有君子相遇而卒悖戾者，弊正坐此。须是平日克己忍辱，无名无相，赤条条挺身为国，于一切毁誉爱憎纤毫不挂，方能为子孙黎民造福也。○小人妨贤，只恐他攻击我、倾代我，却不知智谋不敌造化，命里败时，用尽机关，无能为也。若积久祸迟，覆国而身随之，则可畏尤甚。林甫、蔡京后来知之，却自无可奈何。起初只一念固宠，事到头来，骑虎之势不得下也。尚当慎之于始哉！

同寅和衷之报

是第一福泽善事。人臣所以不和者，都恐夺宠夺能，不知世界事非一人所能独满，独则无曜，并乃有功。古来名人，俱以相翼而成，如皋、夔、周、召、郭、李、韩、范，并凑于一时，萧、曹、丙、魏、姚、宋、王、寇，掩映于前后，不闻只手孤拳，有驾声其上者也。中间化得一分，便大得一分。如召公不悦，周公留之；临淮知怨，汾阳释之；莱公结憾，王公荐之；范公拂裾，韩公就之。此皆是英贤隐隐眼目处。然非平心无我，勉强抛却，忌根仍在，恐有决裂处也。此处正须学问涵养耳。

○舜时二十二人德让，声满天地，治高千古

妙在禹也。禹受天下，让于皋陶，则无不让可知。王阳明云："禹不耻其不能稼穑，稷不耻其不能教化，如人一身，目视耳听，手持足行，相与共成天下之事而止。"此可谓公之至也。当时贤圣叠出，如万灯相映，各成其采，何必掩人见长哉！

按：禹之时，则曰"群后德让"矣，而舜之称禹，则曰"汝惟不矜，故天下莫与汝争能"矣。宜必歉然退让，不敢言劳，然禹为舜言，乃叙其荒度土功之勤苦，艰食乃粒之伟绩，何哉？彼其胸中已无技痒，无傲根，无我见能所，视天下若不与，视人技若己有，则虽言功言劳。用相规戒，我何有焉？化之尽也，忘之极也。禹让德皋，皋无一句酢礼，乃自誉其谟曰："朕言惠可底行而已。"舜以天下让禹，赞不容口，而禹无一句颂圣，其规儆于舜曰："毋若丹朱傲而已。"圣人至此，奚啻后世之家人父子哉？故有忘名忘我之心，虽自称功，亦化也。若使胸中芥蒂，则虽誉人贬己，而词色固触人矣。一遇大便宜、大利害，固不胜其计较起矣。故同寅者，先自化其心体始。○但实欲与天地同量，致万世太平，则其斩绝放下，必不在形迹间矣。程子云："将身放在天地万物上，何等快活！"

〇晋范宣子等相让，国霸身显

鲁襄十二年，晋侯治兵緜上，使士匄将中军，辞曰："伯游长。"荀偃将中军，士匄佐之。使韩起将上军，辞以赵武。又使栾黡，辞曰："臣不如韩起。"起请上赵武。君其听之，使赵武将上军，韩起佐之，栾黡将下军，魏绛佐之。晋国之民，是以大和。君子曰："让，礼之主也。范宣子让，其下皆让，数世赖之矣。"

〇郑子产能用众，国强身韶

郑有诸侯之事，裨谌等谋之，应对得宜，化弱为强。当时不以为众人之力，而以为子产之功。

〇蔺相如屈廉颇，而功名益著

相如完璧归赵，又廷叱秦王使击缶，赵大振。于是相如位上卿，在廉颇右。颇曰："吾见相如必廷辱之。"相如每称病不与争列，望见辄引避，舍人皆以为耻。相如曰："夫以秦王之威，而相如廷叱之，辱其群臣。今虽驽，独畏廉将军哉？顾秦所以不敢兵赵者，吾两人在也。今两虎共斗，势不俱生，吾所以先国家之急而后私仇也。"廉颇闻之，肉袒负荆，至门谢罪，遂为刎颈之交。

使当时相竞，诚未可知也。一屈而醇德醉人，廉颇自服，而后世之视相如，不敢以气侠之士当之矣，视角胜何如哉？

〇陈平、周勃交驩，而社稷功高

陈平患诸吕，力不能制，燕居深念，陆贾直入，谓曰："天下安,注意相;天下危,注意将。将相调和,则士豫附,天下虽有变,权不分。君何不交太尉?"于是与周勃深相结,卒入北军,诛诸吕。文帝立,以平为丞相,谢曰:"高祖时,勃功不如臣;及诛诸吕,臣功亦不如勃。"乃让勃为右相。后周勃以应对失旨,谢病归,平专相。

使平、勃不交,虽尽心竭智,无能为矣。若貌交心险,各图己功,得无训、注之祸哉!陈平故阴士,然交欢让功,可为后世法。

○温峤、陶侃同心赴难,遂建伟绩

苏峻反,迁晋成帝于石头。峤邀陶侃共赴讨贼,侃以不预顾命为恨,辞之。峤百计开谕,侃感悟,戎服登舟,昼夜而进。既而与峻相持不决,峤军食尽,贷于侃。侃怒,欲西归。峤曰:"师克在和。峤等与公俱受国恩,事若济,则臣主同祚。如不捷,当灰身以谢先帝,食奚为者!(实有此志,故尔激愤)今事势又无旋踵,公若阻众败事,义旗将回指于公矣。"侃乃分米饷峤,遂督战斩峻,余众大溃。论平贼功,俱封拜有差。峤封公,谥忠武。

峤之忠愤,足以激侃,而侃卒能平心共事,故全也。令中涂相觭,侃归众溃,而贼乘之,即不知死所矣。且天下谓侃为何如臣哉?又安能为八州镇,以功名终也!

○李抱真交欢王武俊,遂破巨贼

河西四镇连反,抱真奉诏讨之。计恒州王武俊颇直义,遣贾林说之曰:"大夫宿著诚效,登坛日,拊膺自言:'我本徇忠义,天子不察至于此。'今上具悉之矣,语使者曰:'朕前事诚误,朋友失意尚可谢,独不许朕改过乎?'此大夫转祸为福之秋也。"武俊悦,与抱真结约,然犹貌事朱滔。及奉天诏下,武俊三镇俱去王号,而滔独怙强,说魏博田悦,与共取大梁。悦不从,遂攻魏。于是贾林复说武俊,令与昭义帅李抱真连衡救魏,武俊从之,军南宫东南,抱真引兵会之,两军尚相疑。(此时最易起衅)抱真乃以数骑诣武俊营,命军司马勒兵以俟,曰:"今日之事,系天下安危。若其不还,领军以听朝命,惟子;励将以雪仇耻,亦惟子。"遂行。见武俊,叙国家祸难,天子播迁,持武俊哭,流涕纵横。武俊亦悲不自胜,遂约为兄弟,誓同灭贼。退入武俊帐中,酣寝久之。武俊感激,待之益恭,指心仰天曰:"此身已许十兄死矣!"遂连衡而进。滔与回纥出迎战,武俊遣五百骑伏桑林,抱真列方镇在后,武俊自前薄之,伏发夹击,滔军大败,走范阳,上表请罪,而河北遂平。

河北积梗多年矣,武俊倏歆倏猜,终未相信。微抱真忘身徇国,单骑往见,则两将终未孚,而滔之破无期也。宜其世守泽潞,为诸道最哉!

〇赵鼎、张浚同心济世,爵望益隆

鼎为相,值金寇及刘豫来侵,遂劝帝亲征。喻樗谓鼎曰:"六龙临江,兵气自倍,然当思归路耳。张德远有重望,若使宣抚江、淮、荆、浙,俾以诸道军赴阙,则其来路即朝廷归路也。"鼎然之。以张浚知枢密院,视师镇江。帝次平江府,浚至,见赵鼎，执其手曰："此行举措，大合人心。"鼎笑曰："喻子才之功也。"（不没人善）浚即日赴江上，将士见浚勇气十倍。时兀术为韩世忠所扼，以书约战，世忠令人以橘茗报之，且言张枢密已在镇江。兀术不信，乃出浚所下文书示之。兀术色变，始有谋归之志。会雨雪，馈道不通，乃引师还。刘豫亦弃辎重遁。帝谓赵鼎曰："近将士致勇，诸路自效，皆朕用卿之力也。"又语张浚曰："赵鼎真宰相，佐朕中兴，可为宗社之幸。"鼎、浚如此，岂不交成其名哉？明年，同为左右仆射，并将相，而喻樗已虑其不合。及浚出视师，遣吕祉奏事夸大，为鼎所抑，而嫌隙成矣。于是二人递处递去，秦桧交误其中，天下事遂不可为，而浚置永州，鼎贬吉阳矣。交和之美，而相戾之害不较着矣哉！

帝曰："朕用卿之力。"鼎曰："喻子才之功。"樗曰："张德远有重望。"帝曰："赵鼎真宰相。"一时花草，故是闹热气象。

伐异争功之报

虽有大机奇才，只此便是私心。天地鬼神，临之在上，岂容一树私之人，都荣享骏，声流万祀哉？即幸而成，终必覆。

○上官桀与霍光同预顾命，欲谋光，反自贼

光女为桀子妇，相亲善，每休沐出，桀辄代入决事。桀子生女，光外孙也，甫五岁，欲因光纳之宫中，光不可，竟夤缘公主纳

之，卒为皇后。由是桀与光争权，谓己为皇后祖，而光乃外祖，安得专制朝事？遂令人诈为燕王旦，上书言："光称跸，擅调校尉，专权自恣，疑有非常。"俟光出沐奏之。桀欲从中主其事。昭帝年十四，即知为诈，辨折之，上书者遂亡匿。以后有谮光者，帝怒，欲加之罪，桀等益屈，遂为废立之计，事发族诛。（后来霍光废昏立明，皆赖此后）

使桀不争宠，固为皇后外戚，与光共享富贵也。一图擅权，遂以丧身灭宗，而大将军声益著，小人亦何利为此哉！

○邓艾、钟会入蜀有功，欲相倾，卒俱覆

艾至成都，汉后主出降。时姜维在剑阁拒钟会，得帝敕，亦降。初，会闻帝降于艾，甚恨，得维，大喜。而艾在成都，颇自矜伐，欲煮盐兴冶，顺流及吴，司马昭报不可，艾辄专命。于是会密白艾有反状，诏以槛车征艾。钟会独统大众，威振西土，遂与姜维谋据蜀，为乱兵所杀，而艾亦死于绵竹西云。初，二子入蜀，或问刘寔曰："钟、邓克乎？"曰："破蜀必矣，而皆不还。"客问其故，寔笑而不答。又钟会问入蜀于王戎。戎曰："道家有言：'为而不恃。'非成功难，保之难也。"盖二子狼贪忌忮，有识者已窥其后矣。

○牛僧孺壅李德裕维州之功，坐是失位

僧孺素与德裕有隙。德裕为西川节度使，布示恩信，吐蕃将悉怛谋以维州降，德裕已据其城。奏上，百官皆请许之，僧孺独曰："御戎守信为上，（伪名理）宜以城归吐蕃。"上从之，执悉怛

谋及从人送去吐蕃，诛之境上，极其惨酷。明年，西川监军王践言入知枢密，数为上言："缚送悉怛谋以快虏心，绝后降，非计也。"上大悔，尤僧孺害功失策，遂罢为淮南节度使。

僧孺所忌者，功高夺宠耳。然使当时成其功，至德裕入相而止，而己亦得首相优叙之宠矣。今也不然，期年牛罢李相，则兹媚嫉者，乃所以荐李而自劾欤？可恨可诮！

○李训、郑注欲私诛宦之勋，身败名灭

训、注本由宦官王守澄进，唐文宗以其才辩可任，与谋诛宦官，遂酖杀守澄，葬于浐水。郑注因谋令内臣中尉以下，尽集浐水送葬，阖门斧之，使无遗类。李训与其党谋曰："如此事成，则注专其功，不若先期诛宦者。"已而并注去之。壬戌，御殿班定，韩约奏"左金吾厅事后，石榴夜有甘露"，先命宰相视之，训等奏非真，乃命诸宦官往视之。至左仗，风吹幕起，见执兵者甚众，惊诣上告变。训呼金吾卫士上殿，击宦者，死伤十余人。宦仇士良扶上升舆，决殿后，罧罶北出，命禁兵讨贼，杀吏卒千余人，民酤贩其中者皆死。（只为私功一点，害千万人命）宰相王涯等皆论斩，训、注灭门。

尽杀不分黑白，已乖天意。训、注小人，尤不足道，然可为专功之戒。

○宋洛、蜀、朔三党交攻，而群小得志

哲宗时，司马光改新法，用正人，而程颐在讲院多用古礼，

为苏轼所戏侮，二家门徒因之相攻，遂有"洛党"（程）、"蜀党"（苏）、"朔党"（刘挚等）之号。是时，熙、丰用事之臣，退休散地，怨入骨髓，阴伺间隙，而诸贤不悟，交相訾议。于是邪正混淆，人主莫知倚仗。至绍述说兴，而诸贤禁锢屏迹矣。颐编管涪州，轼儋州矣。

○吕大防与范纯仁用人相觭，而杨畏首叛

吕、范、苏辙并相，吕大防欲引用杨畏，纯仁言其好。大防曰："君毋以为畏所弹，故憾之乎？"辙即从旁诵弹文，然纯仁实不知也，于是愕然失净。大防竟超迁杨畏为礼部侍郎，且密约其助。已，杨畏首叛，大防倡言神宗法宜绍述。帝询故臣孰可用，即疏章惇、吕惠卿等，帝深纳之。二月而吕大防、苏辙罢去，将加重谴。纯仁力救之，辙始叹曰："公佛地中人也。"（纯夫之去，乃在吕、苏之后乎）

按：纯仁可谓忠恕，而二贤犹不能容，持此以衡人品，安得不颠倒哉！约助而得叛，以私意用舍，其误如此，《传》所谓"好知恶，恶知美，天下鲜"者也。伐异争功之人，即娼嫉之意，行之同侪耳。此只胜心不除，似无大恶，然偏爱偏憎，以私害公，子孙黎民之被祸众矣。汉党人俱矜名惜节，同心济世，然标榜求名，疾恶太激，亦觉为伐异所使，亦总是私也。观其言曰"与李、杜齐名，死亦何恨"，便可见当时习尚，此便非肫肫至念也。中间陈太丘、郭有道、王彦方，自是妙人，却留得些小生意。

贼害忠良之报

〇田蚡害窦婴，竟被鬼录

婴，窦太后弟，素忠直，与灌夫厚善。及武安侯田蚡为相，而婴失势，灌夫又被酒骂坐，得过田蚡。蚡遂按灌夫家居甚横，欲杀之。婴上书救护，并与田蚡争辨。蚡，武帝母田太后弟也，方得权，太后庇之，竟论杀灌夫，又以飞语中婴，亦坐弃市。明年春，蚡病，专呼服谢罪。使巫视鬼者视之，见窦婴、灌夫共守，欲杀之竟死。

均一外戚，而蚡不如婴多矣。人诛鬼诛，只争三月性命，且害彼两贤，恐一世偿债不了也。

〇袁盎谮晁错，寻中刺客

错谋削六国，为社稷忠虑，虽行之无渐，又欲使天下自将，而己居守，然其初意，则在安国也。盎与错有隙，因屏左右，奏言："六国所恶者独错耳，诛错兵必解。"天子信之，遂朝服斩东市，全家死焉。盎寻为梁王刺客所杀。错死外藩，盎亦死外藩，可谓画样矣。

按：错既诛，吴兵终不解，则盎分明是借事杀之耳。又《仙佛志》："吴越时有一僧，戒行精严。遇道人与相知契，及分袂，命之曰：'子有急难。可来某处相寻。'后僧为吴越王讲经，升沉香座。未几，发一人面痛，痛苦不可忍。乃寻道人，指亭前水使洗之。既掬水，痛乃言曰："且缓之，汝读《史记》，曾识袁盎害晁错乎？"曰："识之。"曰："子袁盎，吾晁错也。子害吾，全家弃市，偿债未了。以子九世出家，道行精严，吾不得报。汝近坐沉香座，享用过丰，故吾得以害之。今蒙真人解我以太乙甘露水，不复为冤矣。"于是洗之，痛彻心肝，绝久复苏，痛渐枯。由此言之，孰谓谗害无其报哉？

○吕蒙计陷关公，不及封，而就毙

此载在传志中，小子能言之。操为汉贼，以公之忠义，力扼其吭，使无东吴，挟诈捣虚，则功可成。其初献计者，吕蒙也，甫受宠宴，则公摄其魂，睁目叱咤，出血而毙，岂非天哉！

○来俊臣诬罪李昭德与同时而刑死

武后时，俊臣倚势贪淫，监察御史李昭德恶之，俊臣遂诬以谋反下狱，因令罗告诸武及太平公主同反。诸武其发其罪系狱，有司处以极刑，后不允。吉顼曰："俊臣聚结不逞，诬构良善，赃贿如山，冤魂塞路，国之贼也，何足惜哉！"乃与昭德同弃市。时人无不痛昭德而快俊臣，仇家争噉其肉，须臾而尽。后知天下恶之，乃下制，数其罪恶曰："宜加赤族之诛，以快苍生之愤。"士民相贺于路曰："眠始得帖席矣。"

来俊臣酷虐，罪恶已盈，借李昭德一人以彰其报耳。

○秦桧害岳武穆，受冥报

世传岳王显圣杀秦桧者不一，然东窗商量事，所谓"擒虎容易放虎难",则纪载不可掩也。方岳侯狱成,桧居东窗下,以瓜画柑皮,如有所思。桧妻王氏曰:"促虎易,放虎难,老汉一何无决?"桧即画片纸付入。是日岳侯缢死,王氏无子,未几亦死。有押衙何立者,桧差往东南第一峰勾干,恍惚人引至阴司,见夫人带枷备刑,楚毒难堪。语何立曰:"告相公,东窗事发矣。"押衙复命,言其事。桧忧骇皇皇,数日亦死。何立后往山修行,成地仙。

一大天下,岳侯以身任之,其精神魄力,尽贯千古。桧以私意害之,杀中国造福种子,地狱加锁,宁有了日?

○马顺杀刘忠愍,就显戮

正统中,王振擅权。侍讲刘球上言"政柄不可下移"。振怒,欲死之。适编修董璘忤旨下狱,振即令其党锦衣卫指挥马顺苦栲,令招球同谋,即捽去囚狱中,支解其体。球见刑,不知所谓,但曰:"死诉太祖太宗。"自是人缄口不敢言。球魂附顺子,数顺之罪曰:"汝阿王振害我,我已得诉,令鼠辈祸惨于我也。"顺不安,日诵经忏罪。及王振陷驾北狩,振为虏杀死。郕王临朝,群臣交言振恶,请族诛。马顺从旁叱各官起去。给事中王竑愤起,捽马顺首,骂曰:"顺平昔助振为恶,祸延生灵,今犹敢尔,真奸贼也!"众争殴之,蹴踏抢裂,碎为肉饼,血流庭中,(祸真更酷)振亦族灭。侄王山裔杀于市。赠刘球为学士,谥忠愍。二子钺、釪,俱登进士。钺至参政,釪至按察使,子孙科第不绝,人谓"天所以报忠愍"云。

一般酷死，而振、顺既惨于忠愍矣。乃死忠，则天昌其后。如此，视子侄窝杀，何如何如！山岂预杀刘者乎？何任报之酷也。

○石亨等害于忠肃，皆伏诛

景泰中，于谦有社稷功，独建储事不甚力净。石亨、曹吉祥、徐有贞等既夺门迎驾，欲高其功，因诬谦迎立外藩，杀之。有贞初亦犹豫，石亨曰："不杀谦，则今日之事何名？"遂决。谦死时，太后不及知，后知之，为上言谦匡辅之功，为人所诬。既久，上察迎立事愈无状，屡诘亨、吉祥等。及亨所荐尚书陈汝言以赃下狱，贿物狼籍。上召大臣视之，变色曰："景泰间，任于谦久且专，家无余物，汝言何得赂之多耶？"亨等俛首不敢言。自是上益悟谦冤而恶亨等，未几，皆坐事诛之。有贞亦下狱，苦毒备至，卒谪金齿为民。复谦官，谥忠肃。荫子至应天府尹，婿朱骥亦为锦衣卫指挥。

亨之害忠肃，欲高其功，岂期卒成其罪乎？总之，天道使然。

○门达谋李贤、袁彬不克，身自谪戍

达为锦衣卫都指挥，有宠，遣较缉事，横恣罗织，人莫敢言。以袁彬从上北狩，李贤为首相，二人得于御前言事，谋排去之，乃摭彬阴私数十事上之。上欲法行，不以彬沮，谕之曰："从汝挐问，只要一个活袁彬还我。"既下狱，拷掠备至，欲置死罪。有漆匠杨埙愤然为之不平，（是谁遣来）上疏论救，并条陈门达不法二十余事，击登闻鼓以进。上令达逮问，（势焰益张）达逼埙供李贤主使。暄惧栲死于狱，乃阳应诺，问逐条事款，皆言不知，曰："此实李阁老教我为之。但我言于此，无人证见，不若请会多官廷鞫，对众言之。"达遂以闻，曰："李贤令杨暄诬臣，臣不足惜，独不畏陛下法乎？"上命中官会法司讯于午门，暄大言曰："死则死耳，何敢妄指他人？鬼神昭鉴，此实门指挥教我扳指也。"二十条款，敷对甚悉。众皆曰："门达为有罪矣！"达失色计沮。彬遂轻调南京，暄亦得免。李贤乞致仕，不允。后言官劾达欺罔、故杀诸大罪，下狱，谪戍烟瘴。袁彬召还原职，饯送门达赴戍。（宁不羞杀）达卒死谪所。

暄一念公愤，不知所自来，一腔机智，不知所自往，真奇绝事。气杀门指挥，造谋造计，一场暴跳。小人贼害君子，幸而得计，便谓死生在其手，不知死于小人之手，亦冤对使然，非彼所能为也。在被害之君子，只偿宿债；在害正之小人，则罪业必重。何也？造物责人，直专责其意耳。兴一杀机，冥谴随之，辟如盗贼蛇蝎，固是生成害人，然食人还为人食，自是彼一念杀根带来，能革心回虑，易暴行仁，则造业亦转，如伏气之蛇，归顺之盗，自足夺胎换形、转凶袭吉也。若彼无冤对之君子，任小人如何若何，终是死他不得。而小人枉设机关，枉取罪过，如含血吮空，空中不染，口自腥秽耳。昔刘安世以忤章惇被贬，惇必欲死之，阴令杀陈衍使者（前使杀内侍陈衍于崖州者）过梅，胁安世使自裁，使者不忍而止。又擢土豪为转运判官，使杀之。安世知其情，已处置家事，杜门待命，一夜寂如。至早，有敲门甚急者，问之，则曰："判官以疾驰劳驿，未至梅三十里，呕血死矣。"安世获免。观至此，始信死生有命，非人力也。小人亦枉了造谋造计矣。

考试赂贿之报

○长洲学生员奚纯献贿中式，祸亲及身

弘治已酉岁，长洲学生王緼应乡试，有校官鬻科名，无愿者，亟欲贱售焉。同学生奚纯来招緼共图之，事濒就矣。一夕，緼梦身中乡试十几名，甫中试而父死，妻继死，妻之父复死，身亦死。觉而怪之，见纯不言梦，但托以年幼学疏，不欲暴得名第，辞不就。纯怒，责以轻名，曰："我即自为之计，所费不过数十金。"已而果中式，名次正如所梦，緼方以为异。既而其父与妻及妻父相继死，益异之。无何，纯亦死，緼乃以所梦告人曰："使当时我为之，今已入鬼录矣。"科名之不可侥幸如此。

○某县尹卖三举子，天夺吉地，凋其家业

六合尹林克正延地师仰思忠为岳父何方伯求葬坟。其姻某氏父亦知县，未葬，因荐仰思忠卜其窀穸，连日寻求，得吉地矣。方点穴间，雨骤下，遂下山，约天晴再往。是夜，思忠梦一老者问曰："今日之地佳乎？"曰："佳。"曰："此地切勿与之。此人为考官，卖三举子，当有阴祸。若葬此地，法当荣其子孙，非天意矣。"遂觉。明日问克正曰："昨大尹居官何如？"曰："先为教谕，转此官，不久遽卒。闻为考官时，通关节，得贿甚多，乡评以是少

之。"思忠惕然，因托故归家。越二三年，遇其乡人，问："某大尹葬未？"其人曰："因与势家争坟，致死人命，官司牵缠，至今未葬，家业亦且凋落。"

今之以吉地图陷人，致争讼者岂少哉？往往破家取祸，皆天夺其鉴也。

卷之二　官鉴二

忘身体国之报

　　韩魏公云："任国家事，直当以死付之。其不死，命也。非所敢，必也。"故公平生未尝以胆许人，盖胆无如公者。彼其刺客之变，当之漠然，他可知矣。历观古来大英雄、大福德如郭尚父、裴晋公等，俱从舍死忘生中来，丝毫爱根，便嗫嚅观望，任天下必无力。然舍不徒舍着身子，为功为名，能所我见，俱是躯壳上事。舍得尽时，方为无欲致刚，用己用人，八面付之矣，是岂不与天地同量乎？魏公事已现《定策》中，故不在此。

〇郭子仪忠贞无我，勋满天地

　　子仪既忘怨荐李光弼，与同恢复，又以其部曲仆固怀恩功高，让以副元帅之职，于是怀恩爵太宁郡王而光弼已代子仪，有其军，加太尉兼中书令矣。子仪独为朝恩所谗，罢职，留京师。然处散地不怨也。会党项羌叛，乃以子仪遥领两道节度使，假威名以镇之，实无兵。已而绛州军乱，杀主帅，诸将不能制，乃命子仪往，始封汾阳王，至镇，乱魁王元振自以为功。子仪曰："汝临贼境，辄害主将。若贼乘之，无绛州矣。吾岂受一卒之私耶？"斩之。于是诸镇始皆奉法。（只此便是安天下之功，忘官爵。）秋，入朝。阉程元振忌其功，数潜之，复罢，留京师。明年，吐蕃入寇。仆固怀恩已拥兵不朝，而李光弼及他名将皆忌元振在中无至者，边将告急。元振皆不以闻。及至奉天武功，京师震骇。乃起子仪为元帅御之。时闲废日久，部曲离散，召募得二十骑而行。（他人心下何如？）至咸阳、吐蕃二十余万众，弥漫数十里。子仪奏请益兵，元振遏之，竟不召见。吐蕃度便桥，上仓卒走陕中，长安委贼，焚劫一空。子仪行收兵四千人，泣谕将士共雪国耻，诸将感激受约束。度兵微无可战，乃使长孙全绪出蓝田书击鼓张帜，夜堕燃火以疑虏。百姓又绐之，曰："郭令公自商州将大兵至矣。"虏惊，悉众遁。子仪入城，京师遂安。（以声喝退虏。）帝泣曰："子仪真社稷臣也。"削程元振官爵，流之。未几，怀恩反，李抱真自汾阳脱身归。帝问之，对曰："怀恩反，然不足忧也。朔方将士思郭子仪如父兄，陛下以子仪镇朔方足矣。"上从之，朔方将士愧从怀恩不义，无面目见汾阳王，悉涕泣受约束。（神感。）明年，怀恩以回纥吐蕃众十万寇奉天，见子仪大军惊愕，不战而退。又明年，数十万分道寇边。时怀恩暴死，而二虏争长不相能。子仪觇知之，使人说回纥，与俱击吐蕃。其帅药葛罗不信，曰："汝绐我耳，令公在此，可得见乎？"反报，子仪曰："今众寡不敌，难以力胜也。吾昔从回纥结约厚甚，若挺身而说之，可不战而下也。"宾佐交谏不听。请以五百骑从，亦不听。子晞叩马力争，子仪曰："今战则父子俱死而国危，往以至诚与之言。其听，社稷之卫也。不然，亦身没而家全。"（为晞言耳。）以鞭击其手曰："去。"遂从数骑开壁出，令人前传呼曰："令公来。"回纥大惊，药葛罗执弓注矢立阵前。子仪免胄释甲投枪进，诸酋长相顾曰："果我父也。"皆下马罗拜，子仪亦下马前执药葛罗手，让之曰："汝回纥有大功于唐，唐之报汝亦不薄，奈何负约，深入吾地，弃恩德而助叛臣乎？今吾挺身而来，听汝所为，我死，将士必致死与汝战矣。"药葛罗曰："怀恩欺我言天可汗晏驾，令公亦捐馆，是以敢来。今既在此，我曹忍与令公战乎？既为怀恩所误，负公良深，当为公力击吐蕃以谢过。"回纥观者为两翼，稍前，子仪麾下亦渐进。子仪麾却之，因呼酒与酋长共饮酌酒酬地誓。吐蕃闻之夜遁。药葛罗与我兵追之，杀获万计。是时虏再入寇，赖子仪盛德镇之而社稷再安。始光弼与子仪齐勋，治军严，诸将莫敢仰视。及帝入陕，光弼畏谗迁延不入卫，诸将田神功等，不复禀畏，愧恨疾薨。而子仪精忠独著矣。尝为盗发其父冢，人疑鱼朝恩所使。上忧子仪为变。及入朝，语及之。子仪流涕曰："臣久将兵不能禁暴，军士多发人冢。此天谴，非人事也。"朝廷大安。又鱼朝恩尝邀子仪游章敬寺，元载密告曰："朝恩将不利于公，将士请束甲从。"子仪曰："彼无天子之命，必不敢害大臣。若受命而来，汝曹欲何为？"（死君命无丝毫怨。）乃从家僮数人而往，朝恩惊问其故。以所闻告，且曰："恐烦公经营耳。"朝恩抚膺流涕曰："非公长者能无疑乎？"（以是化人，何所不化？）盖自上将拥兵，至于功成荣满，疑谤百端，诏书一纸征之，无不即日就道，竟以见信。尝遣使至田承嗣所，承嗣西望拜曰："此膝不屈若干年矣。"李灵曜作乱，公私物过汴州，皆留之。惟子仪物不敢近，卫送出境。子暧尚公主，夫妇有隙。暧曰："汝倚乃父为天子耶？吾父薄天子不足为。"公主奏之,帝曰:"彼诚如是。若欲为之,天下岂汝家有耶?"盖忠信格于上下,如此任中书令二十四考,家人三千人,怀恩、怀光、浑瑊等皆出麾下。虽贵为王公,常颐指奔走于前,家人亦仆隶视之。八子七婿皆显官,诸孙数十人,每问安不能辨,颔之而已。功盖天下而主不疑,位极人臣而众不疾,穷奢极欲而人不之非。年八十五,天下以其身为安危者殆三十年,号尚父,爵太尉,谥忠武,子孙多以功名显云。

以忠论临淮胜怀恩,汾阳胜临淮而福庆肖之,造物之因材也。盖毫厘眇忽未之或爽矣。

〇李晟捐躯报效,王业世家

朱泚犯奉天城危甚,李晟、李怀光倍道入援,围始解。会有谮者,不得见天子,而令怀光与晟刻期取长安。怀光怏怏,阴怀异志,惮晟觭之,请联军咸阳,西垒未成而贼至。晟请驱破虏,死不恨怀光不从而阴与泚通。晟惧为所并,上书请移军别营,报未下而中使至晟所。晟即令军中曰:"有诏徙屯,结陈趋东渭桥而去。(应得敏。)无何而怀光即夺节度兵以反,帝奔梁州,诏加晟尚书左仆射同平章事,召扈跸。(可以辞难矣。)晟受命拜哭曰:"若皆从上,谁灭贼者?"乃搜士缮兵,请复京城。时怀光、泚连兵甚盛,晟以孤军处其中,身及将士家属皆在长安为虏质。内无资粮,外无救援。徒以忠义激将士,有言及家者,则泣曰:"天子何在,敢言家乎?"军士犹未授春衣,盛夏裘褐而终无携志。泚使晟所,亲以家书遗晟言平安,晟怒曰:"尔乃为贼间耶?"斩以徇。（国尔忘家，未有若是之甚者。）晟遗怀光书辞甚逊，而谕以祸福，令改图立功。怀光惭，未忍击之。未几，幕下多叛，而晟军日益振，恐袭之，乃走河中。（先去一贼了。）晟遂引兵败朱泚，收复京城，屯含元殿前，令诸军曰："晟赖将士之力，克清宫掖，长安士庶，久陷贼庭。若小有震惊，非吊民伐罪之意。晟与公等，室家相见非晚，五日内无得通家信。（成功不喜，只是忧民。）公私安堵，秋毫无犯。大将高明曜取贼妓，尚可孤部卒攘战马，立斩之，坊民远者既逾夕而后知王师之入也。论功，拜司徒中书令，爵西平王。卒，谥忠武，有十五子。李愬平淮西，亦封王。听愿宪俱尚书节镇为名臣。

○裴度忘危讨贼，绍德汾阳

唐宪宗时，度为御史中丞，与相武元衡，共主讨蔡州。元衡昧旦入朝，有贼自暗中杀之，取其颅骨而去。又击裴度，伤其首，赖毡厚，得不死。京城大骇。于是诏宰相出入加金吾骑士。或请罢度以安藩镇心，上不从，遂相度。度益言淮西腹心之疾，不得不除。且朝廷业已讨之，跋扈者将视此为高下。于是讨贼愈急，至四年不克，诸臣竞请罢兵，上亦病之，以问度。度曰："臣请自往督战，誓不与此贼俱生。"上悦，命度为淮西招讨使。将行，辞于上曰："臣若灭贼则朝天有期，贼在则归阙无日。"上为之流涕。既往，用李愬入蔡，封晋国公，复入相。以身系天下轻重，如子仪者二十余年。威望远达四夷，历四朝为元老，谥文忠。

○富弼靡家抗虏，齐勋韩范

宋仁宗时，契丹乘朝廷有西夏之忧，来求关南地。帝择人报使，夷简素不悦富弼，因荐之。弼得命，即入对曰："主忧臣辱。臣不敢爱其死。"帝为动色，进枢密直学士。弼辞曰："国家有急，义不辞劳，何遽以官爵赂？"遂往见契丹，辞气慷慨，条理晓畅。初拒割地，次排和亲，至末议岁币以死争献纳二字。契丹心折，而遣他使见帝。帝竟以纳字与之，非弼意也。论功赏为翰林学士，固辞不拜。弼始受命使契丹，闻一女死；再往，闻一男生；皆不顾。得家书未尝发，辄焚之，曰："徒乱人意。"故能成两国之好，后与韩琦、范仲淹并相齐名。未几，为奸人诬以通契丹罢去，祸且不测，尽心救济流民。上嘉之，复与文彦博俱相。为四朝元老，寿八十，盖圣世瑞物云。

○李纲舍死敌虏之冲，出将入相，身名俱令

宋徽宗时，金虏逼京师，帝将东幸，以太子为开封牧，太常少卿李纲（大臣误国而少臣担忧。）谓侍郎吴敏曰"建牧之议，非欲委太子以留守之任乎"云云。（识胆大。）翌日，敏以闻帝，即召纲入议，纲刺臂血上奏。（热忠。）请假皇太子位号，使守宗社，以死捍敌，帝从之。钦宗立，以纲为兵部侍郎。金议割地，纲言祖宗疆土，当以死守，不可以尺寸与人。金师济河，宰执请幸襄邓以避敌。李纲曰："上皇挈宗社以授陛下，委而去之可乎？"帝问："谁可将？"纲曰："白时中、李邦彦等，虽书生，然借其位号，抚将士以抗敌，其职也。"时中勃然曰："李纲莫能将否？"纲曰："陛下

不以臣庸懦，使治兵，愿以死报。"（素志。）于是以尚书右丞兼留守，复力陈不可出幸。会内侍奏中宫已行，帝色发仓卒，降御榻曰："朕不能留矣。"纲泣拜，以死邀之。帝曰："朕今为卿留，倚卿御敌，无致疏虞。"纲皇恐受命，宰臣犹请出幸不已。（只是畏死，便国事不顾。）帝从之，纲趋朝则禁卫擐甲乘舆已驾矣。纲卒难与争，则急呼宿卫曰："汝愿从行乎，愿死守乎？"皆曰："愿死守。"因入见曰："陛下已许臣留，复戒行，何也？今六军家室皆在都城，愿死守。万一中道散归，陛下谁与为卫？敌兵知乘舆未远，以健马来追，何如哉？"帝感悟，遂止，禁军皆呼万岁。纲治守战之具，数日而毕。（非此忠决则上意且行且止，守具束手不理矣。）而金人围京师矣。纲力战御之，金知城中有备，来议和。纲以为击之便，李邦彦等共主割地请和，帝从之。求可使者，李纲请行。（件件抛死去恨无多身耳。）帝不许，乃遣李梲。纲曰："安危在此一举，臣恐李梲怯懦误国事也。"（并无替身，奈何奈何。）不听。是夜金人来攻抛，纲复败之，斩获百余人。至旦始退，李梲至金军，金大索金币，求割中山、太原、河间三镇地而以宰相亲王为质乃退。梲唯唯不敢措一言。金人皆笑以为妇人。（岂不辱身辱国？）梲至，李邦彦劝帝从之。纲言："金人所需金币，竭天下且不足，况都城乎？三镇，国之屏蔽，何可割？至于遣质，即宰相当往，亲王不当往。若遣辨士姑与之议，所以可不可者宿留数日，大兵四集，彼孤军深入，必当速退。此时而与之盟，则不敢轻中国而和可久也。"（此计不缓不急，事理明畅如此，当时直是为死生所怵识地惝然。）帝与邦彦俱主和，纲不能夺，因求去。帝慰之曰：

"卿但出治兵。此事当徐图之。"纲退则誓书已成,一如其言,使未至而金人复攻城。李纲亲督战,斩其将校十余,杀众数千而勤王兵日至。金始退无何。姚平仲袭金营不克,遁去。金复围城,遂罢李纲以谢之。陈东及都民数万上书呼诉,乃复官。寻为耿南仲所沮,出为两河宣抚使。召还,罢知扬州。而金师复来,京师为陷,二帝北巡。李若水、刘韐死节,何栗、孙傅、秦桧以抗议执去。吕好问虽成功,竟汗伪命。赵鼎、张浚逃名太学而纲独脱然至。靖康初,为中兴首相。立一代之纲纪,扶百年之宗社,岂非天哉?后虽罢相,犹宣抚湖广制置江西,以一身系华夷之望,优游节镇,善保终始云。

以纲之忠义性成,使非扬州之行,则二帝北巡必抗节死难矣。矧又金人所侧目乎?故罢公者,乃所以全公而使开靖康之治也。其用而卒罢,则天固扼宋之中兴耳已。(汴京陷矣,全副朝廷都在扬州逐臣身上。)

○虞允文致身安危之会,出将入相,与纲齐休

允文书生素不知兵,为江淮参谋。时金主亮败盟南下,帅大军临采石江,誓众将济。允文奉命犒师采石,迎李显忠交王权军,权已去而显忠未来,官军星散,敌骑充斥,允文谓坐待显忠则误国事,遂立招诸将,勉以忠义曰:"金帛诰命皆在此以待有功。"众咸奋请死战,或谓允文曰:"公受命犒师,不受命督战,他人坏之,公任其咎耶,此私心安能济天下事?"允文叱之曰:"危及社稷,吾将安避?"乃命将列阵,部分甫毕,敌已大呼,数

百艘绝江而来，直薄宋军。军小却，允文入阵中，抚统制时俊之背曰："汝胆略闻四方，立阵后则儿女子耳。"（数句能令人死。）俊即挥双刀出，士殊死战，日暮敌未退。会有溃卒自光州至，允文授以旗鼓从山后转出，敌疑援兵至始遁。允文命劲弩尾击射之，遂大败。然知敌必复来，夜半部分诸将，明旦敌果至，夹击之，复大败。金主焚舟遁去。当是时，金师獗甚，天子至欲航海避之。又有诏散百官，盖积怖如此。微允文制胜，呼吸之会，宋其不为宋乎？金主既败，被弑瓜州，而乌禄即位，遂正敌国礼，皆此战基之也。允文还朝，帝嘉叹曰："朕之裴度。"以为川陕宣谕使，经略中原。寻召还，为枢密使，迁右仆射，寻为左丞相。出入将相二十年，忠勤弥笃。封雍国公。卒，赠太傅，谥忠肃。

　　李纲、虞允文皆书生，而一朝愤激，挥斥大敌，非其忠勇过人哉？

权要横溢之报

　　天地与我大权要，都是无边根器，修得好，来受此福报，将命之赈济天下利泽苍生也。若能以公心仁德行之，身家不顾，饥溺由己，则为伊周之名世，为郭汾阳、韩魏公之勋德，宠冠一时，名垂万祀矣。虽然权重震世，福厚危身，犹有不胜卑抑之虑焉，盖手握利器，不死带伤，望日之月，由蚀入晦，其势然也。如霍光拥昭立宣，可谓精忠，独以处势太迫，隐妻邪谋，遂至覆宗灭祀。况其冯陵以逞者乎？权在手时，横弄风雨，崩摧山岳，自谓莫可谁何；天道辽远，岂知积炭烧焰，愈热则愈易尽，定有一时黑漫漫冷凄凄光景哉？饶君颐指呼喝，不是自家带来的，尽是天地轮流物事，借来使用。大限到时候，依然只身气衰，兴尽冤对。临头向时，使得性快者，只以增来生冥世业债而已。然当其热肠时不知也。如人梦中，妙景正浓，忽然推醒，犹自不快，况于人世荣华冗闹爽口攻心，日重一日，非大豪杰大猛省能知其幻者哉？就使一二时炎性乍歇，思量结局，怎当得左右狎客。又来称功颂德，供媚献妍，捱过抹过，全部由自家主张。到头一着，势重难反，骑虎难下，又直无可奈何也。一不做，二不休，遂索性做到颠蹶地位，揆之初心，亦甚无当矣。故能以大力运小心，种种权势，都成种种福德甚善。不然，则敛权避怨，安静镇俗，急流而猛棹，犹留不尽余庆，以还后日受用去也，何如何如。

○窦宪擅杀，以破虏赎罪，卒伏诛

汉和帝时，窦太后临朝，宪为侍中秉权，都乡侯畅来吊国忧，后数召见之。宪惧分权，遂遣客刺杀畅。后怒，宪因求击匈奴以赎罪，公卿皆上书，以匈奴不犯边而劳师远伐不可。乃将精骑万余，破北单于，刻石勒功归。益骄纵，刺史守令多出其门，父子兄弟充满朝廷。又杀尚书乐恢。帝与中侍郑众定议诛之，兄弟皆死，惟窦环忠善独全，宪党郭璜等皆收捕死狱中。

当杀刘畅、乐恢时，谁人敢撄其锋，谁虞杀到尔家也？

○梁冀擅权，以弑立固宠，竟夷族

梁冀一门前后七侯，三皇后，六贵人，一大将军，卿将、尹校五十七人，所在怨毒。妻孙寿亦封为襄阳君。张纲劾奏，冀深恨之，以广陵多盗，乃迁纲为广陵太守。纲卒以招降获功。（权贵亦无如人可。）质帝聪慧，常目冀为跋扈将军。冀置毒于饼弑之，召百官议所立，皆以清河贤，宜嗣位。冀白太后，迎蠡吾侯立，是为桓帝。又杀李固、杜乔，专擅威柄，凶恣日积。天子拱手不得有所亲与大不平，乃诏发兵围冀第。冀及妻寿皆自杀，梁氏废焉。胡广等以阿附免，坐黜三百余人。

以梁商之盛德，使冀善守，必可保家业，如冀者亦大不孝之子欤？

○司马懿族王陵，因为厉鬼杀懿

懿勋业日隆，又诛曹爽，篡夺之迹益彰。王陵时为扬州刺史，以魏帝受制疆臣，谋迎立楚王讨懿。懿知其谋，自将中军攻陵。陵知势穷，乃单舸出迎，遂送陵至京师。过项城贾逵庙侧，陵呼曰："贾梁道吾固尽心于魏之社稷，惟尔有神知之。"陵遂饮药死，三族皆诛。其年懿病，白日见逵来，并陵为崇，因呼陵字曰："彦云，缓我。"懿身亦有打处。少时遂卒。

○司马师杀夏侯玄，诉于上帝，无嗣

玄以才望正直，为司马师所忌，杀之。宗族设祭，夜而假寐，见玄坐灵座，脱头置其旁，悉敛食肉纳之。既而还自安头，因言曰："吾得诉于上帝矣。"司马子元无嗣也。既而师死无子，弟

昭以次子攸为继，攸子冏嗣立为王，又被杀。及永嘉之乱，有巫见宣王（懿也）云："我国家倾覆正由曹爽、夏侯玄二人诉冤得申故也。（《太平广记》）

其事近渺，然既班班册中便可为戒。又按：懿诛爽时，与长子师谋。至将发之夕乃及昭，既而觇之，昭徬徨不寐，师熟寝达旦，然师竟绝嗣矣，足见有才胆人造业尤多。

○梁卢陵王贼杀守令，为厉身死

卢陵王萧续为荆州刺史，时有武宁太守张延康甚便弓马，将还都，王留之。延康意贪进不肯止，王遂寻延康为郡时罪，锁系在狱，发使启申，望朝廷委州行决。梁主素识延康，兼疑王启不实，乃敕送都。王既怀恨，又惧延康申谢翻，复获罪，乃未宣敕，使狱卒说延康曰："如闻王欲见杀，何不投身还都自理？若能去，当为方便。"延康然之，遂夜逃，王遣游军设伏刺延康于城下，乃表叛逆格战而死。又有枝江令吴某将还扬州，被王要结，亦不肯住，遂使人于道击杀之，举家数十口并溺死焉。后数年得疾，王日夜常见张、吴二人守之。王但曰："宽我！宽我！"少时而毙。

初犹是怜惜心，后转生嫉妒心，权门中如此者不少。有心计而用以毒人，何如无有？

○唐窦轨嗜杀害人，群鬼索命

轨太穆皇后从兄为洛州都督，刚严嗜杀，多刑将士，又害尚书韦云起。贞观二年病甚，忽言有人饷我瓜来，左右报无有。轨曰："一盘好瓜，何谓无耶？"既而惊视曰："非瓜，并是人头从我求偿命。"又曰："扶我起见韦尚书。"言毕而薨。

不是有大威势，那得好瓜许多？以头为瓜，嗜所使也。及瓜之期，难乎免矣。国有典刑，杀人安能无以杀为讳？自谓阴功，则古有云赦能坏政。何也？孟子说得妙，曰："不嗜杀"。嗜之一字，惨毒莫甚焉。不嗜一字，矜悯莫甚焉。暴恨者勿论矣，亦有蹰蹰进退，竟杀人以媚人者，譬之此物不欲食，然竟食之，犹之嗜也。故不嗜的念以其所不忍达其所忍仁也，此贤圣分晓经世语也。又如人之初持素者积久，自厌腥荤。愿人慎嗜也。

○王鉷害杨慎矜，被诉族诛

唐监察御史王抡为朔方节度使判官，乘驿在途，暴卒而颜色不变，犹有暖气不敢敛，凡十五日复生。云至冥司，与冥吏语，冥吏悦之，立于房内。吏出，抡试开其案牍，乃杨慎矜于帝所讼李林甫、王鉷也，已断王鉷族灭矣。于是不敢开置于旧处而谒王。适杨慎矜兄弟入见，王称冤。王曰已族，王鉷即当到矣。须臾，锁鉷至，兼其子弟数人皆械系面缚，七窍流血。王令送讯所。于是与慎矜同出，乃引抡。既苏月余，有邢䌹之事，王鉷死之。（《出纪闻》）

未及李林甫，何也？岂林甫仙官降世，报犹未艾耶？人臣当其舞权弄势，炙手可热，孰知冥冥之中已先褫其魄哉？观此能不竦然？

〇唐元载弄权，天谴灭族

元载既诛鱼朝恩，上宠任益厚。载遂志气骄溢，弄权舞智，政以贿成。有徐浩者甚贪佞，倾南方珍货以赂元载，即引为吏部侍郎。又请百官论事，先白宰相，然后奏闻，颜真卿指其奸，即诬贬之。有丈人来，从载求官，但赠以一门帖，余无一言。丈人不悦，试谒判官，闻有载书，即大惊，白节度使，以箱受书赠贿千匹。其威权如此，众尽侧视难堪也。时有犍为崔太守，以启尹真人函，为冥府所召。其冥官即故相吕諲也，与崔友善，谓曰："上帝命折君寿十二年，今余二年耳。"奈何方言间，忽有云气炳然，红光自空下，諲及廷椽仆吏俱惊跃而起曰："天符下。"遂稽首致敬，崔于室中隙间窥之，见諲具巾笏，率庭椽分立俛首，顷云中一人紫衣金鱼，宣导帝命，授书毕，驾云而起，遂没。諲命崔君出坐，启天符视之，且叹且泣，谓崔曰："子识元三乎？"（载排行三。）崔曰："乃布衣之旧耳。"諲曰："血属无类吁，可悲夫。某虽与元三为友，至是亦无能拯之，徒积悲叹。"于是命吏送崔君归，遂寤。凡卒三日矣。时元载方柄国政，威势如炉，廉使崔宁者与载善，馈遗甚多。崔守窃以天书语之，宁惧连坐，因命亲吏持五百金赂载左右，尽购得其往来，悉焚之。后月余，籍没载家，赐自尽，妻子皆伏诛。后遣使发载祖父墓斫棺并尸，祸极惨焉。二年而崔守亦终。（《太平广记》）

按：史记元载家，胡椒八百石，他物称是，则招权纳贿可知矣。上帝紫衣吏乃不受贿免，何哉？判官名帖犹宝藏箱中而崔廉已购书去矣，祸福转盼惊人。

○韩侂胄恣意内批，殂死玉津园

宋光宗病不能执丧，赵汝愚请太子即位，韩侂胄预谋，遂浸干政，数诣都堂议事，左丞相留正抑之，遂间至于帝，以内批出至之。又以内批进言官谢深甫等，言路皆属其党。黄度将上书论之，遂以御笔出度知平江府，复忌朱子进讲时敷陈邪正，乃使优人峨寇阔袖，象大儒戏于前，因乘间言熹迂阔不可用，亦以内批出之。（万世而下，犹受这等眼目弄坏，侂胄先得人心之所同然耳。）许及之为吏部尚书，二年不迁，见侂胄流涕，叙其知遇之意，衰迟之状，不觉屈膝。侂胄怜之，改知枢密院事。又赵师睪以献珠冠于十妾，得工部侍郎。程松以献妾名松寿，得知枢密。其趋附之人犬吠狗窦无所不至，亦可谓烜赫矣。有劝侂胄立盖世功名以自固者，遂定议伐金。兵败，金人欲罪首谋，益锐意兴师，中外畏惧莫敢言。皇后皇子力言其罪，乃命史弥远图之。翼日侂胄入朝，以兵拥侂胄至玉津园侧殂杀之，以其首畀金人，籍其家，多乘舆服饰，盖僭窃极矣。

不是威震海内，那得头行万里哉？宋以忠厚立国，大臣无诛死者，独侂胄最奇宠，故得奇祸。嗟夫，侂胄，韩魏公之后也。魏公德浮于福，犹令其孙享此荣报，使能忘身许国，则定策之勋，与乃祖并烂矣。时金祚已衰，何知此人非天生来将令取威雪耻戡乱成功，却无如种毒人世，积怨难当，遂借金虏以锄杀之也，如侂胄者，真不孝子孙者矣。

○贾似道蔽主骄淫，拉杀木绵庵

理宗时，似道为贾贵妃弟，恃宠不捡，日夜宴游湖上不返。

帝登高,望其灯火曰:"此必似道也。"询之果然。竟以才宠用为
右丞相。时元人攻鄂城急,似道遣人称臣纳币。及元师去,以所
杀俘卒奏诸路大捷。帝以为有再造功,加少师,封卫国公,奖眷
甚至,以私意进用台谏何梦然等。凡似道所恶者,无贤否皆论斥
之。元遣郝经来修好,似道方以鄂功自颂,惧奸谋呈露,命幽之
真州。于是元兴师问罪,又忌功污蔑阃臣,怨向士璧侮己,以侵
盗边费杀之。刘整、曹世雄尝败元师,似道欲专功揗摭其罪,世
雄竟死,刘整惧,叛降于元。元益知我虚实,寇边甚锐,以国费
不足,行经界量丈法尺寸之地,皆入官籍,东南大扰。度宗立,加
太师。每朝必答拜,称师臣而不名。似道以去要君,每乞归养。帝
令传旨固留,遣中使加赐,日至十数,夜即交卧第外以守之。初命
三日入朝,后五日入朝,后十日一朝。入朝不拜。时襄樊围急,似
道日坐葛岭,起半闲堂,与美妾日肆淫乐,踞斗蟋蟀。又广收奇
器异物,有求不得,辄得罪。有言边事者,辄加贬斥。一日,帝问
曰:"襄阳围三年矣,奈何?"似道曰:"北兵已退,陛下何从得此
言?"帝曰:"适有大嫔言之。"似道诘其人,诬以他事赐死。由是
无敢言者。襄阳降元,中国遂不支。至兵势屡败,似道帅师芜湖,
军大溃,狼狈奔归。时陈宜中为相,问还军,不知似道所在,意其
死也。即上疏乞诛似道,以正误国之罪,(是谁为之故?曰天也。)
遂罢政。寻以攻击者众,谪婺州。州人率众为露布逐之,诏徙建
宁,会稽尉郑虎臣以父怨请为监押。似道寓建宁开元寺,侍妾尚
数十人。(此都夫之最下者。)虎臣至,悉屏去,夺其宝玉,撤轿盖,
暴行日中,令轿夫唱歌谑之,窘辱备至。至泉州洛阳桥,遇叶、李

自漳州放还，（前敕似道为所贬。）见于客邸，赋词赠之。有云："余归路，君来路，天理章章，胡不悟？"似道愧谢焉。及至漳州木绵庵，虎臣讽令自杀。似道不从，虎臣曰："吾为天下杀似道，虽死何憾？"遂即厕上拉似道胸杀之，殡于庵厕。

一味造功要宠，遂至执行人，挑敌怒，忌阃臣，攘边功，其相因而至，乃事势所不能自主也。如李林甫惧边帅入相，遂用安禄山乱唐；卢杞惧李怀光间己，遂遏其入朝以致变。鄙夫患失之情，乃大危人国如此，可惧哉。士君子自慊能无猎功根乎，妒忌根乎，危人自安根乎？有一于此，得志时直未可保，所当谨其微而折之也。拥美妾，斗蟋蟀，与狎客为戏，士夫如此洒脱。人或谓之好性气无畦岸，即士人耽此快乐。亦自谓得便宜无邪心，孰知纵其所欲，皆乱天下乎？试思一人欢娱，不过数十年间，而天下毒痛嗟怨。典妻卖子，惧罪触网，斩头截颈，都从我纵恣败乱，而生聚不可当之苦，成无几何之乐，待其兴尽悲来，竟何如哉？思至此，则知与百姓同乐，为君相妙义而叩其所从致，又必曰先天下而忧后天下而乐也。然非平时快乐根、宴安根，斩得尽绝，安能保此乎？

不忠之报

宗社生灵，全是忠肝义胆结成。能竭力扶持，捐躯报国，其于天帝气运，必能维得一半。古来忠臣享福者无论，即不幸如关义勇、张睢阳、岳武穆，俱精灵不散，赫奕万祀，争光日月，视草木同腐者何如何如。又如刘忠愍（球）、孙忠烈（燧）子孙食报不尽。夫固犹是一死也，彼覆国市利，依违首鼠，原是惜死，而刀债临头竟亦不免，何益哉？

○苏秦以敝齐者事齐，而见刺

苏秦始于六国为从约长，则皆其臣也。厥后从约一解，齐魏与秦共伐赵，赵让苏秦，则请使燕以报齐，实脱祸于燕耳。至燕数年，惧得罪，乃说易王曰："臣在燕不能重燕，而在齐则燕重。"乃伪得罪于燕而奔齐，齐王以为客卿，苏秦说齐王高宫室、大苑囿，以明得意，欲以敝齐而为燕，此其无策甚矣。不过从曳主心以图免首领耳。齐王信而不疑。有齐臣者，与秦争宠，遂刺秦。齐王求贼不得，秦谓齐王曰："臣死之后，请诛臣尸，以令境上，则贼必出。"果然，诸侯闻之，皆曰："甚矣，齐王之为苏秦报仇也。"吁，秦之狡狯，齐王虽不知，而生被刺死戮尸，已受报尽矣。

○丁公以为楚者为汉，而被诛

丁公为项羽将，逐窘汉王彭城西，短兵接，王急，顾谓丁公曰："两贤岂相厄哉？"丁公引兵而还，及项灭。丁公谒见，帝以徇军中曰："丁公不忠，使项王失天下。"遂斩之曰："使后世为人臣无效丁公也。"而是时季布亦为项王将，数窘辱帝，以朱家言，顾得赦拜郎中。吁，丁二心邀福而得祸，季委身亡敌而得官，造物之不测如此，人臣自尽其义而已。

○曹无伤市忠敌人，而立斩

沛公先入秦，欲自王之，守关距项羽。其属曹无伤以项强沛弱，惧并诛，先输窾焉。项羽欲击沛公。会有项伯之救，羽意解。沛公从百骑谢羽鸿门，言所以守关者，备他盗也。不虞乃见督过，羽曰："此沛公长史曹无伤言之。不然，羽何以至此？"卒饮而还，立诛草无伤。

无伤视强弱为向背，乃以沛公之命为在项羽手，而不虞其命之先尽乎？彼固有自谓知几如神者耶？

○贯高危陷私主，而灭族

高祖过赵，赵王张敖执子婿礼甚卑，上箕踞慢骂之。赵相贯高、赵午等怒曰："吾王孱王也。"说王杀帝，王啮指出血曰："是何言也？先人亡国，赖帝得复。愿君无复出口。"高等私置人厕中，欲行弑。帝心动，不宿而去。后又告者，逮捕赵王，及诸反者，赵午等皆自刭。高骂曰："谁教公为此者，而今以累王乎？"乃对狱曰："独吾属为之，王实不知。"榜刺无完肤，卒不变。上使泄公持节往问曰："赵王果有谋不？"高曰："吾十三族皆以论，岂爱王过于亲哉？顾王实不反。"具道所以，乃赦敖，废为侯。上贤高，赦之。高曰："所以不死者，白王不反也。今王已出，吾责塞矣。且有篡弑之名，何面目事上哉？"遂死。

自蒯通跖犬吠尧之说，谬行当世，尽迷君臣大义。如高者，赵之臣，即帝臣也。敢为大逆，欲灭其主。又成其君以恶德，其悖极矣。臣弑君凡在官者杀害无赦，使敖为之而高不谏，已足同死，况自为哉？白王一节，情虽可怜，义无可赦也，自绝其吭，是之谓天诛。

○沈约劝进梁皇，梦断其舌

梁武帝将受禅，有其志而未发。沈约进曰："齐祚已终，明公当承其运。"衍曰："吾方思之。"约曰："公初建牙樊、沔，此时应思。今王业已成，何所复之？"衍遂成篡。后梦齐和帝以剑断其舌，乃请道士奏言禅代不由己，竟舌烂而死。

约食齐禄而怀二心如此，安能无报？又如成济为司马昭用，张衡为隋炀用，本图富贵，竟受诛夷，非惟帝宪，亦有天道焉。

○哥舒翰颂圣胡虏，终归一死

禄山反攻关。翰度未可战，朝议促之，不得已恸哭引兵出关，大败而返。虏攻关克之，执翰。禄山闻曰："汝常轻我，今定何如？"翰伏地对曰："臣肉眼不识圣人。"禄山笑，以翰为司空，后尽杀唐降将，翰竟死焉。

守节失节，只争岁日间，而万世而下何如哉？文天祥过张、许庙云：假使当年甘心降虏，败国求降，受人唾骂，安得留芳？吁，唾骂者果定活乎否？

○张均、张垍受伪官，天子不能庇其生

玄宗以禄山寇叛，仓卒幸蜀，群臣多不知。至咸阳，谓高力士曰："朝臣谁当来，谁不来？"对曰："张均、张垍受恩最深，且连戚里，是必先来。房琯众言其可相，陛下不用。又禄山尝荐

之，恐不来。"上曰："事未可知。"（帝眼竟奇。）已而房琯至，上问均兄弟，对曰："臣帅与偕来，逗遛不进，观其意似有所蓄，而不能言也。"上顾力士曰："朕固知之矣。"即日以琯为相，而均、垍竟降贼。垍为贼相，后复西京，制陷贼官以六等定罪，斩达奚珣等十八人，陈希烈等七人赐自尽。上欲免张均、张垍死，上皇不可。上叩头流涕曰："臣非张说父子，无有今日。若不能活均、垍，无面目见说地下。"上皇曰："垍为汝长，流岭南；均为贼毁吾家事，决不可活。"上泣而从命。

是时有甄济者，为禄山掌书记，察其有异，诈风疾归家。禄山反，封刀召之。引首待刃，使者以实病告，乃免。后诣京师，上令受贼官者列拜以愧其心，以为秘书郎。苏原明亦称病，不受伪官，擢知制诰。

○郭谊助反，谋讨贼不足赎其死

唐武宗时，昭义节度使刘从谏死，其子稹据军诣留后，委河朔两镇攻之，得邢、洺、磁三州。李德裕曰："昭义根本尽在山东，三州降，上党不日有变矣。"上曰："郭谊，稹谋主也。必枭刘稹自赎。"德裕曰："诚如圣料。"未几，谊果斩稹，宗族尽杀之，函稹首降。上曰："郭谊宜何如处之？"德裕对曰："刘稹骄孺子耳。阻兵拒名，皆谊为之谋。及势孤力屈，又卖稹以求赏，此而不诛，何以惩恶？宜及诸军在境并谊等诛之。"上曰："然。"郭谊至京师，皆斩之。

使稹谋得成，谊不久亦必杀稹自留后矣。负心反覆，狡诡猾贼，如此等人，最害世道，磔之可也。温公谓可免死者，非矣。

○樊爱能怯战卖阵，卒伏军诛

北汉主刘崇与周世宗战高平，胜负未决，樊爱能、何徽引骑兵先遁，步兵千余人解甲呼万岁，降于北汉。周主见兵势危，自引兵亲犯矢石督战，宿将赵匡胤谓同列曰："主危如此，吾属何得不致死？"乃身先士卒，驰犯其锋，士卒死战，无不一当百，北汉兵大败。爱能等闻捷，稍稍复还。周主责之曰："汝辈皆累朝宿将，非不能战，正欲以朕为奇货，卖与刘崇耳。"悉斩之。自是骄将惰卒始知所惧，不行姑息之政矣。

○危素借死再醮，竟受帝谴

大明兵克燕京，下令元臣咸输告身，危素与侍制黄哻约共死难。哻从人张午劝哻勿死，哻竟投井死，素走至报恩寺，亦欲投井。僧挽出之，谓曰："公死，是死国史也。"素由是不死。上仍命为学士，虽以文学备顾问，然心薄其为人。一日，上御东阁静坐。素至，履声彻帘内。诏问："为谁？"对曰："老臣危素。"上曰："是尔耶？朕将谓文天祥耳。"素惶惧流汗浃背。上曰："素实元朝老臣，何不赴和州看余阙庙去？"盖余阙元忠臣，不屈陈友谅而死。上嘉其节，立庙和州祀之。故责令素守此，以愧其心。至和逾年，以忧死。

是时有蔡子英者，元兵败，单骑走入山。物色求得之，械送京师，授以官，不受。退而上书，言女不再醮。上重之，命馆于仪曹。忽一夜大哭不止，人问之曰："思旧君耳。"命送之出塞。又有王保保者，帝招降之，不答书，兵败自遁，竟从元主。一日，上问群臣曰："谁为男子者？"皆以常遇春对。上曰："是吾臣也。吾终无以臣王保保。"其见慕如此。吁，视危素何如哉？

忘身忠直之报

是皆定见定力，于死生之际，以理为主，不作纤毫顾虑者，究竟曲不必生，直不必死，有天行乎其间是亦报也。知之则见危授命，砥柱矻然矣。然须平日常绝贪怖根原，不然，临时扭捏不上。

○斗克黄不以死弃君命，竟绍世封

今尹子文卒，侄子越作乱，王遂灭若敖氏。其孙箴尹克黄使齐还，及宋闻乱，人曰："不可入矣。"克黄曰："弃君之命，独谁受之君？天也！天可逃乎？"遂归复命，而自拘于司败，王思子文之治楚也，曰："子文无后，何以劝善？"遂复其官，世祀焉。

使克黄不入，未必遂无死法也。入而乃祖之忠贞益著，遂克有后，抑可谓忠孝矣。

○晏婴不以死易忠祠，卒显齐国

崔杼弑齐君，劫群臣为盟坛于郭门外，皆脱剑而入，夹戟当

胸，盟曰："所不与崔庆而与公室者，受此不祥。"言不疾，指不
至血者，皆死，所杀十余人，次至晏子曰："嗟乎，崔杼为不道，
弑其君而又劫盟其臣，婴所不与公室而与崔庆者，受此不祥。"
俛而饮血。崔杼素重其人，强之曰："子能革誓词，齐国吾与子
其之。不然，直刃在前，曲兵在后，惟子图之也。"晏子曰："君
子不以危易行，婴可以回而求福乎？直刃摧之，曲兵钩之，婴不
革矣。"崔杼将杀之，或劝乃免。婴曰："子大夫为大不仁而为小
仁，其有济乎？"趋出，仆夫将驰，婴抚其手曰："徐之，疾不必
生，徐不必死。鹿生于山，命悬于厨。吾命有所制矣。"后相景
公，显名天下，为齐世家。（只违他一个死晏子便了。）

○高允直任夷族之罪，以诚得赦

崔浩、高允修史以暴扬过恶当诛，太子尝受经于允。入言高
允小心慎密，且制由崔浩，请赦其死。魏主召问曰："国书皆浩所
为乎？"对曰："太祖记前著作郎邓渊所为，先帝及今记臣与浩共
为之。然浩职总裁，臣著述尤多。"魏主怒曰："允罪重于浩，何
以得生？"太子惧曰："天威严重，允小臣迷乱失次耳。臣向闻皆
云浩所为。"魏主问："信如东宫所言乎？"对曰："臣罪当灭族，
不敢妄欺。殿下哀臣，欲丐其生耳。"魏主顾太子曰："直哉！此
人情所难，而允能之；临死不易辞，信也！为臣不欺君，贞也！宜
除罪以旌之。"竟族浩而赦允。太子召让之曰："吾欲脱卿死而
不从，激怒帝如此。每念使人心悸。"允曰："臣与浩实同事，义
无独殊，诚荷殿下再造之恩，违心苟免，非臣愿也。"太子动容

称叹。未几，擢中书令。好切谏，事有不便，屏人极论。(此不用直而用悔。)魏主谓群臣曰："君有得失，不能面谏，而上表沽直以彰君失，岂忠臣所为乎？如高允者真忠臣也。"帝重之，呼令公而不名。游雅尝曰："余与高子游四十年，未尝见其喜愠，言呐呐不出口。昔崔司徒云：'高生丰才博学，所乏者矫矫风节耳'。余亦以为然。及司徒得罪，诏指临贵，声嘶股栗。(竟不免死。)高子辞义清辨，人主为之动容，非其矫矫者乎？常侍宗爱用事，王公趋庭望拜，高子独升阶长揖，非其风节者乎？人固未易知，吾既失之于心，崔又漏子于外。此管仲所以致恸于鲍叔也。"

〇宋璟直折权奸之焰，始终见重

武后朝，二张骄宠，合朝奴事之，独宋璟刚直不为之礼。太后尝命朝贵晏集，张易之兄弟皆位宋璟上，易之心惮璟，欲悦其意，虚位揖之，曰："公方今第一人，何乃下坐？"璟曰："才劣位卑，张卿以为第一，何也？"天官侍郎郑杲谓璟曰："中丞奈何卿五郎？"璟曰："以官言之，正当为卿。且足下非张卿家奴，何郎之有？"举坐悚惕，诸张积怒，常中伤之。太后知之，故得免。(命果不在群臣手里。)又尝奏昌宗召相士相己有天子相，包藏祸心，当斩。后曰："已经自首。"璟复奏谋反大逆不应首免，竟四五上后不许。李邕进曰："璟志安社稷，非为身谋，请可其奏。"后乃遣昌宗诣台，璟庭立按之未毕，已特敕赦。璟叹曰："不先击小子脑裂负此恨矣。"后使昌宗诣璟谢，璟拒不见，其刚愤如此。然狄梁公、魏元忠以身就世，犹自下狱百折，而璟无纤毫之谴，岂非天哉？至三思杀五王，璟亦超然世网。三思尝以事属璟，璟正色拒之曰："今太后既复子明辟，王当以侯居第，何得尚预朝政，不见产禄之事乎？"有布衣韦月将者，告三思官掖事。帝命立诛，宋璟请付吏。帝怒，岸侧出曰："敕即诛，何请？"璟曰："不讯，恐窃议者愈多。"帝益怒，促如诏。璟曰："请先诛臣。不然，臣终不奉诏。"盖璟于人主权幸无丝毫屈，而卒不能害也。玄宗时，以璟为西京留守，遣内侍杨思勖迎之。璟风度凝远，在途不与思勖交言。上闻之，乃益重璟。时王毛仲有宠，百官争附之。毛仲嫁女，上问何须。谢曰："臣万事已备，但未得客。"上曰："知卿不能致者一人，必宋璟也。"明日，诏宰相诣之。日中，璟乃至。先执酒西向拜谢，饮不尽卮，遽称腹痛而归。其刚直之性，老而弥笃。称贤相以功名终，封广平，谥文贞。

"邦无道，不危行言孙"，璟岂自必不死哉？其不死天耳。挽近遇一权幸，则捣蒜烧葱，而竟不脱虎口，视此何如？

○韩愈一撄龙鳞，再报虎口，身名显韶

成德军王庭凑叛，围牛元翼于深州，官军救之不能进。朝廷不得已，以为节度使，而遣韩愈宣慰，诏至境观事势勿遽入。愈曰："止君之仁，死臣之义。"遂往至镇，庭凑以兵威恐之。愈神气凝然，责以忠义。庭凑指武士谓曰："所以纷纷如此者，尽此曹所为，非庭凑意。"愈厉声曰：天子以尚书为才，使领节钺，乃不能与健儿语耶？"于是军士前按剑曰："先尚书有功于国，今乃至置为贼，何负若是？"愈曰："汝能念及先尚书甚善，且自安史以

来，子孙有存者乎？田令公等，以地归朝廷，孩提皆为美官，汝曹亦闻之乎？"庭凑恐众心动，麾之使出，谓愈曰："侍郎来，欲何为？"愈曰："神策将如元翼者不少，但朝廷惜大体不宜弃之耳，何为围之不置？"庭凑曰："即当出之。"因宴礼而归。未几，元翼突围出，庭凑不敢追。方宪宗时，谏迎佛骨太切直，帝怒，将加极刑。裴度救而免，后为吏部尚书。宋时封昌黎伯，从祀圣庙。子侍郎，孙魁天下。

○洪皓久抗强虏，继犯逆炎，子爵双高

宋高宗时，以洪皓使金。金人拘之，迫使仕刘豫，皓抗声曰："万里啣命，不得奉两宫南归，恨力不能磔逆豫，忍事之耶？愿就鼎镬。"粘浸喝怒，将杀之。旁一校曰："此真忠臣也。"为皓跪请，得流冷山。闻上皇崩，北向泣血，操文以祭，词甚激烈，闻者挥涕焉。屡因谍密奏敌情言和议非计，乞兴师进击。留金十五年而还，帝曰："卿忠贯日月，虽苏武不能过。"皓语秦桧曰："张和公金人所惮，乃不得用。而景灵宫庙极华，何无中原意？"桧怒，复以论事，出知饶州，连贬窜。卒赠尚书，子五人俱大贵，季子迈亦使金不屈，与适俱为名宰相。

阿附权贵之报

阿权所以求福也。然意向一移，能福我亦能祸我，况其与

冰山同尽则权贵且不自保矣，我何如哉？故均一死也，死于附权则贻臭万代，死于守正则流芳百世。屈膝执政，洗马御史当其得志，已奄奄泉下人矣。不识死生有命富贵在天，则蚁膻蛾火，未有不濡首者也。请观前覆，足为后规。

○贾捐之、杨兴共荐石显，下狱抵罪

元帝时，宦石显秉权用事，贾捐之数短显不得官，特与杨兴相善，交相奖借。捐之曰："令我为尚书，君兰为京兆，天下真大治矣。"又复短显，兴曰："显信用，今且与合意。"即得入矣，因共为荐显。"奏称誉其美。又共为荐兴，奏以为可，试京兆尹。显闻白之上，乃下兴、捐之狱，捐之竟坐罔上不道弃市，兴髡钳为城旦。

既短而复荐之，欺弄其君甚矣，能无及乎？杨兴常誉周堪，堪帝傅也，为小人所构。上问兴，欲得其助，而兴倾巧谓上疑堪，因顺指短之，堪以得贬。若兴者可谓佞人也。已而求巧得拙，何益乎？

○刘歆、杨雄共附王莽，投阁身死

刘向汉宗室，恐王氏代汉，常反覆奏疏为帝言之。莽终不能加害。至其子歆反附莽颂功德，莽荐为侍中，典领五经，封为嘉新公。莽篡位，歆以谋劫降汉事泄自杀。有杨雄者，亦以文章经术名世。莽篡位，以耆旧转官，作《剧秦美新》文以媚莽。弟子刘棻坐事连及雄，使者收之。雄惧自投天禄阁下。几死，莽赦

之。《纲目》书莽大夫杨雄深病其以儒术饰媚也，使二子脱屣鸡肋，为汉纯臣，不亦身名俱泰哉？义利两字，俱弄不成，只为千古笑柄。

○班固为窦宪宾客，捕死狱中

和帝时，窦氏外戚专权，附者盈朝，因刺杀列侯，诏击匈奴赎罪，遂灭之。班固刻石勒功极其褒美。未几，宪伏诛，固亦死狱中，著《汉书》未就，令固妹班昭，踵而成之。

固兄班超贾勇西域，裹创征战，而侯封富贵。班固濡毫翰苑，炙手势焰，而性命不保，安危岂人所能必哉？求其正足矣。

○张华、裴頠为贤后辅翼，委身兵乱

惠帝后凶悍多权略，干预政事，委任张华。华与裴頠同心辅政，尽忠帝室，然淫乱诛杀不能禁也。頠拜尚书仆射，上表固辞。或谓曰："君可以言，当尽言于中宫。言而不从，当远引而去。傥二者不立，虽有十表，难以免矣。"頠不能从。又荐韦忠于张华，辟之不就。或问之，忠曰："张、裴弃典礼而附贼后，吾恐其余波及我，况可褰裳就之乎？"已而赵王伦勒兵杀后，收张华、裴頠等皆杀之，并石崇、潘岳、陆机、陆云附后侄贾谧为二十四友者并遇害。

○宗楚客初事二张，次党三思，为相王所杀

易之、昌宗得宠武后，宗楚客宗晋卿等，皆候其门争执鞭

誉。及二张见诛，而武三思通于韦后，楚客等复附三思为之羽翼，官至中书令。监察御史崔琬弹之，故事大臣被弹，附偻趋出谢罪。至是，楚客更忿怒作色，目陈忠鲠受诬。上和解之。及临淄王起兵诛韦氏，立相王，捕韦党宗楚客等皆斩之。

○萧至忠、崔湜初附韦氏，次附太平，为玄宗所诛

中宗时，萧至忠为侍中，崔湜同平章事，俱党韦氏，而湜通于上官昭容，以得相。及临淄王（即玄宗）诛韦氏，萧至忠、崔湜等俱坐贬。寻复托于太平公主，引为尚书。其妹夫蒋钦绪谓之曰："如子之才，何忧不达？勿为非分妄求。"至忠心不应。（直是狂热。）钦绪退而叹曰："九代卿族一举灭之，可哀也哉。"（睁眼看狂人入水竟自无引手处。）至忠素有雅望，尝自公主第出遇宋璟。璟曰："非所望于萧君也。"至忠笑曰："善乎，宋生之言，遽策马而去。"（惭愧。）及睿宗传位于玄宗，太平公主依上皇之势，擅权用事，渐谋废立。上定计先发，执萧至忠、岑羲于朝堂，斩之。公主赐死于家。而崔湜以私侍公主再得相，至是亦赐死，岭南逆党遂尽矣。

崔湜两得相处，俱不可对人言。鄙夫薄上亦无此等名字矣。时与楚客同附韦后伏诛者，则有叶静能、纪处讷、赵履温、张嘉福等。与至忠同附太平伏诛者，则有窦怀贞、岑羲、卢藏用等。又有郑愔者，佞人也。初附来俊臣得进，俊臣诛，附张易之，易之诛，附韦氏，最后附谯王重福，竟坐逆党族诛。固知倚冰山者不至倾覆不止也。当太平公主谋废立时，陆象先知政事，独以为

不可。公主怒诘之，象先曰："既以功立，当以罪废。今实无罪，象先终不敢从。"上既诛怀贞等，召象先谓曰："岁寒知松柏，信哉！"用为相，封兖国公。盖祸福邪正相去远甚矣。

○王璠泄密谋市权，幸而身死其难

唐文宗时，内侍王守澄横甚，而郑注诡谲多智，为之谋主。相宋申锡，与帝谋诛宦官，且欲除注，乃以王璠为京兆尹，令察注不法，先除之。璠翻覆人也。欲倚中贵为根蒂，遂泄其谋。王守澄乃与郑注计，诬申锡谋立漳王。俟帝浴，叩户奏之，语骤甚。帝怒，命屠申锡家。宰相谏官，递入论之，乃得贬司马。数月愤恨卒。明年，恩诏令归葬。又至四年春，申锡夫人亭午于堂前假寐，忽见申锡从中门入，以手招之，不觉下阶，乃曰："有少事，要令卿见。"便引出城，似至浐水北去数里见墟中以大坑。坑边有小板匣者数十枚，皆有封记。申锡提一示夫人曰："此是那贼因愤怒叱叱。"夫人问为谁？曰："王璠耶。我得请于上帝矣。"复诘其余。曰："即自知。"遂拂然而醒，通身流汗，因与家人记之。（此一段出《太平广记》。）至十月，李训、郑注谋诛宦官，奏令诣金吾观甘露，因遣璠等领兵往诛之。璠股栗不敢前，竟败事腰斩于市，同戮者数人，皆同坎埋城外。乃知宋公之神灵为不诬矣。

○王涯希上意引奸邪，而家赤其族

李德裕及王涯作相，文宗意向李训，欲用之。德裕极言不可，帝顾问："王涯何如？"涯始闻帝向。李训草疏争，极愤切，未上，既觇帝意坚，又与德裕忤恶其权盛，遂漫应曰可。（此心最利害。）德裕惊，挥手止之。上回顾适见大不怿，德裕坐罢，而李训为学士以至当国，密与上谋诛宦官，涯不知也。至甘露事败，词连及宰相。王涯年七十余，不胜楚，自诬与训等共谋大逆，并族害。吁，此虽无妄之灾，然亦可为希旨面欺、阿比匿人者之戒矣，使李训不进而德裕谋国则功就名立，涯且蒙其福矣，能至是哉。

〇陶谷手奉禅诏而被黜

宋太祖受周禅，朝班已定而未有禅诏。学士陶谷出之袖中，遂用之，然心薄其为人，终身不迁官。陶谷一子登第，帝曰："闻谷不能教子，何能登第？"遂覆试之。盖谷本以逢旨求进而反见薄见猜如此。又武弁有王彦升者，迎敌杀周忠臣韩通，帝怒，欲加罪，众为解之，然终身不得节钺。此皆为新朝佐命尽力邀宠者也，而皆以见弃，故如知义利之辨、荣辱之分也。薛文清云："天下事巧拙相半，未许有智力者争此。"

〇张彩身附权贵而见僇

正德中，彩尝为文选，焦芳为侍郎，与相得。及芳当阁，荐于刘瑾曰："张彩公之乡里，有才可用。"杨一清亦荐之，遂升巡抚，转吏部尚书。然彩惟知尊敬刘瑾，他贵视之蔑如也。又故事吏部推用大臣，必密谋于内阁。彩以事出，刘瑾每忽之。李东阳以为遽废内阁权，共憾之。及瑾被击，亦捕彩下狱，死狱中，仍暴其尸，流家属岭南，而大学士刘宇、曹元并以附瑾免，焦芳及子焦黄中并除名为民。吁，是可为附权者之戒。以彩之才，使不由瑾进，则成良吏部矣。甚矣，君子当慎所丽也。

忘身救民之报

夫忘身救民，则亦有忘者矣，然亦命也。命不可逃，避之何益？矧寔心肺恳，无纤毫为名为利，只此一念，便足动天。夫子云"未见蹈仁而死者也"。古来贤圣帝王塞天塞地，俱从此点做出。今独取其危世获安、危事获福者，以彰天祐，亦足助仁勇之一端云。不然，此根不彻，其于担当世道，世道必无力矣。

〇汲黯矫制赈饥，冒死谏诤，身名显韶

汉武帝时，黯为谒者。值河内失火，使视之，还报曰："家人失火，屋比延烧，不足忧也。臣过河南，贫人伤水旱万余家，或父子相食。已矫制持节发仓粟以赈之。（今人发常平及义仓尚不胜嗫嚅。）请伏罪。"上贤而释之。又数切谏面折，不容人过。上招文学，黯曰："陛下内多欲而外施仁义，奈何欲效唐虞之治？"上怒罢朝，谓左右曰："甚矣，汲黯之戆也。"或责之，黯曰："天子置公卿，宁令从谀承旨陷主于不义也，纵爱身奈辱朝廷何？"卒不改，匈奴王降汉，发车迎之，贷民马不是。上怒欲斩长安令，黯曰："令无罪，独斩臣黯，民乃肯出马，且匈奴畔主降汉，何至罢

中国以事之乎？"（救民激切。）上黯然。又贾人与匈奴市，坐当死五百人。黯曰："陛下纵不得匈奴之资以谢天下。又为之杀无知者五百人，不亦甚乎？"（救民。）上怒，默然。又常面触公孙弘、张汤。汤严酷得宠殊甚，黯或嫚骂曰："人言刀笔吏不可为三公，果然必汤也，令天下重足而立侧目而视矣。"然弘与汤共害之不能得，武帝推社稷臣，必曰"汲黯不冠不敢见，位列九卿无纤芥之患"云。

按：武帝时，文法株连，酷吏四出，公卿莫必其命。至今公孙贺拜相涕泣，后竟族灭势可知矣。独汲黯斥主上、毁同列，终身显荣，不被谴责，故知祸福非人为也。护国庇民，实心诚信，于人足矣。赵周青翟等，不闻犯颜匡救，然固殊死也。

○徐有功坐罪伸冤竟全其身，子孙荣贵

唐武后僭位，畏宗室大臣谋己，屡兴大狱。周兴、来俊臣等，希旨苛刻，诬引天下豪杰，一切以反论。后辄赏以美官。于是告变者多，臣民震恐，每入朝必与家人分诀。独有功数犯颜争枉直，后厉语折之。有功争益，牢前后所活数十百家。酷吏所诬构者，皆为平反。尝争李行褒不应族罪，周兴奏有功故出反囚，当斩。太后雅重有功，（是何致然。）仅免其官。寻复起为侍御史，辞曰："臣不能枉陛下法，必死是官矣。"太后固授之，闻者相贺。又争豫王妃母庞氏不应斩罪，薛季昶奏有功阿党，当绞。令史以白，有功叹曰："岂我独死，诸人永不死耶？"掩屏熟寝。太后召谓曰："卿比按狱，失出何多？"对曰："失出人臣之小过，好生圣

人之大德。"后默然。庞氏灭死,有功坐除名。凡以伸冤故,三坐大辟,泰然不忧,赦之亦不喜。太后益重之,擢殿中侍郎御史。当时语曰:"遇来、侯必死,遇徐、杜必胜。"既而周兴、来俊臣、索元礼、侯思止诸酷吏希旨取宠者相继诛灭,有功声誉日隆,荣显善终,卒赠都督,而杜景俭官居宰相,祸福不测如此。开元初,窦希瑊等请以己官让有功子愐以报德,诏擢愐恭陵令,孙商登进士,至太保封公。

阿意者诛死而犯颜者乃全身于杀人如麻之世,谁谓死生为人力哉?然见不定则鼎镬在前鲜不杀人祈免者也。按有功初为蒲州司法,宽仁为治,吏民相约有犯徐司法杖者,众共斥之。任满事治不杖一人,刑措之风其近如此。今人谓末俗浇漓、不严酷不治者,恐亦力量未及不可厚诬民心也。

○狄仁杰、杜景俭、李日知俱于危邦救世,并登台辅

仁杰为豫州刺史,时越王贞起兵诛武氏不克,坐贞党当死者六七百家,籍没者五千口。仁杰密奏彼皆诖误,太后特原之,皆流丰州。道过宁州,父老迎劳之曰:"我狄使君活汝耶?"(何以得此于民心。)相携哭于德碑下。三日而后行,张光嗣将士恃功,多所求取。仁杰不之应,光辅怒曰:"州将轻元帅耶?"仁杰曰:"明公纵将士暴掠杀已降为功,恨不得尚方剑加公之颈,虽死如归耳。"(非好生信,激那得此吻?)光辅归奏之,左迁仁杰复州刺史,仅二年相,卒兴唐祚,亦尝为来俊臣诬告谋反,竟得辨明,而俊臣未几伏诛,仁杰顾宠倾一时,勋高千古也。非仁心致然哉?李日知亦

尚平恕，少卿胡元礼欲杀一囚。日知强争数四，元礼怒曰："元礼
不离刑曹，此囚终无生理。"日知曰："日知不离刑曹，此囚终无死
法。"两以状上，日知果直。又一令史有罪，欲捶之，已而曰："我捶
汝，天下人必谓汝能揸。日知嗔，受日知杖，人必共弃汝矣。"竟释
不杖，吏感悦无犯者时。法吏争严酷，而日知独宽恕，然卒用全。
睿宗时拜侍中，杜景俭亦宽恕为宰相，已现上。

　　此皆与有功同时者，周来侯索何如，而徐、狄、杜、李又何如哉？仁
暴荣死，相去如此，况主非武妖时，值清泰者乎？

○富弼居危谤谪之地，尽心流民，禄寿双高

　　弼为枢密副使，为小人所谮，罢去。夏竦复诬弼，遣石介结
契舟起兵，期为内应。仁宗怒甚，以有救者落职知青州。时河朔
大水，饥民流入境，猝难获食，相继待毙。富弼择所部丰稔者三
州，劝民出粟，得十万斛，以官廪贮之，劝分得公私庐舍，十余万
区，散处其人以便薪水，择待阙官吏廉能者，给其禄，使循行乡
里，问老弱疾苦，官吏皆书其劳，约为奏请，率五日辄以酒食劳
之，出于至诚，人人为尽力。山林河泊之利，（田园外。）有可取为
生者，听流民取之，主不得禁。（必有豪家之谤。）流民死者大冢丛
葬之，从者如归市，或谓弼非所以处危疑，祸且不测。弼曰："吾
岂以一身易六七十万人之命乎？"行之愈力。明年，麦大熟，流民
各以远近受粮而归，所全活甚多。帝闻之，遣使劳弼，即拜礼部
侍郎。寻与文彦博同相，制下，朝士相庆。封郑公，进封韩公，寿
八十，谥文忠，配享。

处危疑而尽职，反以得君祸福，何常之有？

○刘肃舍命辨冤，身跻相位，子孙继贤

肃为尚书令使。时有盗内藏官珠者，不获，乃击贷珠牙侩，及藏吏诬服者十一人，下狱论死。肃奏言盗无赃，杀之甚屈。上不许，抗论益力。金主怒，将罪之。有近侍见肃道意，肃曰："辨析冤狱，吾分内事。惜一己而戕十一命可乎？"明日诣省再辨，郎中张天纲为之辨奏。金主悟，因得不死。中统间，迁三部尚书兼中书省。卒赠刑公，子宪为侍郎，是为总管，孙赟翰林承旨。（《传芳录》）

一令史便敢上抗天子，气骨坚定乃尔尽大豪杰，居官常存此意，则有仁心而不得遂者鲜矣。

希旨杀人之报

○北齐尚书卢斐希旨成狱，卒以鸩死

齐阳翟太守张善苛酷贪饕，恶声流布，兰台遣御史魏辉俊就郡治之，赃贿狼籍，罪当论死。善于狱中，使人通诉，反诬魏辉俊为纳民财，枉见推缚。文宣帝大怒，以为法司阿曲，必须穷正，令尚书左丞卢斐复验之。斐遂希旨成辉俊罪状，奏报于州斩决。辉俊遗语州令史曰："我之情理，是君所见。今日之事，可复如之。当办纸百番，笔二管，墨一锭，以随吾尸。若有灵祇，必望

报。"卢令史哀悼，为之殡敛，并备纸笔。未几，张善得病，惟云叩头，未旬日而死。才两月，卢斐坐讥《魏史》，为魏收奏，文宣帝鸩杀之。（出《还冤记》。）

夫希旨者，杀人媚人者也。意不过谓雷霆之下，恐有不测，惧以身为之继耳。然徐有功、狄梁公俱以辨冤获罪，濒危不死矣。而希旨罗织者，往往灾及其身。死生有命，安可中立祈免？即不幸死于救人，与死于杀人报，孰得孰失，当知所自处矣。

○北齐崔法瑗蔡晖希旨成狱，皆相继没

真子融，北齐世为并陉关收租使，赃货甚，为人所纠。齐主欲以行法，意在穷治，乃付并州城局参军崔法瑗，与中书舍人蔡晖，共拷其狱。然子融罪皆在赦前，法瑗等观望上意抑为赦后。子融临刑之际，怨诉百端，既不得理，乃曰："若此等平直，是无天道。"后十五日，法瑗无病死。经一年许，蔡晖患病，肤肉烂坠都尽，苦楚日加方死。

按：子融之罪足死矣。然在赦前，平奏而候上旨则其善也。崔、蔡竟以希旨抑之，宿憾未平，所以为厉。

○梁校尉、孟少卿结富民狱，预事者皆构厉

梁武帝欲为文皇帝陵上起寺，未有佳材，宣意有司，使加采访。先有曲阿人姓弘，家甚富厚，乃共亲族多赍财货于湘州治生。经年，营得一栿，可长千步，材木壮丽，世所希有，还至南津。南津校尉孟少卿，希朝廷旨乃加绳墨。弘氏所卖衣裳缯彩，

犹有残余，诬以涉道劫掠所得，并造作过制非商贾所宜，结正处死，没财充寺用，奏遂施行。弘氏临刑之日，敕其妻子，可以黄纸笔墨置棺中，死而有知，必当陈诉。又书少卿姓名数十吞之。经月，少卿端坐，便见弘来。初犹避掉，后乃款服，但言乞恩，欧血而死。凡诸狱官及主书舍人，预此狱事署奏者，以次殂殁。未及一岁殆尽，营构始讫，亦被毁焉。(出《太平广记》。)

孟少卿之希旨，视他人又甚焉。上所欲得者美材而少卿遂至杀人以充之，此所谓"上求楫，下致船"也。人臣于主上，一意旨而附和以致滥死者多矣。宠禄未膺，灾病随至，则何如以事天者事君，自求多福乎？

○唐三司使崔器奏陷贼狱，甫迁官而祸及

肃宗收复两都，崔器为三司使，性刻乐祸，阴忍寡恩，希旨深文，奏陷贼官，据合处死。李岘裁之曰："夫事有首从，情有重轻。若一概处死，恐非含弘之义。昔明王用刑，歼厥渠魁，胁从罔理。况河北残寇，今尚未平。苟容漏网，适开自新之路。若尽行诛，是坚叛逆之心。"守文之吏不识大体，争之累日方从，而崔器所奏终协上意。吕諲骤荐为吏部侍郎御史大夫，器寻病脚肿，月余渐呕，瞑目即见达奚珣，但口称叩头大尹不自由。左右问之，良久答曰："达奚尹诉冤，我求之。"如此经三月不止而死。(出《谭宾录》。)

○后魏洛阳令寇祖仁杀城阳王徽，卒以刑死

魏庄帝永安中，北海王颢入洛，庄帝北巡，城阳王徽舍宅为

宣中寺。尔朱兆擒庄帝，徽投前洛阳令寇祖仁，祖仁闻尔朱兆购徽，乃斩徽首送兆。兆梦徽曰："我有金二百斤，马一百匹，在祖仁家，卿可取之。"于是悬仁首于高树以大石坠其足，鞭筮之。问得金及马而祖仁死。时以为祸报。（《广记》）

忘身总论

夫忘身何关于为善也。不知居官经世。大是非大利害处，往往关着性命。暇时虽能经纶守正，到这里嗫嚅不坚，依违首领，则杀人以媚人者有之。不则模棱首鼠，败坏国家事，而世界受其荡轶者有之。古来干世豪杰，成大功名、大人品，俱从百炼真金万死一生中来。此中得个气力，而后国家始受其用，如郭令公之单骑见虏，李临淮之置刀鞬中，韩靳王之十指存四，刘顺昌之积薪待尽。彼出入万军中，矢石交下，神气不动，默然制胜，岂易易哉？其此身已早实为国家有矣。然犹曰战将也。如徐有功、狄梁公、李藩俱陷大辟，裴晋公、韩魏公、张魏公委身剑侠，然卒以不死，勋满天地，名悬日月。彼固于此舍得尽，而后大用随之耳。微独吾人自处，须时时袤元沟壑，挺身锋刃，即造物神鬼，亦辄以此勘人，勘得过时，神灵共其护呵，山河属其撑持。勘不过时，虽寻常富贵，尺籰自好亦只是傍门作活，未有能为当世第一等人、第一等事者也。古来豪杰生平阅历，自可概观，如王衍、殷浩、崔司徒等，其始也亦尝壁立万仞，衔声四海，然见草而悦，见狼而战，羊之质故在也。一遇事变，则弁股嘶声咋舌丧胆，彼又安能争乾坤之命而定民物之性哉？盖其植根原是假的，假与假相酬，浊乱世界，犹留得些小清气，享得些小清福，已自便宜，奈何享名太重，自任太过，到得泄脚露手起来，一筹不展，为天下笑乎？以此言之，假物事断，断是弄不成，鉴临甚隐，自不容一个伪货欺天罔人侥幸成功耳。故此处急宜打得清净，揉身粉碎，普度救济，付与天地万物，即不幸而死，岳武穆、文丞相之死，视韩侂胄、贾似道何如哉？人孰无死？有横死者自是冤对不可避，然正直忠孝，其死为神，朝廷显赠，崇祀赫奕，子孙食荫，未见权奸之死有如此世福也。毋论权奸，即如哥舒翰、萧至忠、王涯、贾餗辈，奄奄趋附，图保首领，而当其大限到时，玉石无遗，早知亦是这等横死，何不烈烈轰轰顶天立地去乎？又如汉武帝、唐武后时，乾坤何等，其无事夷灭者不可胜数，而当时持平之吏无一死也。阿意酷虐者，则未有不死，即不敢以是尽概祸福。然命之为命，不益可自信乎哉？其又惴惴然为肉为羹，惜其狗吠狐丛之性命，而种毒当世也乎？于是学得，方是真学；于是舍得，方成喜舍。进之则一条不挂，无名无功，道德作用应念而满，亦即此无我相之能事耳。道术云杀生者能长生，余于济世亦云。

内官忠善之报

天有宦侍之星，亲近御座不可废也。其德用阴，太以功能爵禄显非盛事矣。然与人主最习，效忠尤易。周公所以辅导太子者，前后左右罔非正人，则内侍其吃紧也。若能因事纳规，匡救扶持，必有外廷所不能得，而内臣独得之者，是一功可胜外臣百功，其于福国庇民必万万矣。盖渠今生为内侍，亦是前业带来。然得为天子近臣，乃是大大根器。因此修持功德不小，且人所以贪权嗜利者，为子孙计耳。内官省此一累，则汩没图谋，可以不设积德遗福，冥冥中却自家受用，何等快活？又不犯外廷口舌，不惧行险犯法，生依日月，死上天堂，吃不尽处，又与来生咀嚼也。大略辅养圣德，功居第一，保佑正人次之，赞成善事，及吃力救失又次之。即今教养内监，最是重任，亦当以此义告之者也。能成就一个好司礼监，其利泽不少矣。

○张贺保字皇孙，食德一门

汉武帝时，贺为掖庭令。宣帝为皇曾孙，方小孩遭累下狱，贺保护殊至。稍长，导之以善，数为弟安世言。皇曾孙材美及征怪，安世止之，以少主在上，不宜称述曾孙也。贺死，宣帝即位，每念之，诏封其嗣子彭祖为侯，称张贺辅导朕躬修文学经术，（宣帝之贤未必非贺成之也。）恩惠卓异，厥功茂焉。为置墓户，祀春秋，安世亦为相封侯。

方曾孙之茕茕在疚，敢希望受报哉？慈仁根心不容已焉耳。观帝诏所称，则贺之培养君德殆不可及。

○郑众有功不伐，受宠特异

汉和帝时，大将军窦宪专权作逆，朝臣多附之。帝不知所倚仗，察常侍郑众谨敏有心机，遂与定议诛宪。既成功，策勋班赏，众每辞多受少。帝益贤之，以为大长秋，甚贵宠之。

按郑众能革大奸，又持小心，可谓贤矣。卒享未有之宠，说者谓汉季宦官之祸始于此。然所失者，袁安、任隗、丁鸿皆朝廷贤臣，帝不与之谋耳。若众则上意所属，效力宣忠亦宜然也。至中官宠盛，后日因以乱汉，则沿袭者之过矣。使众能辞权却封，自请于帝曰："此不可为后世法，恐启城社之奸。"吁，是当于圣人求之矣。

○杨复光忠义恢复，勋名烂世

唐僖宗时，黄巢陷长安。忠义军周岌度势不能支，降之。复光时为监军与夜宴，共言本朝。复光泣下曰："丈夫所感者恩义耳。公自匹夫为公侯，奈何舍十八叶天子而臣贼乎？"（有此忠义便为良臣。）岌因流涕，沥酒为誓，分军八千人，克复邓州。又以李克用忠勇召赴国难，遂成厥功。复光慷慨，善抚士卒。及卒，军士恸哭累日。《纲目》书云：左骁卫上将军杨复光卒于河中，书爵书地，取其忠王定也。内侍尽忠，遂与名臣并列不朽，视彼狡猾覆国者何如哉？

唐亡于宦官，而复光忠善出类，即名标青史，身享奇勋。由此言之，为忠甚易，为恶甚难，但将兵非宦者，事终不可遽为常耳。

○张承业精忠报国，权宠绝代

承业唐宦者为晋王监军。唐亡，与晋王共图恢复。晋王疾笃，以孤存勖托之。叔克宁欲劫存勖降梁，赖承业镇之而定。又连岁出征，军府一以委之。承业劝课农桑，清军民馈饷不乏。（非为晋也，为唐也。）王或须钱赐伶人，承业靳之。王乃置酒库中，令子继岌为承业舞，指钱欲赐之。承业曰："此钱所以养战士也。不敢为私礼。"（霍光气骨。）王不悦，语侵之。承业怒曰："仆非为子孙计，惜此库钱所以佐王成伯业也。"（伯字妙，不为肥家而为报国者几人？）王怒，索剑。曹太夫人闻之，召王。王惶恐，谢承业，请为释过。承业不肯。（尽气骨。）王入宫，太夫人使人谢承业曰："小儿忤，特进已笞之矣。"未几，授承业燕国公，固辞不受，称唐官终身。（不慕荣赫，始终为唐。）又治私家严甚，有侄为盗杀贩牛者，承业即斩之。晋王以其侄瑾为麟州刺史，承业谓曰："汝本为贼，惯为不法。今若不悛，死无日矣。"由是瑾所至不敢贪暴。（不私所亲，尤内官所难。）已而晋王为藩镇劝进，令造法物国宝。承业呕谏曰："吾王世世忠王室，今河北甫定，朱温未灭，而遽即大位，殊非从来征伐之意，天下谁不解体？王何不先灭温贼。复列圣之深仇，然后求唐后而立之？南取吴，西取蜀，合为一家，当是之时，谁敢居王上者？老奴欲为王立万世之基耳。"承业知王不听，恸哭归，卧疾不复起，遂卒。曹太夫人诣其第为之行服，晋王亦不食者累日。

一监军耳，令晋王创业之主，事之如父兄，可谓奇贵矣。而始终为唐，视开国元勋有所不屑，不亦令沈约、冯道辈愧死耶？

○云奇捐躯救驾，忠勋特祀

洪武十三年，胡惟庸谋逆，诈称井涌醴泉，邀上往观。内使云奇知其谋，冲跸勒马言状，气勃，语不得出。上怒其不敬，左右挝捶乱下。奇垂毙，犹奋指贼臣第，弗为痛缩。上悟，登城俯察，则见彼第内衷甲，伏屏帏间数匝，亟发兵擒缚之，胡党伏诛。上召，云奇死矣，深悼之，追封少监，赐葬钟山，春秋二祭，仍给洒扫户六人。

大臣坐胡党死者，不计其数。云奇杀身成仁，何恨哉？

○金英决策守都，身名俱泰

正统十四年，上北狩，虏以送驾为名，寇紫荆关，京师汹汹，人无固志。太监金英传旨问计，徐珵以占象倡言京师不可守，英怫然，令人扶出。明日，于谦抗言京师根本，宗庙陵寝咸在，一步不得离。英是之宣言于众曰："死则君臣同一处死耳。（忠臣之言。）有以迁都为言者，上命必诛之。"乃出榜晓，论固守之议始决。（此处机不容发，无内臣以坚帝意夺众议，则为南渡之宋矣，是谓大患。）已而于谦、石亨等力战，遂大破敌，京师危而复安。（一次难及。）英尝奉使道南京，公卿俱饯江上，薛瑄独不往，英贤之，至京言于众曰："南京好官惟薛卿耳。"（两次难及。）景帝时，意欲易储，语英曰："七月初二日，东宫生日也。"谓怀英也。英叩头云："东宫生日是十一月初二日。"谓宪庙也。景帝默然。（此一节是于忠肃所不及。）微言遏帝意如此，以守都功，竟荣宠终身。

后来中官王诚与王文等，共议别立太子，阿景帝意。天顺初，竟被诛死，以英之当权用事，使非忠性信于英庙及宪皇，能无及乎？故知尽忠有福。

○单吉辅成圣德，名垂万祀

孝宗为皇太子，有内官典玺局郎覃吉，温雅诚笃，识大体，通书史，议论方正，虽儒生不能过，辅导东宫之功居多，四书皆口授，动则举止悉导以正，暇则开说五府六部及天下民情农桑军务，（有用实学识务俊杰。）以至宦者专权蠹国情弊悉直言之。（尤是圣人。）曰："吾老矣，安望富贵？但得天下有贤主足矣。"（内侍人人作此想，则辅导必力，又不太平？）上尝赐东宫五庄，吉备晓以不当受，曰："天下山河皆主所有，何以庄为徒劳民伤财，为左右之利耳？"竟辞之。东宫尝随老伴念《高里经》，见吉至而以《孝经》自携，其畏惮如此。东宫出讲，必使左右迎请讲官，讲毕则请云先生吃茶，内侍张端非之。（盖尊君以貌者。）吉曰："尊师重传礼当如此。"后孝宗为仁圣之主，弘治之治于今仰之，皆以归功单吉，曰"贤内监"云。

赖一贤监，便成圣治，盖当其储养时，格心最易也。孝宗以刘健诸臣受遗辅政，非不得人，无如马永成、刘瑾辈已据其心腹矣。人主知此，则慎选左右最急。

○怀思左右直臣，宠荷两朝

成化时，林俊劾僧继晓下狱，事且不测，太监怀恩叩头诤曰："不可自古未闻有杀谏官者。我祖宗大开言路，故底盛治。今欲杀谏官，将失天下心，奈何臣不敢奉诏。"上怒曰："汝与林俊合谋讪我，不然，彼安知我宫中事？"举御砚掷之，恩免冠号哭不起曰："臣不能复事陛下。"上命左右扶出至东华门，使谓镇抚司曰："汝等谄梁芳，合谋倾俊，俊死汝不能独生。"乃归卧，称疾不起。上遣医调治使者旁午于道，俊狱竟解。又以星变黜传奉官，御马监王敏欲庇其属，袖疏来谒恩。恩怒曰："星之示变，专为我辈内臣坏朝廷法，外官何能为？今甫欲正法汝，汝又坏之，天雷将击汝首矣。"（一个良内监亦是畏天做成。）敏郁郁寻死，章瑾以宝石进镇抚司，命怀恩传旨。恩曰："镇抚掌天一之狱，极武臣之美选也，奈何以瑾得之。"不肯传。上曰："汝违我。"恩曰："非敢违命，恐违法也。"乃命覃昌传之，恩讽兵部尚书余子俊执奏。（已拣此人了。）欲从中再谏，子俊谢不敢。恩叹曰："吾固知外廷之无人也。"时尚书王恕屡上疏切直，恩每叹曰："天下忠义斯人而已。"后恩以直道谪居凤阳。弘治初复召迁居司礼预政，乃力请上黜万安而用王恕，从之，遂弼成孝宗之治。恩以荣宠终其身。

如覃吉、怀恩两内监，何处讨来？济利天下，功德无疆，是当与大臣、名臣，共垂不朽。其厌世而去也，必为大罗天上人矣。外臣匡救甚难，又有谴怒刑戮之患，又不得朝夕敷陈，故事倍而功半；内臣熟天子情性，得候时便，又素亲密，虽怒不获重谴，可以宛转深言，故事半而功倍。若得好司礼监，重重相继，与良宰执同辅明时，而储君左右，又是好人辅导之，何忧不万世太平哉？

内官横溢之报

○樊丰废立，诛死。

汉安帝时，宦者樊丰、江京等，及帝乳母王圣，出入宫掖，传通奸赂，杨震谏之不听。樊丰令耿宝奏震怨望，收太尉印遣归，又谮废太子为济阴王。帝崩，迎北乡侯嗣位，甫七月薨，常侍孙程等复济阴王，而樊丰等及谋废立者皆诛死，改葬杨震，祠以太牢。

○王甫鬻爵，磔尸

灵帝时，王甫得权为黄门令，父子兄弟，布满朝廷，所在贪酷。段颎输货宦寺，遂得太尉。尚书令杨球尝拊髀发愤曰："若杨球作司隶，此曹安得容乎？"已而果迁司隶，遂奏甫、颎罪恶，悉收送狱，俱自杀，磔甫尸于市。

按王甫之横横矣，陈蕃、窦武讨之而不克，至于是则果熟自烂，畴昔之捉风弄雨何为者哉？且孑然身躯，多财何用，徒共亲戚淫奢之具，而我以身偿债乎？静思末路，当自消冷。

○张让十常侍乱汉，党无噍类

让与王甫等，号十常侍，握权已久，大将军何进谋诛之，遂矫诏杀进。袁绍闻之，乃勒兵捕诸宦者，无少长皆死。张让困迫，将帝出榖门，让等投河而死。

必尽杀内侍，何进之过诛也。然宦者，积恶已久至是，亦神噉之会矣,中间岂无冤死?势极而发,其发必重也。内官鉴此,何如循良忠善优游富贵乎?

○李辅国为尚书柄唐,身受天杀

唐肃宗时,李辅国专权久,劫迁上皇,天子不能难。(至亲者父子辄行间。)上欲诛之,未发也。加兵部尚书,挠乱国政。帝疾大渐,辅国迁张后于别殿,并弑之,立太子,因自以为功,益横甚,谓上曰:"大家俱居禁中,外事听老奴处分。"上不能平,以其方握禁兵,阳尊礼之。十月壬戌,夜盗入其第,窃辅国之首及一臂而去,投之厕中。

此属帝诛耶?鬼诛耶?人诛耶?罪至此极,人人得而讨之矣。虽然潜杀建宁王、迁太上皇、弑皇后三大过恶,岂一死所能偿?不知鬼窟来生,尚如何还债耶?前高力士虽专宠,然谨厚自将,稍有忠言匡救,故玄宗虽播迁,而力士犹保首。

领宦寺观此,当知所自处矣。

○鱼朝恩权兼文武,卒以缢死

代宗时,鱼朝恩为天下观军容使,领禁兵。

(不有奇权,那有奇祸?)自渐不文,于是学讲经,辨章句,遂自谓才兼文武,莫敢与抗。寻判国子监事,执《易》升座,讲鼎折足以讥宰相。(孔子不主寺人,瘠环想未读到耶?《周礼》不近刑人,胡不讲乎?)势倾朝野,每奏事以必允为期。朝廷政事有不预者,辄怒曰:"天下事有不由我者耶?"上久不平,令元载为方略,擒而缢杀之。

千古怪事，万世永鉴。知鼎折足，覆公餗，其刑剭矣，卒罹之，何哉？然则讲《易》适以自嘲耳。

○吐突承璀、刘克明、王守澄后先弄权，俱诛死

承璀以中尉讨王承宗无功罢职，（中官掌兵，唐室敝政，竟祸天下并灾及其身。）然专横如故，谋立澧王恽为太子，以树功保宠。上不许，后因为穆宗所诛。（求功得死。）穆宗崩，敬宗立，游戏无度，宦官刘克明共谋弑逆，文宗讨斩之，复无遗者，皆王守澄之力居多。而守澄复横，帝曰不堪，乃赐鸩死（前覆而后不戒，岂以功足恃耶？）天下莫不愉快焉。（权横，祸亦横，奚益哉？）

○田令孜、刘季述、杨复恭相继作逆，伏法斩

唐僖宗委令孜以政事，除官不复关白，劾之者皆赐死，拜之者皆擢官。藩镇李克用力请诛之，削爵流瑞州，为蜀王建所杀。杨复恭以有援立功，横甚。昭宗黜之，遂与侄杨守亮反，李茂贞讨诛之。刘季述等复纵，引兵突入宣化门，立太子裕，奉昭宗为太上皇，指挥孙德昭讨之，又伏诛。

内侍以掌兵肆志，至是皆以外兵诛之，此天道之好还者也。然国威亦少顿矣。积弊已极，骑虎难下，韩全诲等复陈兵殿前，劫迁车驾，竟为朱全忠所迫，收斩之，并诛宦官七十余人。寻又以宦官典兵预政，祸终不已。于是悉罢内司，以兵驱第伍可范，已下数百人，于内侍省尽杀之，出使者所在捕诛，止留黄衣幼弱三十

人以备洒扫。此与汉末同，盖俗所谓还债也。吁，伤矣。使早知检饬国安身荣，长为太平近臣，顾不美哉？宋朝以平章制内侍，故无赫赫之奸，因有容容之福，独童贯一阉称兵致位太师，旋被覆灭。合而观之，其亦可自饬矣。

○王振纳赂覆国，身诛族灭

正统时，王振有宠，太皇太后欲诛之，帝及群臣为请乃免。太后崩，振益专权。侍讲刘球上言主权不可下移，振怒以事下狱，支解之。自是人缄口不敢言。生杀予夺，尽在其手，廷臣皆行跪礼。尚书徐禧、侍郎王佑等，首开趋附之路，宣言于众曰："吾辈以某物相送。"振大喜，不然者以为慢己。于是外臣百执及部院等俱具礼进见，以百金为寻常，重至千两者，始得一醉而出，上下交征利而国危矣。北虏来寇，振不与大臣议，私禀上帅师亲征，百官伏阙留，不听。文武大臣，匆匆从之。途有谏者，皆令掠阵。雷雨大作，前军覆没。振始有回意，总兵郭登言："驾宜从紫荆关入，庶请无虞。"振不听，师过鸡鸣山，虏追至，兵部尚书邝埜请车驾疾驱入关而严兵为殿，振怒曰："尔腐儒，安知兵事？"次日驾至土木，去怀城二十里，欲入保之。振辎重在后，留待不肯去。少顷，虏围四合，兵遂大败，上北狩，大臣及宦侍死者无数，振亦被杀。报至，京师大震，郕王辅，太子监国，言官劾王振罪擅权误国，宜正典刑，锦衣卫指挥马顺从旁叱各官起去，众争殴蹴毙庭中，复索振亲随王、毛二人，亦殴杀之。（犬牙害人，至此笑帐。）王令旨籍振家并其党伏诛，凡振器服宫室，上方不逮，金银十余库。（许多何用？征虏亦只恋着辎重，遂至误国。）脔振佽王山于市，族戚无少长皆斩。

只见宣庙亲征汉藩，如此容易，不知宸谋何等睿妙，文武何等宣力也。自是颠踬日子到，故作此狂想耳。凡愎谏暴率，贪赂邀功，虽职任才臣，未之或济，况内侍乎？失国家威灵，害百万生命，不知此罪过，何日偿完？言之酸鼻。

○喜宁降虏扰边，被擒伏法

内监喜宁，胡种也。土木之败，降也先，尽以虚实告之，遂为乡导，数教扰边，且不欲送上皇还京。上皇深恶之，谓不诛宁，未有还期。又忌袁彬，诱出营，欲杀之。上皇急救乃免。彬与上皇谋遣宁传命入京，令军士高磐与俱，密书付宣府总兵，缚至京师诛之。宁诛，虏失其乡导，亦厌兵矣。八月上皇还。

○单增招宠下狱

景泰中，增恃宠骄纵，势日炽。大臣有候其生日，约结武弁持贿进贺，如往年之事王振者，林聪等劾其罪恶且曰："复起群邪趋媚之风大开，小人奔竞之路乞急治之。不然，必蹈覆辙。"帝即命锦衣卫捕治之，后虽获释，然不敢复肆矣。

○王诚私谋伏诛

景帝有疾，太监兴安请立旧东宫，众佥谓宜然，惟内阁王文与太监王诚谋欲取襄王之子为储，有二心其间，事渐泄。及上皇复位，王文与太监王诚、舒良、张永、王勒等俱论斩于市。

是时迎上皇，正也。复宪储，亦正也。舍此二正，谋取外藩，则私意树功，非天道矣。故曰败。

○曹吉祥有功作逆，阖家死

天顺初，太监吉祥与石亨、徐有贞等夺门迎驾，恃功恣宠，滥为升赏。从子曹钦冒功封照武伯，凶暴杀人事觉，上特原之，而下诏戒谕。又以吉祥骄恣稍裁抑之，遂谋不轨，欲幽上南宫，而立皇太子。吉祥令钦约其兄都督铎、镭，弟都指挥铉（一家兵权，安得不狂？）拥兵入宫，而吉祥为内应。宫中先闻变，则执吉祥以俟四鼓。钦合番汉兵五百骑犯阙，直抵长安门，杀伤大臣，禁门不开，纵火焚之。比晓，王师始集，大战东华门外，曹镭败走，斩之，射铉及铎皆死，曹吉祥、钦等俱伏诛，籍其家以赏将士。

使吉祥自饬，岂不长享富贵耶？兄弟虽布列兵权，适足以狂愤灭族耳。一身所得几何，乃直如此寻死？

○韦含党妖谋逆，坐法斩

成化中，妖人李子龙踪迹诡异，俊秀无须，类小宦竖，夤缘入京，住太监韦含外宅，妄传谶语，诳惑于人，含尊敬之，妻以义子之女。时引杂宦竖登万岁山殿中，憩息御床，诸宦寺不得志者，皆礼拜为佛，以冀非分。旗校刺事知之，使三人诈往投礼，渐闻约束，以八月某日往真定府举事。太监黄赐奏请搜捕，果获所造黄袍御物，含及子龙等皆伏诛。

尽忠靠皇帝，不亦福乎？乃靠妖人几语扇惑耶？总之不贪为宝，守正为福，才觊非分，便是死期。

○王敬索贿，谪戍

成化时，有妖人王臣，能摄人物，经目即窃，夤缘近幸，见上得为锦衣千户，命中官王敬偕臣采药。所至纵暴，横索货财，搜取奇玩，官民并受其害。至苏州镕元宝银至二千余锭，玩器之精绝者，捡括殆尽，复拘苏庠诸生，日录妖书不休，实欲得赂，诸生陆完辈不胜忿，伺欲殴之。敬及臣走匿以免。适王恕以巡抚至，疏其罪恶激变，乞诛之。诏差官校械二人至，下锦衣狱，敬充净军，臣斩于市，中外快之。

○刘瑾谋反，磔诛

正德中，瑾入司礼监，天下章奏，悉付剖断，自于私宅票旨奏闻，府部等官禀事，填满其间，科道部属，皆行跪礼，大小官公差出外及回京者，朝见毕皆赴瑾宅以为常。惟自奏本，则送内阁票旨，必极其褒美。又常捏旨，屡兴大狱，逮治言官，敕各处太监干预刑名，以太学士谢迁为朋党，颁示天下，擅政五年，毒虐遍中外，无不怨恨切齿者。张永等因疏其大罪十七事，谓激变宁夏，心不自安，阴谋不轨。上允其奏，当夜命牌子头往召瑾，永等劝上亲至瑾宅，近地观变。时漏下三鼓，瑾出门即执之入内狱。黎明送锦衣卫，坐以谋反，陵迟三日处死，诸被害者，争取其肉嚼之，悉诛其家属，（畴昔秉势害人，至今何如哉？）抄没财产金二十四万锭，又五万七千八百两，银元宝五百万锭，又一百五十八万两，蟒衣衮龙袍、八爪金龙、盔甲玉印皆具，宝具不胜其数。

积弥天罪恶，换满地金银，赢得窬窬痛苦也。此痛苦债固是前日加人者一二偿之耳。思及自家临刑，许多惊怖，则他人之毒忍积之乎？且无量恶报，昭彰如此，则无量功行，定享清福，生天上，是在内臣所致之耳。近天舒出拿云手，救取大地千万人，固甚易也。

又见内官每每布施奉佛，此极善缘。然得财不以道，施无益也。木佛不度火，心佛空里坐。但能平直事主，是奉弥陀法，慈悲救人，是奉观音法。佐天子，仁四海，是谓开甘露门，劝同侪行善事，是谓泛圆觉海。如是布施，身即是佛；不如是布施，则物事所积，悉是怨毒所成。集众冤鬼，以奉世尊，佛岂福之乎？故运量大则佛缘亦大，天颜近则西天亦近，是在修之而已。

为将好生之报

"慈不掌兵，为将固死法乎？"曰："非也。将以救民止暴，戡乱定国，则生机在焉。故能以生用杀，则功无在将上者。何也？抛一死，救万生，视寻常行善固有不同。若以杀用杀，则罪亦无在将上者。何也？败则多杀己，胜则多杀敌，军律不严，则多杀无辜，皆主将责也。古来惟希功取宠，如卫、霍名将，莫善其后，他可知矣。故遣将不可不慎，将之遣属又不可不慎。"

○汉邓禹不妄杀人，世贵震天下

禹，字仲声，南阳人，事光武为将军。时赤眉贼起，不知所归。禹行师有纪，所至辄停车驻节，以劳来之，父老童稚满其车下，莫不感悦。尝曰："吾将百万之众，未尝妄杀一人，天道好还，后世必有兴者。"厥后子孙累世贵宠，封公侯者三十人，大将军以下十三人，中二千石十四人，列校二十二人，其州牧、郡守不可胜数。孙女，和帝后。曾孙女，桓帝后。

善之报，至是惊人矣。将所贵多杀者，以立威取胜耳。而禹以不杀得元功，与宋之曹武惠略相似。然则何官不可为德哉？

○宋曹彬注意全活，世代隆盛无比

彬忠诚事君，谦恭自处，不以富贵骄人，虽陈师征讨，未尝妄杀。初破遂州，诸将皆欲屠城，公独执为不可。有获妇女者，彬悉闭之一第，令密卫之。洎事罢，咸访其亲还之，无亲者备礼嫁之。及伐金陵，先焚香誓众："城下之日，毋得妄杀一人。"举此二端，余悉可见。前后全活者，可胜言哉？又尝欲新一旧居，以冬月虫方蛰壁，惧戕其命而止。用心慈仁如此，求之文人，亦不多得。是故彬子玮、琮、璨继领旄钺，少子玘追封王爵。实生光献太后，以至济阴生享王爵，子孙昌盛，近世无比。彬有族弟曹翰亦为将，克江州，忿其城不下，尽屠之。翰死未三十年，而子孙有乞丐海上者。

三世为将，道家所忌，恐只是杀得心粗手快耳。若彬之为将，只增功德，何害焉？翰逞忿肆暴，快活安在，而以乞丐代王爵乎？

○赤赡思丁以好生为军律，五子殊贵

赤赡，回回人。仕元，平章政事，行省云南。时萝槃甸叛，往征之，有忧色，从者问故，赡曰："吾非忧出征，忧汝曹冒锋刃，又忧劫虏平民不聊生耳。"次萝槃城，三日不降。诸将请攻之，赡不可，使以理谕，又不降。诸将奋勇请进兵，赡不可。俄而有乘城进攻者，赡大怒，遽鸣金止之，召万户叱责曰："天子命我安抚，未命杀戮，无主将命而擅攻，法当诛。"命缚之。诸将叩首，请俟城下之日从事。萝槃主闻之曰："平章宽仁如此，吾拒命不祥。"乃举国出降，将卒亦释不诛，由是西南诸夷，翕然款附。卒年六十九。云南百姓巷哭，交趾、高丽遣使致祭，哭声震野。赠王，谥忠惠。五子，长平章，封王，次都元帅，三及五俱平章，四总管，其贵显殆人世所未有云。(《传芳录》)

为将不杀最难，其阴德亦最重。

○徐达以不杀为元勋，两公世袭

达，凤阳人。为将，战无不克，令出不二，与士卒同甘苦。伤残疾病者，亲问给药，财帛无所取，妇女无所幸。时陈友谅寇池州，擒其众三千人。副将常遇春谓曰："此皆劲敌，闻上必赦，将为后患，当诛之。"达不听。与张士诚战皂林，获众六万，不戮一人，悉归京师。下姑苏，与遇春约，破城之日，中分抚定，徐左常右，部伍肃然，居民安堵。暨入元都，藉府库金帛，妆版图重器，封宫殿门，俾宦官护其嫔御妃主，远近悦服。人谓："曹彬下江南，伯颜入临安，不是过也。"百姓闻其至者，妻孥相庆，壶浆迎师。封魏国公。卒，赠中山王。子辉祖袭公爵，增寿以迎驾功亦封公。余功臣铁券皆中替，独魏国后两公，与皇祚俱永云。

汉邓禹，宋曹彬，我朝徐达，皆以不杀得元功。则世之冒杀以邀者，于军武何若乎？开平之勋，不后中山，而被革夺爵，至嘉靖乃复封侯，岂非天哉？故用兵之道，仁为先，勇次之。○伏读圣祖御制自述《起兵略》云："元壬辰二月，盗陷濠城，胡帅彻里不花率骑三千，声攻城而逡巡不进，惟是四掠良民，以绛系首，献俘请功。于是良民受害，呼亲唤旧，相继入城，合势共守。胡帅攻之，如蚍蜉之撼石柱，胡亡自此始也。吁可畏哉！"

圣祖知此，故遣将戒以勿杀。当时诸帅尽能安辑士卒，不独徐中山也。卒平天下，与国同祚。然则后之为将救民者，若冒杀计功，不惟犯天条之诛，且亦犯祖宗之谴矣！

好战邀功及将军嗜杀之报

古云："三世为将，道家所忌。"然以杀止杀，亦是其必有者。如伊、吕救民水火，安享侯封，百世以及，古来翊运之臣，俱不讳兵，顾其用之何若耳。第一怕无事生事，以百万枯骨，博封侯印；第二怕以暴易暴，冒杀平民，攘功首级；第三怕鏖战屠害，主敌俱损。故如曹武穆、徐中山辈，手造区夏，又能戢军禁杀，其福德便不可胜数也。不然，善战如淮阴黥布，善射如羿、奡、由基，后安在乎，身其任者。可曰："杀人由己"立威以逞，又可曰："杀人由人。"听其冒杀劫掠、虚张声数，而我因以为功哉？每见前辈俞戚之将兵至如截趾。所行道路，两旁深坳，有入市攫民肉包者，立杀之，故二公俱以威名终。盖严于驭兵，则众不受害而所向有功，是以"生道杀也"。今出汛巡海，调兵过境，则杀害已多矣，又何怪战将之多不令终也哉？

○吴起善战强楚众射死

起杀妻求将，本为忍人，其用兵与最下卒同食，卒有生瘤者，起为吮之，故得人死力。用鲁，鲁强，然疑其为人，乃走魏。

魏用之又强，然亦疑之，乃走楚。楚强甚，天下不敢撄其锋，然宗室大臣俱不悦。及楚王死，众作乱，射起杀之。

○商鞅善战强秦车裂死

鞅立法严刻，每决囚，渭水尽赤，令行罚果，民怯私斗而勇。公战，与魏将公子卬对敌，绐以好会杀败其军。秦日以强卒并天下，然得罪太子，及嗣位，即收鞅，车裂以徇，灭其族。

当时互相吞并，皆可已而不已者也。故善战者，阿主求宠，罪不容于死。若乐毅之兴燕，田单之复齐，信陵之救赵，谓之"应兵"。兵应者胜，此可知天道矣。

○白起诈坑赵卒剑杜邮

白起围赵括杀之，四十万众皆降。起挟诈，尽坑之，流血成川，沸声若雷，秦以成帝业。然卒为范睢所谗，赐剑死于杜邮。○《群谈采余》有云："洪武初，吴山三茅观，雷击白蜈蚣，身长尺许，背有'白起'二字。由此言之，冤负何日了哉？"

○蒙恬宿为秦将，赐死长城

胡亥矫诏赐蒙恬死，自思无罪（是亦颇知作逆之凶），既而曰："吾为秦开埏，筑长城万里，不无绝地脉哉？"乃死！太史公曰："当秦之灭天下，疮痍者未息，而恬为宿将，不务修众庶之和，阿意兴功，此其兄弟遇诛，不亦宜乎？何乃罪地脉哉？"○余谓为始皇宿将，吞并天下，杀人如麻，固已足死矣。长城之筑愁筑怨，又后一节事也。

此数将皆成功居宠，而犹不保令终，若乃亡军覆国，身润野草，不可胜数焉。兵，凶器也，不得已而用之，不戢将自焚。戒之哉！

〇王恢倡议诱虏，下狱自杀

汉武帝志吞四夷，王恢等击闽越，降之。因欲邀功匈奴，上言："虏初和亲，可诱以利，伏兵袭击，必破之。"（以人信我而诈诱之，即此心已足死矣。）上召问公卿，韩安国曰："圣人以天下为度，不以私怒伤生。故高帝见围平城，无忿怒之心，遣刘敬结和亲，为五世利。臣以为勿击便。

（言极大。）"恢曰："高帝意欲休民，今边境数惊，士卒伤死，此仁人之所隐也。（本欲邀功，乃假人心为名，依附名理，反能掩却本色。）击之便。"上从恢议，使将三十万众匿谷中，因诱单于十万骑入塞，欲邀击之。单于捕得雁门尉，告以汉兵所居，大惊，引还，追之不及。自是绝和亲，扰边矣。上怒，下恢廷尉，自杀。

始谋开边，遂至卫、霍出塞，蹀血不休，恢也能逃死乎？〇成化中，安南累扰占城，占城请讨之。汪直因欲以为功，传旨索永乐中调军数。时刘大夏为职方郎中，故匿其籍，尚书余子俊责罚胥吏至死，大夏竟不出之。及事过，子俊私讶兵籍亡失，刺刺不休，大夏乃言其故。子俊曰："时何不言，而枉死一吏乎？"大夏言："一人之冤小，千万人之命大。"子俊叹服，揖之曰："公不日登此座也。"后大夏果为兵部尚书。吁！使汪直得行其志，兵连祸结，不为童贯之乱宋也，几希矣。刘公之仁何如哉！

○李广强战杀降，身死家覆

广猿臂善射，匈奴号曰"汉之飞将军"，不敢犯边，然数奇多衄，竟不得封侯。尝谓望气王朔曰："广自结发，而与匈奴战，未尝不先登。汉兵击匈奴，广无不从，然后进者皆封侯，广独无有，何也？"朔曰："将军得微有恨乎？"广曰："尝有降胡八百人，广尽杀之，颇以为恨。"朔曰："祸莫大于杀已降，此君所以不得侯也。"广后从卫青击虏失道，召对狱，自刭死。至孙陵败降胡。有言"陵教虏寇边"者，遂尽僇其家。

希封侯而杀人要功，已是死法，况杀降乎？如广之名将，若遇禄山，可树郭、李之勋；遇兀术，可成张、韩之绩矣。彼以戡乱扶危，此以黩武取宠故也。观秦皇、汉武之强战，子孙尚首中其祸，况臣下乎？审此，知所以用兵矣。

○卫青累战封侯，以外戚灭家

青姊卫子夫有宠，立为皇后，青因以得官。善骑射，好仁下士，奉法遵职，故所向有功，（是其美处，故能享。）凡七出击匈奴，幕南无王庭，以功多，再益封三子，皆食邑，尚长公主，宠倾一时。后戾太子以巫蛊事白皇后，发兵杀使者，卫后死焉，太子亦自杀。而卫氏以灭，盖善战之功，非所云福也。当青初破虏，封关内侯，而明年卫后生太子据，故曰："太子以兵始终焉。"卫氏亦然。

○霍去病累战封侯，以盈贵夷族

去病，卫青姊子也，得召见，善骑射，为嫖姚校尉。数出轻骑，独往数百里趋利，斩获过当，封冠军侯。常深入，先大将军，于是贵幸比卫青，置两大司马位。去病早卒，子光受遗辅政，封博陆侯。至孙霍禹，以贬权谋逆，遂伏诛，霍无遗者。

卫、霍宠处甚奇，而祸亦奇。以两司马之多功，和柔不能庇其本根，则其用兵之原非也。观汉、唐、宋之中兴，而力忠强战者，皆官福流芳，此何以故？是不可反观乎？

○李广利伐宛得侯，以失律死

武帝欲侯宠姬李氏，乃拜其兄广利为"贰师将军"以伐宛，得善马数十匹，封为海西侯。后出军失律，被诛。

以万命生死，争善马，庇私宠，可谓大庋矣。后汉窦宪亦以征伐赎罪封爵，寻被诛戮。嗟乎！不侯不死，孰知其微哉！

○吴将程普虐杀叛人，百日死

普，孙权将，领江夏太守，杀叛者数百人，皆使投火。即日普病热，百余日便死。

○曹翰所过屠城，没后子孙行乞

（见《史传仁将门》，已载之《曹彬》中。）

按：翰以多屠生民，子孙乞丐，然未为酷报也。彼所辅者救民之主，所当者乱逆之世，故罪犹薄焉。若乃承平之世，稍有逆党，则厚诬平民，屠杀为功，而又军无纪律，纵其邀劫，至有"木梳贼虱篦兵"之说，痛何如乎？夫民困盗贼水火中，颠连望救，视王师不啻饥渴。又从而歼之，或一家数口，骈首就戮，或求借忿争，辄肆厮杀。或诬某都某姓通贼，尽行枭斩，或以银和买首级。至子鬻其父，妻鬻其夫，种种惨酷，未易殚述。嗟夫！一夫冤死，尚干天和；杀贼过多，犹促寿命。况以疮痍良民，吞气就死，挣命乞生，其视盗贼尤为逆理。又何怪世之为将者，多不良死乎？间有明知明纵，谓养军当如养虎，不可太缚。吁是不然，以子仪之宽，而乳母子驰马军中，则都虞候立斩之盖，分醪挟纩，不妨体悉。若师出不律，而以民命供军士饱啖之需，则暇时养兵卫民，急时为民召兵，何为哉？且军骄必败，亦未有能得其用者也。

○杜杞诱磔广南贼，为鬼所殴死

贼欧希范本书生，有智数，乘朝廷困元昊，聚众称乱。杨畋讨之不得，乃命杜杞代之。杞入境，即为招降，与之通好。希范猖獗久，亦幸苟免，遂从之，挟其酋领数十来降。杞大为燕犒，醉之以酒，已乃执于座上。翌日，尽磔于市，且使皆剖腹，刳其肾肠。召医与画人绘为《五脏图》，用是迁侍制，帅庆州。未几，若有所睹。一夕登圊，忽什于圊中，家人急出之，口鼻皆血，微言："欧希范以拳击我。"后三日竟死。

夫希范起盗贼，其杀人多矣。死固其辜，然诱降而杀之，拂其生望而翼以徂诈，则曲有所归，况复残忍而重苦之乎？士喜功名，图权术，如杞所为者何限，可无戒欤！

〇王韶邀功熙河，受冥仗而死

韶以取熙河功致位枢密，晚年悔之，尝游金山寺，以因果问众长老，皆言："以王法杀人，如舟行压死螺蚌，自是无心。"韶犹疑之。时有刁景纯者，前辈学佛，忽一日逢于寺座中，韶复举前话，众答如前，刁独无语。韶曰："十八丈以为何如？"刁曰："但打得贤心下过，便自无妨。"韶曰："今是打得过否？"刁曰："打得过时，自不问也。"韶益不自安。后数岁，疽发背，终日阖眼。医者欲看眼色，令其开眸，韶曰："安敢开？斩头截脚人，有许多在前。"月余病剧，遂死。初，韶未病时，泾原知县王直温，一夕就寝，中夜忽闻扣衙门曰："请知县断遣一公事。"直温起，燃烛坐，见吏抱文按，数卒领一罪人至，白直温曰："奉帝勅，令断王韶公事。"直温熟视罪人，肥而矮，宣判决脊，杖配洪州，断讫，归寝，忽惊问其妻曰："我曾起否？"妻曰："不曾。"乃知是梦，不复道。翌日，以韶名字问人，或曰："今枢密王韶，亦肥矮，外无有者。"未几，果闻王韶罢枢密，谪官洪州，发背洞见五脏而死，亦异哉！次子名寀，亦以左道诛戮，盖嗜进好杀，其报昭然矣！（《乐善录》）

"劝君莫话封侯事，一将功成万骨枯。"得已而佳兵鲜不坐此。〇当其热肠图功时，不知也。一旦灰冷，真心自现，不必问天证佛，已知端的矣。人慎毋为炎赫所中。

英雄守节及强臣跋扈门

兵，凶器也，况用为不义，逆天贼人，讵能生全哉？每见世运多故，则奸雄攘臂于其间，尽恃挟威权，弁髦国灵，谓神物可觊，无何而烹醢矣。使守义奉公，何知非福，上如汾阳、西平，次不失作陶侃、韩滉也。若皇路未夷，席荫一方，以藩屏天子，亦不失作窦融、钱镠也。视失节侥幸，斩腰截领何如哉？

○七国以削激变皆诈夷

汉景帝时，诸侯王强，晁错议削之。吴王遂约齐、楚、赵、菑川、胶东、济南、胶西俱反，以诛错为名，势甚猖獗。天子诛错谢之，并赦七国罪，贼终不止，自以强盛，欲分天下而王也。无何，周亚夫击之，绝其粮道，士卒饥散，大破之。楚王戊自杀，吴王濞为越所诛，七国灰焉。向使安削地不反，则将与宗社共保终始，其富贵何如哉！一忿不忍着，号逆贼，为万世永鉴也。就使当时能分汉有之，诸强必争为晋之司马相鱼肉矣，岂可保乎？

七国未反，天已生一周亚夫，伺其发而擒其要领矣，彼昏者犹未知也。

○隗嚣以强割据竟饿死

王莽时，嚣起兵应汉，攻陇西、武都，皆下之。是所以成功者，以忠汉之名义也。光武遣来歙说之，奉表诣阙，定为汉臣矣。帝伏以殊礼，手书奖借，使终守臣节，则功当在窦融之上。乃矜己饰智，又见天下未平，妄希天命，而将王元说之曰："图王不成，其敝犹足以伯。请以一丸泥为大王封函谷关。"嚣心然其计，马援、班彪交谏之以无负汉，不听，竟发兵反，降伪蜀公孙述。于是遣来歙伐之，众十万皆降。嚣奔西城。时侍子在汉，帝诏告嚣曰："若束手自诣，父子相见，保无他也。"竟不降。于是诛其子恂。（先输一条性命）隗嚣疾且饿，恚愤而死，子纯降。又遣吴汉攻公孙述，刺之，洞胸死。

虽二贼相依，陇蜀绝险，不能与天命共主争威灵也。窦融《与嚣书》曰："为忠甚易，得宜实难，奈何委成功，造难就栽！"

○窦融决策辅汉，公侯累世

融自守河西，欲奉汉命，未能自通，乃从隗嚣受正朔。嚣说以合从保祚，不听，遂奉书诣洛阳。帝授凉州牧，赐玺书，慰劳甚厚。融复书，深陈恳诚，自抑畏，且曰："臣虽无识，犹知利害，识顺逆，岂可背真主，呈奸伪之人，废忠贞而图倾覆！"复从帝征嚣，帝遣还，辞不自安，数求代。诏曰："吾与将军如左右手，数执谦退，何不晓人意？勉循士民，无擅离部曲。"后入朝为大司空，以居功臣之右，卑恭已甚。令子袭封，辞让再三，帝不许，诏勿得复言。子孙贵盛，与东汉相终始焉。

庇一凉州，不犯兵甲。且首明忠义，扶汉正统，享此福报，宜矣。

○董卓陆梁劫主，燃脐累日

何进欲借外兵诛宦官，遂招董卓。卓即将兵向京师，恣意废立。山东合兵讨之。卓劫帝迁都，烧宗庙，发陵冢，以帐士吕布勇悍，誓为父子，众莫敢犯。王允乃结布为内应，乘入朝，伏戟斩之，暴尸于市。卓素肥，吏为大炷置脐中，光达曙者累日，百姓歌舞于道。

　　卓无真君臣，布安得有伪父子哉？羿废太康，而寒浞杀羿，天网昭昭，岂容盗贼心腹，狼狈相依？必使假手以彰其报耳。

○王敦跋扈，斩尸绝嗣

　　王敦久怀异志，见祖逖死，益无忌惮，遂据石头，陷长沙。帝以为丞相都督，暴慢滋甚，又谋篡逆，讽帝征之。会疾甚，矫诏拜嗣子王应为武卫将军以自副。帝令司徒王导率兵讨之，下诏列其罪恶。敦愤恚自死，其党钱凤、沈克皆伏诛，乃发敦尸斩之。敦无子，以兄含子应为嗣，至是并沉于江。

○陶侃忠勤，贵极勋显

　　侃都督八州，讨苏峻，诛郭默，威名赫然。在军四十一年，路不拾遗。尝梦生八翼，上天门，至八重，折左翼而下，力能跋扈，每思之，辄自制，深惧盈满，不预朝权。以太尉长沙公终其身，子孙荣显。

　　此勋名贵显，亦尽殼用矣。使图非分，能必不败。

○桓温蓄不臣之志，生子灭宗

　　温为大司马，平蜀，拔寿春，恃其功略位望，阴蓄异志。尝抚枕叹曰："男子不能流芳百世，亦当遗臭万年。"遂废立，求加九锡，竟不就死。弟冲代领其众，尽忠王室，得免诛讨。温子玄复负才地，不肯下人，补义兴太守，叹曰："父为九州伯，儿为五湖长。"遂弃官归。俄举兵攻安陵，克荆、雍。已而称帝，登御坐，床忽陷，刘裕讨而诛之，焚桓神主，诛其宗族。

父子可谓克肖矣。心叛逆者，不殃其身，必祸其子孙。

○郭子仪坚匪躬之节，福泽冠世（详见《忘身门》）

朔方军士思子仪如父兄，而两次吐蕃入寇，皆以虚声喝退之，三复京师。子暧至云："吾父薄天子，不足为。"而帝亦以为信然。然诏书一唤，单车就道，死生予夺，惟君所命，纯忠何如哉！若彭宠、李密、怀恩辈，其功比汾阳，宁当十分之一，便容受不起，以抵族灭矣。将臣思及此，得不生惭愧想，立退让根乎？

○怀恩以功高觖望，名败家灭

怀恩本汾阳偏裨，一门死王事者四十六人。女嫁回纥，借兵戡难，郭子仪以其功多，以元帅让之。后为谗邪构陷，愤怨自讼曰："臣罪有六：为先帝扫清河曲，一也；男玢陷虏亡归，斩以令众，二也；二女远嫁，为国和亲，三也；身与男玚，为国效命，四也；河北新附，抚安反侧，五也；说谕回纥，使赴国难，六也。臣负六罪，诚合万死。"遂反引回纥、吐蕃入寇，道死，以功多，仅留一子。（李怀光亦相类）

官至极品矣，而竟以矜功一念，死于贼名，悲夫！

○朱泚以兵乱作逆，陨身传首

唐德宗时，京师兵乱，上仓卒走奉天，众推太尉朱泚为主，据长安，僭号"大秦"，因遣兵寇奉天，几拔之。会李晟、李怀光救至，乃解围走。诏晟与怀光径取长安，晟欣然去。怀光以数千里赴难，不获见天子，意怏怏，遂与泚通谋。当是时，二寇强甚，晟以孤军处其间，内无粮，外无援，卒以忠义鼓士气，兵益强。怀光既定反，麾下多叛之者，忧李晟袭之，走河中，竟以缢死。晟遂复京城，斩朱泚，传首行在。

使晟与怀光同觖望，亦预作逆之诛，使怀光与晟同讨贼，必成盖世之勋矣。均人援，而忠奸易端，忽功罪迁转如此。○晟弱，怀光强，晟孤而寇并，然而势不胜理也。若朱泚能以众迎复，则汾阳、西平宁多让焉？舍桓文之勋，就乱贼之诛，谓何哉？

○韩滉忠顺，平章节镇

滉久在二浙，聚兵修城，得士民心。而当时疆场骚动，藩镇多跋扈，独滉贡献不绝。抚江东，息盗贼，诏加滉平章事，位兼将相矣。淮安节度陈少游卒，大将王韶欲自为留后，滉使谓之曰："汝敢为乱，吾即日全军渡江诛汝矣。"韶惧而止。上闻喜甚，恩遇日隆，常运米百万斛，朝廷赖之。性颇惨刻，然于诸镇为最忠顺，故荣显令忠云。

滉，韩休宰相子也，可谓克肖矣。滉子皋，复贵显。按《太平广记》云："滉微蓄异志，适有舟人至太山下，遇峨冠道袍数人，引见孔圣，遂寄一书与韩节度，皆蝌蚪古篆，无识者。忽一道人读之云：'告韩滉，忽妄动'。滉矍然，触其隐衷，遂为忠顺。"盖以滉为季路后身也。此虽异事，亦足传疑。

○刘辟拒命，擒斩灭宗

韦皋为西川节度，拊士效忠，因顺宗多疾，表请太子监国，而宗社安。封南康王，谥忠武。其卒也，副使刘辟自为留后，朝廷征之不至，阻兵自守。上力未能讨，以为节度副使。而辟益骄，求兼领三川。盖恃蜀险固，必惮用兵故也。杜黄裳举高崇文讨之，所向奔溃，军不留行，遂克成都，槛刘辟送京师，斩之，并其党皆伏诛。

皋之顺，辟之逆，祸福不较著乎哉？令辟不反，则副使去节度一堦耳，一转便是。即不然，亦足富贵吃食也。而欲速躁心，遂陷大逆，家宗覆灭，妻妾弃捐，小人亦何利之有？

○钱俶归命，封王世爵

周时，吴越王钱镠时勤贡献。镠死，谓子俶曰："无以易姓废事大之礼。"及宋太祖立，俶事之弥谨。闻宋平江南，大惧，乃率妻子来朝。帝赐礼贤宅以居，赏赉甚厚。既归视事，命徙坐于东隅，曰："西北者，神京在焉，天威咫尺，敢宁居乎？"每修贡，必列于庭，焚香而后遣之。时江南、太原皆竭兵力征讨，始克平定，独吴越早自效顺，至太宗时复来朝，籍境内军州县以献，盖不劳兵顿甲，杀害生民，其于仁礼可谓兼之矣。改封淮海王，而弟及子孙俱显官，赐赉宠待，冠绝当时。

他国拒战者亦亡，而傚独后，且终身王爵，孩提俱美官。吁！忠何负于人哉！

○吴曦叛三十日而诛死

曦祖父叔吴玠、吴璘有大功，朝廷世守四川。至曦谋据地，而王密降千金，僚属言曰："如此，则相公忠孝八十年，门户一朝扫地矣。"不听，遂称王。时有拆曦名者曰："三十一日，我乃被戈。"果一月，安丙诛之。夺父挺官爵，迁祖璘，子孙出蜀。

按：曦十岁，父挺问其志，有不臣之语，怒蹴之炉火中，灼面成巴子，乃卒以逆累其父也。真大不孝矣。○又曦未叛时，校猎夜归，垂鞭四视，仰见月中一人，骑马垂鞭，与己维肖。问左右，所见皆符。默自念曰："我当贵，月中人其我也？"扬鞭揖之，其人亦扬鞭，乃大喜，遂反。夫妄心一萌，异形踵至，虽有非常之事，逆理则妖也。当之者莫自狂惑寻死哉。

○石亨、石彪内外通谋而卒败

亨以夺门迎驾功，甚贪恣，贿赂公行，易置边将，造妖书曰："惟有石人不动。"命侄彪为大同游击，欲令挂镇朔印，里应外合。已而彪事发，罪连于亨。上以功累宥之，夺其兵。未几，露其不轨之谋，下诏狱死，其党皆伏诛。

通夷猾夏报

《春秋》之法，尊王攘夷而已。故匡合如仲，亟许其仁。而子西虽贤大夫，则彼之为不足录，以其为楚用也。仲是以三百世家，西是以杀身及弟焉。试观佐楚横行者，如屈瑕趾高，子玉无礼，子反刚愎，皆不得其死。惟孙叔敖令终有后，则其与晋争郑时，固不欲战也。子木保世无害，则又平晋与宋，息民罢兵者也。嗟乎！是可知天道矣。盖佐君强战，杀民伐夏，已获谴于神明，况有中国之民，为之谋主，操戈入室，覆桑梓之墟，凌父母之国哉？昔韩非以韩诸公子，欲用秦灭韩，而身死狱中，乐毅去燕仕赵，赵与之言伐燕，而曰："终身不敢谋燕之奴隶，况孙子乎！"之二人者，一反间，一仗义，孰正孰邪，孰祸孰福？人只贪其小利，而不知其获重谴也。"明有皇灵，幽有鬼责，思之省之。"

○王猛志在存晋，勋名显韶

猛，谋略不世出。初见桓温，扪虱而谈当世之务，意欲用晋也。而睹温不能容豪杰，乃仕秦。一见秦王如旧交，举异才，修废职，立学校，旌节义，民大悦。此所谓用夏变夷者也。符秦强甚，九州百郡，十居其七。临终，秦王问以后事，对曰："晋虽僻处江南，然正朔相承，上下安和。臣没之后，愿勿以晋为图。"后坚竟伐晋而败，遂以覆国亡身。符融为坚，战晋甚力，竟以马蹶被斩，风声鹤唳，皆为晋兵，则晋虽僻处一隅，名为中国，亦神灵之所呵护也。猛不为先见，实有心义。故《纲目》书"清河公王猛卒"，取之也。仕夷者，尚以此为法。

○崔浩果于用魏，身族贻殃（详见《战将门》）

魏之东征西讨，皆浩之谋也。自以算无遗策，然君不志仁，而为之强战，是辅桀也。况乘江南之敝，图收秦地，进攻虎牢，杀略不休，恶得不族灭哉！不然，则浩之于魏，可谓忠臣矣。宠冠三朝，勋制异国，忽以小事族诛，岂非天乎！

○仆固怀恩纠虏，入冠而道死

恩不死，则二虏遂与唐为难矣。药葛萝所谓"为天所杀"者也。（详见《跋扈门》）

○桑维翰借虏叛唐而身诛

石敬塘与唐潞王有隙，惧诛，维翰倡谋曰："公明宗爱婿，契丹主与明宗结为兄弟，能屈节事之，朝呼夕至，何患不成？"敬塘意遂决反，即令草表称臣，且以父事之，约事捷之日，割卢龙一道，及雁门关以北诸州与之。吁！遂为中国数百年之害矣。桑维翰故能臣，两秉大柄，从容指挥，诏书一出，而十五节度使无敢违者，时人服其胆略。后宋太祖常击节叹赏："不得才如维翰者为之用也，但以启兹大衅，为万世贼臣。"又常语晋王以契丹大功，当事之惟谨，盖失之于初，不得不尔矣。契丹竟执晋主重贵以归，杀桑维翰焉。而当时有契丹节度使赵延寿者，欲代晋帝中国，屡说契丹击晋，后竟不得帝，而为契丹所杀。契丹主纵骑劫掠，荼毒中国，亦自死于没胡林。国人剖其腹，实盐数斗载去，谓之"帝𥩒"，盖酷报也。

丁南湖曰："父事契丹，而幽蓟十六州陷腥膻者四百三十二年。是故，石敬塘之罪，其实桑维翰之创谋也。敬塘以此得国，维翰以此得相，才逾十年，即遭契丹毒吻，敬塘绝嗣而国已矣，维翰身诛而家覆矣，通虏者尚寒心哉！"

○秦桧为金内间，绝嗣

桧初执不立异姓，为金虏去，为挞懒所任用，及南伐，以为参军，又尝为金草诏檄宋。是时，岳飞、韩世忠等战数胜，金实内忧，乃纵桧及妻还，实与之盟而遣之。桧诡言杀金人监己者，夺舟以来，求见帝，首言"欲天下无事，须南人归南，北人归北"。始帝及朝士犹疑之，后浸惑其说，遂坚执和议，击台谏，杀忠良，宋事遂无可为者。后以害武穆事，夫妻俱死，绝嗣无后。嗟乎！桧之始，固忠义士也，特以守节不坚，遂背主求生，乘危卖国。戎虏之宠灵，孰与神天之威？狗彘之私恩，孰与君父之急？乃德彼戎狄，仇吾中国，全无悔心。至于东窗事发，向寺改忏，其亦晚矣。生天地间者，可不识分义所在？

○仇鸾赂虏讲和，诛死

嘉靖时，北虏入寇，鸾以边将赴援，不敢战，惟赂金与和，纵虏劫略而去，遥尾其后。虏至，书所在亭障曰："仇鸾免送。"其辱国何如哉！虏去，乃冒杀被系老幼邀功致赏。当时虽宠贵，而事败伏法，卒犯极刑。吁！移其死国法者死边场，不亦死得所乎？

居官全活之报

"有有形之全活，有无形之全活"，有形者已然也。当其颠困欲毙，鹄面灰心，忽尔起沟中之瘠而庇之生全，其为德也显而大，然他人致之，而我救之可也。若权柄在握，则当视民如伤，先事区处，不致颠顿危急，方为妙手。盖凡饥寒流离，救之未然，则生理不失，力半而功倍。教化亦然，止恶未萌，则不至刑辟，俗美而民安，其视临事支吾，临危体察，固万万也。但业已致之，则不可无转移之巧、恻怛之实，以经理其间耳。盖古固有以爱民之心，而成害民之事者，亦有以爱民之事，而矜激功能，恢张声誉，则其饮和食德，必有不能满注矣。是在为官者，实实与民一体，则措置自别耳。

○汉御史王贺纵活万人，累世奇贵

贺，汉武帝时为绣衣御史，逐捕魏郡群盗，多所纵舍，以奉使不称免，叹曰："吾闻活千人，子孙有封。吾所活者万余人，后世其兴乎！"后至一门五侯，诸女为后，荣贵震天下。

按：《史》云："武帝以法制御下，尊用酷吏，而二千石为治者，多暴酷，民益轻犯，盗贼滋起，因发兵击斩之。则当时之多盗，亦大不得已矣。王贺便宜其间，释其胁从而与以更生，德莫厚焉。宁捐一官，而不忍杀人以媚天子，功莫高焉。累世侯封，如持左券。以此知天之果可必也。丁南湖乃以贼莽之大逆灭宗，斥其非阴德。夫君子之泽，五世而斩，王贺之功德尽矣，而莽之阴狡篡弑，所杀害者，比贺所活不知数倍，安得无败？是将执幽、厉而薄文、武也。"

○汉狱吏于公积德待福，子遂拜相

此闾里所熟谈者，高门待封，似于浅薄，然至今为修德口，实则公之劝善不浅也。何嫌有意为善哉？

○郡督邮钟离意仁心惠下，官至尚书

时郡有大疫，死者万数，督邮钟离意亲给医药，候问存恤，所部多蒙全济。举孝廉，再迁辟大司徒侯霸府，诏部送囚徒诣河内。时冬寒，徒病不能行，路过弘农，意辄移文属县，使作徒衣。县不得已与之，而上书言状，意亦具以闻。光武得奏，以示侯霸曰："君所使橡，何乃仁于用心，诚良吏也。"意复于道解徒桎梏，恣其所欲，过与刻期，俱至无复违者。迁棠邑令。县人防广为父报仇，系狱。其母病死，广哭泣不食。意怜伤之，乃听广归家，使得殡殓。丞掾皆争，意曰："罪自我归。"意不累下。遂遣之。广殡母讫，果还入狱。意密以状闻，广竟得以减死论。意官至尚书。

○尚书令黄香辨冤赈贫，子孙封侯

永平十二年，东平清河奏妖言："卿仲辽等，连及千人，香为科别。"据奏全活甚众。每郡国罪，辄务求轻科，爱惜人命，每存忧济。迁魏郡守，时被水年饥，乃分俸禄及所得赏赐，颁赡贫者。于是丰富之家，各出义谷，助官赈贷，荒民获全。卒于官。子琼，为太尉，封邟乡侯。卒，年七十七。曾孙琬，亦为太尉，封阳泉乡侯。

○牙将李质尝活七命，增其寿

咸通中，吉州将李质得疾将死，忽梦入冥，见主吏曰："尝出七人，性命合延十四年。"李执簿书以取上命，久之出谓质曰："事毕矣。"命使者领送还家，至一高山，推落乃寤。由是疾渐平，果十四年而终。

○宋王祐植德自信，子旦为太平显相

宋太祖时，人有言节度使符彦卿反者，上使侍郎王祐按祭之，且曰："既归，必授以王溥官职。"时王溥为相故也。后奉命还，言按验无状，以百口保符彦卿无他。上颇不怿，然事为之释。有戏祐者曰："意君必做王溥官职矣。"祐曰："我虽不做，二郎必做。"又尝手植三槐于庭曰："吾子孙必有为三公者。"子旦遂为侍从卿相，三十余年，得君专政，太平安享，功名之盛，无与为比云。祐封晋公，旦封魏公，谥文正。

此时若贪着王溥官职，便希上意，彦卿无谁类矣！

○范仲淹志切先忧，数子俱为显公卿

仲淹少甚孤贫，日食齑粥一角，勤苦读书。自做秀才时，便以天下为已任。尝谒相士问云："能作宰相不？"相士云："不也。"再问："能作名医不？"相讶之曰："何前问之高，而今问之卑也？"仲淹曰："惟宰相、名医可以救人。"相士赞曰："君仁心如此，真宰相也。"初举进士，以晏殊荐为秘阁校理。泛通六经，长于《易》，学者多从质问，为执经讲解无倦。尝推其俸以食四方游士，诸子至易衣而出，仲淹晏然。寻为右司谏，岁大旱蝗，仲淹请遣使巡行，其言剀切。帝恻然，乃命仲淹安抚江、淮，所至开仓赈之，奏《蠲除弊条》十余事。后参知政事，边邮有警，自请行边。麟州新罹大寇，言者多请弃之。仲淹为修故砦，招还流亡三千余户，蠲其税，罢榷酤予民，又奏免府州商税，河外遂安。仲淹性好施与，置义庄里中，以赡族人。泛爱乐善，所至有恩。初得钱氏南园，将徙居焉。阴阳家谓当踵出公卿，乃曰："吾家独贵，孰若中吴之士咸教育于此，贵将无已焉。"遂以其地为学宫，其喜舍如此。与富郑公当国，阅监司簿之不才者，一笔勾之。富弼曰："一笔勾之甚易，但恐一家哭矣。"仲淹曰："一家哭何如一路哭耶？"此又得其大意，不以煦煦为仁者。卒，谥文正，追封魏国公。子纯仁，复为相，谥"忠宣"。纯礼为尚书，纯粹为侍制。宗族蕃盛，登仕版服儒绅者，代不乏焉。

○虞允文计全婴孩，禄子俱昌

允文，字彬甫，知太平州。旧制，民生子，必纳添丁钱，岁额百万。家贫无以输官，故多不举子，丁口衰绝，允女怜之，置芦荻税以补添丁钱，由是百姓生子并举，户口日增。先是，允文无子，明年，妻妾双诞二男，自是子孙蕃衍。拜中书门下平章事，兼枢密使。卒，赠太傅。

○马默革罪人投海之例，子龄并茂

默知登州。先是，沙门岛罪人，旧制每溢取一人投海中，默怜之，奏革其事。未几，默坐堂上，昏然如梦，见一人乘空而来，如所画符使状。左右挟一男一女至默前，大呼曰："我自东岳来，上帝有命，汝本无嗣，以革沙门岛罪人事，特赐男女。"遂置二童，乘黄云而去。默惊起，隶卒皆见黄云东去，后果生男女。官至转运使，年八十二，赠太保。

此吉祥之最显者，男女个个会生，天神何苦露此怪奇？岂非赏一善以风万善哉？人而知此，便当以天心为心也。

○廉希宪设法活人，一弟六子皆贵显

时江陵初下，希宪行省荆南，下令："凡俘获敢杀者，以故杀平民论。为军士所虏，病而弃之，许人收养，病愈，故主不得复。有质妻卖子者，重其罪，仍没其直。"关吏得江陵人私书上之，世祖拆其书，有曰："归附之初，人不聊生。自廉相出镇荆南，岂惟人渐德化，昆虫草木咸被泽矣。"世祖以为希宪不嗜杀人，所能尔也。卒，谥文正。六子三相，两总管，一御史中丞。弟希贤，为尚书。

此能以严用宽，以法行仁者，吏治识此意大为有益。

○严实两止屠民，两子继贵

实，元人，官尚书省，从木华黎弟带孙取彰德。既下，带孙怒其反覆，驱老幼数万欲屠之。实曰："此国家旧民，偶为所胁，诛之何罪？"带孙从之。继破濮州，复欲屠之。实言："百姓未尝敌我，岂可与执兵刃者同戮？不若留之，以供刍秣。"濮人免死数万，且约束诸将，毋敢杀掠。会大饥，民北徙者多死，实命作糜粥置道，全活甚众。部卒有逃归益都者，益都破，逃卒复获，人以为必杀，实置之不问。及卒，远近野哭巷祭，旬月不已。封鲁公，谥武惠。两子：忠贞，金紫大夫；忠济，资德大夫，行江浙省。

混战攻取，犹恐滥及无辜，玉石俱焚，况事已定，而屠戮未已乎。万道冤魂，痛彻重霄，虽有福德，安能生受此也。

酷吏暴虐之报

往往能吏才臣坐此居多，始未尝不廉直。而效尤者益豪纵自喜，反借以济其贪矣。即精明如广汉，尚快心一杀而以身偿之，况其下乎？故曰："宁失出，毋失入。"明庶政无敢折狱，居官不可不常存此意也。

○郅都恃忠直竟，以苍鹰诛死

都为中郎将，敢直谏，好面折大臣，朝廷重之。济南瞯氏，强宗豪猾，人莫能制，乃拜都为济南守，至则族灭瞯氏，郡皆股栗，涂不拾遗，十余郡守畏都如大府。都为人公廉，不发私书，问遗无所受，请寄无所听。常自称曰："已倍亲而仕，身固当奉职死节，不复顾妻子矣。"（忠直臣气骨，无奈猾贼何。）迁中尉，行法不避贵戚，皆侧目而视，号曰"苍鹰。"以治临江王狱，获斩。

○宁成好侠节，遂以乳虎破家

成好气，小吏必陵官长。滑贼任威为济南都尉，前都尉谒太守郅都如县令，成直陵其上，都闻名，善遇之。（一时咸名，岂不满志。）郅都死，宗室贵人多犯法，乃召成为中尉，其治效郅都，其廉不如。以内史外戚毁，抵罪髡钳。寻复用为关都尉。往来者语曰："宁见乳虎，无触宁成之怒。"及义纵为南阳大守，至关宁，成侧行送迎，（前倨郅都，后恭义纵，何也？无亦更抵罪，后自气蔺乎？）然纵气盛，弗为礼，遂案宁氏，尽破碎其家。

都能威行匈奴，至为木偶象之，射莫能中，而成之廉威稍不及矣。有其罪无其功，则祸益酷。

○张汤舞文自杀

汤与赵禹定律令，务在深文，相得甚欢。然禹廉倨，公卿相造请，终不报谢，务在绝请托，孤行一意而已。见文法辄取，不求人阴罪。汤舞智御人，浮慕士夫，荐扬寮属（亦有可取者），所治急于豪贵，宽于孤弱，内行亦修洁，于故人子弟，及贫昆弟尤厚（亦可取。）故多得声誉。然好排击大臣，痛绳奸吏，制《见知》《腹诽》等狱，天下侧目而视，不安其生。有盗发园陵钱者，约与丞相青翟俱谢，至上前绐，丞相独谢，因欲案以见知不举罪。丞相三长史因共奏汤奸利事，上令簿责之，遂自杀，家产不过五百金。（无如此刻汤则为廉吏矣。）

○义纵毛鸷弃市

纵廉，其治放郅都，然鹰击毛鸷，尤甚于张汤，所诛杀甚多，益不足以胜奸。为定襄郡，郡中不寒而栗。为右内史，以甘泉道不治见责。寻以治杨可告缗事，见为废格，斩于市。

此其才益不足办，独性枭贼，欲以武健为名耳。然杀数百命，易一官，于心何如？况竟以身偿责乎？

○王温舒多杀，罪至五族

温舒为广平都尉，择豪吏十余人，以为爪牙，皆把其阴重罪，而纵使督盗，快其意所欲为，虽有百罪，弗法也。（以十余都尉横行，郡民何以堪此。）即有避，因其事夷之，亦灭宗。以故齐鲁之郊，贼不敢近，道不拾遗。（小利安能敌大害，贼已白日劫杀矣。）迁河内太守，捕豪猾，连坐十余家，每论报，流血十余里，郡中无声无夜吠之狗。（民已半是死尸气。）会春，顿足叹，欲再展冬月行事，其好杀如此。以奸利获告，罪至族自杀，而两弟及两婚家亦坐他罪。同时族自为曰："古有三族，而温舒乃至五族乎？"

武帝用法吏，以击断为能，往往至大官，然所记酷吏，无令终者。独汲黯持同异，摈名法，竟得至九卿，无丝毫患。卒后天子见思，荫其子弟，皆至卿相。而何比干者，为治狱吏，多所平反，子孙富贵，累累不绝。王贺为直指使者，捕盗贼，亟纵舍，曰："吾活万人，子孙其兴乎？"旋应若桴鼓。吁！何其阿旨！及衡命顿殊，而荣辱安危迥异也，岂非当严刻而用恩。其阴德尤百倍哉？然则执法者，亦何必视人主意，上下其手乎。

○赵广汉树威，身被要斩

广汉为京兆尹，用缿筒受吏民投书，使相告讦，于是奸党散落。尤善为钩巨以得事情，发奸摘伏若神（极是能吏以黄霸之先教化行之可也，专恃此则非美俗）。吏民称之不容口，然专厉强壮，见事风生无所回避（岂无快手害人）。又尝以私怨论杀男子荣畜（然则因怒刑人者恐不少），人上书言之，下丞相御史案验。广汉疑丞相夫人杀侍婢，欲以此胁丞相（全不是了）。帝恶之，下廷尉，守阙号泣者数万人，广汉竟坐要斩。

此而列之《酷吏》，或所不堪，然亦见任刑不如任德云尔。

○严延年祸成屠伯

延年，阴鸷酷烈，冬月决秋，流血数里（彼亦谓以生道杀人），号曰"屠伯"。素轻黄霸为人，（彼自以才胜霸万万耳），见以凤凰褒赏，心甚不服而已。所治河南又有蝗虫，遣丞按捕，归以实告，怒之。丞恐见中伤，即上告延年怨望、诽谤数事，竟坐不道，弃市。

初，延年母来任适见报囚，大惊，便不肯入府，曰："天道神明，人不可独杀（彼时只见河南守，不见天道）。我不意当老见壮子被刑戮也。去汝东归，扫除墓地耳。"遂归，岁余果败。

若此太郡，常在衙中，小民岂不蒙其福哉！惜也。〇如黄霸者，诚无赫赫声，然已爵关内侯，征太子太傅矣。延年之才，孰与母之智多？〇当屠伯行令时，民其如何哉？独有魂冤诉上帝耳。〇天之意，借母之口以传暴虐者，其有瘳乎？教子不足，教人有余矣。

〇羊道生命绝吞眼

羊道生，泰山人，为邵陵王中兵参军。其兄海珍任溠州刺史，道生乞假省之。临别，祖送道生见缚一人于树，就视，乃故旧部曲也。见道生，涕泣哀诉云："溠州欲赐杀，乞求救济。"道生问："汝何罪？"答云："造意逃叛。"道生便曰："此最可忿。"即下马，以佩刀刳其眼睛吞之，部曲呼天大哭。须臾，兄海珍来，又嘱决斩之。坐席良久，道生方觉眼睛在喉内，咽不下。索酒咽之，顿尽数杯，终不能去。转觉胀塞，遂不成咽而别，在路数日死。当时莫不以为有天道焉！（出《还冤记》）

夫部曲之罪足死矣，然痛诉穷迫，何心便决其睛，忍极矣，能无及乎？若死于刺史法，部曲无从为厉也。

〇梁武昌守张绚杀役江中，见之病死

张绚尝乘船，有一部曲役力小，不如意，便躬捶之，杖下臂折，无服状。绚遂推之江中。须臾，见此人从水而出，对绚抚手

曰："罪不当死，官枉见杀，今来相报。"即跳入绚口，因得痛，少日卒。（出《还冤记》）

○唐刺史王瑱虐其县尉，见尉索命

瑱刺冀州，性酷烈。时有敕史至州，瑱与使语，武强县尉蔺奖曰："日过，移就阴处。"瑱怒，令典狱扑之，项骨折而死。至明日，狱典当州门限垂脚坐，门扇无故自发，打双脚胫俱折。瑱病，见奖来，起，自以酒食求之，不许。瑱恶之，回面向梁，奖在屋梁，旬日而死。（出《朝野金载》）

○来俊臣造罗织经，弃市变尸

俊臣于武后朝以罗告诸王贵臣，授朝散大夫，拜侍御史。造《告密罗织经》，布置事状，具有条贯。又别造枷，号为"突地吼"，遭其枷者，轮转于地，斯须闷绝。囚人无贵贱，先列枷捧于地，召囚见之，魂胆飞越，无不自诬者。则天重其爵赏以酬之，故竞为酷矣。朝士因朝默遭掩袭，至于其家，诀曰："不知重相见否？"尝诬狄仁杰谋反已承，即诈仁杰谢死表上之。仁杰男得绵衣中寄书，乃上变称冤，方知其诈，遂获释（受诬者竟宰相功臣，诬人者乃坐死乎）。俊臣尝坐赃出同州参军，逼夺同列妻，仍辱其母，莫敢言者。后欲奏诸武公主，反为所害，乃斩于市。国人无少长皆怨恨，争食其肉（即碎肉为员，未足偿债也）。家人谪配远恶处，子孙不得仕进。

视徐有功之子，得擢官，孙为太保者，何如哉？

○侯思止王弘义、郭霸等，竞为惨酷，前后诛戮

思止以告舒王谋反，授游击将军，求作御史。武后难以不识字，对曰："獬豸不识字，但能触邪。"遂许之。与来俊臣共为罗织，俊臣逼娶王庆说女，思止亦奏求娶赵郡李自挹女，竟为昭德榜杀。

王弘义亦以告变，授游击将军，拜御史。与来俊臣共事，坐流岭南，妄称敕追。胡元礼按之，弘义词穷，乃谓曰："与公气类。"元礼曰："足下昔任御史，礼任洛阳尉，今任御史，公乃流囚，复何气类？"乃榜杀之。

郭霸，应革命举为官，见武后曰："往年征徐敬业，臣愿抽其筋，食其肉，饮其血，绝其髓。"上大悦，人呼为"郭四其。"又御史大夫魏元忠病，霸请尝其粪，元忠不许，竟尝之，曰："其味苦，病即愈。"（想此后别一心肠）元忠以其佞，大恶之。尝推刺史索思微狱，微不胜其捶拷而死。俄屡见思微，遂设斋转经（这样不清净的口，难为吃斋诵经）。俄见思微止于庭曰："汝陷我，今来取汝。"霸恐惧，遂自刳腹而卒。

○周兴义火瓮鞫囚，放流被杀

兴酷虐，忌左史江融正直，当敬业之反，罗织之，斩于东都亭驿前。融将死，请奏事引见，兴曰："囚何得奏事！"融怒叱之，曰："吾无罪枉戮，死不舍汝。"遂斩之。尸激扬而起，蹭蹬十余步，行刑者踏倒还起坐，如此者三，乃绝。虽断其头，似怒不息。未几，兴与来俊臣对推事，俊臣劾奏兴，兴不知。及同食，

谓兴曰：“囚多不承，奈何？”兴曰：“甚易也。取大瓮以火围之，令囚人处其中，何事不吐？”即如法造之。因起谓兴曰：“有内状推兄，请入此瓮。”兴惶恐叩头伏罪断死，放流岭南。所破家同流者甚多，争杀之。《传》曰：“多行无礼必自及。”信哉！（《朝野金载》）

　　火瓮烧灰，可作百毒虫丸，若存性，尚恐不堪用也。〇思及请兄入瓮，便是退火法。

修隙杀人之报

　　修隙者，多起于盛怒。盖官长威福，弄得惯手，见有拗逆者，自然容受不去。一纵其威，谁敢任哉？然此固有二，如张咏之吏，既偷盗弄法，又挟抗官长，此不可贳。若乃受屈难堪，理直气扬，又有见官不惯，罔识进退者，此所当谅者也，一概盛气加之，则曲直倒置，巧者盛而拙者败。纵督过之后，私心悔之，然雷霆弹压，已破损矣。谚云：“一世为官百世冤。”盖恐隐伏利害，嶬崎情伪，害人不少，况复以任性出之乎？且任性则火性愈起，久且以为固然，不问是非矣。欲惠民讞狱者，愿宜除此一根，虚心以听情理之自现也。此便是为相容人之始耳。

〇海陵守褚仁规诬陷军将，闻声死

军将刘璠，性强直勇敢，坐法徙海陵，郡守褚仁规嫌之，诬以谋叛，诏杀于海市。璠将死，谓监刑者曰："为我白诸儿，多置纸笔于棺中，吾必讼之。"后数年，仁规入朝，泊舟济滩江口，夜半，闻岸上连呼："褚仁规，尔知当死否？"舟人尽惊起，视岸上无人。仁规谓左右曰："尔识此声否？刘璠也。"命酒食祭之。仁规至都，以残虐下狱。狱吏夜梦一人，长大黵面，从二十余人至狱，执仁规而去。既寤，为仁规所亲言之，其人抚膺叹曰："吾君必死。"此人即刘璠也。其日中使至，遂缢于狱矣。（出《太平广记》）

○司隶校尉胡伸以憾成，狱鬼击死

王宏，字长文，为扶风太守，与司徒王允俱为李催等所害。宏素与校尉胡伸不相能，仲因就狱竟其事。宏临死叹曰："胡伸小子，勿乐人之祸，祸必及汝。"伸后病，头不得举，眼若睡，见宏来，以大杖击之，数日死。（出《还冤记》）

使王宏无胡伸亦死。所不甘者，乐祸一念，触人肺腑耳。子羔刑人而人德之，只是哀悯实意诚信于人也。意之于恩怨大矣哉！

○唐蜀将尹偃以事杀营典，竟死于阵

偃晚堂卒有后数刻不至者，偃责之，卒被酒自理，声颇高，偃怒，杖数十，几死。卒弟为营典，性友爱，恨偃，乃以刀劙肌，作"杀尹"两字，以墨涅之。偃阴知，乃以他事杖杀典。及太和中，南蛮入寇，偃领众数万保卬崍关。偃膂力绝人，常戏左右，以棘节杖击其胫，随击筋张。恃其力，悉众出关，逐蛮数里。蛮发伏，夹攻之，大败，马倒，中数十枪而死。初出关时，忽见所杀营典，拥黄案大如毂，前导，心甚恶之，左右无见者，竟死于阵。（出《酉阳杂俎》）

○唐太傅杜悰以憾构廉使，惊疾而死

悰节度江陵，黔南廉使秦匡谋战蛮、寇，不克，来奔谒。悰怒其不趋庭，使吏让之，匡谋不为屈，乃遣縶。又书与韦相云："秦匡谋擅弃城池，不能死王事，请诛之。"韦以悰元臣，兼素有旧，遂奏依其请。敕既降，悰乃亲临都市监戮，匡谋将就法，谓其子曰："今日之死实冤，奈申诉非及，但当烧纸墨，当于泉下理之耳。"行刑，观者接踵，挥刃之际，悰大惊，骤得疾，遂舆而返。俄而，旋风暴作，飞卷尘埃，直入府署乃散。六月十三日，杀秦匡谋。七月十三日，悰卒，将归葬洛阳，为束身楸函成，即路欲敛之。其夕，主吏乃觉函短，惧甚，又难于改易，遂赂阴阳者，绐杜氏诸子曰："太傅薨时甚凶，就木之际，若临近，必有大祸。"诸子信然，于是尽率家人，待于别室。及举尸就敛，楸函果短，遂陷胸折项骨而入焉，无有知者。及抵东洛，长子无逸相次而逝。其事稍间于世。议者以悰恃权贵，枉刑戮，获兹报焉。（出《奇楚新闻》）

杜悰不过作贵倨态，要人尊敬耳，而竟以此置人于死。折己之禄，则我慢之为累也。居官长吏以礼节喜怒，人低昂入者不少。当其怒时，亦自依傍道理，谓匡谋擅弃城池死之，不足为过，孰知皆为客气所使乎？此意不除，宁不害事？

〇都押衙何郡以怒杀孔目，宋柔谋叛伏诛

僖宗时，王铎为诸道行营都统，又诏军容使西门季玄为都监，下都押衙何群，小人凶险，志气骄佚，肉视其从。一日，汝州监军使令孔目宋柔，致命于都监，既出，值群，群怒其不先礼谒也，捽以入，击以马挝。汝州监军闻之大怒，笞宋柔数十，仍斥去，使驰书谢群，群亦无怍。数日，宋柔徒行经寺门，又值群，群瞥见发怒，连叱驺从，录之入院，候曛黑，杀而纳诸溷中。既张灯，宛见宋柔被发徒跣，浴血而立于灯后，群奋剑刺之而灭。厥后夜夜见之，神情恌悗，渐不自安，乃与其裨将窦思礼等谋叛，请都监夜宴，令亲信十数人焚院。是夕一鼓，群假寝帐中，乃梦宋柔大叱曰："吾仇雪矣。"遂惊觉，召思礼语之，对曰："此鬼也，何能为？"二鼓将半，令卒擐甲登殿西大梓树，瞷城内，为都虞侯所逻，遂拥众斩关而出，群下稍稍亡去。窦思礼乃斩群，献于都监而定。(《广记》)

谁使群谋叛者，鬼亡其心也。世之略负势焰，而烜赫难当者，岂少哉？其恶极贯盈，而因以取败，则亦有亡其心者耳。

〇唐县尉裴光远以憾贼里长王表鬼凭而死

光远性贪婪，冒于货贿，严刑峻法，吏民畏而恶之。尤好击鞠，畜一白马，善驰骋，虽酷暑不暂休，马竟死。有里长王表者，家富瞻，早丧妻，一子七八岁，白皙端丽，常随父来县。光远见而怜之，遗以服玩，谓表曰："我无子，若能以此儿相遗，当善待汝，纵大过，不汝瑕疵也。"表答曰："某诚微贱，受制于上，骨

肉之间，则无以奉命。况此儿襁褓丧母，岂可复离其父乎？设使以此获罪于明公，亦甘心矣。"光远闻而衔之，后数日，乃遣表使于曹南，使盗杀诸境而取其子。后三岁，光远遘疾，逾月委顿，时为鬼物所中，独言曰："王表来也，当还尔儿。"又作表骂语，言诉于天，今来请命，复自言："还尔儿，作功德，多畀阴钱，可乎？"皆曰："不可。"少顷，又曰："白马来也。"则代马语曰："为人乘骑，自有年限，驰骤亦有常程。岂有盛夏击鞠不止，毙此微命。已诉于天，今来奉取。"语之如王表。终不听，数日而死。（出《广记》）

　　王表之冤，非大忍人不结。白马之冤，恣情游豫者，鲜不蹈及矣。

正罪伸冤之报

　　虽有极恶大罪，而当其罹刑呼苦，痛彻肝肠，此时忏悔愿重，尚足感动太上好生之心。况于蒙冤抱憾，宛转就死，天地凄其带愤，风雨为之变色者乎。一遇有心人，解倒悬而出之，其为欢喜祝愿，夫岂有极？人所动处，天必随之，乌有不获报者哉？

○何比干谳狱平恕，子孙佩印绶者千人

　　比干，汉武帝时汝阴人。经明行修，且通律法。为汝阴狱吏，决曹掾，平活数百人。后为丹阳都尉，狱无冤囚，淮汝号曰"何父"。征和间大雨，比干日梦贵客满门，车马簇拥，觉以语妻。语

未已，门有老妪至，求避雨，雨甚而衣履不沾渍。比干异之，延入坐。须臾雨止，妪辞去，谓比干曰："君先出自后稷，佐尧至晋，历有阴德，及君身，治狱平恕。今天赐策，以广君子孙。"因出怀中符策，状如简，凡九百九十枚，授比干曰："子孙佩印绶者，当如此算。"妪忽不见。比干时年五十八，已有六男。后再生三子，累世荣显，皆如妪言。（出《传芳录》）

○录参程仁霸解冤死者不得直，罢归，子孙禄寿昌炽

眉山有盗芦菔根者，所持刀误伤主人，尉幸赏以劫闻，狱掾受财，掠成之。公知其冤，谓盗曰："盍诉冤，吾为直之。"盗果称冤，遂移狱。公直其事，而尉掾争不已，复移狱章论杀之，公因罢归，掾尉暴死。后三十余年，见盗拜庭下曰："尉掾未伏，待公而决。前地府欲召君暂对，我叩头争之曰：'不可以我故惊公。今公寿已尽，我为公荷担而往，暂时即生人天，子孙禄寿，朱紫满门矣'。"公沐浴衣冠，就寝而卒。其子孙寿皆至九十。曾孙皆为显官有声，同时为监司者三人，玄孙宦学益盛，而掾尉之子孙微矣。（出《阴德昌后录》）

今居官案牍，往往恐失上司意，纵使万不称，止免官耳。而慈仁种福，与所得孰多？况官之成败，亦自有数，并不预此中也，而杀人以媚，可乎？○盗竟以受诬死，则仁霸于盗亦无德耳，而独其全活人心，袭其肺腑，至死不忘，可见恩怨自有真也。兵莫惨于志，树德者亦然。

○盛吉夫妇泣罪，五子皆贵

吉，字君达，为廷尉，审狱无冤滞，每岁决囚，持笔垂泣。妻亦泣曰："君为天下执法，不可滥及人罪，祸延子孙。"视事二十年，天下称其平恕。庭树有白鹊来巢，乳雏，人以为祥，旬日间即擢去。五子事任州郡。

○陈泊执奏权贵杀人罪，子孙贤贵

泊为开封府功曹，章献太后临朝，有族人杖杀一卒，当泊验尸，太后遣使传旨，欲宥其罪。诸吏皆惶惧，欲以病死闻。泊独正色曰："彼实冤死，待我而伸，岂可惧太后之威而不以实奏？尔曹弗预，我独任咎。"自为牍以白府尹程琳，程喜曰："君用心如此，前程非琳所及。"既而太后原其族人，亦不罪泊。后梦一人泣谢曰："某冤非公不能伸，阴司以公有阴德，注位贵显，及生子孙贤，故来相报。"历官台省副使。孙传道、履常，皆以词学显任，为一时门人。（《传芳录》）

此伸死者之冤，视生活一路似异，然幽愤所在，不堪没没。苟其公正谳罪，亦属生理也。彼受赇卖放者，能无得罪冥冥乎？

○张文规辨胡达之冤，增寿一纪

文规，字正夫，为英州司理参军。真阳县民张五数辈盗牛，里人胡达、张运等率保伍追捕之，因击杀张五。盗不得志，反以被劫告。县令吴邈欲邀功，取达等十二人送狱，诬服，张运病死。既申府，文规疑之，问得其情，又获盗党以证。狱具，胡达以手杀人杖脊，余杖臀，邈计不行，忿恚呕血死。文规迁临川，忽疾困，勺水不入口者弥月，昏不知人事。一月，微作声，饮水渐苏，乃言病在床，被人摄去。至一大官府，闻帘内问吴邈、张运事，文规实对。主者曰："吾亦详知，俟卿结正耳。"时邈、运亦遥立在傍，吏以所判纸尾示文规，有"添一纪"三字，文规遂寤。至天观二年，年七十八。复梦羽人来云："向增一纪数足。"又以公在英州降妇人曾氏斩罪为绞刑，又添半纪，至政和四年乃卒，年八十三。（《传芳录》。）

做官富贵，所不知者寿耳。以寿民者寿己，盍亦图之。〇今太守事多，按院审录，亦只循故事耳。惟司理专典刑谳，若平时能体察重囚，使无枉滥，查盘时于他府亦然，诚莫大阴功也！

〇钱若水辨富民之冤，官名显韶

若水，字长卿，河南新安人。为同州推官。有富民失女奴，父母诉于州，委之录参。录参旧与富民有求不获，遂劾富民父子共杀，诬服具申，覆核无异，独若水迟疑。录参骂曰："汝得富民钱，欲出之乎？"若水笑曰："父子皆坐重辟，岂不容某熟察？"一日，若水诣州所，屏人告曰："某之迟留富民狱者，虑其冤耳。使人访求女奴，今得之矣。"知州惊曰："安在？"若水密送州所，知州垂帘呼女父母问曰："汝女今至，还识之否？"曰："识。"揭帘出示之，父母泣曰："是也。"遂引富民父子，悉破械纵之，感泣谢曰："非使君，某灭门矣。"知州曰："此推官之赐，非我也。"富人诣若水来谢，闭门不纳，富人绕垣而哭。归饭万僧，为若水祈福。知州以若水雪冤，死者数十人，欲奏其功，若水辞曰："某初心止欲报冤，非图爵赏。万一敷奏在某固好，于录参何如？"知州叹服。录参知之，诣若水叩头谢罪。太宗闻之，擢知制诰，进枢密副使。后与僚友会食僧舍，假寝而卒。赠礼部尚书。（出《传芳录》）

此一事也，有三善焉：谳狱平冤，一也；不自以为功，而推之知州，二也；不图爵赏，为录参地，三也。以为下则仁，以为上则恭，以为同僚则恕，知制之擢，亦稍酬其直矣。世之小善小德，惟恐人不闻知者，视此不愧死入地哉？〇知州之推功服善，亦大是可人。

〇张文瓘断狱无冤，父子五人皆贵

文瓘，字稚圭，摄大理寺，不旬日，断狱数百事，抵罪者无冤言。或有疾因为斋祷，愿亟视事，拜侍中。诸囚闻其迁，皆垂泣。其得人心如此。子四人，与父皆至三品，时人谓之"万石张家。"

〇主事屠康僖雪冤减刑，三子皆腰金

公为刑部主事，宿狱中，细询诸囚情罪，得其无辜者若干人。公不敢自以为功，密疏其事以白堂官。后朝审，堂官摘其语以讯诸囚，遂释冤抑十余人。一时辇下咸颂尚书之明。公复禀曰："辇毂之下，尚多冤民，四海之广，兆民之众，岂无枉者？宜五年差一减刑官，核实其罪而平反之。"尚书为奏，允其议。时公亦差减刑之列，梦一人告之曰："汝命无子，今减刑之议，深合天心。上帝赐汝三子，皆衣紫腰金。"是夕，夫人有娠。后生应埙、应坤、

应埈,皆显官。(出《举业定衡》)

人命关天,有司最宜所重。世有"诬赖"一节,极为惨酷,下辈恃此,放习滥泼。至奴仆胁主人,顽佃梗业主,妻妾制夫长。一有不虞,则乡族乘而攘臂,缙绅因而磨牙,搬抢家私,凌辱妇女,缚尸灌汁,簇钻酷打,以求贿赂,则有子激死母,妻气杀夫。恃多男为赖死之根,指富家为甘脆之贷,则有儒绅亲奴婢,衣冠族乞丐,阴设阳施,朝怒夕喜,则有虐尸烧骨,踏门坏屋,贫冤对袖手旁观,富亲戚遭殃坐罪。此其种种,未易殚述。

世之官长,独谓尸场一捡,公庭两造,足以辨冤称快,而孰知其鱼糜肉烂,鲸吞虎噬,已不可言乎?近两院宪牌,已常禁革,不许烧埋。然官长仁心,又以为事关冤死,不得不核。吁!是也。但此弊不革,不惟启人自杀,且令父子兄弟以死为利,暴尸灭法,揣其情由,与手刃无易,真堪凌迟处死者,其害伦贼心不少也。今欲此事一概不理,亦难。但严诬告加三等之法,不论极冤极迫,凡药死而不以药首,自缢投水而不以自缢投水首者,即问如律。务在惩一警百,张榜告谕。其系亲人逼死,以为图赖之本者,勘破其情,益宜重处。有乘乱索骗,冒认挟打者,严究号令,则事情得矣。事情得而后可论是非,究轻重。生无痛苦,死无疵疠,亲戚无利死之心,风俗无搬抢之恶,其为阴德,孰大于是?

官长枉滥之报

官府簿书如麻,下情阻隔,或乘其聪明,或乘其火气,或乘其忙错,种种皆能枉人。及其文案既定,两院报招,则舒卷为艰。有明知其枉，而已无如何者矣。昔彭惠安韶，居官立身，无愧古人，只误杀一孝子，遂至不振甚矣。居官之难也，其难其慎。政不在依违二三，而在虚心观察，是必有得于情形之表者矣。若是任意，何事不败哉？

○晋王济枉杀侍者，病见之死

侍者，于闱中就婢取济衣物，婢欲奸之，其人不可，婢言："若不从，当大叫。"卒拒之。婢遂呼云："某甲欲奸我。"济即令杀之。此人具陈，济不信，故牵将去。顾谓济曰："枉不可受，要当讼府君于天。"济遂病，见此人，语之曰："前具告实，既不见理，便应去。"济数日即死。（出《还冤记》）

此奴气骨，士人所难，枉死宜其为厉。然此婢不知合偿何债也？

○晋王范杖杀帐内督，大魇病死

富阳县令王范妾桃英有姿色，与门下丁丰、史华期二人奸通，为帐内督孙元弼缉知，惧告之，乃共谤元弼与桃英有私。范不辨察，遂杀元弼。有陈超者在坐，劝成元弼罪。后范代还，超亦出都看范。行至赤亭山下，值雷雨日暮，忽有人曳超去，入荒泽中，雷光照见一鬼，面甚青黑，眼无瞳子，曰："吾孙元弼也，诉怨皇天，早见申理，连时候尔，乃今相遇。"超叩头流血。鬼曰："王范既为事主，当先杀之。贾景伯、孙文度在泰山玄堂下，共定死生录，桃英亦在取中。"至天明，失鬼所在，超至杨都诣范，便见鬼外来，径入范帐。至夜范始眠，忽然大魇，连呼不醒死，妾亦暴亡。超乃逃走长干寺，易姓名为何规。后五年二月三日，临水酒酺，超云："今当不复畏此鬼也。"低头，便见鬼形，已在水中，以手搏超鼻，血大出，可一升许，数日死。（出《太平广记》）

二王不过误听杀耳，非故也，而竟以此死，则为官不慎，而枉杀者，能免宿债之偿乎？

○宋刘毅以风闻杀寺主，后缢于其寺

高祖平桓玄后，以毅为抚军荆州刺史。到州，便收牧牛寺主，云："藏桓家儿为沙弥，并杀四道人。"后梦见僧云："君何以枉杀贫道？已白于天，恐君亦不得久。"因遂得疾，不食弥瘦。后宋高宗征毅，毅既败，夜单骑突投牧牛寺，寺僧曰："抚军昔枉杀吾师，我道人，自无报仇之理，然何宜来此？主师屡有灵验，云天帝当收抚军于寺杀之。"毅便叹咤出寺，因上大树，自缢死。（出《太平广记》）

○唐娄师德误罪二人，折其寿

娄师德充军使，破吐蕃于白羊涧，八战八克，优诏褒美。高宗谓曰："卿有文武才。"授左骁骑，累迁纳言。弟复为显官，师德送之，问："何以处人？"弟曰："人唾面拭之而已。"师德曰："此吾所以忧也。人唾面，怒汝也，拭之则益其怒，不拭自干。"其厚如此。及临终数日，寝兴不安，无故惊曰："抚我辈者谁？"侍者曰："无所见。"乃独言，似有所争者，曰："我当寿八十，今追我何也？"后自言为官误杀二人，减十年。词气如有所屈，俄而气绝。

以娄公之明恕，尚不免滥为政，得不慎之欤？（出《唐新语》）

误也，非故也，而不免当其祸，宜戒一。以娄公不免误，何况下此实多任性，宜戒二。

○唐苏颋为令，踣二吏，折其寿

颋少时，有相者云："当至尚书，位终二品。"后至尚书三品，病笃，亟呼巫觋视之，巫云："公命尽，不可复起。"颋因复论相者之言，巫云："公初实然，由作桂府时杀二人，今此二人地下诉公，所司减二年寿，以此不至二品。"颋夙莅桂州，有二吏诉县令，颋为令扑杀吏。乃嗟叹久之而死。（出《广记》）

将人命做人情良佳，然僚属不闻于地下保本，何也？

○唐昌令王悦枉杀录事李之，中恶疾死

悦杀李之而非其罪，李之既死，长子作《灵语》曰："王悦不道，枉杀予，予必报。"其声甚厉。经数日，悦昼坐厅事，忽拳殴其腰，闻者殷然，惊顾无人。既暮，击处微肿焉且痛。其日，李之男又言曰："吾已击王悦，正中要害处，即当杀之。"悦疾甚，则至蜀郡谒医，不愈。未死之前日，李之命其家造数人馔，仍言曰："吾与客三人至蜀郡，录王悦，食毕当行。"明日而悦死。悦肿溃处，正当右肾，即李之所为也。（出《纪闻》）

○刺史刘存枉毙霍判官，竟死于阵

存为舒州刺史，辟儒生霍某为团练判官，甚信任。后为左右

所潜，因下狱，白使府请杀之。吴帅知其冤，使执送杨都，存遂缢之于狱。既而存迁鄂州节度使，霍友人梦霍素服自司命祠中出，抚掌大笑曰："吾已获雪矣。"俄而存帅师征湖南，霍表兄马郢为黄州刺史。有夜扣齐安城门者曰："舒州霍判官将往军前，马病，白使君借马。"守陴者以告，郢叹曰："刘公枉杀霍生，今此人往矣，能无祸乎？"因画马数匹，焚之水际。数日，存败绩，死之。（出《广记》）

存当迁鄂州时，方贺荣行，而鬼仇已得计揶揄矣。然则显宦，何遽为福，要当无负心处耳。

○侍御史郭霸枉杀宋州三百人，病自刺死

霸以滥杀有功，暴得五品，经月患重病，台官问疾，见老巫曰："郭公不可救也。"有数百鬼，遍体流血，攘袂龁齿，皆云不相放。有一碧衫人喝绯衣人曰："早合去，何因？"许时，答曰："此缘未得五品，未合死。"俄而，霸以刀子自刺乳下搅之曰："大快。"家人走问之，曰："御史孙容师刺我。"其子于御史顾琮处讼容师，琮以荒乱言不理，其夜卒，容师以明年六月霸死日而终，皆不知其所以。自春大旱，至霸死雨足。天后问在外有何事，郎中张元一曰："外有三庆：旱降雨，一庆；中桥新成，万代之利，二庆；郭霸身死，百姓皆欢，三庆也。"天后笑曰："霸见憎如此耶？"（《广记》）

○唐参军曹惟思负心多杀，鬼丛拽死

蜀郡法曹参军曹惟思，性残忍，自千牛备升为泽州、相州判官，常养贼徒数十人，令其所在为盗而馆之，及事发，则杀之以灭口，前后杀百余人。知西山转运使，与其妻偕行，至泸州，因疾，梦僧告之曰："曹惟思一生中负心杀人甚多，无分毫善事。今冤家债主将至，为之奈何？"惟思哀祈甚至，僧曰："汝能度两子为僧，钱物衣服，尽用施寺，仍设道场，诵经礼忏，可延百日之命。如不能，即当死矣。"惟思曰："诸事易耳，然苦不食，奈何？"僧曰："取羊肝水浸，加以椒酱，食之，即能食矣。"既觉，具告其妻，妻赞之，即僧二子，又置道场，诵经月余。晨坐，其亡母、亡姊皆来观之。惟思大惊，起迎候，母泣曰："惟思在生不知罪，杀人无数，今冤家欲来，吾不忍见汝受苦辛，故来视汝。"惟思命设祭母，母食之，姊默不言，惟傲舞不辍。母食毕，与姊偕去，惟思疾转甚，于是羊肝亦不食，常卧道场中，昼日眠觉。有二青衣童子，其长等僬侥也，一坐其头，一坐其足。惟思问之，不与语，貌甚闲暇。明日食时，见所杀人，或披头溃肠，断截手足，或斩首流血，盛怒来诟曰："逆贼与我同事，事急反杀我灭口。今诉于帝，特来取汝。"言毕升阶，为童子所推，不得进，但慢骂曰："终须去！"惟思知不免，具言其事，如此月余。忽失二童子，惟思大惧，与妻子别。于是死者大至，众见惟思，如披拽状，坠于堂下，遂死。（《广记》）

心中清净，是名道场。不然，虽勤苦修斋建设，不能得之百日之外，所谓"获罪于天，无所祷"者乎？○广东地多盗，官府不务教化扑灭，反因以为利。乘其豪富不明者，则籍而分之，自以为无罪过，不知纵贼射利，又中不无仇怨枉滥，乃罪过之尤者矣！

○伪蜀御史李龟祯为冤鬼所迫，寻死

龟祯久居宪职，尝一日，出至三井桥，忽睹十余人，摧头及被发者叫屈称冤，渐来相迫。龟祯憟惧，回马径归，诚其子曰："尔等成长筮仕，慎勿为刑狱官。以吾清慎畏惧，犹有冤枉，今欲悔之何及？"自此得疾而亡。

子羔刖人，而人三逃之。古又有为刑狱官者，解大罪则投豆于大器，解小罪则投豆于小器，临终而小者满，大者半矣。于是子孙昌盛累世，能尽其心，何官不可为哉？

○宋提刑陈睦误主裴妾狱，折寿

熙宁五年，杭州民裴氏妾夏沉香浣衣井旁，裴之嫡子戏，误坠井而死。其妻诉于州，以为必沉香挤之而堕也。州委录参杜子方、司户陈珪、司理戚秉道三易狱皆同，沉香从杖一百断放。时陈睦任本路提刑，举驳不当，劾三掾皆罢，委秀州倅张济鞫其狱。济希旨，竟论沉香死。其后睦还京师，久之未有所授，闻庙师邢生颇从仙人游，能知休咎。乃往见之，叩以来事。邢拒之不答，而语所亲曰："其如沉香何？"睦闻之，恐惧汗下，废食者累日，竟不起。释氏所云，冤对终不免。可不戒哉？（出《墨庄漫录》）

陈睦非故杀者，直以臆断，谓其妾实杀耳，而竟以此无禄，则臆之不足与凭天下事也。然则明慎用刑，宁失出，无失入，为官可不知此义欤？

○高主簿枉断一狱，夺其爱子

主簿，眉山人，有子眉郎，甚慧，不幸早夭，心甚悼之。公忽暴卒，复苏，言至阴府，初为二吏来召，至一处，如州城官府。俄见一人着道衣，手持数珠而出。主簿熟视，乃其父也。责之曰："汝有不公当事，还曾知否？"主簿曰："何事不公当也？"父曰："断递铺杀人事，不穷其理，以直为曲，所以天夺汝爱儿。汝有阴骘，天未遂夺汝寿。汝今还世，切须事君则忠，事长则顺，不可为己营私，不可以直为曲。戒杀戒淫，戒嗔戒怒。但依吾教，则尽天年。不然，则寿禄俱削也。"（《闲窗括异志》）

○闾巡抚误杀富民，见鬼身毙

闾公莅南京，有诬镇江民周志廉主盗者，廉富民，畏刑。以货属诸权贵，请闾。公益疑，竟杖杀廉。已而镇江郡丞卢仁者上谒，公曰："汝何带囚周志廉来。"仁忙然不省。公复厉声曰："皂隶傍边立者廉也。"是日，公即昏眩仆地。自是廉常在目，守杀之。

闾之杀廉，乃以其行赂疑之，可谓公正矣。然杀非其罪，尚能为厉，可自恃无私，遂妄断决乎哉？每见为民甚怯，为鬼甚勇，正不知挟甚么势头来。

立法严刻之报

立法欲宽，宽则易避；守法欲严，严则难犯。若一立刻深科条，必有受其害者矣。视酷吏临审暴虐者，似微不同。然杀人以刃与政均也，原其意岂不以火烈民畏，悬崖鲜死，然其心已为嗜杀所用矣。历观古来制酷刑及严狱者，必殃其身，不独纪载尔尔也。

○唐侍郎李昭德严恩，赦不首之罪，寻自及

时昭德威权在己，宣出一敕云："自今已后，公坐徒，私坐流，经恩百日不首，依法科罪。"昭德先受孙万荣财，奏与三品。后万荣据营州反，货求事败，频经恩赦，以百日不首，准赃断绞。（出《朝野金载》）

○洛州司马弓嗣业、洛阳令张嗣明造大枷，寻自着之

其枷长六尺，阔四尺，厚五寸，倚前，人莫之犯。后嗣业及明资遣逆贼徐真，北投突厥。事败，业等自着此枷，百姓快之。

○鱼思咺为上造瓯，寻以投瓯伏诛

思咺有沉思极巧，上欲造瓯，召工匠无人作得者。咺应制为之，甚合规矩，遂用之。无何，有人投瓯言咺云："徐敬业在扬州反，咺为敬业作刀轮以冲阵，杀伤官军甚众。"推问具承，诛之。

○索元礼为铁笼头讯囚，后坐赃，拟以此讯即伏

（原本缺）

○秋官侍郎张楚金奏决配逆人家属，后身罹之

楚金奏反逆人特敕免死，家口即绞斩，及配没入官为奴婢等，并入律。后楚金被罗织反，特敕免死，男子十五以上斩，妻子配没。识者（曰）：为法自毙，所谓交报也。

○京兆尹崔日知持左降人离任甚急，寻被贬亦如之

日知所辖长安、万年及诸县左降流移人，不许暂停，有违咎刻，所由决杖。无何，日知贬歙县丞，被县家摧，求与妻子别，不得。

○蜀萧怀武繁徒害众，全家被戮

怀武，为伪蜀中团小院使，盖军巡之职也。捕捉贼盗年多，官位甚隆，积金巨万，第宅亚于王侯，声色妓乐，为一时之冠。所管中团百余人，每名各养私名十余辈，或聚或散，人莫能测，呼之曰狗。至于深坊僻巷，马鬣、酒保、乞丐、佣作及贩卖童儿辈，并是其狗。民间有偶语者，官中罔不知。又有散在州郡及勋贵家，当庖看厩、御车执乐者，皆是其狗。公私动静，无不立达于怀武，是以人怀恐惧，尝疑其肘臂腹心，皆是其狗也。怀武杀人，不知其数。蜀破之初，有与己不相协，及积金藏镪之夫，日夜捕逐入院，尽杀之。冤枉之声，闻于街巷。后郭崇韬入蜀，人有告怀武欲谋变者，一家百余人，无少长，戮于市。（出《王氏见闻》）

怀武置狗，今之所谓能吏也，而百余口竟以千余狗吃之殆尽矣。赵

宣子曰："弃人用犬，虽猛何为？"

○伪蜀御史陈洁谳狱苛刻，见厉鬼而疮死

洁性惨毒，谳刑定狱，尝以深刻为务，十年内断死千人。因避暑行亭，见蟢子悬丝面前，公引手接之，成大蜘蛛，衔中指，拂落阶下，化为厉鬼，云来索命。惊讶不已，指渐成疮，痛苦十日而死。

○余佥宪治河尚严刻，拥飞虱而惊死

余公，汝南人，奉命董治黄河，政尚严刻，兼以岁庚寅，中州大旱，死者相枕籍。一日，公巡行黄河上，忽飞虱成阵，随暴风吹至塞。公襜舆皆满，扑面打胸，襟袖周匝，惊怖返署，旬日病卒。（《耳谈》）

厉气所蒸，飞虱亦能弄人。

○袁州王参军遇赦故杀，见所杀者死

王某尝劾一盗，狱具而遇赦。王以盗罪重不可恕，乃先杀之，而后宣赦，罢官。至新喻，邑客冯氏具酒请王，明日当往。晚止僧院，乃见所杀盗曰："我罪诚合死，然已赦矣，君何敢匿王命而杀我？我今得请于所司矣。君明日往冯家耶？不往亦可。"言讫乃殁。寺僧但见其与人言而不见也。明日方饮，暴卒。（出《广记》）

○王安石父子议复肉刑，皆受冥报

安石一日与叶涛坐蒋山本府，一牙校来参，公问来意，其人乞屏左右，言："昨夕梦至阴府，见侍制（安石子王雱也，先死），带铁枷良苦，令某白相公，意望有所荐拔。某恐相公不信，迟疑间，侍制云：'但说某时某处所议之事，今坐此，备受惨毒'。"公悟其事，不觉大恸。公既卒，有武弁死而复苏，言王氏父子皆铁枷。窃问何罪？曰："缘会议复肉刑致此。"乃与前校之梦略同，今士大夫往往皆知之。（《泊宅编》）

议肉刑竟不果用，然一念之毒，天报之如此，谓心术议论虚而莫足为哉！

知枉不辨之报

○陶继之枉大乐伎狱，梦入腹而死

宋元嘉中，李龙贼众，夜行掠劫，丹阳陶继之为县令，寻捕获之。龙等引大乐伎，是劫之夕，此伎与同伴往就人宿，共奏音声。陶不详审，为作款引，随例申上。而所宿主人及宾客，并相明证。陶知枉滥，但以文书已行，不欲自为通塞，并诸劫十人，于郡门斩之。此伎声价艺态俱绝，又殊辩慧，将死之日，曰："我虽贼隶，少慕善，未尝为非，实不作劫。陶令已当具知，枉见杀害。若无鬼则已，有鬼必自陈诉。"因弹琵琶，歌数曲而就死。众知其枉，莫不陨泣。经月余，陶遂梦伎来至案前云："昔枉见杀，实所不忿，诉天得允，故来取君。"跳入陶口，乃落腹中。陶即惊寤，俄而倒，状若风癫，良久苏醒。有时而发，发即夭矫，头乃着背，四日而亡。亡后家便贫瘁，二儿早死，余有一孙，穷寒路次。（出《还冤记》）

既已知而犹枉之，真大忍人，其夭死矣。然居官文移之间，明知其误，而周章执前议者岂少哉？观此可为戒哉？

○韦破虏蔽罪，乐盖卿服其毒身死

庐陵王在荆州时，尝遣从事，量括民田，南阳乐盖卿亦充一使。公府舍人韦破虏发遣诫敕，失王本意。及盖卿还，以数误得罪，破虏惶惧，不敢引愆，但诳盖云："自为分雪，无劳诉也。"（恐分雪则己受罪也）数日之间，乐盖卿遂斩于市。盖卿号叫，无由自陈，惟语人以纸笔随殓。死后少日，韦破虏在槽上看牛，忽见盖卿挈头而入，持一碗蒜薤与之。破虏惊呼奔走，不获已而服之，因得病，遂卒。（出《还冤记》）

诫敕之失误也，蔽罪于使人，则故也。使以实诉王情理之间，犹可原焉。欺人以死，而自免于戾，此与周益公、夏文靖引过之意异矣。而死生祸福，颠倒若此，昧心而推罪者，竟何益哉？

○杜式方阿诏使致罪，押衙二公俱死

式方为桂州观察使，会西原山贼反，奉诏讨捕，续令郎中裴某承命招抚。式方遣押衙乐某并副将二人，至宾州请裴，裴命乐生与副将至贼传诏，并以书招贼帅，令归服。乐生素儒士，且

有心义，既至，贼帅黄少卿大喜，留宴数日。悦乐生之佩刀，恳请
与之，少卿以侍婢二人酬其直。既复命，副将与乐生不相得，遂
告于裴云："乐生以官军虚实露于贼帅，昵之，故赠女口。"裴大
怒，遣人搜检，果得。乐生具言本末，云："某此刀价直数万，意
颇宝惜，以方奉使，贼帅求之，不得不与，彼归其直，二口之价，
尚未及半，某有何过！"生使气者，辞色颇厉，裴君愈怒，乃禁于
宾州狱。以书与式方，并牒诬为大过，必杀之。式方以远镇，制
使言其下受略于贼，不得不置法，然亦心知其冤。乐生亦有状具
言曲折，式方持牒追之，面约其使曰："彼欲逃避，汝慎勿禁，兼
以吾意语之。"使者至，传式方意，乐生曰："我无罪，宁死；若逃
之，是有罪也。"既至，式方召入，问之，具述其由，式方乃以制
使书牒示之曰："今日之事，非不知公之冤，然无路以相救矣，如
何？"遂令推讯乐生，乐生问推者曰："中丞意如何？"曰："中丞
以制使之意，押衙不得免矣。"曰："中丞意如此，某以奚诉！"
遂索笔通款，言受贼帅赃物之状。式方颇甚悯恻，将刑，引入曰：
"知公至屈，有何事相托？"生曰："无之。"式方曰："公有男
否？"曰："一人。""何职？"曰："得衙前虞侯足矣。"式方便授
牒，兼赠钱百千文，为葬具。又问所欲，曰："某自诬死，必无逃
逸，请去桎梏，沐浴，见妻子，嘱付家事。"公皆许。至时，式方乃
登州南门，令引出，与之诀别。乐生沐浴中栉，楼前启拜曰："某
今死矣，虽死不已。"式方曰："子怨我乎？"曰："中丞为制使所
迫耳。"式方洒泣，遂令刀手领至球场内，厚致酒馔。食讫，召妻
子别，问曰："买得棺来？可速买纸一千张，笔十管，置棺中。吾

死，当上诉于帝前。"问监刑者曰："今何时？"曰："日中。"乐生曰："吾日中死，至黄昏时，便往宾州，取副将。及明年四月，杀制使裴郎中。"举头见执捉者一人，乃虞侯部曲，乐曾摄都虞侯，语之："汝是我故吏，我今分死矣，尔慎无折吾颈，若如此，我亦死即当杀汝。"所由至此时，亦不暇听信，遂以常法，拉其头杀之，然后笞，笞毕，拽之于外。拉者忽惊蹶，面仆于地死矣。数日，报宾州副将以其日夕心痛暴终。制使裴君，以明年四月卒。其年十月，式方方于球场宴敕使次，饮酒正洽，忽举首瞪目曰："乐生，汝今何来也？我亦无过。"索酒沥地祝之。良久，又曰："我知汝屈，而竟杀汝，亦我之罪。"遂暗不语，舁到州，及夜而卒。至今桂州城南门，乐生死所，方员丈余，竟无草生。后有从事于桂者，视之信然。自古冤死者亦多，乐生一何神异也！（出《逸史》）

乐生有心义，其捐千金剑，及宁死无逃气骨，置之大用必有所树，宜其强死而多灵也。裴制使为刚气所中，杜中丞为柔气所慑，交杀义士，并受其报，宜哉！使杜能以正释乐，而以好谢裴，旁皇为计，何必遂以官殉，而市恩洒泣，作女儿态，固不成丈夫矣。仕途中如此隐忍者极多，陡遇乐生之灵，能勿畏乎？

谗谮之报

谗之中于家国大矣！善谗者必巧心巧舌，揣人眉睫，摘人心事。或乘所惧而胁之，或窥所欢而剽之，或抽所恨而阐之，戒中所获而发之，或觊所私而拂之，或攻所扬诩而磨灭之。微言隐窍，令人自猜自怒。入耳之人，且以为爱己，不知正受其讥嘲，受其戏弄，而我反为所用也。又此谗人之人，必然善怂恿人，谀言甘舌，妙合肺腑（知其所从来，正自难堪）。又此谗人之人，每以摘背后语为倾吐心腹。我处谗人，人处亦定谗我，视权令所趋耳。世传《听谗诗》云："谗言谨莫听，听之祸殃结。君听臣当诛，父听子当决。夫妻听之离，兄弟听之别。朋友听之疏，骨肉听之绝。堂堂八尺躯，莫听三寸舌。可思舌上有龙泉，杀人不见血。"呜呼！说起来真毒手！在我跟前弄我丑，泄我心机掣我肘，我反为之怒，代彼报私仇！十人中得九人九，一人虽不醉，也病些儿酒，然则如之何而可哉？第一，化爱憎根，毁誉根，善恶邪正，闲时明白。第二，背后言语，一切消尽，以不听为主，则谗言自歇矣。若彼谗人，自有天道，所谓投畀有北，投畀有昊者，吾何责焉？

　　谗人多起于妒，见两人情热，则便谗之。大权势者之媢嫉亦妒也，恐分宠也，妾妇之道也。又有谗甲于乙不行，恐势屈情露，则谗乙于甲者。（齐鲁隐杀桓公不听，固谮桓杀隐是也。）又有恨彼两人，则借此之口以骂彼，因借彼之拳以殴此，而两成其隙，己且居间号为调停者，（任守忠交构两宫是也。今仕途中多有也。）又有将欲谗之，必故好之，构情造景，略挤便坠者。（骊姬谮申生，郑袖谮美人是也）又有谗人之过以高我之功，（石亨谮于谦）谮人之功以掩己之过者，（邵宏渊谮李显忠是也）又有好嘲谑人，簸弄人，得人私语一二句，即妆点几语以传。若疑其虚，则一二语正自实也（今世或以此为能）。至于骨肉离间，有话难辨，一中其毒，尤为狼狈。只宜一以不听为主耳。

○费无极以谮祸，楚灭其族

楚平王嬖谗人，费无极谮子建，又谮其傅伍奢将杀之，请召奢二子以赎父愆，实欲并杀之。伍尚来就死，伍员奔吴，遂以吴伐楚，楚几亡。昭王时，楚令尹子常又用无极谮郤宛，杀伯州犁。沈尹言于子常曰："无极，谗人也，丧太子建，杀连尹奢，屏王之耳目，使不聪明。今又杀不辜以兴谤，祸及子矣。"令尹乃杀无极，灭其族。

凡谗人皆媚子也。以秦女媚楚王，而荡轶已甚，不得不危人以自安矣。以妒忌而谗者，亦缘一媚而生。

○太宰嚭以谮祸吴，戮其身

越败于吴，多致贿赂，因嚭以求成。伍员辄谏，嚭因谗其托子于齐。夫差怒，赐胥死，越遂灭吴。吴王且死，以袂蒙其面曰："吾无以见子胥也。"嚭竟为越王所诛。

今子胥之神，赫赫天地间，而嚭不知几禽兽胎矣。二死孰快？

○伊戾谮宋世子而见烹

宋平公时，伊戾为太子痤内师，而无宠。楚聘晋过宋，太子请野享楚使，公许之。伊戾从，至则歃用牲，加书而告公曰："太子将为乱，与楚客盟矣。"公曰："我子也。"何求对曰："欲速使视之信，囚太子，徐闻其无罪也。"烹伊戾。

　　莫亲父子而谮行之，可畏哉？然舌根甫掉时，而油汤已鼎沸矣。

〇卫融谮戾太子而被斩

　　汉武帝三十岁，始得戾太子，甚爱之。及长成，嫌其才能不类己。（此意一为人窥见，则迎之者众。）然以在储日久，又性恭逊，故安之，无他肠。属上有疾，使黄门卫融召太子。融复命，言太子有喜色，上默然。及太子至，上察其涕泣痕，特上前强为言笑，乃诛融。

　　即废立功成，未必便富贵到手也。即富贵有与公功者矣，且后来未必不夺宠也。乃头落地，则更安一头不得。

〇谮安平君者九人皆死

　　田单既复齐，封安平君，齐王甚重之，有宠臣九人，谮之曰："安平君抚百姓，怀戎翟，结豪俊，志欲有齐也。"王果疑之。单免冠徒跣，肉袒请死，五日乃得谢。貂勃使于楚反，王触诸前曰："召相单来。"貂勃避席稽首曰："王安得此亡国之言乎！昔文王得吕尚以为太公，齐桓得管夷吾以为仲父。今王得安平君而独曰单来，夫安平君以惴惴即墨而复千里之齐，当时而自王，天下莫能止，然归之道义以迎王于栈道木阁。今国已定矣，而王独曰单来，安得此亡国之言乎？"王乃杀谮者九人，而益封安平君。

〇谮房玄龄者，丁时伏法

　　太宗征辽东时，房玄龄为留守，或有上书谮其谋反者，玄龄问之，曰："我乃奏君，不发封而付之。"太宗接奏，问："所告何人？"曰："房玄龄。"不启书而立斩。

○唐军容使杨玄价谮丞相杨收，为阴兵所诛

收为玄价谮，被贬岭外，有传其死者。于时，郑愚尚书镇南海，忽一日，宾司报杨相公请见，愚惊骇，以收安得至此，乃延接之。杨曰："某为军容使杨玄价所谮，不幸遭害。今已得请于上帝，赐阴兵以复仇，欲托尚书宴犒，兼借钱十万缗。"郑诺之，唯钱辞以军府事，多许其半。杨相曰："非铜钱也，烧时幸勿着地。"愚曰："若此，则固得遵命。"遂长揖而别。愚令于北郊具酒馔素钱祭之。杨之至，有典寿阳者，见收乘白马，臂朱弓彤矢。有朱衣天吏控马，谓之曰："今上帝许我仇杀杨玄价，我射中之必死。"俄而杨玄价果暴疾而死。蜀毛文锡，其先为潮州牧，曾事郑愚，熟详其事。（《太平广记》）

毁谮，小人常态，所谓含沙射影者也。以鬼箭报之，固其宜矣。

○建阳录事陈勋为县吏所诬弃市，厉击十人陨其八

勋，性刚狷不容物。为县吏十人，共诬其罪，坐死。至明年死日，家为设斋，妻哭毕，独叹灵前曰："君平生以刚直称，今枉死逾年，精魂何寂然耶？"是夕，即梦勋曰："吾都不知死，向闻卿言，方大悟耳。若尔，吾当报仇，然公署非可卒入者，卿明日为我入县诉枉，吾当随之。"明日，妻如言而往。出门即见勋仗剑从之。至县，遇一仇吏于桥上，勋以剑击其首，遂颠仆而死。既

入门，勋径之曹署，以次击之，中者皆死，十杀其八。二吏奔至临川，乃得免。勋家在盖竹乡，人恒见之，因为立祠，号"陈府君"，甚灵云。（出《稽神录》）

十人之中，岂无不甚仇妒，直挨群逐类者，然一罹恶缘，不分首从，此处大不可放过。

○伪蜀孙延膺谮苏铎致死，寻作逆伏诛

蜀王宗信镇凤州，有角觝人苏铎者，妥之巡警，尝与宗信左右孙延膺不协。宗信因暇日，登楼望见苏铎锦袍束带，似远行人之状，宗信讶之。铎本岐人也，延膺因谮曰："苏铎虽受公蓄养，其如包藏祸心，久欲逃去。"宗信大怒。立命擒至，先断舌脔肉，然后斩之。及延膺作逆，其被法之状，一如铎焉。（《太平广记》）

怨隙未忘，遂不免此。然则谮不行者，幸耳。不幸利市，便自家首领不保矣。此等两舌离间，比手刃者，怨毒犹居其上，可不惧乎？然宗信之轻听谗，则亦酷矣！

下位听谗，为祸已重，若居权贵而一中其毒，则仁贤不保矣。盖彼处逢迎者愈密，市忠者愈众，而名位相攻，利害相感，其情态又最难平受也。且不特人毁人，而媢嫉猜忌，偏护爱憎，自家肠胃中，亦净尽为难。若我有毁誉根，则毁誉人者至矣。王文正云："且处安有毁人者？"吁！真圣人！真圣人！

如袁盎谮晁错，王守澄谮宋申锡，庞涓谮孙膑，赵高谮李斯，卢多逊谮赵普，其报彰彰，已现他处，故不弹述。

卷之四　官鉴四

吏治循良之报

天下最亲民者，惟守令。虽圣明在上，而一二贪残居职，民不得其所者，多矣。故一邑有循吏，则一邑受泽；一郡有循吏，则一郡受泽。其功德比于君相，似小而更密，似赊而更急也。大略教化为上，宽仁次之，棕核又次之。严于驭役而宽于驭民。亟于扬善而勇于去奸。庶几，得蒙至治之泽云。

○黄霸以宽明治郡，致位丞相

汉武、昭时，以刑罚绳下，俗吏争严酷，而霸独宽和。（不希旨求显官难矣。）宣帝在民间，知百姓苦吏急也。闻霸持法平，召为廷尉正，数决疑狱，廷中称平。为颍川太守，每下恩泽诏书，他郡县多废阁。霸为择良吏，分部宣诏令，令百姓咸知恩意。而邮亭乡官，皆畜鸡豚，以赡鳏寡贫穷者。（此法今不可拘，但流连老弱贫病者，能劝乡里街巷各周恤为妙。）为条教，置父老、师帅、伍长班行之，以为劝善妨奸之意。（今若责里总、约正，使传教，又时出行参验之，则教必达。）务耕桑，节用殖财，种树畜养。诸为令，颇若烦碎，然霸精力能推行之。（才不及霸者省事，更为不扰。）吏民见者，辄与语，问他阴伏，相参考以具得事情。尝遣吏行县，有所伺，嘱以无泄，吏不敢舍邮亭，食于道旁，乌攫其肉。适民诣府言事，霸与语，道及此。（如此通下情者少矣。）吏还谒霸，以此劳苦之。吏大惊，以霸具知起居，所问毫不敢隐（要周知民情，须善驭吏役。）有死无以葬者上言，霸具云："某所木可为棺，某亭豚可祭。"吏往皆如言，咸称神明，而不知所以也。奸人去他郡，盗贼日少。霸力行教化而后诛罚，务在成就安全。（得大主脑。）外宽内明，得吏民心，治为天下第一。征太子太傅，迁御史大夫，为丞相，封建成侯，谥曰定。

○龚遂以安全戢乱，擢拜水衡

宣帝时，渤海岁饥，多盗贼，吏不能禽制，丞相举遂，年七十矣。召见，帝陋其貌，问："何以治渤海？"遂对曰："海滨辽远，不沾圣化，民困于饥寒而吏不恤。故陛下赤子盗弄兵于潢池中耳，今欲使臣胜之耶？将安之耶（便有定乱的血脉头脑。）？"帝闻对，大悦曰："选用贤良，固将安之也？"遂曰："治乱民犹治乱绳，不可急，愿假便宜，无拘文法。"帝许焉。郡闻新守至，发兵迎遂，皆遣还。移书属县，悉罢捕贼吏，诸持田器者皆良民，毋得问，持兵者乃为盗。遂单车至府，一郡翕然。盗贼皆弃兵弩而持钩锄，立解散。（先治其标了。）于是开仓廪、假贫民，选良吏、牧养焉。（渐入本计。）齐俗多奢侈，好末作，遂乃率以俭约，劝民农桑，春课耕种，秋课收敛，益畜果实菱芡，劳来循行。民有带刀剑者，使换牛犊耕作。曰：奈何带牛佩犊？不数年，吏民富实，狱讼止息。帝褒之，召拜水衡都尉，以寿终。

〇朱邑廉平慈惠，入为司农

邑为桐乡啬夫，未尝笞辱人。存问耆老孤寡，遇之有恩，鄙民爱敬焉。累迁北海太守，以治行第一，入为大司农。性公直，不可干以私，居处俭约，禄赐以共九族乡党。家无余财，疾病时，嘱其子曰："桐乡民爱我，必葬其处；子孙奉我，不如桐乡民也。"子从之。民果共起蒙立祠，祭祀愈久不绝。（才是真"祠"字。）天子闵其贫，赐邑子金百斤以奉祭祀。（亦有贪吏之直了。）

〇召信臣兴利教俭，征为少府

信臣，为上蔡长，视民如子。历零陵、南阳太守，勤力有方略，好为民兴利，务在富之（实有此心者几何？止利其富者有矣）。出入阡陌劝农，稀有宁居。时行视水泉，开沟渎数十处，以广灌溉，岁岁增加，多至三万顷，民得其利（少谷地方可用此法）。为民作均水约束，刻石立田畔，防分争，禁婚丧奢靡，务俭约；府县吏子弟好游傲、不田作者，辄斥罢之。化大行，盗贼狱讼衰止（无奇法，一曰"富裕"，二曰"勤业"）。吏民亲爱之，号召父，迁河南太守，治行第一，征为少府。元始中，诏祀百辟有益于民者。蜀以文翁，九江以信臣应诏，遂立庙祀春秋（朱祀，民所立；召祀，帝所立，俱可世食）。今燕齐地方，不修水利，旱则赤地，浸则涝溢，民无兼岁之蓄；丰则怒马鲜衣，歉则流离转壑。不识可以信臣之政行之否？又闽南，力到山头，而两广地不尽利；江西苦粟贱金贵，而山东至无粱食子。守令其地，肯用心区画，亦大为功也。

○尹翁归以严明课政，登三辅

翁归为东海太守，过辞廷尉于定国。定国东海人，欲托其邑子，令坐后堂待见之。与翁归语，竟日不敢言。既去，谓之曰："此不可干以私。"既治东海，明察甚，吏民贤不肖，及黠吏豪民奸邪主名尽知之。（此甚易。）县各有记籍，听其政。（知之方也。）及出行县，辄披籍收取，即豪猾莫能以势力变诈自解脱（急时缓，缓时急），以一警百，吏民恐惧，皆改行自新。以高第入守右扶风，选用廉平疾恶吏为右职，接待以礼，好恶与同。其负翁归，罚亦必行。盗贼发，辄召县长吏，告以奸黠。主名教使推迹，扶风大治。虽任刑，然清洁自守，语不及私。又温良谦退，不以行能骄人。卒，家无余财。诏赐其子黄金百斤。

政大精明矣，然得其廉公，亦足淑世。又知贤不肖，最吏治之吃紧者。惟先事参伍，某里贤缙绅若干，士类若干，耆老若干。则旌拔可行，耳目可寄，教化可传。子贱宰单父，只父事兄事数人，便足弹琴而理矣。后世不知急人，自屈其力，或过而信之，又或过而疑之，或过而昵之，又或过而慢之。阗然一堂，竞者争至，恬者远迹。一有隐微事机，重大功过。莫别黑白，祗恣喜怒。求其如翁归之棕核，不得也。况有举一风百，使枉者直之化乎？是在循良者，精思而行之耳。

○卓茂以慈祥立教，至封侯。

茂宽仁恭俭，恬淡乐道，雅实不为华貌。（为治、为学皆要见得此个意思。）为密县令，视民如子，举善而教，口无恶言，吏民亲爱,而不忍欺之。民有言亭长受其肉米者,茂曰:"汝遗之乎?"曰:"然。"茂曰:"人之所以异禽兽者,以有仁爱礼义也。吏不当乘威力强求之。若岁时遗之,礼也。"民曰:"苟如此,律何故禁之?"茂曰:"律设大法,礼顺人情。吾以礼教汝,必无怨;以律治汝,何所措手足乎?一门之内,小者可论,大者可杀也。且归,念之。(词气温桑动人!)"初,茂到县,所废置,吏民共笑之,邻邑皆嗤其不能。(是真人。)河南郡为置副令,茂不为嫌,治事自若。数年,教化大行,道不拾遗。天下大蝗,独不入密界。(是德化世界了。)太守按行服焉。王莽居摄,以病免归。(温而理。)光武即位,首访求茂,拜太傅,封褒德侯。诏曰:"夫名冠天下,当受天下重赏(不求名乃有至名乎)。"时年七十余矣,卒,帝素服临丧焉。

茂政无可称者,此所谓闲醇也。只记其晓民数语,而德行温粹,致治脉索自见,非圣主,其孰能识之?

○鲁恭德化三异,位居首相

恭有至性,年十二丧父,号恸,丧礼过成人。弟丕七岁亦然。稍长,恭欲先就丕名,托疾不应举。丕举后,乃始为郡吏,拜中牟令,专以德化民,不任刑罚。民有争田者,累守令不能决。(或人情方便,不则机巧习悍耳。)恭为平理,皆退而自责,以田相让。(有物感之,在听断之外矣。)亭长借人牛不肯归,牛主讼之。恭敕使归牛,至再三犹不肯。恭太息曰:"是教化不行也。"解印绶欲去,掾吏共泣涕留,亭长乃惭悔还牛,诣狱请罪,释不问。于是教化大行。吏人怀服。郡国大蝗,惟中牟不入。河南尹袁安闻之,使掾视焉。恭随行田间，与坐桑下，有雉止其傍，儿狎之，不捕也。问何故，曰："雉方将雏。"掾谓恭曰："府君欲察政迹，今蝗不入境，一异也；雉不恮人，二异也；童子不攫生，三异也。"还报，尹大嘉之，上书言状，帝征为侍御史，迁侍中，再迁光禄勋，选举清平，京师贵戚莫能枉其正。（浑浑沌沌，却不倒了，廉隅方是至人。）久之，为司徒免。复召，再至公位，所辟选高第，至列卿郡守数十人。恭性谦逊，不显为名高，故世不以刚直称。（是卓茂一流人）。卒年八十一。弟丕，亦郡守有声，迁侍中，再为国三老云。

观卓鲁之治，令唐虞三代犹在人耳目中，究之只退火尽耳。一些名根能所，不足与于斯。

○刘宽仁治三郡，官至上公

宽有伟度，尝间行，失牛者冒认，与之不较。典三郡，温仁慈恕，虽在仓卒，未尝疾言遽色。吏人有过，用蒲鞭挞之，示辱而已（何以能使吏民不犯乎？）。有功善推之于下，有灾异责躬。每行县息亭传，辄引学士诸生，执经问难。见父老，慰以农里之言；少年，勉之孝弟，感而兴行者甚众。（上人如此，无不感也。）灵帝时为太尉，方早朝，严装讫，夫人令侍婢奉肉羹翻污朝衣以试之。宽神色不异，徐言曰："羹烂汝手乎？"盖性度如此。（养至此，何事不辨？）封侯，子松袭爵。

能吏多以教化为不足，为不知其日计不足，月计有余也。如谒庙讲经，入乡行约，所以雍容揖逊，令人欲平躁释者在此。又如旌奖孝义节烈，择举乡饮大宾，视为无紧要事，着意举行，自有风励意思。要须品真意，真使耳目常烛，精神不倦云尔。至于驯习童子，尤为吃紧。若以此劝化父兄，因而参验赏罚之，不八九年，儿童已成伟器矣。其成就岂浅鲜哉？

历观数公，不用刑罚，何其异民而同治、异世而同政也？后世竹板不足，转而拶指，又转而夹棍，而甚且有敲入铁圈者，岂今昔之时有异乎？痛苦之下，何求不得？即死罪在后，且以缓须臾矣。世有仁人，能无恻然于是哉？

○郭伋威行北虏，信立儿童，年爵鼎盛

光武时，伋为渔阳太守。时彭宠作乱，又加以匈奴抄掠，民多猾恶，盗贼充斥。伋示以恩信，勒士马，纠渠帅，设攻守，匈奴远迹，民庶安业。召拜颍川太守。帝劳遣之曰："贤能太守，去帝城不远，河润九里，冀京师蒙福也。"时颍川盗起，诏追捕，伋以招怀柔之。盗降，悉遣归农。自劾专命，帝美其策，不问。转并州牧。并州近渔阳，民已熟其恩信，比入界，老幼逢迎盈路。伋引见，问疾苦，聘求耆旧，设几杖之礼（允武、允文）。朝夕与参政事（用人妙）。行部至西河，有儿童数百，骑竹马夹道次迎拜。伋问："儿何自远来？"对曰："闻使君至，喜来迎耳。"伋辞谢。（如此亲民，谁能？）事讫，诸儿复送至郊，问："使君何日当还？"伋从容计期日告之。行部还，先期一日，伋以为违信，止野亭宿，须期日乃入。时朝廷举伋可大司空，帝欲久其任，故不召。至十年，征为大中大夫，赐宅及货物，伋散之亲族，无遗者。卒年八十六，帝临吊，赐茔焉。

官长审状及约剂，能如此不失儿童之期，省人民多少烦费、多少羁候、多少反覆，亦一阴德事也。

○吴祐教行赃吏，恩及罪囚，子寿双高

祐政尚仁简，以身率物。民有争诉者，闭阁自责，然后断决，以道义譬解，或身诣里闾和解之，吏人怀而不欺。啬夫孙性私赋民钱，市衣进父，父怒曰："有君如此，何忍负之（贤父）！"趣自归罪，性惭惧，诣阁持衣自首。祐屏左右问故，性具首实。祐曰："缘以亲故，受污辱之名，所谓观过斯知仁矣。"使归谢其父，还以衣遗之。有毋丘长者，客醉辱其母，长杀之。祐捕得，谓曰："母见辱，人情所耻。然孝子忿必虑难，今背亲逞忿，赦若非义，刑若不忍，奈何？长以械自击，愿就死。"祐问："长有子乎？"回未有。乃使妻同宿狱中，遂娠。至冬，将行刑，啮指吞之，曰："妻幸生子，言我吞指，誓令郎报吴君也。"迁齐相，入为长史。以争李固事，复出为河间相，年九十八卒。子凤，至乐浪太守；恺，新恩令；孙陵，鲖阳相，皆知名。

近讦讼大行矣，即不能以德化。若诬告加三等之律一严，庶可少讼，即讼，亦不至两造哄然也。最患在左右原告，雌黄审语，以鼓煽其风，惟恐其易尽耳。《吕刑》云："狱货非宝，惟府辜功。"

居官廉洁之报

〇第五伦以介行，动圣主，居位三公

伦少介然义行，久宦不达。建武初，为京兆市掾，每见诏书曰："此圣主也，吾行且遇时。"众皆笑之。补淮阳国医工长，从王朝京师，得见帝，问政事称旨，明日特召入（真圣主）。日亲有言，其挝妇翁及不过从兄饭，不可近。帝问伦，伦曰："臣三娶皆孤女，臣少遭饥乱，实不过人饭。"帝大悦，拜会稽太守，禁淫祀屠牛，身自斩刍饲马，妻躬执爨。每受俸，裁留一月粮，余悉贱贸与民之贫困者。坐法逮，老稚攀呼不得去。伦伪止亭舍，阴乘船去。众诣廷尉上书守阙，讼者千余人（不闻赃吏有此）。得释后守蜀郡，吏有鲜车怒马者，皆罢遣，更选孤贫志行之人，处曹任之。蜀政清平，所任吏多至九卿（吏以清得枭矣）。事肃宗为司空。在位以贞白称。虽天性峭直，然疾俗吏苛刻，论议常依宽厚，奉公尽节。或问伦有私乎，曰："昔有与吾千里马者，虽不受，然辟选时终不忘，但卒不用也。"兄子病，一夜十往，退而安寝。子有疾，虽不就视，而竟夕不眠。其自检如此。则可谓真克己者矣！寿八十余，子颉、鲁孙种，皆显官，世称廉直焉。

有此省克，方能为真廉白。不然阳标千金，而阴软一介，殆矣。伪行保无疵衄乎。

〇孔奋以单车，受帝赏，应时超摆

奋于宝融在河西时为姑臧长，地通羌胡，合市称殷富（且又时乱，为谁清苦）。奋终身不变也。事母孝，奉养极珍，而躬率妻子茹莱淡泊，太守梁统不敢以官属遇之（廉正动人）。陇蜀平，河西守令入朝，舟载竟川泽（皆升擢人事也）。惟奋单车就道。吏民羌胡，共赋财物千万计，递送数百里，一无所受。帝奖叹殊甚，拜武都太守，郡中清平。

无书帕仪，乃得大官做，使世界如此，何忧不治？然虽孔方当权之时，升降亦自有分定也。不然，则浊朝之大官无廉吏矣。

○杨震还金，公卿累世

震孤贫好学，学者称"关西孔子"者也。不答州郡礼命，数十年，人谓之"晚暮"，而震志笃焉。大将军邓骘举之，累刺史、郡守。门生王密怀金十斤，夜饷之（为知震清白，故夜饷之，大是有名节的门生）。震以"四知"辞，密愧而出。震性公廉，子孙常疏食步行。故旧或劝令开产业，震不肯，曰："使后世称清白吏子孙，以此遗之，不亦厚乎！"官太尉，以直道不容，贬死。后帝思其忠，改葬，祠以中牢。有大鸟高丈余，集坟前，俯仰鸣咽毕，始飞去。诏震二子为郎（清白子孙荫矣），赠钱百万。子孙杨秉、杨赐、杨彪，名震海内，四世为"三公。"（好清白吏，子孙疏食步行之效）

○张奂却赂，羌胡服德

桓帝时，奂为安定都尉。匈奴七千人寇边，羌应之。奂勒兵仅二百人，遣使招诱羌与共击匈奴，破之。（威信在前）羌感奂恩信，遗名金良马。奂召主簿与诸羌前，以酒酹地曰："使马如羊，不以入庾；使金如粟，不以入怀。"悉还之。羌虽贪而贵吏清，前八都尉率好货为患苦，及奂正身絜己，威化大行。迁中郎将，拜武威太守，再迁度辽将军。幽、并清静，奂去，辄复反；奂来，辄相率来降。（不要钱之效）转太常。前后仕进，十腰银艾。卒年七十八。武威世祀不绝。子芝，善草书，为名臣。

夷齐清，春秋浊，然民到于今称之，其真性也。有以清直见忌者，皆由立心愤激，以气凌人所致耳。此等人，虽未纯正，然不可抑倒他，盖留其名节，亦足维世也。今世波靡同俗，犹须急此。若见刻苦励行之俦，便要污蔑他、颠顿他，责以所必穷，则其人立心，先是媚嫉路上人矣。且令天下防检不立，最是世蠹。

〇胡质清畏人知，阀阅名高

质为荆州太守，历操清白。子威自京都来省，贫无车马童仆，自驱驴单行，宿留十余日，告归。质赐绢为赍资，威跪曰："大人清白，于何得此？"（便是养志）质曰："吾俸余子汝耳。"威受之，归旅宿，自放驴取樵。有帐下督，闻威将归，先请假还家，阴负装并行，时时佐营之，又少进饮食。（大是得计）威疑问，知为督也，即以所赐绢谢遣之。质闻，除督名。其父子清慎如此。威历位宰牧，晋武帝召见，叹其父清，谓威曰："卿清何如父？"威曰："臣清不如父。"帝曰："何也？"曰："臣父清畏人知，臣清恐人不知。"威弟罴子奕，并有官阀，以洁行名世。

胡威真大孝者，上显父德，下培福脉。世有清白子孙，忽出一个浊富的人，并享其福，此便是雪花盖顶时矣。

清畏人知者上也，畏人不知者次也。贪畏人知又次之。贪不畏人，贿赂公行，民斯为下矣。前辈有"任满归家，箱箧太多，不敢明入城"者。

○吴隐之廉不易心，子孙世德

隐之介立有清操，担石无储，不享非其粟，不取非其道。执亲丧毁甚，兄得重罪，隐之诣桓温求代，得免。为晋陵太守，妻自负薪。累御史中丞、右卫将军，赐禄皆颁亲族，无遗者。刺广州山海郡，未至二十里许，有泉曰"贪泉"，言饮者必贪也。隐之径酌饮之，赋诗曰："古人云此水，一饮怀千金。试使夷齐饮，终当不易心。"州多珍贝，一箧之富，可资数世。隐之清操弥厉，归无余赀。为尚书，迁太常，以竹蓬为屏风，家人并日而食，晏如也。尝嫁女，只牵一犬出卖，萧然无营。子延之，为鄱阳守。延之弟皆孝悌洁敬，不替家法云。

○卢怀慎为饥寒宰相，累世公卿

怀慎清俭，不营产业，虽隆贵，得禄赐，散于故人亲戚，辄尽，妻子犹然寒饿也。既属疾，宋璟等候之，见弊箦单席，门不具帷箔，会风雨至，举席自障。日晏食，蒸豆二器，酒数杯而别。及治丧，家无留储，老苍头请自鬻以举丧。明年，帝校猎鄠、杜间，望见怀慎宅，环堵庳陋，若有行营者，驰使问焉。报曰："怀慎，大祥也。"帝泫然为罢猎，赐缣帛，过其墓。碑表未能立，停跸流涕，令苏颋为文，帝自书之。子二：奕、奂。奕至中丞，死节，赠贞烈；夼陕州刺史，清廉，帝亲题替厅事褒焉。奕子杞，为宰相。

怀慎始于贫，终于贫，命乎？曰："然。"《群谈采余》有云：怀慎死，妻以为必复生也，未敛。或问其故，曰："张相公说家累巨万，今尚享福，岂相公之清节而遽殀天年乎？"既而怀慎果苏，谓妻曰："我非张君比，彼地下有铸钱炉，而我无有，分止此矣。"遂复逝。吁！是固然矣。

然张公二子竟不令，而卢公名德载世，微杞之罪贯盈，则报犹未艾也。岂非积厚者宏施欤？曰："使贪焉若何？"曰："命既无有，虽贪何必？不以赃败也。即使幸获，而损己之禄秩，坠子孙之福德，为偿多矣。"

昔李景让之母，早寡而贫。常掘地，得金数斛。拜祷曰："此恐上天怜氏贫苦，故赐此。若然，则愿诸孤学问有成，不愿取也。"遂掩之。已而景让兄弟皆贵。又范文正公亦极贫，尝得地埋金而不取也。已而为相归，有求施造寺者，欲出前遗金付之，则无有矣。只有契并书"历仕禄入，如其金数。然则廉贪所得，均不越应分中，而顺者迟收之，逆者捷得之，究竟之罪福，若霄壤焉，人宜如何从哉？"

○李元纮为清白孝子，两代元老

元纮，曾祖粲，姓丙，以隋卫帅自归，封应公，赐国姓。父道，为宰相，有清节，元纮亦如之，未尝改治第宅，僮马敝劣，得赐物一椆给亲族。初为司户参军，时太平公主势震天下，与民竞碾而讼，元纮判还民，州长史趣改之。纮署判后曰："南山可移，判不可改。"擢京兆尹，累迁吏部侍郎，寻拜相。峻崖捡抑奔竞，家无留储，宋璟以比季文子焉。卒，赠太子少傅，谥"文忠"。

〇石璞四十年清介以举，子为尚书

璞，河南人，平易类轻脱者。遇事刚明，凛不可犯。由举人历官四十余年，清介如一日。致仕归，买田仅百亩。乡人有为典史归者，璞往省之。几上陈银器，列金杯十余。璞问曰："汝宦几年？"曰："未满考。"曰："胡归乎？"曰："刁民讼吾贪，夺职。"璞曰："嗟！天使我治汝，汝安得归哉？"拂衣出。景泰中，为兵部尚书。

近世虽难为廉，然公论固在彻底，清白的人亦自有赏识之者。患在先以流品自限，到头一节，不能尽无染指耳。又有花锦地方，婚姻不论资格，只赌贫富，则如璞之乡典史定聘焉可也，况敢抢白几语哉？吁！此世之所以益偷也。

〇秦纮家无余储，起诏狱而褒崇

成化中，纮巡抚陕西。秦府旗校肆横，民苦之。纮悉擒治，不少贷。秦王奏纮欺灭亲藩。上怒，逮下锦衣卫狱，命内臣尚亨籍其家，止得黄绢一匹，故衣数事。亨回奏纮贫状。上亲阅其赀，嘉叹良久。诏释纮系，且赐钞万锭，以旌其廉。（此时若多赀，则性命不保矣）调巡抚河南。既抵任，太监汪直亦以事至。时直威势震赫，他巡抚率屈礼以见，纮独与抗礼。直知其廉名，加敬焉。（廉生威也，胜几万贿赂）纮密疏："直多带旗校，骚扰地方。"（倔强犹昔)后直回京，上问各省抚臣贤否，直独称纮廉能。上以纮疏示之。直叩头伏罪，称纮贤不置，上释之。纮后为尚书。

行节至此，如皓月烈炎，如精金美玉，不亦善乎？使纮积赂如山，而一下诏狱，能如此洒脱否耶？廉威既振，阉宦无色，威宁伯尹尚书辈所叩头丐怜者，而纮以远臣折其锋。嗟乎！贵贱顾所自处耳。

〇邝野清承父志，官至侍郎

野，湖广人。初为陕西按察有声。父为教职，野尝以俸易红褐寄之，父大怒曰："汝掌一方刑名，不务洗冤安民，乃索取不义之财污我乎？"封还，以书责之。野欲见父无由。及秋闱，乃谋僚友，聘其父分考。父大怒曰："此子无知，汝居宪司，吾为考官，何以防范？且将遗诮于人。"又以书骂之。野一念之孝不自伸，迎书泣，受其教而已。继为府尹，益励清操，声价愈高，遂召为兵部侍郎，称"名臣。"

此父真空谷足音者。近来父兄训子，自其挟策，已以田园山宅望之。一旦高翔，胡能辨此哉？然观海内大家，历世厚德，皆以清德忠孝，世济其美，未闻浊富之家，能绳绳不替者也。《语》云："百世之计树德。"吁！是可为众父父矣。

〇耿九畴廉成世德，两代尚书

九畴为两淮盐运使，廉名大著。尝坐水傍，一童子曰："水之清，不如使君之清。"天顺初，欲举廉介之士，以风天下，首召用为都御史，后为尚书。子耿裕遵其父教，世守清修，不营产业，不治居第，萧然，无异寒素。亦官居太子太保、吏部尚书。

　　祖宗之时，廉臣世德如此，廉于今者极难耳。京官俸薄职清，以朝觐为秋成，而府县布按，又有积谷之费。宜一入仕途，赞谒通刺，一次到京，书帕例仪，种种相承，皆非麻菰线香，所得而了也。折钞既不充饥，累赃又难应律，势不得不婪阿。浓任则征求愈重，溪刻则负债不了，势不得不涂抹。涂抹、婪阿，习以成性，而孔方之神，明目张胆，靡然于兹矣。今欲省官增俸甚善，而势未必其能行。若得部院大臣，如何清革、如何唱率、如何体谅曲全，则贪廉可稽，内顾可免，士气可壮。而又严京债之令，（新中刺谒及酒席烦仪，最宜禁革，衣服一用布素）清买选之条，刻乡故关节之规，（往来必报长官，非家人不得久住）峻入衙贿赂之窦，（为官人过付者必诛）申超迁保举之令，庶几廉吏辈出矣。此治平之第一切务也。

黩货之报

　　同在诗书礼义中者，能不知廉洁足尚。第习见夫营官还债，馈遗荐拔，非此不行。初犹染指，而积久日滋，情性已为芬膻所中矣。且人心何厌，至百金则思千金，至千金必思万金。又甚则权势薰赫，财帛充栋，已积为尘朽，而犹未足也。旁观莫不笑之，而当身者不知，盖实有钱癖焉。大都为子孙计久远，不知多少痴豪子弟而灭门，多少清白穷淡而发迹。矧福禄有数，多得不义之财，留冤债与子孙偿，非所云福也。至于立庙祀、赡宗族、求穷亲，固是美事，然有欲速尽美之心。则悖入必甚，何如积德凝祥，官久自富之为绵远哉。

凡嗜酒、嗜淫、嗜杀、嗜财，皆起于纵意成习。习已成时，肝肠为换，舍死以徇，不自管其有用无用也。有初筮仕时，犹能矜持。至老境，却低回就之者，只缘渐渐以官为家，以财为性命耳。然殊胜于一入荣膴，便带锄头畚锸来也。

○汉刺史梁纬索骏马不获，构其狱，鬼奏帝前，伏诛

孝直，汉景帝时为长安令，志性清慎，美声远闻。所乘马，日行五百里。雍州刺史梁纬与帝连婚，恃势索其马不获，密构孝直受脏下狱，不令家人通往。直使人告妻曰："刺史阴谋，欲夺我马，私捏人诉，意必杀我。嗟！汝等幼冲，未解申雪，我死，但将纸笔墨，安置墓里，我自申理。"果死狱中，家人如所教。后五十余日，遇景帝大会群臣，孝直于殿前上表云："臣早忝宦途，颇彰清慎，不谓刺史梁纬，心纵贪婪，势连内戚，欲臣亡父之马，加臣枉冤之刑。上诉皇天，许臣明雪，用敢以闻。"并梁纬不法二十一条，帖在别状。景帝览表，读讫，忽然不见，甚怪宇宙之内有此异事。遂诏收梁纬付狱勘诘，事事不虚，及枉杀孝直情状。帝诏将梁纬往孝直墓前斩而祭之，追赠尚书郎，守长安令。时语云："莫言鬼无形，杜伯射宣王；莫言鬼无身，孝直讼生人。"（《搜神记》）

鬼神乃现奇绝事，昭彰如此，负心之人安往不得冤对，但报有隐显

耳。可谓旷世一觏。遂玩不复信哉。

○王谭父子求宝不获，藉其家，鬼见府内身死

支法存者，本自胡人，生长广州，妙善医术，遂成巨富。有八九尺𣯶𣰠，百种形像，光彩曜目。又有沉香，八尺板床，居常芳馥。刺史王谭大儿劭之，屡求二物，法存不与。王谭因状法存豪纵，杀而藉没家财焉。死后形见于府内，辄于阁下搥鼓，似若称冤。如此经月，王寻得病，但见法存守之，少时遂亡。劭之比至杨都，又死焉。（出《还冤记》）

○虞候樊光鬻狱，雷震死

光为交趾郡虞候，在廨宇视事，亭午间，风雷忽作，光及男并所养黄犬并震死。妻于霆击之际，欻见一道士，撮置其身于别所，遂得免。人问其故，妻曰："尝有二百姓相讼，同系牢狱，无理者纳赂于光，光即出之，有理者大被拷掠，抑令款伏。所送饮食，光悉夺与男并犬食之。"其囚饥饿将死，闻于狱内披发诉天。不数日，光等有此报。

一食不义，便预其报，冤之跟人也至是。然则官舍随任者，亦当劝其亲廉明公正，自为身地也。况于主案入衙，大开索骗，各充私橐乎？

○都指挥李彦光，求部将贿不得，巧杀之，鬼扑死

彦光，为中书令李崇所委任，专其生杀，虐酷黩货，遭枉害

者甚众。部将樊某者，有骡甚骏，彦光求之不获，因蓄憾以他事囚之。伪通辞款，承主帅醉而呈之，帅不复详察，彦光即矫命斩之。樊临刑曰："死若无知则已死，若有知，当刻日而报。"及死未浃句，而彦光染疾，樊则见形，昼夜不去，或来自屋上，或出自墙壁间，持杖而前，亲行鞭箠。左右长幼皆散走，并闻决罪之声，不可胜忍，唯称"死罪"，如是月余，方卒。自此持议者颇以为戒。

以骡之故而杀人，忍何如哉？遭害甚众，而仅以一樊报之，彦光之债尚未了也。主帅李崇任之，假虎以翼，能无咎乎？

○御史马希声，夺贾客玉带，因笞之鬼祟死

侍御马希声贪纵，有贾客沈申者，常往来番禺间。广主优待之，令如北求宝带。申于洛汴间，市一玉带，乃奇货也。路由湘潭，希声窃知，召申诣衙，赐以酒食，抵夜送还店。预戒军巡，以犯夜戮之。湘人俱闻，莫不嗟悯。尔后常见此客为祟，或在屋脊，或据栏槛。未几，希声暴卒，弟希范以玉带还广人。（出《广记》）

○伪蜀节度使王宗黯，以索贿害裴令，神悸而死

宗黯贪贿，生日，部下皆献货为贺，独巫山令裴垣，以民贫独无献。宗黯大怒，召裴至，诬以他事，生沈灎澦堆水中，三日尸不流。宗黯遣人挽尸而下，经宿复上，卓立波面，正视衙门。黯不自安，神识烦挠，竟得疾暴卒。

此等正直人，必为水官。宗黯死后，不知遣介士如何拖放。

〇唐建昌王武攸宁贪贿，火焚其库

攸宁任置勾任法外，枉征财物，百姓破家者十而九，告冤于天，吁嗟满路。为大库，长百步，二百余间，所征获者，贮在其中，天火烧之，一时荡尽，众口所咒。攸宁寻患足肿，粗于瓮，其酸楚不可忍，数月而终。

金玉煨烬，本无二种相。试思剥人脂膏，贮之一室，于我何有？而以此获祸，悲哉！

〇唐参军崔进思，都运横取，风没其船

虔州参军崔进思，恃郎中孙尚容之力，克纲入都，送五千贯，每贯取三百文裹头。百姓怨叹，号天哭地。至瓜步江，遭风船没，无有孑遗，家资田园，货卖并尽，解官落职，求活无处。此所谓"聚敛之怨"。

一种怙势索骗，官干衔狯，怨毒难当。是何江伯，乃不怕孙郎中哉！

〇唐录事祁万寿，酷狱求贿，报现其子

万寿为乾封县，性好杀人。县官每决罚人，皆从索钱，时未得与，即取粗杖打之，如此死者不可胜数。囚徒见之，皆失色。有少不称心，即就狱打之，困苦至垂死。其妻生子，或着肉枷，或有肉杻，或无口鼻，或无手足，生而皆死。

索钱为子孙计长久，孰意先贻以肉枷杻。

○唐邢璹掩杀贾客，祸延其族

璹之使新罗也，还归，泊于炭山。遇贾客百余载数物，皆珍翠、沉香、象犀之属，直数千万。璹因其无备，尽杀之，投于海中，而取其物。至京，惧人知也，则表进之，敕还赐璹，璹恣用之。后子縡与王鉷谋反，邢氏遂亡，亦其报也。

○宋左眸受贿致枉，削其禄寿

左眸以乡举赴省，参详官，见有《周礼》义卷，佳甚，将置之上第。忽梦人曰："此台州进士左眸文也。顷受赂五十万，致有枉死者，阴谴折寿禄，一第即死，幸无取也。"凡二日三日，捡梦如前，遂默黜之。泊出院，落卷中检视，果左眸之文。试官惊异，每以语人。后眸以王十朋榜始解。是年随孙道夫奉使，遂死于燕山。

文虽工，其如神之饶舌何？

○魏钊受贿鬻狱，削其禄寿

钊，广东人，尝往夷陵州捡尸，道经某镇，有乡官徐少卿，名宗者，素奉梓橦神极灵。忽梦神告曰："明旦本府魏推官过此，其人前程远大，后当入铨曹，可预结纳之，应得其力。"明日伺之，果然少卿。乃具衣冠，款谒甚勤，因留宿焉，郑重而别。魏去夷陵，不数日，少卿复梦神告曰："可怪魏推官，此去受贿四百金，故出人罪，使死者含冤之极。上帝已尽削其禄秩，并年寿亦不永矣。"少卿叹讶，试遣人往夷陵踪迹之，果不诬。未几，魏丁

母忧归,复补济南,升户部主事,甫一年,即卒于京邸,家亦凋落焉。(《谈冶》)

以四百金易了大大的官,更易了数十年性命,智耶?愚耶?梓橦帝君不尽逐一诏人,则受赇减福而不自知者众矣。此其颠倒,岂特以隋侯珠弹千仞雀已乎?

○狄县尹横分民财一家并命

狄某任定远县,有富翁死,而其妻掌家,所遗数万金,尽匿不与叔。叔告县,且使人密嘱曰:"追得若干,愿与中分。"狄即拘其嫂,严刑栲讯,至以铁钉钉足,滚汤浇乳。于是悉出所有四万金,狄果得二万焉,其妇赍恨而死。后狄罢归,一日昼寝,忽见前妇手持一小团鱼,挂于床上,倏然不见,乃大惊异。未几,遍身生疽,如团鱼状,以手按之,手足俱动,痛彻骨髓,昼夜号呼,踰年而死。凡五子七孙,俱生此团鱼疽,相继而亡。止一孙仅免,亦无卓锥之地矣。(《谈冶》)

二万金入手,谓子孙吃食不尽,乃仅易一团鱼也,此何异自杀其孙子哉?冥中有知,亦且恨其祖父,痛彻心肝矣。

○建宁守邵廉,诡夺民财,坊石压死

廉机警有才,多所佃渔于民,诡称给饷,暂假银充库,令掾吏持券遍贷于各富人,实尽干没莫偿。及归,田园甲第,炫耀一时。一日造石坊,贺者填门。方出送客,忽坊石坠下,压死矣。(《耳谈》)

黩货则必酷，彼以为不打则群情不惊，宝贿不来也。黩货则必横，彼以为不颠倒曲直，则理胜于权。人心有所恃以无恐也。黩货则必护近习，通意旨。彼以为不虎噬成群，则威令不重；不曲庇私人，则过付无托。且短长既为所挟，刚肠阴有所屈也。一贪生百酷，一酷吏又生百爪牙。吁！民儿何而不穷且盗哉！最难堪者，得强劫之狱，亦为卖放。（一盗众盗）受枉法之赇，转而树威，（一屈再屈）夺小可铺行之货，（生理何望）执彻骨穷独之刑。（典妻鬻子赎罪）至于官爵愈大，统辖愈众，一人受贿，则千人骫法；十人弄法，则万人作涌。如元载之胡椒八百，贾似道之糖霜八十瓮。夫固已乱天下矣，然其积蓄亦安在哉？

官长又当禁下僚之贪，不独以清白自了也。

轻徭便民之报

○王永均两浙税，子孙荣盛

永，宋太宗时为右补阙，吴越纳土受命，往均两浙杂税。先是浙田税亩科三斗，永悉令亩出一斗。使还，责以擅减税额，永对曰：“亩税一斗，天下之通法。两浙既为王民，岂当复仍伪国之法？”太宗从其说，凡亩税一斗者，自永始，惟江南、福建犹循旧额，盖当时无人论列，遂为永式。寻除右司谏，终于京东转运使。有五子：皋、准、潭、巩、罕。准之子珪，为宰相，他亦多显贵，世世子孙番盛。

王珪为青苗党人，孤负祖考多矣。世之富贵，皆从先人隐德中来，乃不能培植，自断其脉，斯乃比于不慈不孝，真罪人也。

○王济便民之输，历任通显

济，宋初为龙溪主簿，时调福建。轮鹤翎为箭羽，鹤非常有之物，有司督责尤急，一羽至直数百钱，民甚苦之。济谕民取鹅翎代输，仍驿奏其事。诏可其请，仍令旁郡悉如济所陈。汀州以银冶构讼，十年不决，逮狱数百人。转运使使济鞫之，纔七日，尽得其情，坐者数人而已，余皆获免。（解数百家冤仇，慧数百家魂梦，肖数百家银两）迁光禄寺丞，改刑部，通判镇州，历御史、太守，终安抚使，凡六七任。子孝杰，亦贵。

使之不顾其安，则一羽一毛，皆足破家。此处能调护，在在方便，则在在功德也。九阍远矣。长人者可不加之意哉？

○王仆射请贷饥民，帝赐相位并一子

仆射初为谯幕，因按逃田，时岁饥而流亡者数千家，乃力谋安集，上疏论列，乞贷以种粒牛粮，朝廷从之。一夕，次蒙城驿，梦中有紫绶象笏者，以一绿衣童子遗之曰："上帝嘉汝有爱民深心，故以此为宰相。"后果生一男，王亦拜相。

爱民深心，人未必知，而天知之矣，此阴德也。阴德从心体上做。

○孔戣奏罢烦贡，受知天子生两贵

戣，宪宗时为谏议大夫，条四事："一、朝多冗官；二、吏不奉法;三、田不尽垦;四、山泽榷酤为州县害也。"（便己急民事了）帝加纳,再迁尚书左丞。南海淡菜蚶蛤,有岁贡。戣以为自海抵京师道远,水陆烦费,岁积钱至四十三万,入奏罢之。会岭南帅阙,帝谓相度曰:"向论罢南海进蚶菜者为谁? 今安在? "度曰:"祭酒戣也。"即拜御史大夫、岭南节度使。既至,免属州逋负十八万缗,米八万斛,黄金税岁八百两。（定有经济处）岭南守宰俸薄,又不以时给,吏得借口为贪暴。戣乃倍其俸,而料俸外取索者必以法绳之,由是吏自重慎法。（得驭吏之法,今日正是坐此弊）南方鬻人口为奴婢,戣禁绝之。始,番舶至泊步,有下碇税,有阅货宴,所饷皆珠犀珍异,戣绝不受。海商有死者,官籍其货,满三月无妻子诣请,则没官。戣念海道往复,以岁计有左验不为限,悉推与之。（今日管番舶者,宜得这样好官）召为吏侍郎,转尚书左丞,未及年而请老,以礼尚书致仕。卒谥曰:贞。子遵孺温裕,皆以学至大官。

不特以廉奉人主,并以廉自励,无欲然后可以言王佐,其受知世德宜矣。

兴利之报

王文正云:"朝廷榷酤至矣,东南民力竭矣。"此真宰相之言。如平准均输、间架陌钱及青苗手实之法,皆于中世行之,令元气坐索,国家虚耗,而倡此法者,及精言利之人,亦多不得令终，何也？利必有害，其数然也。独刘晏以养民理财，而算无遗策，厥后冤死，史犹以为精利所致，况其他乎？今兵饷不裕，水衡频竭，如张咏、周忱善均节焉可也。倘有谋及此，则非气运之福矣。

○桑弘羊算析秋毫，坐事族诛

武帝以数征匈奴告匮，乃用贾人子桑弘羊，筭财利盐铁，算析秋毫，富商大贾，无所牟大利，武帝以为功。时天久旱，卜式曰："县官当衣租食税而已，今乃与民争利，烹弘羊，天乃雨"。昭帝时，弘羊为三公，以为子弟，求官不得，怨霍光，因与上官桀等谋逆，事发，族诛。

○宇文融首开利孔，坐盗身死

玄宗初行节俭，天下富饶。后惑志于边功，及神仙，费用不訾。宇文融始为帝言："郡县户口多隐匿，又逃亡浮食，避徭赋甚众。请加检括，而清逃户羡田，以佐国用。"（逃户则田必卖庋，那有美哉？夺之耳）于是遣融充劝农使覆田，而置判官十人，分行天下，括正丘亩，招徕户口，州县承风旨张虚数为功，得亡丁八十余万，田称是，而百姓愁苦，起为盗。已融领汴州河堤使，又建白垦九田故地为稻田，收息入官，兴役纷然，而得不偿费。召入鸿胪卿兼户侍郎。坐盗官子钱巨万，流岩州死。

"与其有聚敛之臣，宁有盗臣。"融罪甚于盗矣。

○杨慎矜、韦坚、王鉷皆以聚敛得幸，皆诛灭

玄宗时，转运使韦坚侯主意，勾剥赂贿进奉以为功。擢陕郡守，董水陆转运，取小斛舟三百余列潭中，各以郡邑所产别色，连航数十里不绝，而署郡县名其上。又为帝筑望春楼，与群臣张晏临观之，大悦，擢御史中丞。而女弟为太子妃。太子尝于元宵出游，与坚会。李林甫使杨慎矜告坚谋立太子，下狱，贬缙云在道赐死。

杨慎矜为太府，筦出纳诸州上供物，有水积损破及色不鲜者，却不受，令本州折估转市，于是征调繁富以得幸。而王鉷父于慎矜中表兄弟也，慎矜引鉷入御史台，迁中丞，慎矜犹以故意名之，鉷不悦。林甫因使图之，鉷遣人以飞语告慎矜："炀帝孙，家蓄谶书，与术士来往，谋为变。"帝大怒，命下狱鞫之。入其家，抽谶书从暗中出之，慎矜兄弟皆赐死，妻子流岭南。

王鉷为户口色役使，有敕蠲租，鉷奏征其辇运费，广张钱数，所输乃重于租。又旧制，戍边者，六年免租庸，然多有死者，边将讳败不申牒。鉷按贯籍，皆以为避课，六年外悉征其租庸，中外叹怨。未几，邢縡以谋反伏诛，而鉷子与焉，遂族灭鉷。

按：纪闻有云："慎矜死，诉于帝，遂械王鉷全家至，皆七窍流血。"吁！慎矜害坚，王鉷害慎矜，而卒与俱死，岂非天哉？岂非天哉？

○杨钊亦以聚敛骤迁，卒殊死

钊以贵妃族兄，倾赀赂得幸，帝使校文簿精核，太息曰："此强明度支也。"即使判度支，骤迁，岁终领十五使。尝奏以帑藏充

韧，古今罕俦，帝往观，赐金紫。由是视金帛如粪壤，赏赐无度，愈纵矣。(一移主上侈心，遂至误坏，天下可恨)寻以禄山之乱，帝奔蜀，杨钊道为军士所杀。

不识道旁骸骨，尚有金紫相否？

○陈岘画和市策，鬼录身殃

闽王审知，初入晋安，开府多事，经费不给。孔目吏陈岘献计，以富人补和市官，恣所征取，薄酬其直。富人苦之。岘由是宠，迁为支计官。(岂不得计)数年，有二吏执文书诣岘里中，问陈支计家安在？人问其故，对曰："渠献计置和市官，坐此破家者众。凡破家者，祖考皆诉于水西大王，王使来追耳。"岘方有势，人惧不敢言。翌日，岘自府驰归，急召家人设斋，意色惝惶。里人复见二吏入岘家，遂暴卒。水西大王，审知兄王潮之庙也。

历记兴利者皆横死，岘得保首领过矣。然人诛、鬼诛，何殊哉？

如刘巴为蜀画铸钱计，却是泉府机权，不至害人。

○王安石执青苗法，子殀嗣绝

青苗者，田未熟而贷之钱，田已熟而收其利。安石尝行此于一邑甚善，然犹躬通下情，随其愿与不愿也。至当国时，欲以此行之天下，而守令者，又阿重臣意旨，以多散钱多得利为称职，不问贫富缓急强与之，又寄权人役，出纳之间，轻重为奸，而民遂怨咨载道矣。重以手实，算及鸡豚，国胍日削，宋遂以乱。安石子雱有才，骤贵，少年而死，后无嗣焉。

安石自家廉俭，实欲为国兴利，但太立法而必行之。又身居尊位，不知下情，有言其不便者，既不能虚心速改，而有阿其意旨，言利民者，遂以为是，坚持至死。然则以善心行恶事者，能无报哉？

凡奸猾吏胥，不利无事，无事则法行令熟，何所生衅？故往往以为国兴利之说，怂谀官长，而增丁、核饷，及税亩、丈量，种种而起。使专办军储，无丝毫利己。犹恐琢削元气，民困日甚。况递下数手，利薮窟宅，大不能无染指乎。丈量之法，贾似道行之，误国误民，已不可言。但与此相类克剥之道，是不一途，其始尽言利民。夫利民则何待劫之以威而后行哉。上开一孔，下钻百宝。纳贿一身，丛谤上人，甚矣，利不可言也。城郭富豪之家，犹能支吾。乃若山谷僻陋，朦叟孤稚，目不识文告，耳不辨官音，舌不解敷陈，手不能诉写，见里长则面色青黄，望公门则心胆战惊。稍有桀骜，皆得望风索骗，幻弄吞侵。其为凌虐，宁可数计。每见上人抚循至意，不得已而开此，尽孜孜丁宁，惟恐有失。然予权任事，则情势不能无假借，而假借之下，复有假借，则侵渔之外复肆侵渔。于是告讦日烦，狱讼日滋，罪罟日长，愁怨日盈，而太平之风，索然尽矣。吁！亦岂无有心人而坐此者哉？非目击其艰，而遥聆神会来之信也。此中外条陈利害，一切报罢，所以为圣相也欤！

救荒赈饥之报

国有大荒，动系百万人命。其逃死为流民者，一无以给之，又叛乱立生，胡可不亟讲哉。顾救荒有先策、有先先策、有正策、有权策。详其条理，庶几临事无扰，救活万万矣。

先先策者，未然也。《尚书》云："懋迁有无化居。"又云："浚畎浍距川。"如京都边储，商议屯田，或整理盐法，使商佃塞下，此皆祖宗已试之规，而议者纷纭、任者束手。又如山东各省，或忧水患漂业，或昧水利致困，或苦粟贱，或患地窄，或豪奢荡积，或逐末伤本。每上人到任，则宜预先讲求，问其何饶何乏？可就本地通融本地经画者，则为修之教之。（如代谷仓者，广种可也。婚丧饮宴过侈，皆能耗谷，严禁可也）或必借裕邻方，借灵海道者，则为调之护之。（如薄商征清海寇贸易金粟之类是也）又如折色、本色，顾役、差役，各有利病，咸宜体悉。大要总在重农而贵粟，勤劝相而修水利，有事以粟为赏罚，则粟贵矣。废田不耕者有惩，游手蠹食者有禁。遇良田，则注车劝赏；遇水利，则委曲通融。则水利修矣。至于常平仓、义仓，是极妙法，第宜委任得人，出纳有经。不至虚费，亦不至刁难。社仓之法尤妙。若每都分，各有朱子、刘如愚者，以总领之，则可无冻馁之老，道殣之莩，所救不赀。吁！安得有心人，在在如此哉。

先策者，将然也。如有旱有水，谷种既没，则饥馑立至。当预先广籴他邦，又检灾伤无可生理者贷之，随地利可栽种者教之。令贫富皆约食，曰："此惜福救灾宜尔也。昔程珦知徐州，久雨坏谷，晌度水涸时，则耕种已过。乃募富家得豆数千石贷民，使布之水中，水未尽涸，而甲已露矣。是年遂不艰食。又各州县有上供粮米者，先事奏请截留，而以其罗钱计奉朝廷。则米价自落，国赋不亏。苏轼《预救荒议》，言此甚悉，且云："救之于未饥，则用物约而所及广。民得营生，官无失赋。" 若其饥馑已成，流殍并作，则虽拦街散粥，终不能救死亡。而耗散仓廥，亏损课利，所伤大矣。

正策权策者，已然者也。正策：一曰开仓赈贷；二曰截留上供米赈贷；三曰自出米，及劝籴富民赈贷；四曰借库银，循环籴籴贷；五曰兴修水利，补辑桥道赈贷。令饥民有工力可食，而官府富民，得贱直集事可也。然所贷者，每及下户。而中等自守头面，坐而待毙，尤为狼狈。又城市之人，得蒙周恤；而乡村幽僻，富户既稀，拯济亦缺。此间犹宜周详曲处者也。大略赈济之法，旬给斗升。官不胜劳，民不胜病。仰而坐待仓米，卒无以继，此立毙之术。莫若计其地里远近，口数多寡。人给两月粮，归治本业，可无妨生理也。

赵令良帅绍兴，用此法，城无死人，欢呼盈道。又李珏在鄱阳时，将义仓米多置场屋，减价出籴，既先救附近之民，却以此钱纽价计口，逐月一顿支给，以济村落。一物两用，其利甚溥。盖远者用钱，可免减窃拌和之弊，转运耗费之艰。且村民得钱，非惟取赎农器，经理生业，亦可收买杂料和野菜煮食。一日之粮，可化数日之粮，甚简甚便。此二策者，俱可行也。

曾巩《救灾论》，亦极谈升斗赈救之害。盖上人一图赈济，则付里正抄札，实未有定议也。村民望风扶携入郡，官司未即散米。裹粮既竭，馁死纷然。浊气熏蒸，疠疫随作。曾无几何而官仓已罄。是以赈济之名，误其来而杀之也。故须预印榜四出，谕以方行措置，发钱米下乡，未可轻动。恐名籍紊乱，反无所得。庶革饥贫云集之弊。民不去其故居，则家计依然。上不烦于纷给，则奸宄不生。视离乡待斗升米，而不暇他为。顾不远哉。（以上议赈济）粜常平米，用平价，又借库银于多米地方，循环粜籴。则用贵米时价减四之一，而民已有所济。至富民之价，切不可抑之。抑之，则闭籴而民愈急、势愈嚣，其乱可立待也。况官抑价，则客米不来，境内乏食，而上户之粗有蓄积者，愈不敢出矣。

昔文彦博在成都，适值米贵，不抑民价，只就寺院立十八处，减价粜米，仍多张榜文招籴。翌日，米价逐减。

范仲淹知杭州，斗粟百二十文，仲淹增至百八十，众不知所为，仍多出榜文，具述杭饥增价，招引商贾，争先趋利，价亦随减。

此二公者，识见过人远甚。或恐贵籴减粜，财用无出。不知米贵不能多时，将减粜之银。待米熟时，点谷上仓，已不乏矣。第出纳之际当核奸，赈济之际当检实。而朝夕经营，总宜尽心力为之。视为万命生死所在，自不惮勤劳也。（以上议赈粜）至于弃子有收，强籴有禁，啸聚巨魁，必剪其萌。泽梁关市，暂停其税。此皆因心妙用。慈祥之所必至者矣。

权策如毕仲游，先民未饥，揭榜示曰："郡将赈济，且平粜，若干万石。"实大张其数，劝谕以无出境，民皆按堵。已而果渐艰食，饥民十七万。顾所发粟不及万石，以民粟继之。而家给人足，民无逃亡。

又如吴遵路，令民采薪刍，出官钱收买。却令于常平仓市米物，归赡老稚。凡买柴二十二万束，候冬鬻之。官不伤财，民再获利。（以此推之，则凡破烂衣裳及瓦器用器，皆可置买，付工修葺，冬可鬻之）。又以飞蝗遗种，劝种豌豆，民卒免艰食。又如婚葬营缮等事，皆宜劝民成之。宴乐赛愿，都不复禁，所以使贫者得财为生也。至于重罪有可出之机，令入粟救赎，亦无不可。盖借一人以生千万人耳。（又如千里乱等药，亦可稽考教民）

○耿寿昌奏立常平仓，封侯

汉宣帝时，丰穰谷一石五钱，大司农丞耿寿昌奏言："岁数丰穰，谷贱，农人少利。故事，岁漕关东谷四百万斛，用卒六万人。今宜籴三辅、弘农五郡谷，足供京师，可省关东漕卒过半。"（今各省俱互相灌输，若遇大贵大贱时，可以此法通融之）又白令边郡皆筑仓以谷，贱增其价而籴以利农；谷贵时减价而粜，名曰"常平仓"，民便之。上乃赐昌关内侯。

一言为万世之利，侯封固其宜哉，但后世循行愈失其初。府县配户督米上仓，有稽违则迫蹙鞭挞，甚于税赋，名为和籴，其实害民。又至救荒之时，悭吝不发，即发亦多。衙门有力者包之，不能遍及乡村也。若用常平钱，于丰熟处循环收籴，以济饥民。而乡村下户，即以钱赈之亦可。又此法原无岁不籴、无岁不粜。上熟籴三而舍一，中熟籴二，下熟籴一，此无岁不籴也。小饥则发小熟之敛，中饥则发中熟之敛，大饥则发大熟之敛，此无岁不粜也。夫然，故不患积久成埃尘，亦不患侵用徒文具。苏轼云："臣在浙中，遇荒，只出粜常平米，更不施行余策。盖抄札饥贫，所费浩大，有出无收。且饥民云集，盗贼疾疫，客主俱毙，唯依常平斛斗出粜，不劳抄札。但得数万石在市，自然压下物价。境内百姓，人人受赐。吁！有司者委任得人，着实举而措之可也。"

（若流民已至，则不可执此耳；未至，饿莩流离时，用此最妙）

○朱子奏立社仓，世爵

朱子自叙云：乾道戊子，余居建宁府崇安县开耀乡，时大饥，予与进士刘如愚，劝豪民发粟，减值赈济，里人获存。俄而，盗发浦城近境，人情大震，藏粟亦且竭，则以书请于府。知府徐公，即以船粟六百斛泝溪来，予率乡人迎受之。饿民以次受粟，遂无饥乱。欢声动旁邑。于是浦城之盗，无复随和，而束手就擒矣！及秋，王公淮来代守。适丰登，民愿以粟偿官，而王公曰：'岁有凶穰不常，其留里中，而上其籍于府。倘后艰食，无前运之劳。'予奉教。

又明年，请于府曰：'山谷细民无积，新陈未接，虽乐岁，或称贷豪右，而官粟积无用，将红腐。愿岁一敛藏，收息什二。既以纾民之急，又得易新储、广积蓄。即不欲者勿强。岁少饥，则弛半息；大饥则尽捐之，著为例。'王公报可。又以粟分贮民家，于守视出纳不便，乃捐一年之息，为仓三间，以贮之。十有四年，已将原米六百石还府。其见管三千一百石，则累年所息也。申本府照会，永不收息。每石只收耗米三升，皆余与乡官士人同共掌管。

遇敛散时，即申府，差县官一员，监视出纳。以此，一乡五十里内，虽遇凶年，人不阙食。又奏：'请以其法推广。行之他处，令随地择人，随乡立约。申官遵守，实为久远之利。'上布其法于诸路。其法以十家为甲，甲推一首，五十甲推一人，通晓者为社首。其逃军及无行之士，衣食不缺者，并不得入甲。得入者，又问其愿与不愿，愿者开具大小口若干，大口一石，小口五斗，（五岁以下不与）置籍以贷之，以湿恶还者有罚。

朱子自言："数年来左提右挈，上说下教，为乡间立此无穷之计。盖其成之也，亦不易矣。"其知南康军遇旱，讲求荒政，多所全活。遇浙东大饥，乃改提举浙东。即日单车就道。至部，遗书他郡，募米商捐其征，米遂辏集。日访民隐，按行境内，单车屏役，所至莫知。官吏惮其风采，皆尽力，有不便民者，悉革之。帝闻曰："朱熹政事，都有可观。"乃进直阁，卒为名臣大儒，世博士。

乡先生若存此意，于风俗利病，何事不辨哉？

○汲黯矫制赈饥，身名俱显

见忘身门（黯受知武帝为一代名臣，在此一举也）

○伏湛分食赈饥，累代荣官

湛更始时，为平原守，仓卒兵起，天下纷扰。湛谓妻子曰："天下皆饥，奈何独饱？"乃共食粗粝，悉分俸禄以赈乡里，来客至百余家。后官至司徒，封侯。子隆为光禄勋，翕嗣爵。孙缓为局中，鲁孙无忌为侍中，玄孙质为大司农。

官几与东汉终始矣，兵荒之时，民不聊生，能如是全活，不值得累代荣官哉！

○韩韶擅赈流民，生子世德

韶为嬴长，贼闻其贤，相戒不入境。余县多被寇盗，废耕桑。流民入韶县界，索衣粮者甚众。韶悯其饥困，乃开仓赈之，所廪赡万户，主者争谓不可，韶曰："长活沟壑之人，而以此伏罪，含笑入地矣。"太守素知韶名德，竟无所坐。韶卒于官，李膺、陈实、杜密等立碑颂德焉。生子融，官太仆，寿七十。

今有本境饥荒，不能先事发仓，驯至流殍者，何如也？

○王仆射请贷牛种，生男拜相

见轻徭门（时饥而民无以耕种也，魏太子尝令民借牛耕而为芸田以偿之法，亦妙）

○韩琦水灾活七百万，致位真人

庆历八年，大水岁饥，流民满道。琦大发仓廪，并募粟零粜，及设粥赈之，归者不可胜数。明年，皆给粮遣还，全活甚多。后为宰相，薨。待禁孙勉，以杀鼋为泰山所追，先至一公府，见魏公金紫上坐，教以乞检房簿。勉出，再至一府，有三金紫者责让之，勉乞检房簿。三金紫怒曰："汝安知有房簿，谁泄之？"命加凌窘，勉以实告，三金紫皆首肯，叹曰："韩侍中在阳间，常存心救济天下。往年水灾，活七百万人，今在此犹欲活人，吾侪所不及也。"乃检房簿，勉尚得十五年活，乃放之。吁！魏公持世许大事业，而泰山君首称其水灾救人，岂非救焚拯溺，功德尤急哉？

董猯云：尝见一州府大疫，郡将劝民出粟拯济，委官专领。其官烦于应对，且不欲饥民在市，悉载过江，置诸坝中，但日以一粥饭食之而已。然日出雨至，皆无所避。（此委官视之，必曰："谁教他作饥民？"）无何，水暴至，饥民尽被漂溺。不数日，此官亦病疫死。回视韩公何远哉？一入冥途，事知如何。

○张咏阜民至七十载，荣登枢密

咏知鄂州，民以茶为业，咏曰："茶利厚，官将榷之。"命拔茶植桑，民以为苦。其后榷茶他县皆失业，而本地桑已成绢，岁至百万匹，民以殷富。及知成都，遇李顺为寇，关中皆负粮以饷州师，远不易致，城中屯兵三万，而无半月之食。咏访知盐价素高，而民有余廪，乃下估，听民以米易盐。民争趋之。未踰月，得米数十万斛，遂奏罢陕运。帝喜曰："此人何事不办！"迁知益州。地素狭，游食者众，稍遇水旱，则谷不给，斗米值钱三十六。乃按诸邑田税，如其价，岁折米六万斗（恐当加贴脚钱），籍城中佃民，俾输原估籴之，因奏为永制。其后七十余年，虽时有灾馑，而益民无馁色。咏历官，至太子中允、直枢密学士，迁侍郎，寿七十，赠左仆射，谥"忠定。"

○赵意捐俸劝赈，侯封累世

意为平原守，时多盗，乃与诸郡讨捕，斩其渠帅，余党赦之。

青州大蝗，侵平原荒甚，乃出俸赈之，劝富民出谷济饥，全活万计。官太傅，封侯累世。

一般出俸，一般劝相，而出自实意。与苟行故事者，便自天壤，须有孚惠心始得。

○陈尧佐出米疗饥，宰相高年

尧佐知寿州，岁大饥。自出米为糜，以食饿者。吏民以故皆争出米，共活数万人。尧佐曰："吾岂以是为私惠耶，盖以令率人，不若身先而乐从耳。"后为两浙转运使，钱塘江石堤辄坏，尧佐令下薪实土，堤乃坚久。移并州，每汾水暴涨为灾。为筑堤植柳万本，作柳溪，民赖其利。迁谏议，拜枢密，寻平章事，以太子太师致仕。寿八十二，谥文惠，赠司空。兄弟皆显官。

○赵抃救灾有方，官登台辅

熙宁八年，吴越大旱，抃知越州。前民之未饥，为书问属县：被灾者几处？乡民当待廪者几人？沟防兴筑，可僦民使治者几所？库钱仓粟，可发者几何？富人可募出粟者几家？僧道所食羡粟，书于籍，乃录孤老病不能自食，凡二万一千九百余人。故事岁廪穷人，当给粟三千石而止。抃检富民所输及僧道羡余，得粟四万八千余石，佐其费。自十月朔，人日受粟一升，幼小者半之。忧其众相蹂也，使男女异日而入受二日之食。忧其且流亡也，于城市郊野，为给粟之所，五十有七，使各以便受之，而告以去其家者勿给。计官为不足用也，取吏之不在职，而寓于境者，给其食而任以事,告富人无得闭籴。诸州皆榜禁米价,抃令有米者任增价籴之。自解金带置庭下,命籴米,由是施者云集。又出官粟五万二千余石,平价子民,为籴粟之所,凡十有八,以便籴者。又僦民修城,四千一百人,为工三万八千,计其佣与粟,再倍之。民取息钱者,告富人纵予之,而待熟官为责其偿,弃男女,使人得收养之。明年春,人疫病,为病坊,处疾病之无归者。募僧二人,属以视医药饮食,令无失时。(妙)凡死者,使在处收瘗之,法廪穷人尽三月当止,是岁五月而止。事有非便文者,抃一以自任,不累其属。有上请者,遇便宜多辄行,早夜惫心力,无巨细必躬亲给药食,多出私钱。是时旱疫,吴、越民死者殆半,抃所抚循无失所,纤悉具备。盖民病而后图之,与先事而为计者则有间矣,殆可为后世法。抃卒相神宗为名臣云。

○洪皓擅留运米,子并显相

皓为秀州录事,大水,田尽没,流冗塞路,仓库空虚,无赈救策。公白郡守以荒政自任,悉藉境内粟,留一年食,发其余籴于城之四隅。不能自食,官为主之。(更难)立屋于西南两废寺,十人一室,男女异处,防其淆伪。涅墨子识其手,西五之,南三之,员爨、樵、汲有职。民赢不可杖,有侵牟斗嚣者,乱其手文,逐之。借用所掌发运名钱,钱且尽。会浙东运常平米斛四万过城下,公遣吏锁津栅,语守使截留。守嚇,不肯。曰:“此御笔所起也,罪死不赦。”皓曰:“民仰哺,当至麦熟,今腊犹未尽,中道而止,则如勿救,宁以一身易十万人命。”(实难中难)迄留之。无何,廉访使至郡，曰："平江哀号，诉饥者旁午，此独无有，何也？"守具以对，乃如两寺验视。使者曰："吾尝行边，军法不过是也。违制抵罪，为君脱之。"又请得二万石，所活九万五千余人。后有叛卒，排家掳掠，至皓门曰："此皓佛子家也，无得入（先免一祸场）。"皓官至端明学士，谥文惠。子适、导、迈、继登嗣科，俱为显相。

吁！此已辨得，使虏不屈，气节来矣。仁固不可以无勇。

〇叶梦得全凶年弃儿，官至极贵

梦得为许昌令，值大水灾伤，京西尤甚，浮殍不可胜计。梦得发常平所储，奏乞越制赈之，全活数万。惟道中遗弃小儿，无由得免。一日询左右曰："无子者何不收以自养？"左右曰："人固所愿，但患既长，或来识认。"梦得乃为立法：凡灾伤遗儿，父母不得复取。夫儿为所弃，则父母之恩已绝，人不收之，谁自活乎？遂作空券数千，具载本法。凡得儿者，使明所从来，书券付之。又为载籍记数，贫者给米以为食。事定按籍，计三千八百余儿，此皆夺诸沟壑，而致之襁褓者。官至尚书左丞，封侯，子懋转运使。（出《传芳录》）

〇滕元发全活饥民，官龄并茂

元发知郓州时，淮南、京东饥，元发虑流民且至，将蒸为疠疫，先度城外废营地，召谕富室，使出力为席屋，一夕成二千五百间，井灶器用皆具，民至如归，所全活五万人。后为龙图阁学士，年七十一，无疾而逝。

此皆识见高，谋虑周，措亦捷，他人或不能办境内，而元发能虑境外，可谓"才与志并"。

不赈饥荒之报

〇王仁恭不能赈饥，邑破身亡

隋末饥荒，仁恭为马邑太守，闭仓不务赈济。刘武周谋作乱，宣言曰："今百姓饥馑，僵尸载道，王府君坐视，岂为民父母者哉？"众皆愤怒，因称疾卧家，椎牛纵酒，誓众曰："我辈岂能坐待沟壑，食粟烂积，谁能与我共取之？"众皆许诺。乃以计杀仁恭，开仓赈贫，属城皆下之。武周后为唐兵所诛。

董猥曰："饥馑不发廪，往往奸雄借此号召百姓，足以倡乱。义宁元年，榆林大饥，郭子和潜结死士，执郡丞王才数以不恤百姓斩之，遂为乱。"此虽盗贼之行，终归枭磔，然亦足为不留意赈恤之戒。

〇刘澡以不救霖，坐贬

大历二年，秋霖损稼。渭南令刘澡称县苗不损，上疑之，命御史朱毅往视，损三千余顷。上叹曰："县令子民之官，不损犹应言损，乃不仁如是乎？"贬澡南浦尉。

○崔峣以不赈旱，见逐

咸通十年，陕民讼旱，观察崔峣指庭树曰："此尚有叶，何旱之有？"杖之。民怒，作乱，逐峣。

上人贵蹇惯性，当诉旱诉饥之始，恬不屑意。及祸变一起，又茫然脚慌手乱，此世所以日多故也。

○林机奏缓赡饥之米，一言灭门

淳熙初，司农少卿王晓，尝以平旦出访。林机时为给事中，在省，其妻，晓侄女也，垂泪而诉曰："林氏灭矣。"惊问其故，曰："天将晓，梦朱衣人持天符来，言上帝有勅，林机论事害民，特令灭门。"悸而寤，犹仿佛在目也。晓慰以梦未足凭，无为深戚。因留食，待林归，从容扣近日所论奏。林曰："蜀郡以部内旱歉，奏乞拨米十万石赈赡。"即有旨如其请。机以为米数太多，蜀道不易致，当酌实而后与，故封还勅黄（尚是为朝廷惜财）。上谕宰相云："西州往复万里，更复待报，恐于事无及，姑与其半可也。只此一事耳。"晓𥈭𥈭而去。未几，林以病归，至福州卒。有三子，继踵而亡。王氏求近亲者以为嗣，亦辄不久，其后遂绝。

一奏疏之微，天子又仅从其半，然已灭门矣，则性命所关者众也，况于躬为遏籴，不恤民饥者乎？

○叚氏高索荒米之价，天火烧烬

绍兴丁卯，大饥，流民满道。饶州富民叚廿八，积谷数仓，闭不肯粜。一日，方与家人评论物斛低昂间，方幸踊贵，忽天雨晦冥，火光满室，叚遂为雷震死，仓所贮谷，亦为天火烧尽矣（匹夫便能动天如此）。"

乡绅家居懿行之报

乡绅，国之望也。家居而为善，可以感郡县，可以风州里，可以培后进，其为功化，比士人百倍。故能亲贤扬善，主持风俗，其上也。即不然，而正身率物，恬静自守，犹使人之意也消，其次也。下此则求田问舍，下此则欺弱暴寡，风之变也，非所敢道矣。

俚语云："刀趁利，炉趁热"。此两语误人不浅。夫刀利炉热，用之以干许多好事，此光阴诚不可错过，又争体面，此三字最误人。今且以何者为体面，若屈身求官府，此无体面之甚者也。官府即姑从我，而心轻其为人，此无体面之隐者也。得势胜者，而以豪千里，而人阴指曰："此翼虎不可犯耳。"尚得为体面乎？认得体面真时，便不争体面，而百美集矣。

○石奋以醇谨为家法，子孙挺贵

是所谓万石君者也。汉高帝为中涓，孝文时，至大中大夫，无文学，然恭谨无与为比，以选为太子太傅。长子建，次子甲，次乙，次庆，皆驯行孝谨，官皆至二千石，故景帝号为"万石君"。万石君老矣，子孙为小吏，来归谒，必朝服，见不名。子孙有过失，不谯让，为对案不食。诸子相责，因长老肉袒，固谢罪，改之。乃许子孙胜冠者在侧，虽燕居必冠，申申如也。上时赐食于家，必稽首俯伏而食，如在上前。其执丧甚哀戚，子孙遵教亦如之。虽齐鲁诸儒，质行皆自以为不及也。窦太后以儒者文多质少，今万石君家，不言而躬行。乃以长子建为郎中令，少子庆为内史。建老白首，万石君尚无恙。每五日洗沐谒亲，必窃问侍者，取亲中裙厕牏，身自浣涤以为常，不敢令万石君知也。内史庆醉归，入里门，不下车，万石君闻之不食。庆恐，肉袒请罪，不许。举宗及兄建肉袒。万石君乃让曰："内史贵人入闾里，里中长老皆走匿，而内史坐车中自如，固当。"乃谢罢庆。庆及诸子弟入里门，趋至家。庆为齐相，齐国皆慕其家行，不言而大治。后为丞相，子孙为小吏，至二千石者。十有三人。及其死，孝谨益衰（使不衰，虽累世万石可也）。

凡家世茂盛者，多以仁厚谦恭立教，故能保有滋大，不为造物之忌。但处世以宽，而律家用严，其于教训子孙，方始得力。不然，自家从艰辛读书得来，犹如义理行方便。至膏粱子弟，习成性气，颐指骄人，且以老家为迂阔，以脱皮为时行，如此，安得不败？故"洒扫应对，守弟子职"，古人立教之最吃紧也。

○谢弘微以孝廉敦家族，奕世名德

弘微，名密，以字行，晋中郎万孙，仆射景仁从子也。家贫俭，继从父谢峻后，事继亲之党，伯叔二母，瞻奉诚敬，并其亲戚中表，率意承接，具合体衷。每中外传语，辄正衣冠临之，婢仆前，不妄言笑，尊卑大小，严之若神。兄中丞曜卒，服阕犹蔬，或谓其过礼。微曰："服不可踰，深疚在心，实难自已。"遂废食，歔歙不自禁。袭建昌县侯，拜员外散骑侍郎。所继产丰大，弘微一无所预，惟受图书数千卷而已。叔父混坐刘遂党诛，妻晋陵公主，诏入宫。弘微经纪其家。二女纔数岁，田产千余处，一钱尺帛，文簿可覆。公主归视，产业愈充，门徒仆从，不异平日，太息曰："仆射平生爱侍郎，可谓知人矣。"见者皆泣下。主薨，遗产千万，女壻殷樀蒲殆尽，侵及伯母两始之分。内人为弘微所化，皆无争。或曰："此弃物江海为廉耳。"弘微曰："亲戚争财，为鄙之甚，幸能无言，可导之使争乎？"文帝即位，为黄门侍郎，参机密，甚信任之。平生无喜愠，不言人过。子庄孙胐并为侍中、中书令，名节克邵，号世德云。

世界尽是金银合成，刌继产族业，尤属乡官所易染指者。士人充是心何至争继嗣业？官府充是心何至咶人计讼纷纷乎？

○管宁礼让化俗，潜龙名高

宁与华歆相友善，尝锄园得金，宁不顾，歆捉而掷之，盖优劣遂分（一从彻底做，一从恶声做）。会世乱，宁避地辽东，公孙度设馆待之，不就而庐山为室，避乱者多从之居，因渐以成聚。邻有牛暴田，宁为牵牛着凉处牧之。牛主大惭，若犯严刑。里中男女共汲一井，争先，有斗者。宁多买汲器，置井傍待之。既闻，乃各自悔责。居旬月成邑（与大舜无异）。于是讲《诗》《书》、陈俎豆、明礼逊，非学者无见也。风行辽东，每见度，语惟经典，不及世事。由是度安其贤，民化其德。时邴原亦同避地，好以清议格物，度心不安之。宁谓原曰："潜龙以不见为德，言非其时也。"在辽三十七年，以朝命征，乃将家属浮海还魏。以为大中大夫，不受。华歆以太尉让，宁亦表辞。卒年八十四。宁常坐一木榻，五十年未尝箕股，其着膝处皆穿。所居姻旧邻里有穷困者，家不盈担石，必分赡救之。与人子言孝，与人弟言悌，与人臣言忠，貌甚恭，言甚顺。名行高洁，望以为不可及，而即之熙熙，能因事以道人，于善渐之者，无不化焉。

　　宁一士人，便能化俗如此。今世风俗，如楚蜀僻处小民，则有稚子娶妇者；袁州等下户，则有以幼艾妇见客为恭者；浙江良家有主一男子剃面，及趁早入房除粪，又偕僧对炉诵经者；两广僻处小民，则有男女结契者。昌化、万年等处，多不育女，而以男为妇，或一妻数夫者；闽、漳之婚娶过侈，刁讼异常；浦城之僮仆养女，不许嫁娶。种种敝风，守令之化之也，十居其五；士夫之化之也，亦十居其五。若能于某里某都各择善士，互相传劝，有不率者，摈不得齿，而身复严礼法，董子俋以先帅之，不出十年，可大变也。引而伸之，各处有敝俗，各处有善类，俱以此道行焉可矣。

○郭泰奖借造士，威凤德显

　　泰，字林宗，与河南尹李膺相友善。辞归，衣冠送者车数千辆，李、郭共济，望者以为仙舟焉。司徒辟公府太常，举有道，俱不应，曰："天象人事，不可为也。"性明知人，好奖借士类，多所成就。茅容避雨危坐，劝令就学。孟敏破甑不顾，泰以为有分决, 亦劝令学, 俱成名儒(世间许多豪杰无接引, 直自埋没)。拔申屠蟠于漆工, 识庾乘于门卒, 自余或出屠沽士伍, 因泰奖进, 成名者甚众。郡学生左原以犯法见斥, 林宗遇诸涂, 劳之曰: "昔颜涿聚, 梁甫之巨盗; 叚干水, 晋大驵也, 卒为齐魏忠贤。勿恚恨, 责躬而已。"或讥林宗不绝恶人, 林宗曰: "人而不仁, 疾之已甚, 乱也。"原后欲结客报诸生, 以林宗在, 竟恧愧自止。贾淑性险仄, 为邑里患。泰丧母, 受其吊, 或怪之。林宗曰: "仲尼不逆互乡, 子原洗心向善矣。故吾与其进淑闻。"遂自改成善士, 如史叔宾、黄允等, 皆有盛名。泰知其非真, 以为必败, 后果然。党祸作, 知名之士多被祸, 而泰以隐恶扬善独免。世纲卒。会葬, 千余人共刻石立碑。蔡邕曰: "吾碑铭多矣, 独郭有道为无愧焉。"

按: 管宁浮海还, 魏舟几覆, 舟中人呼天忏罪。至管宁云: "尝一次不冠如厕耳。"后同行诸舟尽没, 独宁一舟有灯导而前, 获济登岸。又宁当公孙、曹魏乱贼之朝, 脱然自免。泰当党贤并命之秋, 委蜕如云, 岂非道德所化哉? 乡先生如此化俗, 如此造士, 则其成就不少。夫出则为伊周, 处则为孔孟者, 惟乡绅为然耳。若乃黑白其眼而雌。黄其心则非所谓上矣。

○崔沔孝友敦睦, 父子贵盛

沔纯谨无二言, 擢进士高第。性舒迟, 进止雍如也, 当官则正言不让。累起居舍人, 以母病辞, 求侍养, 荐贤自代。历御史中丞, 迁中书侍郎。故事中书承旨, 取充位而已, 沔时时持异同(循良人偏露骨), 曰: "百官分职, 上下相维, 可俯首取禄已耶? "(才不是乡愿，有浑厚人，凡事遂不敢同异者，涉世情重，救世念薄耳）卒，赠礼尚书，谥曰"孝"。沔少有至性，母失明，倾家求医不愈，则躬亲奉养，不脱冠带者三十年。温清适时，每美景良辰，必扶持游宴，笑谈陈说于前，母不知其有所苦也。后年既及，官尊重矣，躬与子俛植果以致敬。母卒，瘠形吐血，茹深痛，终其身。爱敬兄姊几于母慈，畜甥侄甚于子，所得俸于奉蒸尝赒亲族尽之，一不以自奉也。李邕尝怪其马羸，曰："何不自观秣饲？"沔唯唯。他日复言及，沔良久曰："每欲问秣饲，恐致疑于厮养者，辄自愧而止。"盖用意如此。晚留司东京，鬻马以买宅，奉寡嫂及姊居之。宅朴陋无赭垩，御史状其行，以为德充符契，声气感人，行达神祇，殊绝伦辈云。子祐甫，为贤相（大好家业）。

　　士夫以化俗为上品，而孝友尤所重，且宗族周其穷乏，而后善念可兴也。但不可有速成心，并以势力为之用耳。

○柳公绰孝友传法，世代簪缨

　　公绰，京兆华原人，世为名家，十八登科第，虽少隽，乃性谨重，动循礼法。尝为京兆尹，神策军校冲，导杖之。帝怒，召诘责，对曰："臣待罪京兆，而小校乃敢前唐突，此轻陛下法，非慢臣。臣知杖无礼者耳，不知为神策校也。"帝曰："何不奏？"对曰："臣职当杖之，不当奏。"帝退，谓左右曰："汝曹须避柳京兆，吾惮之矣（有此风力，家居当何如气焰？）。"转吏侍郎，迁御史大夫，改尚书，出节度山南（颇显官）。入为刑尚书、检校左仆射。卒，赠"太子太保"，谥曰成。

公绰天资仁孝，丁母丧，三年不沐浴，事后母薛谨甚。有为外婚姻者，壹不知非薛所生也。在公卿间最名有家法，非朝谒日，平旦，辄出小斋，诸子皆束带晨省。公绰决私事、接宾客，与弟公权及群从弟，再会食，皆不离小斋。自旦达暮，烛至，命子弟一人读经史一过讫。及讲议居官治家之法，或论文，或听琴，至人定钟，然后归寝，子弟复昏定于中门，凡二十余年如一日也。岁饥，饭不过一食。诸子平时皆蔬食，曰："昔吾兄弟侍先君，为丹州刺史，以学业未成，不听食肉，吾不忍忘也。"姑姊妹姪，有孤婺者，虽疏远必择婿嫁之，皆淡泊，曰："必待资装丰备，何如？嫁不失时。"居外藩，子来省入境郡邑未尝知也。子仲郢，端严好礼，起居一遵父法。事叔公权如事父。非甚病，见公权未尝不束带，出遇于路，必下马端笏立，候过乃敢上。公权暮归，必束带迎马前，公权屡以为言，仲郢终不以官达，故少改也。其为京兆尹严，人莫敢犯。及为河南尹宽，或问之，曰："辇毂先弹压，郡邑急惠养，各有当也。"三为大节镇，厩无良马，衣不薰香，私居未尝不拱手，内斋未尝不束带，退公布卷，昼夜不舍也。境内有孤贫婺女，必为选婿，出俸金嫁之。子珪、璧，皆登进士，珪早卒，璧至翰学士、谏大夫。又子玭，以荫至御史大夫，皆清直有父祖风。公权，绰之弟也。举进士，累官河东郡公，改太子少师。卒，赠太子太师。亦直谏名德，当世言家法者，必归柳氏云。

观《柳氏家法》，知礼之可为国也。以此达之乡、推之国，人人亲其亲、长其长，而天下平矣。大抵风俗坏时，自其子弟先做坏了，好尊恶卑，乐谄怒绳，放纵败检。甚者父兄只以声色货利、权焰威宠，激其读书志意，而犹自以为善教也。一朝得志，其凌厉傲慢，能有极哉？善哉！柳玭之诫子弟也。而曰："门第高者，可畏不可恃也。"知其可畏，而立身行已，增德惜福，教养子弟，达材利用，得志则泽及天下，不得志亦无愧其家庭。鬼瞰之而无隙，帝临之而有当矣。于以綦昌綦炽，何有哉？

　　人之力量，本参天地，况一以科甲付之，则抟乾捥坤，经世风世，皆所能为，不问其在官与林下也。其有德业令望耸一世者，则利害赖其条陈，善良受其吹嘘，风节关其主持，郡县应其声气。此于福人，宁可计数？即不然者，而择利莫若顺，惟是辨冤伸，抑不妨关说解纷息争听自酬报，此于阴德毫无所损，而于乡间兼有所济，其亦可矣。诸如穷亲故戚，非无空乏，亦有怨痛。然如已未显达相似，以曲直付公庭，以盈亏关造化。隆礼，可也；诱善，可也；显为区画，而隐为调理，可也。若使之炙手瞋目，争产竞市，则所恃何势？毋论知与不知，而其罪恶，欲以谁诿哉？故当静以镇之。恬俭积德，必有弥昌弥炽日子。且我不负人，人亦岂尽负我？久久见信，自无一朝之患矣。至于祖庙义田，自有驯致时节，一概求备，反为祸始也。请共思之。

　　又有少年高中，气畅神怡，遂以酒色博赛了其生平者，此于功德固无大损，然把盖天弥地的力量，积庆垂休的日子，忙过错过，却是隋珠弹千仞去也。况福分有限，享用过丰，则前涂易尽。且创业人既已如此，子孙效尤，是岂作则贻谟之道乎？每见缙绅之后，或有顽德，闺门之内，不尽芳声。虽其不幸，而谈者遂以为淫佚所致，负累前人。吁！可畏哉！人只一心，而醇醨妖蛊，日构其鸩，颐指气使者，又从而趋炎诵德，虽有菜色冤魂堪提拔者，呼之不闻，视之不见矣，安望心入其中，为之料理乎？其又能移风易俗，佐君相忧勤，而作太平麟凤也。今生如此，而来世不可知，后事又不可知矣。具旋转手段者，时哉不可失。

公门积善之报（佐贰官及吏胥徒隶，俱在内）

古云：公门中好修行，何也？夫公门常常比较、时时刑罚，其间贫而负累，冤而获罪，愚而被欺，弱而受制，呼天控地，无可告诉。惟公门人，下接民隐，上通官情。艰苦孤危之时，扶持一分，胜他人方便十分；宽假一次，胜他人方便十次。若能释贫解冤，教愚扶弱，无乘危索骗，无因贿酷打，无知情故枉，无舞文乱法，则一日间，可行十数善事。积之三年，有数万善。人当困厄，谁不知感？神明三尺，宁无保祐，自然吉庆日至，子孙昌盛。如其不然，怨毒之财，得亦非福也。又有穷人，无财可骗，从而酷刑，徒损阴骘，积怨何为？无论古昔，即今豪杰之士，潜身衙中者，亦时祭孤修斋，收葬骷髅。亦有亲老家贫，求财养赡，尽是好心好人，谁非孝子慈父？但恐视财太重，或乃阴谴匪轻，何如酌财可否，存心方便，稍贬虎威，莫肆狼毒。命里有时终须有，享福后来必长久乎。中有善信妙人，能以此意化道同侪，功德尤无量也。

按：此谓朱子所以训其僚役者，恐或然也。上人日以此振厉其下，则耳濡目染，便自不同，就中求个善人尤妙。

○夔州推司杨旬，锐意积德，子椿大魁

唐大历中，旬任夔州推司，处心正直，积累阴功。旬有子，年二十三，习科举业。一日，禀父欲入试，旬曰："汝学未充，不可。"旬当夜梦神告曰："汝阴骘有感，吾特来报，汝子将来必贵。若应科举，须改作杨椿名纳卷，场屋中助子笔也。"旬次日令子作杨椿名纳卷，果得第六名。次年赴省试，椿自梦见一神谓椿曰："今年省题，乃是行王道而王，汝可预留心焉。"试之日，果如其梦，试中第九十六名。及殿试毕，唱名夺天下都魁。夔州使君闻旬子中天下魁，请旬赐坐，令旬解推司职。旬告使君曰："念旬平日仰托二天之庇，奉公四十年，家无赀产，惟积阴德。留得三个悭囊。"乞台旨取来，当厅开看，第一个有三十九文大钱，第二个有四千余文次样钱，第三个有万个小钱。使君不知所以。旬曰："每详谳罪囚，但遇吏胥，入轻作重，某为小心平反之。有从死罪而正为流罪者，即投大钱；有从流罪而正为杖罪者，即投次样钱；有从杖罪者，量其轻而决放，便投一小钱。又每效周箓，行《太上感应篇》十种益利：一、收街市遗弃婴儿，倩人看养，俟年十五，愿识认者，还归父母团圆。二、每冬十一月为始，收六十以上、十五以下乞丐贫人，入本家养济院，每日给米一升，钱十五文，至来年十一月满一年，令其自便求趁。三、普施应验汤药，救人疾苦。四、施棺木，周急无力津送之家。五、女使长大，不计身钱，量给衣资，听其适人。六、专一戒杀，救护众生。遇有飞走物命，买赎放生。七、遇每荒歉之年，其粮食贵籴贱粜，赈济贫民。八、应有寺观损坏者，为条理之，圣像剥落者，为装饰之；或桥

梁道路沟渠不通者，咸为治焉。九、有远乡客旅流落者，斟酌远近，以助裹粮，而周全还乡。十、所推司，凡遇冤枉，必与辨明。常推己及物，济人之急，救人之危。旬之男，今日夺天下魁，皆因旬平日奉公行善，感动苍穹之所致也。岂敢舍公门退职而求安逸耶？

一推司之解释冤罪，便得许多普施善行，便得许熟。况为守令以及监司侍从，能逐处尽心，当何如哉？夔州守闻之，能无幡然乎？

○雟州孔目朱承逸，乐善好施，两孙登第

承逸居雟城东门，为本州孔目官。尝五鼓趋郡，过骆驼桥，闻桥下哭声甚哀，使仆视之，有男子携妻及小儿在焉。扣其所以，云："负势家钱三百千，计息已数倍，督索无以偿，将并命于此。"朱侧然，遣仆护其归，且自往其家，正见债家悍仆，群坐于门。朱因以好言谕之曰："汝主以三百千钱之故，将使四人死于水，于汝安乎？幸吾见之耳。汝亟归告若主，彼既无所偿，迫之何益？吾当为代还本钱，可亟以原券来。"债家闻之，惶惧听命，即如数取付之。其人感泣，愿终身为奴婢，不听，复以二百千资之而去。后值岁饥，承逸以米八百石作粥救贫。是岁，鲁孙名服，熙宁登榜第二人，仕至中书舍人。次孙肱，亦登第，著名节，遂为吴兴望族。（《谈冶》）

○泉州推款吏活二罪囚孙以低文中榜

宋黄镛，景定甲子，充泉州解试官。校文日，有一卷黜落。

昼忽寐，梦一老妪案前哀告，谓其孙："今岁该举，妾为城隍司遣至，看护该卷。忽为侍郎黜落，妾已为携在案上矣，乞为陶铸。"梦觉，则所黜之文，果在案。细视，又复黜之。夜又梦妪告如初，且言："其夫昨为州司推款吏，尝活二罪囚，有此阴功。故上帝勅吾孙当预乡荐，侍郎逆天可乎？"早起吊后二场看，则论果可取，因取充数，及揭晓视之，则论亦无甚高也。

此孙安知不犹自谓文章灵验哉？世之迫恻举业，而做人反不加意者，视此可为鉴矣。

○利济局监周必大，以官塞众罪，神种其须，贵显

必大，字子充，有材能，监临安府利济局，失火延烧民家，官乃追其发火之人，五十余人，枷系于狱。子充问吏曰："众罪何当，独我承之得何罪？"吏曰："除为民。"子充乃自诬服，众释去。子充去职，归谒妇翁。翁先梦有人扫雪迎宰相，及是乃叹曰："今扫雪乃迎退官职子也。"必大既归，益自克苦读书，试博学宏词科，至京师，寓一班直家。其一日，携小册自外至，借观，则《卤簿图》也，悉录记之。及入试，适以此命题，中词科，历官至宰相封益公。先是必大于试前，梦入冥，见一判官老掠一捻胎鬼，指必大曰："此人有阴德，当位宰相。貌陋如此，奈何？"鬼请为作宰相。须判官首肯。鬼起摩必大颊，为之种须。及觉。犹隐隐痛。数日始定。必大既罢相，私居，一相士来谒。邂逅于门外。相者问："相公何在？"必大进揖曰："某前此待罪宰相。"相者曰："宰相貌如此，得非诳我耶？"必大延入上坐，相者复请见宰

相，必大答之如初。必大起，相者亦起，捋其须曰："此一座帝王须，真宰相也。"必大惊服，厚赆之。盖前此种须事，虽妻子至亲亦莫告也。

一捐鸡肋，遂攀凤翼。穷达变幻，无常如此。人奈何以穷废修哉！

〇司狱吏张庆，宽恤狱囚，寿胤弥昌

庆，宋人，为右军巡院司狱。尝以矜慎自持，好洁，狱具必亲沐，暑月尤数。每戒其徒曰："人之丽于法，岂得已哉！"饮食卧具，必加精洁。好诵佛经，每囚受戮，则为之斋素。景佑四年，京师大疫，其妻袁氏殪，三日未殓，忽然而苏。因告家人，言见一白衣人，端洁修长，谓曰："汝夫阴德甚多，子孙当有贵者，汝尚未有嗣，胡为来此。"言未终，以手提吾足抛出，乃得苏。明年，生子亨。亨生三日，有道士丐于庆之门，延入。既坐，谓庆曰："君本无嗣，今闻婴儿，不独尔有嗣，又喜生孙，有文学者相继而出。信乎阴功之报未可量也。尔善保之。"庆年八十三，无病而卒。亨终于左藏库副史。有子六人：洪、铎、镈、锷，元丰五年，同登黄裳榜；镐、锐领开封荐。洪之子公裕、公庠，又登霍文端榜，士大夫以为盛事。方知天祐善人，如影响之速。

悬记许久，至孙乃发。彼以小善片时，望报于天者，独何哉？

〇鄞县吏杨自惩，辨冤恤囚，科第大兴

自惩，杨文懿守陈之父，初为吏，存心仁厚。时令好苛刻，惩常为宽解，不使含冤。日久，令大信之。家甚贫，私遗一无所受，

而囚人在禁无食者，撤己食之粥以济之。令鞫事，常怒一罪人，自惩从旁请曰："如得其情，哀矜而勿喜，喜且不可，何况于怒？"令为之霁。惩生子长守陈，即文懿公，为相；次守陜，南吏部侍郎；长孙茂元，刑部侍郎；次孙茂仁，四川按察使，俱以名节著，今科第犹绵绵不绝，此上天福善之不爽也。

○支掾雪冤而不纳于淫，子孙继贤

支立之父为刑房吏，有囚无辜陷重辟，意哀之，欲求其生，囚语其妻曰："支公加意，愧无以报。明日延之下乡，汝以身事之，彼或肯用意，则我可生也。"其妻泣而听命。及支至家，妻自出劝酒，且告以夫意。支不听，卒为尽力平反之。囚出狱，夫妻登门扣谢曰："公如此厚德，晚世所希。今无子，吾有弱女，送为箕帚妾。"此则理之可通者。支为备礼而纳之。生立，弱冠中魁；立生高；高生禄。皆贡为学博。禄生大伦登第。

○徐晞雪冤而不纳于淫，身至尚书

晞，常州人，出身吏胥，谦慎有容，在县三考皆兵房。有戍绝勾丁而误及者。其人祈脱，贫无可愧，具酒食，令妻劝觞而出避之。妻有丽色，晞绝裾而走，彻夜具文移脱免。他事类此。由佐贰起家，累迁至兵部郎中。时同官一主事，每向胥曹辄骂，意在晞（好压人的，便是福气尽了），晞不为动。后主事没，晞为棺殓送归。宣德中，晞巡抚甘肃，后至兵部尚书。

此固盛世立贤无方之妙，然人患无此德行耳，不于其身，必于其子也。

能免一戌，便把妻去换了。穷人如此，岂不可怜？

○狱吏王藻虑冤辞役，致位真人

藻，潼州人，为府狱吏。每日持金归，妻疑其鬻狱所得，因遣婢馈猪蹄十肴。及归给云，送十三肴。藻怒婢所窃，酷掠之不胜痛，诬伏，遂杖逐之。妻曰："君日持钱归我，疑锻炼成狱，姑以婢事试汝。夫刑罚之下，何事不承？愿自今勿以一钱来不义之物，死后必招罪咎。"藻矍然大悟，汗流浃背（大是恻怛根勃）。因题壁曰："枷栲追求只为金，转增冤债几何深。从今不愿顾刀笔，放下归来游竹林。"即罄所有散施，弃家学道。后飞升，赐号"保和真人"（《群谈采余》）。

好个仙夫人，必然同升。既大悟，即不弃役亦可，但恐食荤乱性耳。

○秦隶涂血释杖，积行飞升

秦桧酷虐责人，多至死者，后悔之，以流血为度。有一隶仁心，数藏猪血皂板，人得宽责。如是九年。忽一日立班中，则足离地而起。桧呵其妖，因言："隶今日应上升。"问何所修，答其故，遂冉冉乘云上，桧由是刑罚少减焉。

坐堂上者，簿书朦胧，威严成性，安能心入叫呼中，而一知其苦哉？每日升堂，则敲扑无虚。夫是所以代肉刑者，何应得罪之多乎？毋亦打得手滥耶，买板毒虐，权在下人，犹为狼狈。但愿秦桧仙隶普度公门中，使各各仙去耳。

公门枉害之报

　　为公役者，惯捏文罔习鞭朴，如人业屠相似。积久杀机日盛，生意日微矣。故有初入衙门，犹有心行，老年猾贼，并忘前性。又有自家尚是好人，大众共攻，竟坠恶道者，术不可不慎也。其斫丧甚者，狐假虎威，自谓豪杰，作奸惯责，争夸胆智，而不知造恶造业，子孙受之，来生偿之，亦何益乎？休论其远，即观耳目前，害人过多，索骗交衙，为邑民共侧目者，有谁不罹宪网哉？间有修斋诵经，以赎前罪，固亦良心之萌可解一二。然恃此谓过恶可赎，肆行不顾，则非也。得财不义，布施无益（即益亦减）。且忏罪而复造罪，则益重焉。何如就此作方便，宽贫穷，救冤苦，人知其忠厚长者，则倚仗必多，得财亦裕矣。近有公宪，远有冥责，思之思之。

〇梁西阳部曲，虐饥民，报见其子

　　杨思达为西阳郡守，值侯景乱，时复旱歉，饥民盗田中麦，思达遣一部曲守郡，所得盗者，辄截手腕，凡戮十余人。部曲后生一男，自然无手。（《太平广记》）

　　旱歉饥馑，抚循无策，民之盗也，上迫之也。戮一惩百已甚矣，况法外树威哉！然发纵之过，思达与有责矣。

○隋京兆狱卒虐囚，报见其子

隋大业中，有狱卒（失其名），酷暴诸囚，囚不堪其苦，而狱卒以为戏乐。后生一子，颐下肩上有若肉枷无颈，数岁不能行而死。（《太平广记》）

○北齐张和思虐囚，身子皆殃

和思为狱官断囚，无问善恶贵贱，必被枷锁杻械，困苦备极。囚徒见者，莫不破胆丧魂。号"生罗刹"。其妻前后孕男女四人，临产即闷绝求死。所生男女皆着肉锁，手脚并有肉杻，束缚连绊，堕地即死。后思和亦坐法杖杀。（《太平广记》）

狱官狱卒，皆以为不酷虐，则贿赂不入。有一二穷者，又欲借以号令，斩草惊蛇，故甘心暴恶。夫岂无人性哉？利心积惯使然也。为府县者，拣一个好狱官，尤为吃紧。

又有小可事暂寄监者，入此门，便百般作弄，上人在衙内熟睡清梦，亦思量到此否？

○庐陵法曹吏、案一僧，遇诸途而死

吏尝劾一僧致死，具狱上州，时妻女在家，方纫缝，忽见二青衣卒，手执文书，自厨中出，谓妻曰："语尔夫，无枉杀僧。"遂出门去。妻女皆惊怪流汗，视其门，扃闭如故。吏归具言之，吏甚恐。明日将窃其案，已不及矣，竟杀之。僧死之日，即遇诸涂。百计禳谢不获。旬日竟死。（《太平广记》）

劾之未必便死之，后复欲窃其案，则吏之杀僧，乃事到头不自由

也。而竟以此死业，刀笔者可不惴惴乎？

○刘自然许免徭戍不实，遂为其家驹

天祐中，秦州有刘自然者，管义军案，因连帅李继宗点乡兵，捍蜀城。纪县百姓黄知感，名在籍中。自然闻其妻有美发，欲之，诱知感曰："能致妻发，即免是行。"知感之妻曰："我以弱质托于君，发有再生，人死永诀矣。君若南征不返，我有美发何为焉？"言讫，揽发剪之。知感深怀痛愍，既迫于差点，遂献于刘。而知感，竟不免徭戍，寻殁于金沙之阵。黄妻昼夜祷天号诉，是岁自然亦亡。后黄家牝驴忽产一驹，左胁下有字云"刘自然"。邑人传之，遂达于郡守。郡守召其妻子识认，刘自然长子曰："某父平生好饮酒食肉。若能饱啖，即是某父也。"驴遂饮酒数升，啖肉数脔，食毕，奋迅长鸣，泪下数行。刘子请备百千赎之，黄妻不纳，日加鞭挞曰："犹足以报吾夫也。"后经丧乱，不知所终，刘子多惭憾而死。（《儆戒录》）

此报视刀山剑树更为快人也。黄妻故是女丈夫者，有此气骨，幸不落莫。

○戴月湖假印害人，谪死家绝

南靖人为书手，与其侪假印勾摄，害人甚多。后发觉，值县尊陈公严明，暴之烈日中。其侪困苦承代，问罪充军。月湖衣绵衣，暴不肯招，问徒三年，然竟死驿中。一子行衢，少年能文。后忽狂酲阿盗，或告之官，官视其秀雅文士，不信乡里。其结之，乃死于狱。无嗣，妇与盗通，逐出之，流落街市。今为乞丐，众其指其业报云。

使积德焉，何知此子之不成器？月湖不作太（封乎）？

当官功过格（增）

催征有巧法，劝谕乐输，不烦敲朴，而钱粮毕办，算千功。

审编里役，差遣均平，使阖县受福，算千功。

清核地亩钱粮，井井有条，使吏胥保歇，不得欺隐包侵，致累小民，算百（疑为千）功。

遇大灾荒，能早勘早申，力请蠲赈，设法救活多命，算千功。

能为地方兴利除害，悉中窾綮，使得永受实惠，算三千功。

设法敛解，缓急有序，不苦粮里，不累赍解员役，算千功。

免冤大辟一人，当百功。

免冤永戍一人，当五十功。

免冤满徒一人，当二十功。三年徒当十五功，二年徒当十功，一年徒当五功。

免冤满杖一人，当三功。九十以下当二功。

强盗拿到，印官耐烦隔别，设法严讯，务得真情真赃。不许捕役私拷，不委衙官混供，不专靠挦夹招承，算十功。

获盗，即亲审定案，不至扳累无辜人犯，冤毙囹圄，算百功。

严戢捕役牢囚，飞诈良善，算十功。

斗殴人命，或故或误，为首为从，俱细细分别，亲简定罪，不致游移出入，算十功。

能禁戢势宦豪强，不使播恶，算十功。

惩治讼师扛证，不得刁唆构衅，保人身家算十功。

能摘发奸蠹神棍，置之于法，不使骗诈愚民，算十功。

凡听讼能伸冤理枉，一事算一功。能诲诱顽民，平其忿心，使息争省讼，算十功。

责人须明告其罪，使之知改。凡刑人而当使受者愧服、见者惩诫，算十功。

词状少准，妇人非关紧要，即与抹去，算二功。

人犯一到即审，不令守候，算一功。

耐烦受诉，使两造各尽其情，算二功。

有力稍力无力，听其自认，不以赎锾谀上官，算一功。

老稚弗打，醉病弗打，妇女非犯奸弗打，尊长告卑幼，百姓告衙役，虽失实弗打。已拶已夹要枷，弗打。即打其不得不打而禁重杖打，禁从下腿湾打，禁一块打，右腿棒疮者打左腿，一人算一功。

听审不徇嘱托，一事算一功。

不偏护原告算一功。

不喜奉承迎合之言算一功。

不嗔越诉，只平平照常理断，算一功。

一时错枉，片念拨转，不吝改过。算十功。

事到面前，据理直断，及到别衙门，随他转辩，不以成心怒翻案，算一功。

供招出入，自为简点，不使吏胥上下其手，算一功。

亲讲乡约，惩劝有方便，各改恶从善，各因人受益之大小而定功。

考较公明，不阻抑孤寒，一名算一功。

开报生员优劣，采访的确，使人知劝惩，士风丕变，算千功。

凡事惜福，躬行节俭，使风俗还淳，算百功。

赈济得实，一人算一功。

荒年煮粥，本县来食者，一人算一功。他方来食者，即一人算二功。

瘟疫疟痢盛行，开局医疗，一人算二功。垂死而得生者算十功。

葬死人及枯骨，各算三功。

无力犯人，当时的决，纳赎徒犯亦准召保，严禁佐贰不得擅监，囹圄无淹禁，一名算五功。

重犯无家属者，照例申请，囚米算一功。例所不合，自为设处算十功。

禁戢狱卒牢头，不肆凌虐，使囚得安宁，一人算二功。

力行保甲，亲编亲查，不扰民而盗自弭，邪教奸宄自息，算二千功。

牢瘟传染，分付狱官卒扫除积秽，多燃苍术，贮凉水，冬天给草，荐姜汤，算十功。

收养孤老，一人算十功。劝其亲戚，责以大义，令各收养，一人算二十功。

未祭而能守斋戒，当祭而如对神明，算十功。

热审有行，修省有行，祷祈有行，母取青衣角带文具，一以伸冤理枉为念，竭诚有应，每事算百功。

开渠筑堤，能兴水利，视事之大小算功。

凡解人之怒，释人之疑，济人之急，救人之危，皆随人之大小、人之善恶算功。

阐明正教，维持正法，使圣贤道旨，灿然复明于世，功德无量。

已上"功格"五十条，当官事宜，未易枚举，即此以例其余，扩而充之，在人各尽心力。

催征无法，任吏书欺隐，保歇包侵。不能清楚，乱拿乱打，追呼愈急，完欠愈淆，使一县不宁，算千过。

地方利病，明知应兴应厘，不肯出身担任，推卸后人。或苟图一时之便，罔计百世之功，算千过。

遇灾不申，遇赈而吝，皆算百过。

擅自加派增粮，使小民永受赔累，算千过。

凡问罪成招，本有生路，不与开一线，只求上司不驳，算十过。

泥成案，狗体面，不与开招，各随事之大小算过。

上司怒人而明知其枉，不敢辩救，算一过。

受人嘱托，算一过。枉法者，算十过。

逢迎势要算十过。冤抑平民，算十过。

获盗不即亲审，得其真情真赃，致黠盗漏网扳累者庚毙，算百过。

纵奸捕唆盗，妄扳牢囚，通同烧诈，致良善愚民、鸡犬不宁，算百过。

人命不即检验伤证定案，致招情出入，拖累多人，算十过。

情罪未核，杖死一人，算百过。

听信左右，指拨害人，算百过。

姑纵奸徒，设局骗诈，阱人身名，算十过。

风土异宜，时势异籁，不虚心参酌，强不知而为知，见一偏而不见全局，使下隐不伸，上泽弗究，算百过。

不畏大人，惟凭胥吏，将上司行移，或分付言语，不即用心，祇奉力行，算二过。

考校不公，使孤寒不得上进，一名算一过。

开报生员，优劣不确，使劝惩无力，士习日波，算千过。

力可以济人，而不肯尽，算五过。

醉怒重杖责人，算二过。无罪误责，算十过。

毁人扬已，市恩避怨，算百过。

见人不简，不与规正，算一过。共助成其恶，算十过。

事不即决，淹禁停滞，使讼中生讼，破人身家，算十过。

服毒、投水、悬梁、图赖人命，审无威逼，辄断葬埋，以长轻生之习，一人算十过。

不禁溺女恶俗，算百过。

不禁赌博为非，算五过。

不禁屠宰耕牛，一牛算一过。

轻用民力，随众寡算过。

接人不拘贵贱，先怀轻慢之心，算一过。

保约奉行不善，轻委衙官，反致骚扰，算千过。

遇知己而含疑不尽，算一过。

待人不诚算一过，责人不恕算三过。

自了门面，自占便宜，不顾他人职掌，不顾后人难继，算十过。

祭祀不尽诚，算十过。

水旱不早祈祷，算五过。祈祷而不尽诚，惟以虚文塞责，算十过。

暴殄天物，耗费钱粮，习成奢侈，阴伤风化，算十过。

拘泥旧闻，沉迷积习。见阐明正学者，反加非笑谤讪，阻人好修之念，自障入道之门，其过无量。

已上"过格"三十八条，当官过失，未易枚举，即此可例其余，有则改之，无则加勉。

卷之五 公鉴一

孝弟之报

但念得身从何来，父母从何往。新枝既起，旧本为枯，菽水承欢，何能报答？则孝心自然疼痛。但念得茫茫大造，出世几时，渺渺人寰，同胞几个，幼相濡沫，老共护持，则友弟自然肫恳。

○兰期精修孝行，遇仙授道

兰公名期，居兖州曲阜县九原里。其家百余口，精修孝行。致斗中真人下降其家，自称孝弟王，姓卫名弘康。语兰公曰："始炁为大道，于日中为孝仙王；元炁为至道，于月中为孝道明王；玄气为孝道，于斗中为孝悌王。夫孝至于民，王道为之成。吾居上清，以托化人间，示陈孝悌之教。后晋代当有真仙许逊，传吾孝弟之宗，是为众仙之长。"因付《兰公秘言》及《金丹宝经》，令传女真谌姆，以授许逊。于是孝悌王遂将兰公游于郊野，道傍见三古冢，指示兰公："此是汝三生解化之迹，其第一冢乃昔日解所遗仙衣而已，第二冢乃太阴炼形，形体已就，今当起矣，第三冢藏蜕骨耳。宜移冢傍路，勿令人物践履。"孝悌王言讫升天。兰公乃牓示行人，断其旧路。人谓妖妄，遂执诣官，官令拘公至地，对开其冢，一如公言，众咸惊叹。吏持仙衣献府君，府君着衣不能胜，还与兰公，公服之，即同冢中仙人，合为一体。竦身轻举，官吏悔谢，拜恳何时再降，兰公俯语之曰："我自此或十日，或百日一降，施行孝道，以济迷途。"其后吴都有十五岁童子，又有三岁灵童，皆其化身也。

见《白玉蟾传》夫孝至于天一假真圣人之言。

○谌姆受孝弟之道，为仙人师

谌姆居金陵，潜修至道，耆老累世见之，齿发不衰，皆以谌姆呼之，谓其可为人师也。吴大帝时，行舟阳市中，勿遇一男子，年十四五，叩头再拜，愿为义子。谌姆告曰："汝既长成，愿侍养所生，何得背其已亲，而事吾为母？既非其类，不合大道。"于是童子跪谢而去。又经旬日，复过市中，忽见孩童，年可三岁，悲啼叫呼，莫知谁氏之子。因遇谌姆，执衣不舍，告之："我母何来，惟愿哀悯。"谌姆怜其无告，收居抚育，渐至成长，供侍甘旨，晨昏不亏，心与道合，行通神明。年弱冠，谌姆谓之曰："我修奉正道，其来已久，汝以抚育，暂此相因，将何为姓？"儿曰："昔蒙天真授以灵章，约为孝道。明王请以此为名号，可乎？"姆曰："既天真付授，吾何敢违。"复议求婚，儿跪母前说赞曰："我非世间人，上界真高仙。令与母为儿，乃是凤昔缘。因得行孝道，度脱诸神仙。向前十五童，亦是吾化身。今已道气圆，我将返吾真。真凡自殊趣，何为议婚姻。盍于黄堂坛，传教付至人，母既施吾教，三清栖我神。"姆闻赞，惊畏异常，遂于黄堂建立坛靖，严奉香火，大阐孝道明王之教。明王尽付妙诀，兼授灵章，于是辞姆，飞腾而起，谌姆宝而秘之，后付许逊及吴猛毕，姆亦乘龙驾仙去。

两次童子，皆兰公所化也。兰公既登上仙，复托形为儿，躬尽孝道，以显化于人。仙真之于孝弟，何旁皇无已哉？昔人有言："虞舜起于有瘰，躬涉帝祚，无他伎俩，只是孝友之道，光格上下而已。"下士闻此，其谁信之？

○许逊受孝道于谌姆，名冠高真

真君许子敬，少许昌人。尝从猎射鹿子，子堕，鹿毋犹顾舐之，未竟而毙。因感悟，即折弃弓矢，克意为学，博明经史，徒居逍遥山，乡党化其孝友，交游服其德义。尝有售铁灯檠者，因夜然灯，见有漆剥处，视之乃金也。访其主还之。起为旌阳县令。良诚吏胥，去贪鄙，除烦细，脱囚絷，悉开喻以道，吏民悦服，咸愿自新。其听讼必先教以忠孝慈仁，又择秀民之有德望者，与耆老之可语者，委之劝率，故争竞之风日销，久而至于无讼。又活流民数万计，邻邑归者如市。启行之日，赢送蔽野，有至千里始还者，有随至其宅愿服役而不返者。乃于宅东隙地结草以居，多改氏族，以从许君之姓，故号"许家营"焉。既而与吴君闻谌姆多道术，敬往谒之。叩以道术，姆曰："昔孝悌王自上清下降，化度人世，示陈孝道。初降兖州兰公家，谓公曰：'后代当有神仙许逊，传吾此道，是为全真之长，今来矣'。"乃择日登坛，阐明孝道，出《铁券》《金丹》诸秘要，尽传之。后以符咒救人，及诛大蟒，斩蛟精，施德辟灾，不可胜数。至教武宁康时，真君一百三十六岁，有云仗自天而下，仙官宣诏，授九州都仙太史。届期，仙眷四十二口，同时升举，鸡犬亦随逐飞，有顷堕鼠拖肠而不死，后有见者，皆为瑞应云。

从孝弟陶养中来，自无悍气，无戾气，以之感人，则所谓"桃李不言，下自成蹊"也。如许君当日人情，与成聚成邑何异？非真性之所至哉？

○赵居先诚孝格天，身证仙果

居先父年九十一岁，母年九十四岁，性皆严急。居先夫妻奉侍勤谨，孝行克谐。每夕焚香为父母祈祷，三尸上奏，天遣飞天大神逐一鉴察，见其心专意一，孝行动天，七子三婿，皆列殊科。居先身证仙果。

难在严密，而能奉之，又难在心专意一上。此处能磨炼心体，火性不动，蔼然同春之景，已遍城中矣。至诚而不动者，未之有也。

○叶妇李氏笃孝感天，寿其舅姑，禄其子孙

李氏，名善瑜，适叶元赞长子。自十八侍舅姑极孝，家贫饥寒，凡饮食不敢先尝，以奉舅姑。舅病甚，不能召医，自为祈祷，愿以身代。适遇三官巡察，空中闻之，奏于天帝，加舅姑寿一纪，仍赐钱八十万，注名禄籍，二子赐品官。后一岁，一旦，门未启，忽见厅上金玉满堂，遍易得钱八十万。邻居秦氏女，年二十，恃其长舌，抵触舅姑，李氏常劝之而不听。李氏受钱日，秦氏为雷火焚烧。善恶之报。照然可畏。(《文昌化书》)。

○京三郎代兄任危，神护生还，子至丞相

三郎，隆兴人，宋丞相仲远之父也。昆季三人，建炎间，金人至，郡守以城降虏。虏将还，从郡索少壮三千，若将使负荷者，郡乃户取一丁。其大父议孰可行，伯仲皆难之。三郎毅然请行，曰："伯仲皆无脱身计，不可往，我当行也。"虏使少壮止城南四十里，翌日未明，虏骑奄至，夺取衣服毕，悉杀之。三郎被伤堕水，伏于河之土嵌中。逮晚无人，即登岸，伤且困，露寝于草莽。达旦觉，有人坐其傍，问为谁，则曰："昔一夕守汝矣，汝曷起求朝餔耶？"三郎告无衣可着。守者为其就河解溺死者衣数条。去水毕，则曰："从此东去，有僧寺，可憩以待。虏尽则归。"于是告别，竟不知其为谁。郎乃东行，果得僧寺。郎虽土人，未知有此寺也。寺中逃难者甚众，僧为作粥以给之。后三日，审虏去尽，乃还郡。城中萧条无人，其父及兄弟皆不见。郎渡水求之，相遇于途，还故居。自是生事日增，不日致富，乃取亲戚之家困者，悉抚养之。郎后生子三人，为人廉谨质直，虽日从事于市利，而语言心术不欺，既而长子仲远登科八年，遂至丞相，封赠三郎至朝请郎云。

○南宫进士均财叔弟，少年登榜

此五代时人，有一侄早孤，而叔有七子，叔谓侄曰："吾与汝分为二分。"侄曰："不忍诸弟共一分。"叔辞之，侄因作八分。侄时年十七，入京应试，有术士见之曰："南宫高第，独此少年。"诸人共斥之曰："吾皆大笔，久历场屋，岂不如乳臭儿耶？"术者曰："文章非我所知，但见满面阴德之气。"及试，果独成名，余

皆不第，其友于之报乎?

　　取三分之二，或四分之一，犹有能之者，八分则自难矣。世有无行之徒，以文章傲人，而自家父子兄弟上不打点妥帖。夫文章关中何事哉?但求其可以进取，则行法俟命足矣。

○赵彦霄化荡产之兄，父子登第

　　彦霄与兄彦云亲丧，同居二十年，兄惟声色博弈是娱，生业之废踰年，弟数谏不听，遂求分析。既分五年，兄之业荡然无余，况欠债二百余缗，无可酬，渐欲逃亡。弟因除夕置酒，邀请兄嫂子女相饮，乃告兄曰:"向者弟无分析之心，因见兄用度不节，惟恐悉皆荡尽，俱受饥寒，不得已而分。今幸留我一半，以供伏腊。今日兄嫂仍复同居，以主家事。管籥仓库，悉付兄嫂收掌，所欠债即以偿还。"以前分书于亲族前焚之，兄嫂愧谢不已。既受之后，处事谨节，治家勤俭。彦霄与子，其年登科，一举父子及弟，时以为阴德之报也。

　　此事有二难者，凡人虽有此心，尚恐兄不能改，遂误家业，一也。止能再分，未必能悉付掌管，二也。才曰:"幸留我一分，足以维持家事，亦少周济吾兄。"又曰:"待兄悔悟改过时分之未晚。"此亦是好心，然视此已隔甚矣。自非于义利关见得脱，打得净，未易大丢开手也。

○张翁庇折产之弟，有子显韶

　　洞云张翁，文定公之父也。公为学宪时，其厅事仅二楹，上官过访，颇不便。旁一楹，乃其叔之居也。适叔有宿逋愿售，公以倍价买之，将重构焉。告于翁，又问价几何，以若干对。翁知其倍也，甚悦。已，忽潜然泪下。公讶问故，翁叹曰："呈吾想至日拆彼屋以坚我柱，使其夫妇何以为情，是以悲耳。"公乃恻然曰："大人宽心，儿当还之。"遽抽身取券。翁止之曰："毋吾计，其银已随手偿人去矣，将如之何？"公曰："第并其价，不可取也。"翁乃欣然曰："若然，慰我甚矣。翁之孝友仁慈，备载传志，允成淳德，此特其遗事一节耳。宜其笃生文定，勋名道德，卓然为一代名臣也。"文定名邦奇。（见《谈冶》）

> 翁固友爱，而文定之承颜顺志，略无悭滞，更为难得。

○严凤化争产之家，两姓俱昌

施佐（字相之）、施佑（字翊之）兄弟俱为知州，致仕家居，田产参差，有唇齿之隙，亲友日为处分，不能解。同邑溪亭严公（名凤）素以孝友著闻，事兄如父，周恤保受，无所不至。是时偶遇翊之于舟中，语及产事，公颦蹙谓曰："吾兄懦，吾正苦之。使得如令兄之力量，可以尽夺吾田，吾复何忧？"因挥涕不已。翊之乃恻然感悟，遂拉溪亭同至兄宅，且拜且泣，深自悔责。而相之亦涕泣慰解，各欲以田相让，遂友爱终身。人咸称"严以诚感，施以诚应，乡邦美事。"至今二姓皆蕃衍，人犹乐谈其事云。

> 严君两股思亲泪。有谁知道！

○李翰臣陈桂，俱以孝友登科

弘治辛酉，山西和顺县一粮户上粮完，去布政司取通关，忽梦县尹至省城南门，撤仪从，止一青衣牵马，谓粮户曰："你且跟我入会议府。"因随之。继而一省府州县正官皆集，遂入会议府，见尊官在上，大同、平阳、太原三知府上坐，泽、潞、汾、沁、辽五知府前度，其余知州知县以次列坐。茶毕，俄有符使赍文书一通置案，众曰："天降山西新举人榜至矣。"开榜，傍一官喝名曰："第一名李翰臣，大同府学生。"大同府县皆起应曰："其人孝友，多为人方便。"至第六名陈桂，和顺县应曰："其人事继母能孝。"至三十四名，县官应曰："其人举放私债，迫死二人。"命中坐者，举笔"名上打一×"又至四十一名，县官应曰："其人不孝，且逐其弟为人佣。"中坐者举笔又×。至五十九名，县官应曰："其人捏写词讼，害者凡几家，死者凡几人。"中坐又大×。又唱名毕，中坐者分付众位，各举所知，举凡二十五人，中坐者择九人，呼写本者快写讫，复分付符使曰："月内二十五日进场，上紧快去，不要误事。"粮户醒而默记之。次日，布政司领通关回至盘陀驿，遇陈桂曰："公今年第六名矣。"桂不信，因述其事。及揭榜果然。余皆如所梦。余谓放天榜定矣。而三人者自负其天，而天复不定矣。不可畏哉！（此一事出《天人造命录》）

○建德孝农遇虎，虎弭驯去

万历十七年，建德山中多虎，白昼攫人。有农夫贷穀回，卒与虎遇，告虎曰："某固知命不可逃，但年荒母老，需此度命。容送穀至家，供母晨餐，来此就死，靡敢失信。"虎遂曳足去。农至家，舂米达旦，以遇虎事告母，欲往践约。母止之曰："幸脱虎口，又何自送死？"农曰："凡人落虎口以其命然，今纵不往，终不免。况昨已许矣。彼虽异类，亦有仁心，可失信乎？"母泣送之。农至其地，虎已先啗一人而不食，见农至，惟以爪爪死人。农悟曰："虎欲我葬此人乎？"虎遂去。农为瘗其尸，因解视，衣包中有白金数十两，出贴招主认，久无至者。稍取以度荒，遂得终身孝养焉。

神不惧则虎无如之何。临危不忘母，其神全矣。况孝子所至山灵护呵乎？至欲往践约一事，节概更凛。此老气魄如此，士人所愧，用当大事则霍博陆、金日磾无足多者。固知何地无奇，在上人之所使之耳。母至惜子而听其去，亦此农之母哉？

○薛包孝友笃行，加官赐穀

包，汝南人。好学笃行。父娶继母，憎包分出，包日夜号泣不去，致殴扑，不得已，庐舍外，旦入洒扫，父母又逐之，乃庐里门，晨昏问安不废，积岁余，父母惭而命还。及父母亡，哀痛成疾，诸弟求分爨异居，包不能止，任弟所愿分之。奴婢引其老弱者，曰："与我共事久，使令所熟也。"器物取其朽败者，曰："我素所服食，身口所安也。"田产取其荒芜者，曰"吾少时所治，意所恋也。"诸弟不能自立，致破家产，包复赈给。安帝闻其名，征至，拜侍中，不受。诏赐归，加礼，赐穀千石。

虽似庸行之常，而火气、名根、利根已脱尽矣。真能入此地位者几人？

○李谘能安聚其母，高科显贵

谘有至性，父克捷出其母，日夜号泣，饮食不入口，父怜之而还其母，遂以孝闻。举进士，真宗见其名曰："是能安其亲者。"擢第二，除大理评事，累官至讯问侍郎。（《传芳录》。）

○王鼎让产赈族，父子登科

鼎，临江人。竭力事继母。父死，以产分诸子，鼎悉让二弟，族人孤贫者分产赒之，可教者延师教之。后为临邛转运使，爱民如子，因革得宜，录教行图以示百姓，子孙继登科甲，至知制诰。

○张熹约己奉母，两子联登

熹幼业儒，贫不能给养，自绝荤赡，日营肥甘奉母。紫芝生于庭，越二年，又产舍后前后凡十四本，光润如朱。诏旌其门。子宗本、宗仁，联登进士第。

勿谓养志为先，只口体之奉，亦自难矣。人人好内省也。

○王必正孝友敦族，四子皆贵

必正，龙溪人。事父母至孝，一饭必躬视，与弟必学、必让极友爱。置田五百余亩，创义庄以资族人婚冠，设义塾以训族里子弟。必正累官至朝请大夫。子四：慈、恭、愿、勤，皆登进士，官至大夫。

○吴二事母至孝，免于雷厄

吴二，临川小民。母老事之，曲尽其欢。一夕有神来见梦曰："汝明日午刻当为雷击死。"吴以老母在堂，乞救护。神曰："此天命不可免也。"吴恐惊其母。清晨具馔以进。白云"将暂诣妹家。"母不许。俄黑云四暗，雷声阗阗然。吴益虑惊母，乃闭户自出田野，以待其罚。顷之云气廓一，或幸免祸，亟归拊其母，犹危疑，未敢以告。夜复梦神曰："汝至孝感天，已宥宿恶，宜加敬事也。"自是孝养终身焉。

当危急存亡之秋，而能兢兢然以惊母为念，其笃孝何如乎？然雷震之厄，又不知何生造来，使不幸罹之，人又不信天道矣。

○支妇喻氏事姑至孝，免于雷厄

郪邑民支祖宜妻喻氏，年二十五。其姑黄氏八十，病目无所见。性褊急，喜诘难事。喻少年勤廉恭顺，逢迎无间言。其夫因酒误触人仆，堕两齿，求免，则责入财自赎，以喻嫁赀偿之，喻无悔。一夕梦里域追逮，责之曰："汝前生为比邻牟容之妻，年三十，病殗殜逾年。汝之姑七十余，煮糜供汝。汝以口苦厌食，嫌其太烦，詈而叱之者数四。及临死之日，对姑呼天曰：'年七十者不死，我方三十而使之死，天乎天乎！胡不平。'汝家司命闻之于天帝，有旨令焚汝尸，而汝气已绝，事未之行，案牍仍在，凡三十年为一世。今当结绝汝宿业，所应者，死于雷斧之下，来日俟之。以汝今生孝德，故先期告汝。"喻惊而寤，中夜号泣。姑曰："汝以吾儿破汝嫁，赀谓终身不可偿耶？"喻曰："无之。"凌晨，沐浴新衣裳，拜其姑曰："新妇三年事姑无状，今请假暂归，恐不测身死，姑好将息。"姑讶其言不伦，归别父母，所言如初。自注香立于屋南大木之下，仰天祝曰："新妇之死，宿业当尔，有所不辞。但念夫贫姑老，谁为供事，一也；父母自小教训，今被天诛，为父母辱，二也。身有孕既七月矣，万一得男，支氏有后，三也。今二事皆不可避，独支氏无后尔。乞少延三月，分娩而死。"时大暑中，阴云昼晦，风雷交至，适遇梓橦帝君，察知其情，乃奏准取里中凶逆者代之。富人张宝妻马氏，淫悍悖逆，事姑无礼，制丈夫如奴隶，即遣里域同雷火焚之，而喻氏获免焉。

不孝不弟之报

　　天下那有不孝的人？虽有不孝的人，而称之孝则喜，称之不孝则怒且愧。且人前矜名饰，未敢如私居之放纵，是亦其良知不汩没处。克此良知，便是大孝基苗。只是习心习气不能自化，所以依旧不孝也。须知其积习从何而成，每每沿流，不觉不治。剖得明白，则父识所以教子，子识所以自克。譬如攻贼，知贼所任，平定有期矣。

　　小不孝之所以习成者有四：一曰骄宠。为父母怜悯过甚，常顺适他性子，骤而拂之，则便不堪；常让他便宜，任他侻豫，令之执劳奉养，则便不习。人前出言，稍有过失，父不忍唐突子也，而子乃敢唐突其父；文行艺能，父誉子惟恐不在我上也，而子必欲父之出我下。积此骄妒,他人处展不出手,独父母处展得出手,遂真谓老成人,无闻知矣。

二曰习惯。语言粗率惯,便敢冲突;动作简易惯,便敢放恣。父母分甘绝少惯,遂不复忆其甘旨,父母扶病任苦惯,遂不复问其痛痒。三曰乐纵。见同辈,不胜意气,对双老而味薄,入私室千般趣态,映高堂而机室。甚且明以父子兄弟为俗物者矣。不乐相对,则岂有孝弟来也?

四曰忘恩记怨。夫恩习久愈忘,怨习久愈积,人情然也。故一饭见德,习久则餍嗛起;一施感恩,常济则多寡生;一迎面见亲,累日则猜嫌重。况父母兄弟,生而习之,以亲爱为固常,且有忧我而获拂者矣;以训迪为赘耳,且有誉我而被厌者矣;以任劳庇护,极念经营为平等,且有强预吾事而怒耽者矣。眼前大恩,恬然罔识,况能推及胎养之劳,襁哺之苦,弱质惊魂之痛者哉?故人情有至颠倒、至古怪而不自觉者,子之于父母是也。不以恩护怨者鲜矣。此数者皆近人情,且其人未尝无真性也,积久不知其误耳。是宜急急唤醒,早早克治,时思冲下,时时念原本,时时入亲肺腑中,其不为大孝者鲜矣。

大不孝之所以习成者有四:

一曰私财。财入吾手,便为吾有,而在父母手者,又谓吾得有之也。财足则忘亲,财乏则觊亲,求财不得则怨亲,亲不能自养,而寄食吾财,则又怨亲。甚且以单父双子而争财嚾唬者有矣;少长互推而弃亲不养者有矣。不知身谁之身?财谁之财?我不带一财来,而襁哺无缺,以至今日,谁为者乎?乃多营几文财,便欲与吾亲较算耶？

二曰恋妻子。妻子习狎，而父母严重也。有美味钱财，欲以娱妻宠子，有佳会良辰，欲以拥妻抱子，而宁亲之念遂微也。不思子为我子，而我为谁子，亲念我不顾，则我亦何赖有子哉？夫妻故自乐事，然当呱呱待哺，便溺未分时，岂解恋妻？即妻能拥我生活耶？辛勤字我，指望有妇，得称成人，代劳贻燕，乃有妇而亲，反不得有子耶？"

三曰嫖荡。欲火正炽，客诱如狂，有倚庐伤心者，不解也；家业浪费，妇姑勃蹊，有激聒诮让者，不辨也。怀子不寐，风雨凄长夜之魂；垂白无欢，菽水冷半生之奉。吁嗟！狂兴几何，忍令有此？

四曰争妒。天地之大也，人犹有憾，父母之子，众子也，情岂无偏？乃攘臂争分，侧目夺宠，或兄弟而觭纥不平，或姊妹而计较纤悉，护短争长，分曹伐异，相谗蛊而家道睽，积嗔喜而孝情薄矣。此四者，人之常情，恐孝子不免，而其流遂至于大不孝。吁可惕哉！

乃父母之取厌于子孙者，则亦有数：一曰迂阔。衣冠礼数，老人家不合时行。（思班白：何以常在，至有古趣，令人爱惜）二曰惜财。僛僛持筹，禁子孙滥用（为谁艰苦？日所吃用者，父母所留也。）。三曰尪弱，起止不便，扶持维艰（不思报恩劬抱，养儿代老，正在此时）四曰昏耄，言语牵缠，重听蹇涩（不思你稚时无知无言，父母弄为欢笑。）五曰爱怜内外少子，推食让腹，偏护太甚。（不思初时亦是这等怜我来。）倘于此处起一厌心，暂入不孝而不自知，急宜回头。

又有前后之间，嫡庶之际，父母愈有偏向，而为子者亦易生嫌隙。此当委心付之，期于必得欢乐而后已。韩魏公云："父慈而子孝，此常事，不足道。独父母不慈，而子不失孝，此古今所以推大舜也。"大略销化最急，一身唇齿，犹有龃龉，父子兄弟岂尽如意？独亲生儿女，虽有时呵让，有时忽略欠缺，过则忘矣。而异生者遂执以求备，展转不化。我既不化，则气色间不觉拂怒，纵百般调娱，不能恬如无事时也。卑幼尚不能化，何况尊长交相责备，只怪谴怒在人，不知火性堆胸，日甚一日，事积一事，左右近习，又相煽荡，以构闲其间，即欲消遣而不能矣。暂时摆脱，触则复起矣。猛力遏住，发乃愈甚矣。此仁人于弟，不敢曰"无怒无怨"，而曰"不藏怒，不宿怨。"盖无故一拳，或能坐受，客气无根故也。浸入半句，消咽不下，猜嫌有种故也。乱臣贼子，其始皆见君父有不是处，微根不除，遂至横决耳。岂惟怨怒不可使有宿物，即要父子兄弟从天理上行，要父母兄弟爱我亲我，此是好意，亦不可热肠太急，着手太重，太重则物而不转矣。亲爱已生，而旧恶犹存，貌合可喜，而神猜在念，一善可扬，而责备不改，如此安能化人？故人者，先化其心而已，其于至亲，尤所重云。

○张邦嫁女与父雠，梦父见责，呕血死

下邳张裨者，家世冠族，末叶衰微。有孙女，殊有姿貌。邻人欲聘为妾，裨不许。邻人忿之，乃焚其屋，裨遂烧死其子，邦外出后还，亦知情状，而畏邻人之势，又贪其财，嫁女与之。后经一

年，邦梦见裨曰："汝为儿子，逆天不孝，弃亲就怨，潜同凶党。"便捉邦头，以桃杖刺之。邦两宿呕血而死。邦死日，邻人又见裨排门直入，张口攘袂曰："君持势纵恶，枉见杀害，我已上诉，事获申雪，后数日，令君知之。"邻人得病，寻亦陨没。(《太平广记》)

贪财不言已甚，又嫁女与之，则心已死，非人矣。

○皇甫迁盗其母财，托生为豚偿债

大业八年，宜州城民皇甫迁兄弟四人，惟迁不事生业，母尝取钱置床上，迁便偷去。母还，觅钱不得，遂勘阖家良贱，并云不知。母怒，悉加鞭捶，大小皆怨。未几迁亡，其家猪生豚子。八月社至，卖与远村杜家。遂托梦于妇曰："我是汝夫，为盗取婆钱，枉及阖家受栲，今我作猪偿债，卖与杜家，将欲杀我。汝何忍不赎我。"妇初梦忽寤，仍未信之。复眠，其梦如初。因起报姑。姑曰："吾梦亦如之。"迟明，令兄斋钱诣社官，收赎之，后二年方死。邻里皆能话其事焉。(《太平广记》)

○罗巩不葬父母，获罪于冥，旋死

巩大观间游太学，有神祠甚灵，巩每以前程祈祷。是夕梦神告之曰："子已得罪于冥，可亟归。"巩曰："某生平无大过恶，愿闻获罪之由。"神曰："子无他过，惟父母久不葬。"巩曰："某尚有兄，何独受罪？"神曰："子为儒者，明知理义，子兄碌碌，不足责也。"梦觉大恐。是年果死。

此事人最易推过者,年复一年,若付之不肖孙,几无安土之望,一遇水火变,又有漂焚之虞。安可避忌风水,迁延岁月,漫不加意哉?然不责其兄,而责士人,则凡颇有志识者,其检身倍慎,当何如乎?

○郑文献匿丧,应试雷震死

嘉靖庚子秋,湖广通道县庠生郑文献,以母丧旬日未关,求应试,教谕宋尚恩不可,乃免。父兄姻娅为之恳请,宋拒之益力。文献出怨言,宋曰:"必不得已,须葬母,姑听其去,然以子为不知可也。"文献欣然出其枢,权厝城外,遂与族人郑遂俱赴试。有杨登邓监生亦附舟,次辰州,访一术者,善禄命,亦善相,谓文献曰:"子旦夕奇祸至,宜亟归。"谓郑遂曰:"子祸亦奇。"谓杨登平平,惟邓监生可有功名。三人怒曰:"俟吾辈得意归,当捽而辱之。"盖郑遂亦新丧偶,未踰月即娶,娶未久即起行。舟宿常德堤,晓星灿然,惟黑云如盖覆椇上。少顷,暴雷大震,拔舟中大椇而去。人起视,见空中水削如蝶,百万飞下。郑文献、郑遂、杨登俱震死。邓监生幸无恙,杨登随醒。俄郑遂亦醒,聋其左耳,半身黑,郑文献竟死,遍身如漆,四肢绵软,若无骨者。杨登、郑遂乃敛文献尸径归。邓独赴京得官。

此等人皆不知功名自有分定,故丧心至此。从而解之曰:"父母暗中,必自爱他赴试。"此真所谓邪说暴行,无父无君者乎?

○顺天府民妇以胎衣食姑,蛇口痛毒

嘉靖时,有民因母病羸疾,市一猪胃,令妻烹以奉母。逾时

妇产，遂留胃自食，窃以胎衣烹熟，甫荐之姑，忽一赤蛇跃入妇口，止遗尾数寸在外。远近哄传，接迹争观。遇男妇老者，蛇不动。若值少妇女子，蛇尾即左右击妇面，或钳其尾，牢不可拔，叫号三日而死。（《谈林》）

程恶子以怜儿逞凶，反刃而死

恶子顺义得一孩，极怜爱之，而性凶狠，不知尊母。母老羸，常被其殴詈。一日抱孩误坠地伤额，恶子归以为害其子，声色甚厉，母惧，走隔岭其女家避之。数日，怒不解，砺刃匿身边而故好好迎母曰："孩愈矣，可疾归。"母从之。至半途僻地，劅刃其母腹，而刃反自己胁入肠出，不知何由反也。后屡埋其尸，而常露地上，鸦犬食尽乃已。山谷僻远，而神明昭灼如此，用亦巧矣。

恶子亦人性，原其所以，只见母之老耄，难以周奉，遂日甚一日耳。世俗人子，能不作是念者鲜矣，是皆大逆之萌芽也。小孩若复克肖，又何事怜之乃尔？

○张恶子以匿金憾母，雷震夹树

恶子有弟，母甚怜之，常疑有匿金予之。一日，引至大树下，欲殴之。母老矣，呼神痛苦，忽雷声起白昼，劈树两开，而摄恶子夹其中，树复合，烈日中蚁雀百足钻其肉，凡四日死，臭闻数里。道上行人皆苦之，聚众举火，并树焚讫。

疑母以匿金私弟，此自恒情耳。横逆大恶，即肇于此。然则子当其一念狠狠时，有不与雷震为邻者乎？《易》曰："震不于其躬，于其邻。"

○句容民以计鬻其嫂，竟鬻其妇

民兄弟三人，其伯氏客蜀贩木，三载不归，仲以嫂美，令人诈称兄死，嫂为位哭成服。久之，察其心无嫁意，乃私受河上贾人金鬻之，仍给贾人曰："嫂性好嫁而多矫饰，若好语则费日。汝可率徒众猝至，见素笄者拥而登舆，但云：明日讲话登舟为汝妇矣。"计定，其夜贾人率徒众至，仲季皆避去。然季嗔分金少，已先潜以语嫂，仲妇不知也。嫂因泣告仲妇曰："汝夫嫁我，幸是富客，但何不早言，令我饰粧。今吉礼而素粧，可乎？幸以缁冠相易，片时其安矣。"仲妇授之，自着素笄，嫂即匿去。客众见仲妇，随拥而去，乘风舟发，仲归始诧失妇，追之，则千帆襟乱，不能得矣。乃次朝，伯氏肩其重橐归，夫妇燕婉聚庐里，人皆来劳远。仲惭愧殊甚，又闻其二稚啼索伶仃，肠为寸裂，里人有知，无不掩袖胡卢者。仲欲以巧成其不仁，而嫂之巧浮于仲。然窾会默凑，天实为之？不然，远人隔五载矣，胡于此日怡归哉？

（《谈林》）

最难为处在兄远回候问一节，当何以施其面目？

○丁太学亲老谒选，六口皆丧鱼腹

有苟仙姑者，嘉靖时人，谈休咎若券，后求者众，遂为隐语，第劝人为善。丁太学将谒选，问仙姑，姑不就。太学强求指迷，仙姑曰："不必问我，君家堂上人齿高矣，即膴仕可唾弃，矧赀郎蕞尔。"太学竟谒选，领郡幕，闻讣匿焉。买舟之任，不数里，怪风起，一家六口皆溺焉。

○易明经诡匿母丧，毒蛇啮死

易为县令，在任母死，诡言妻死，置母枢寺中，治事如故。或微有嗫之者，大惧。而在家夙事苟仙姑，因贻书问宦途休咎，仙姑亦弗答。亡何，令暑月坐大树下，毒蛇自树掷盘项上，啮死。（《耳谈》）

遂名母为妻，欲利之心乃颠倒至此。

以上数项，皆取其罪恶贯盈，极近极快者言之。乃若一念一事，孝逆亦能动天，不止此也。五刑三千，而罪莫大不孝，王法所诛，便是冥律所禁。其特甚者，则有四等：父母待孝尤切，而不孝之罪特甚他人焉。一曰老，二曰病，三曰鳏寡，四曰贫乏。父母当其少壮时，食息起居，犹能自理，暂失顾养，尚克安然，乃至龙钟鹄立，扶杖易仆，寒夜苦寂，铁骨难挨。又如偏风久病，坐卧不适，遗溲丛秽，席荐可憎，子所难奉惟此时，亲所赖子亦惟此时。又如老境失耦，寒煖谁问？形影相对，心话莫提。丈夫犹自可，婺妇且奈何？就使儿孙满前，耦者耦，稚者稚。人人酣睡去，个个乐事归。漏声长处不可问，枕边泪湿与谁同？有孝儿孙，颇能顾养，犹将冷意，暂托热肠。不幸而毋我者乘惯澈泼，姑我者横面阴绝。只护半点骨血，空博一生凄楚。又有抚字财匮，婚娶力竭，健少年经营肥煖，老穷人搔首踌躇。望一味以垂涎，丐三餐而忍气。夜爨晨炊，犹骂闲食；纺绩抱孙，尚咒速死。吁嗟！身从何来，而长养若是，童稚时能自拮据活耶？此数等之老，其冤气犹足动天。为子孙者，盖当行孝倍于常儿，劝化者亦于斯为吃紧云。

但愿孝子常将此意劝化闾里。

孝弟盖愆养志之报

圣贤言孝，原不在顺从，在匡救。故不孝有三阿意，陷亲居一焉。如舜之格亲顺亲，禹之干蛊成功，德为圣人，尊荣享保。吁！不可及矣。为人子者，能值仁孝之亲，默默养志，欢洽一堂，甚善。即不然而神情以之，随在斡旋中，有转圆得手处，便是格君心、格天下底样子，孝之至也。又不能然，而自家树立，以干理败局，修善造福，此亦人子无可奈何之及思耳。然视济恶不才，辱及先世者何如哉？《礼记》云：烹香荐熟，尝而致之。非孝也，养也。君子之所谓孝者，国人皆曰：幸哉有子如此。可谓孝也已。敢以是为敬亲者劝。

○杜张易酷吏为慈仁，侯封累世

张汤、杜周，俱汉武时酷吏，而汤子安世笃行，霍光以朝无旧臣，用为右将军、光禄勋以自副，封富平侯。光薨，魏相言："张安世事武帝三十年，忠信谨厚，勤劳政事，与大将军定策，天下受其福，请尊为大将军。"帝从之。安世深辞弗能得，遂柄国政，以谨密自周。每决大画，辄移病出。闻有诏令，乃惊使吏之丞相府问焉。大臣不知其与议也。尝有所荐引，其人来谢，安世大恨，绝弗与通。有郎功高不调，来自言，安世曰："此明主事，臣何与知乎？"不许。已而郎果迁。又每匿人过失，务从宽贷。自以父子封侯太盛，辞禄而身弋绨，夫人自纺绩，以故富于大将军，而天子亦甚亲信之。薨，谥敬侯。子孙袭爵，相继为侍中，亲近宠比于外戚。建武中，鲁孙纯历位大司空，更封武始侯。

杜周子延年，佐霍光，用法严，延年辅之以宽。以白发上官桀反事，封建平侯，擢太仆。见武帝虚耗之后，数为大将军言，"宜修孝文时政，示以俭约宽和，顺天心，悦民意。"光纳其言。宣帝即位，以定策功，益封。后为御史大夫。乞骸，优赐归第。子缓嗣侯。

班固于《酷吏传》特恕杜、张，以有子焉故也，可不谓孝乎？然张汤、杜周犹廉直吏，特操法太刻耳。若以酷济贪，用意灭法，舞智横行，则得报已早，不能生此子矣。

○韩范以忠良步前轨，宰相传家

韩忠彦，韩琦子；范纯仁，仲淹子也。琦公忠无我，而忠彦为相，蠲逋负，复流人，收用名贤，邓洵武谓其能继述父志。（吁，荣矣。洵武以为贬，然韩魏公之品格，谁敢望哉？忠彦能继述之。此一语令人知魏公有子矣。）纯仁先忠彦入相，当其未仕，以麦舟助丧，固已视文正为一人。及第进士知庆州，即仲淹所任也。以伸冤就逮，遮马涕泗者数万人，至有投于河者，寻获。自知信阳军、提举御史台，历谏议、枢密以得相，凡三罢三复。以宽大广主德，不深录人过，时尽改熙、丰法，逐其人，纯仁独谓去其泰甚者可也。尝言忠恕二字，一生用不尽。又戒子弟曰："能以责人之心责己，恕己之心恕人，何患不至圣贤地位？"（所以晚年愈纯粹）。徽宗在位，首召用之。还朝疾革，犹辨宣仁诬谤事。卒年七十五，谥忠宣。御书碑额曰"世济忠直之碑"，以荣宠之云。

按：二子有志，虽不尽竟，然相门出相，世德传芳，荣矣。时虽治乱多故，而二子皆以荣名终。若乃蔡京大奸之后，有蔡攸执政相妒，济恶两朝；邓绾之后，有邓洵武媚佞世家，犬子传名，令父德之恶益炙人口。孝乎不孝乎！卒之京贬，而攸及洵武皆伏诛。一败涂地，遗臭万年，安敢望韩、范家之仆驺哉？

○于定国继父阴德，封侯传世

定国父于公为县狱官，多所平反，经决者皆不恨。又辨东海孝妇冤，致天下雨，自谓治狱有阴德，高门闾待封者也。父死，定国亦为狱官，以材高举侍御史，迁中丞。数年，超廷尉。自念浅学，恐无以处大事，（此心谁有），乃迎师受《春秋》，身执经北面，备弟子礼。经士虽贱，必与钧敌，恩敬甚备，学士咸称焉。其决疑平法，务在哀鳏寡，罪疑从轻之意。时人语曰："于定国为廷尉，民自以不冤。"迁御史大夫，为丞相，封西平侯。子永嗣侯，折节修行，尚公主，官至御史大夫，几相而卒。

于公虽种德，若不肖子，败坏之，则其言不验，其德不彰。如定国者，可谓大孝矣。

○王览化母成慈，公卿百代

王祥事继母至孝，起为三公，人所知也。祥弟览，乃继母所生，每与祥代劳。母尝赐酒欲毒祥，览先取饮之，母惊，乃覆酒。览娶妇，亦与祥妇均苦服役，卒能调和母子如一人。知祥之孝，而不知览之悌，乃所以为孝也。吕虔有剑，相其文，佩者至三公，以奉祥曰："非君莫可当者。"祥龃，解以与览。后九代公卿，历汉、唐、宋，至今鼎盛。

使览而阿亲意，则象而已，是可为孝子乎？

○郑均以廉义感其兄，身为尚书

均兄为县吏，颇受礼遗，均谏不听，乃脱身为佣。岁余，得钱帛，归以与兄，曰："物尽可复得，为吏坐赃，终身损弃。"兄感其言，遂为廉洁。均仕为尚书，拜议郎致仕。帝高其义门，赐米千斛，常以八月长吏存问，著为令。帝过任城，幸郑均舍，赐尚书禄，以终其身。时人号为"白衣尚书。"（此弟道之至者。）

○周妇以廉直悟其亲，子登科第

周才美有子妇，贤德能干，才美将以家政付之，论以斗斛秤尺各二样，并出纳轻重便宜。妇不悦，拜辞舅姑，不愿为归，恐他日生子败家，以为妾之所出，枉负其辜。才美愕然曰："吾家薄有田业，何遽辞去？"妇曰："翁平日所为，有逆天道，妾心有愧，居之不安。"才美曰："汝言诚是，当悉除毁。"妇曰："未可。问其所用年数若干。"才美曰："约二十余载。"妇曰："必欲妾留侍奉。若许以小斗量入，大斗量出，小秤短尺买物，大秤长尺卖物，二十余年，以酬前日欺瞒之数，妾即愿留。"才美感悟，欣然许诺。妇生二子，皆少年登科。

此妇不惟有妇德，且有妇才矣。才美作家，翁感妇一言，即能转圆，亦未成钱癖也。宜其有此贤妇，以兴其家云。世间有贪婪不顾一钱滴血者，可愧此妇。有丈夫子不能感亲，致成恶德者，亦此妇之罪人也。

大不孝济恶堕业之报

君子之所谓孝者，国人皆曰："幸哉，有子如此，可谓孝也已。"其父祈薪，其子不克负荷，使先人无德，或有瑕疵而必增之，继述之谓何？失其身而能事亲者，吾未之闻也。豪贵子弟，尚宜日兢兢云。

○霍禹弃博陆之勋，遂族灭

霍光拥昭立宣，忠勋甚大，使禹得中材，犹足保守成业，而与兄霍山俱骄侈纵横，于是罢其屯兵，收其印绶。禹等又以日相侵削，谋废天子。事发，禹腰斩，山辈自杀，诸霍皆弃市。悲夫！不孝不忠，博陆不再死于地下也哉！

○严延年违慈母之教，卒诛死

见酷吏门。（使延年闻母言而悔悟，何必不令终也）

○范晔以悖乱无行，灭其望族

晔门无内行，官不满志。孔熙先说以废立，晔不决。熙先因激之曰："丈人清通奕叶，而不得连姻帝室，人皆以犬羊相遇，而丈人曾不耻之，欲为之死，不亦惑乎！"晔默然愧，反谋乃决。事泄，俱伏诛。晔母至市，涕泣责晔，晔色不怍，妹及妓妾来别，晔悲涕流连，为甥所诮而止。

○颜竣以骄贵违教，踣其身世

颜延之为光禄大夫，子竣贵重，凡所资供，一无所受，布衣茅屋，萧然如故。尝语竣曰："吾不喜见要人，今不幸见汝，早往竣室。"见宾客盈门，竣尚未起，延之怒曰："汝出粪土之中，升云霞之上，而骄佚若此，其能久乎！"竣竟为宋主所诛，延年及竣乃成其亲。知人之明如此，亲岂乐言而中哉？彼自以为智过老成人，庸知二老魂伤，恺怏谁语？真不肖子也。

○卢杞作奸，世德遂斩

卢怀慎为相，清苦异常。生子奕，为御史中丞，死节。奕子杞复为相。盖食德厚矣。而杞世奸大恶，妒贤害能，邀祖父之庇，得免其身，后嗣遂无闻焉。灭前人之善庆，斩子孙之福胍。其不孝何如哉？

○王雱恣谬，父秽益彰

雱为安石子，少年才放。安石与程明道商政，雱囚首携妇人冠出，问何事，安石曰："新法不行，故与程君议之。"雱大言曰："枭韩琦、富弼之首于市，则法行矣。"又议复肉刑，后于阴府著铁枷。（见《立法门》）凡安石乱法事，雱多导之。又私与其党攻吕惠卿，为惠卿所讼。上以问安石，不知也，谢无有。归问雱，始得其情。安石咎之不置，雱愤恚，疽发背死，安石遂绝嗣。上益厌之，乃退职居金陆。

父政害民，不能条陈几谏，固已不孝矣，况济恶乎！

○蔡攸以绍凶殒死

蔡京为相，天资凶谲，倡议乱国，而子攸并时执政，有宠于上，同济昏德，后以大权相倾，自为秦越。及事败，子孙二十三人皆谪远地，遇赦不宥，而京窜儋州，攸窜雷州，京死于路，攸卒伏诛。使攸能改于其德，当不至是矣。

○杨稷以怙权受诛

杨士奇为四朝元老，勋望益隆，朝廷宠眷，而子稷怙势行恶，士奇溺爱之，不及知。或藩臬郡邑，以实来告，士奇反听子之谮而疑之。有谀其善者，反以为实然而喜之。由是子之恶益不闻。及被害者连奏其状，上犹不忍加罪，付之士奇，且曰："左右之人不良，助之至此也。"已有奏其人命过恶数十条，乃付法司，而特旨慰安士奇曰："卿子既乖家训，干国纪，朕不敢私，卿其以理自处。"士奇感泣，乃论其子斩之。乡人预为祭文，数其恶，传诵称快焉。

以如是勋，如是宠，而不能曲庇其子，盖一犯神明之忌，非君相所能为也。权贵子可曰：泰山是依，白眼看人乎？使能为善，焉知不以父宠锡命哉？儒士柄国，而相子弃市，人顾所自立何如耳。

子孙有过，父祖多不自知，贵宦尤甚。盖子孙放纵，多掩蔽父祖之耳目，外人知之，窃笑而已。况贵人则进见有时，称功颂德之不暇，岂敢言其子孙之失？又或自以子孙为贤，而以人言为诬，故子孙有弥天之恶，而父祖不知也。间有家训稍严，而母氏犹能拥庇其子，不使上闻。夫富家子不肖，不过赌荡而已。贵门子孙，则或强借人物，强夺人货，党群小以凌人，饰浮词而致讼，颠倒事理以激祖父，伪作谒刺以恳官长，面庇犯法以示担当，胁抗前辈以弄威福，其怨毒祸败，固非一端也。贤达鉴此，常关防，常采访，或庶几焉。

不特惧无成立己也。彼骄贵子谬获科第，则蹶张益甚，其败祖泽何如哉？

孝弟总论上

有子说："孝弟为仁之本。"孟子说："尧舜之道，孝弟而已矣。"这孝弟关涉甚大，横的纵的，往古来今，无边无际的都是这个物事。然须晓得孝弟的是何物，所以孝弟的是甚么根苗。人于天地间，一气耳，自有宇宙以来，无日不生，都是活活的。仁者活也。我手足活时，便知痛痒，痿痹处，便不知痛痒。天地万物看那活动的，青翠的，跳舞飞跃的，呻吟鸣叫的，便触着我怀抱，便有生意，疼痛与他相关处，所谓仁也。吾身活处从何得来？跟着这精气，而精气非我自家，跟着这形色，而形色亦非我自家，都是从双亲分剖的。试看在母腹中，母呼亦呼，母吸亦吸，养的是母胎，茹的是母血，这里还自家有躯壳否？一旦离里出怀，才有性命，然何处不傍着父母？

汝看小孩儿的，终日醒，亦醒着父母，终夜睡，亦睡着父母，终日欢欢笑笑啼啼嗷嗷，都是欢笑啼嗷着父母。舍父母则一筹不展，舍父母则一情不立，这里还自家有躯壳否？这便是一堂的生意，合一堂的爹爹、娘娘、哥哥、姐姐。弄这小孩儿一味无东无西，依着爹爹、娘娘、哥哥、姐姐作一块，那是尔恩，那是我怨，那是尔是，那是我非，岂不是浑然一体？这便谓之仁。仁者人也，原合父子兄弟为一人者也。迨后而稍长矣，不傍父母行立，自家有一种跑跳的意思矣；不傍父母喜怒，自家有一种戏耍顽拗的意思矣。不傍父母食息，自家有一种想佳味、示便宜的意思矣。岂不是我体日现，渐渐与亲隔了？而为父母者，复不勘破此机，挑他拨他，惟恐他不入了世情，不成了我相。凡事则誉之曰："我的乖乖，我的乖乖。"此便引动他毁誉根、务外根了，他日便成了伐善施劳、矜名饰节的气象。对兄弟则戏之曰："这是正儿，这是假儿，这得我怜，这不得我怜。便引动他妒忌根、彼我根了，他日便成了妒贤媢嫉同胞、不和睦的气象。遇食物，则戏之曰："我的要多，我的要多。"便引动他馋口根、贪婪根了，他日便成了争田争货、受贿纳赇的气象。遇少有得失哀啼，则语之曰："汝惹我儿子，我要打他。"便引他狠戾根、恩怨根了，他日便成背公树党、阴鸷斗害的气象。这等气象，渐开渐着，连父母亦不能有其子矣。何也？父母亦不能尽是好言，亦不能尽是怜惜，物食亦不能充量，恩情亦不能无得失也。于是向之所以教其子者，皆为还向父母之具。家人父子间便有尔非我是的意思。

　　谋事而当，而以之自多也。一惹物议，而曰吾父兄实然也。房户之间，笑语之内，恩恩怨怨，赢赢输输，不可胜道矣。是牛李、洛朔之党，即家人而已，然而揖让争篡之局，自一堂而遂分也，而况乎外诱驰之妇言，荧惑之子女，及仆从怂恿之者哉？若是而可为仁否？自家如此，而能与他人忘物我、齐顺逆否？间有一二知义理有志气的士，硬着要孝，硬着要弟。然无始以来，习心习气，难平难释，故百般冲下，忽现傲惰根；百般奉顺，忽现蛮拗根；百般推让，忽现我能我会根。此根不彻，精神气色倏忽流露出来，父子兄弟必有默窥其微者，便不能欢欢喜喜，浑然无事也。故孝弟是无皮壳的物，有皮壳的，终鼓舞不上，此无皮壳的便会达之天下。何也？无我也，忍辱也，善下也，不言而饮人以和也，则皆在一家则一家动，在天下则天下动者。是故东叫母，西靠子，一一撞着孝。孝弟，则必思所以抚俞之，老无告，幼颠连，一一撞着孝弟，则必思所以终养之。行役之人，边戍之士，不遑将父将母，一一撞着孝弟，则必思所以体恤之。鲲鲕胎妖，将雏翼卵，草英木秀，带根靠芽，一一撞着孝弟，则必思所以濡沫之、全护之。如此种处灵活，真个是"叫天天灵，叫地地应。"以至于蛮貊异类有血性者，莫不在其联络中也。何有不仁？

尝观古来孝子，或至鸷鸟不攫。鸷兽不搏，景星庆云，祥征瑞应。非其顺德致然哉？"天地以顺动，故日月不过而四时不忒；圣人以顺动，故刑罚清而民服。一家和豫气象，殷荐上帝，而仁天地。配祖考而孝父母者，都在于此。此外更有何事？

孟子云："尧舜，孝弟而已矣。"又说："学问之道无他，求其放心而已矣。"两而已矣，然甚关合，若雾障引，该不得求放心，求放心，该不得孝弟，便非一了百当也。缘心不是圆腔子，原是蔼然乐豫的，原是恻然疼痛的，便是油然泼活的。天霁地朗，心眼俱开，天错地黑，愁乱默默，是天地一心也。草夭木乔，鸟濯尘伏，无限欣喜，颠崖堕阙、凶创夭折，无限凄怕，是万物一心也。舍此而躭毂便宜、利灾幸祸，便谓之放心。即不然，而要誉恶声的心、该博涉猎的心、枯槁寂守的心、矜名惜节的心，亦谓之放心。何也？于吾心之生意不属也。故前面分明说："仁，人心也。"孝弟便是仁根之第一透露、第一勃郁处，此处养得根活，便枝附叶贯，千花万朵，一齐俱森发了。如人一身，耳听目视，手持足行，何者不是一团生意？而道家修养，只是神气上炼得纯，守得一，自能长生轻举。盖一处灵时，连骨节都灵了。孝弟之于天地民物亦然，是亦全身之神气，修养之丹头也。丹头入手，脱凡成圣，在须臾间更无调理骨节工夫。故尝为之转一语曰：学问之道，仁而已；仁之道，孝弟而已。此两而已矣。所以帖帖合合而无痕迹者也。

孝弟总论中

天下之所以纷扰而不靖者，只是个强心猛气，勃而为怒，斗而为力，奔突而为攻，战争逐涿鹿之兵，七雄之虢阇，潢池渔阳之鼙鼓，看吹息其间，而翻浪乾坤者是甚么？其初总是些些戾气横在胸臆，渐渐相触发起来，咽吐不下，于是抗拒父兄，傲慢长上，此抗拒傲慢的要苗，便是会挟持官长的，便是会椎埋报仇的。便是会不逞啸聚的。故《易传》曰："讼必有众起。"不止是讼于官长，自家有逞是非争胜负的心，而蹶张横行之势已见矣。尧说丹朱曰："嚚讼可乎。"而禹之戒曰："无若丹朱傲。"究其讼字只一傲字也。所以事亲而傲必不能孝，事长而傲必不能忠，治民而傲必不能仁。只一傲字，便做成济恶不才之归，而莫能解救。是故君子有大道，必骄泰以失之。骄泰的人，亢高傲慢，贵己而贱人，是己而非人，智己而愚人。有甚么心情，计民利病，念民疾苦？《大学》一书，自齐家以至平天下，都不外孝弟慈，则骄泰的人，分明是不孝、不弟、不慈也。虽然不孝、不弟、不慈，终比别人不同。故虽有至刚而不能不为亲者下，虽有至戾而不能不为长者屈。此便是天性不可解的。试观不孝的人，到人前亦自检饰些些。若是己坐父立，他决定不安。又如道他孝则喜，道他不孝则怒，此亦是人根未断处。此未断处，便是血性所入，便可容吾感化。所以孝子悌弟于其间一拨即转，如郑庄公把自家母娘休了，颖考叔食肉遗母，关他甚事，却便幡然悔悟。又如子羔泣亲三年，未尝见齿，何与成宰政事堂？然却成人之兄死，而子羔为之衰也。此其间不知所以感，所以应，无形相触，翻动肺腑，正是莫为之天，莫致之命在是。前辈施佑兄弟争田，因与严凤舟次，语及产事，凤挥涕不止，佑大感悟。此等事皆是不可晓的。严公自家孝友，何事管着施家？为之涕泪纵横，且不知一滴滴何以落向施君肚里去也？大抵天地间有意气，有圭角、有算计的，都会抵距人；无根无蒂、无大奈何不自知的，偏会感动人。任是阛阓间至愚至贱的人，有一个孝子出，不大家揄扬他，则大家钦敬他，不则默地负愧他。此敬他愧他时，真个是戾心平躁心释，一片可掬可怜境界。此境界在一家则一家平，在天下则天下平。上而官长，上而君相，权力愈大，嘘吸愈众，又岂有不尽天下而孝子悌弟之者哉？故曰"一家仁，一国兴仁。"又曰："尧舜帅天下以仁，而民从之"，机正在此。天下风欲坏时，大抵自其子弟时先做坏了。人品心术坏时，亦自其子弟时先做坏了。少有拂戾，便容受不下；稍有才气，便收拾不入。所以一到长成，放出无状来，遂不可当。古来洒扫应对，奉几侍立，都是要消除子弟的雄心猛气，使之鞭向入微。又如天子之子，齿胄鸣谦，曰君在则礼然，父在则礼然，长在则礼然。此是何等意思？天下不患无才干，而患无真性。不患不能为君父师，而患不能为佳子弟也。以子之道，君之在在，通是可奉侍、可惜怜的意思。以弟之道，君之在在，通是耕让畔、行让路的意思。昔舜禹之有天下也，天下方讴歌之，讼狱朝觐之，极其薰赫，而舜自视不过有虞之穷人耳，井廪犹存，祗载莫见，旻天父母方恨无所控诉，而天下已治矣。禹自视不过羽山之罪人子耳，父痛莫赎，洪波惊骨，路逢罪人，不觉泪数行下，而天下又治矣。以致文武之孝，莫不皆然。彼犹然日朝于王季之寝门，三也；彼犹然事事关其忾愾，而在在受其提命也。故云"事死如事生，事亡如事存"。盖文武不终于为人君，而终于为人子也。想其惠鲜鳏寡，吊民伐暴，独有此前人之心事，耿耿胸臆间耳。彼丹朱之启明，岂其无才，然一傲字，已结断天下命根矣。此五典百揆，所以属之有鳏民也。

孝弟总论下

凡圣人言孝，皆不是小可的事。《礼记》云："小孝用力，中孝用劳，大孝不匮。"夫子说舜之大孝，便说德为圣人。大德受命，分明是完天之所生，以天事亲了。须晓得亲是何物，不是一团血肉之亲。我所生于亲者是何物，不是一团血之我，原是圆陀陀、光亮亮，大家作一块的。亲亦是这个，天地万物亦是这个，父母生我一身，便要把身所有者毕罗而献之父母，方是聚顺。若只去用力用劳，把那个粗形相伏事，而一点空灵真骨血无边宝贝却抛下不理，可谓孝子乎？我事父母，又要将父母一肢一节，一念一动，下至涕唾几杖，无不尽情承奉，而父母一点空灵真骨血边宝贝，却抛下不理，可谓孝子乎？故才说大孝，便是顺亲养志。顺亲者，顺其灵妙之亲也，顺其先天未分之亲也，其汩没情识中者，伪亲也；养志者，养其大公之志也，养其彻地通天，胞民子物之志也，其躯壳形骸中者，伪志也。然要顺亲养志，又须诚身守身。

守身者,守其明善之身也;守其以达德行达道之身也。不然,则竭力顾养,柔颜侍养,亦伪身也。能认得真身,始能认得真亲,故曰:"不诚乎身,不顺乎亲矣。"曾子之身与曾元之身,便悬隔了,故所奉诸亲者亦自不同。今且以舜孝王祥观之,王祥之孝,至真至恳,不遗纤力,岂不几于舜之不思不勉者?若道孝与舜一,则王祥便是尧舜了。若道孝与舜一,而品地高悬,心量尚未完满,又难说尧舜之道,孝弟而已也。盖大舜从灵明上认亲,王祥从郛廓上认亲。大舜视瞽瞍便是至神、至圣、至仁、至慈的,其要杀我,要不使我娶之心,都是后来习心,其真心原不乃尔。假饶从其乱命,取快一时,奉承他习心,却把至神、至圣、至慈、至仁的真父母,结断了种子,于心何堪?于性何忍?故百般维持,百搬挑动,果现出真父母来。若王祥卧冰等项,固是天性笃挚,然其所随顺者,情识之父母也。亦缘王祥之身未造虞舜地位,故所认亦止此,此即是善之不明也。明乎善,便完全那灵灵活活的,随在生出,自有寸尺,如小杖则受,大杖则走,不告而娶等项,非有成法可模,自家心灵,必如是而始快耳。自家如是,所以服事父母者亦如是,故云"事父母几谏。""几者,动之微,吉之先见者也。"父母元来只有一善心,则尽属吉祥,善事就做,微有转念,而此善心亦隐隐跃跃,未肯澌没向尽,此亦是转凶为吉之几。事父母者正从此处宛转,几未动,挑动他,几甫动,接引他,几有失,挽回他,是以心干心,视无形,听无声的工课。故不待行事不从,当见志不从时,孝子已费尽心机矣。惟如是,故能心与之一,而未始有远也。如此而诚,如此而顺,便把亲与我联属一本之真原,团团会在这里，便把天地同根、万物同体之真原，团团会在这里。何性命之不周，何位育之不行？何天下事变经权不在吾灵明斡运中？是谓集百顺以贻之亲。大舜之所以德为圣人，备福尊养者此也。武周之所以事死如生，事亡如存者，亦此也。此个是常存的，常活的，彻于重玄而贯于灵蠢的。故舜同天之命，而凝天之休，以天事亲也；武祀乎其先而达于郊庙，以亲事天也。究竟是一生字。自有天地以来，无日不生。亲与我都是一生生相续，完着这个生，便把一世有生的物事都相动了，方谓之无忝所生。张子《西铭》全是发明此意。如王祥之孝，不免是个死法。会不思不勉矣，而未可谓不思而得，不勉而中也。得与中是何物？是那天然活泼的，操无形之规矩，能尽天下之方员，故云："规矩，方员之至也。圣人，人伦之至也。""从容中道，圣人也。"然既不会得，不会中，则亦谓之思勉，何也？思勉者，意也，识也。性真不全盘捧出，则傍在意识上用事。若动着性谛，虽如舜之号泣怨慕，不可为人，不可为子，这样困勉之极，依然不思不勉耳。吾人既不能生，而浑全与尧舜一般，当思亲所与我是何物，原不是耳视目听的空髑，酒囊饭袋的臭东西，何堪将此抵塞糊涂过了日子？且以此奉其亲，也思及此一跃跃出，浑身作汗，便不肯把天下第一等饶与别人做。自家做得一分，便是孝弟。尽得一分，到完完全全，修德备福，则舜武为君之孝，与周公为相之孝，孔子素王之孝，莫不殊途同归矣。

慈教之报

教子孙情耳，乃亦为功乎？曰：父母以子贵，即朝廷功之矣，况一人成德，世界受荫者乎？如太任胎教，西伯兴王；孟母三迁，亚圣庙食，此其大者也。其他善教，不论穷达，皆可食报。故有贵子而家族以灭，严延年之弃世，潘岳之被收，颜竣之贵覆是也。有贱子而家族以起，颜曾之穷窘，毛郑之义门，尹焞之善养是也。祸福无常，久近不一，甚或慈教于百年之前，而二三世内始食其报，固不能具论也。慈独举其朝种暮收，耳目睹记者，而贤父兄之乐，已彰彰矣。至若积德遗后，以身立教，非慈之最吃紧者乎？然已具诸种德报中，故不悉。

○隽母勖子仁恕，卒成名臣

隽不疑为京兆尹，每行县录囚徒还，其母辄问："有所平反，活几何？"人即多所平反，母喜笑异他时，或无所出，母怒为不食。故不疑为吏，严而不残。当武昭时，文法操切，公卿多坐法，而不疑以经术重朝廷，在位者皆以为莫及也。

按：不疑尝谓暴胜之云："太刚则折，太柔则废。咸成以恩，然后树功扬名，永终天禄。"至身为政，亦用此道，其得于母教者早矣。

○虞母勉子忠义，身膺紫绶

虞潭母孙氏，少年而寡，誓不改节。潭始自幼童，便训以忠义，故得声望。允洽为朝廷称。潭为南康太守。值杜弢构逆，孙氏勉潭以必死之义，倾其赀产以馈战士，潭遂克捷。苏峻反，潭假节征竣，孙氏戒之曰："吾闻忠臣出孝子之门，汝当舍生，勿以吾老为虑也。"尽发家僮服佩，以助军资。内使王舒遣子允之为督护，孙氏又谓潭曰："王府君遣儿从征，汝何独不遣？"潭即以子楚护军与允之合势。竣平，拜武昌侯太夫人，加金章紫绶，宰相皆就拜竭，年九十五卒，谥定夫人。

捐儿孙以报国，岳武穆刘顺昌所能也。孙氏可谓烈丈夫矣。

○穆宁直道传家，四子皆贵

宁清慎刚正，以气节自任。禄山反，伪署刘道玄为景城守，宁起兵斩之，摄东光令。史思明遣使来诱，宁斩以殉。真卿奏署河北采访使。宁以长子属母弟，令远去，而以身见真卿曰："先人有嗣矣，（此与孙氏遣孙从征可并存。）愿以死从公。"真卿礼敬之。累殿中侍御史，又转运使，转秘书监。以强毅不能事权贵，屡贬屡起，寻致仕。宁好学，教诸子严，事寡姊恭，每诫诸子曰："君子之事亲养志为大，吾志在直道，尔等慎勿为诣。"卒，年七十九。四子：赞、质、员、赏。赞最孝谨，为御史中丞；质强直，为右补阙；员和粹，工文词，赏节义，官侍御史。

东坡云："但愿儿孙愚且鲁，无灾无祸到公卿。"便以痴贵望之矣。故坡子过，虽贵无闻焉。如宁之教子，一直相承，世德食报，不亦厚乎？又前此韩休亦善教子，家法甚严，七子皆忠显，滉复为宰相。故世言家教者称"韩穆"。吁，盛矣！

积德与慈教并重，积于身以裕后，窦禹钧是也。然其赠诗则云"教子义方矣。"至慈教则德益茂，是合子孙共为积也。历观著姓名族，盖必由此。有父兄令仪令范，而子弟渐以趋时，因渐以放脱，此便是发酒风了，再饮福不去也。然亦本少年不早教，使成性子来。故教大儿不若教小儿，教贫儿虽宽犹可。教贵豪子弟。尤须痛绳，不容轻贷。何也。彼其骄贵痴养，颐指气岸，种种已积之胸中矣。非严父良师共习追琢，未有能成大器者也。

○李晟严礼立教，五子奇绝

晟以忠节复京师，封西平王，而又慕魏徵之为人，每进对謇謇，有大臣节。治家严，子姓非晨昏不辄见，所与言，未尝及公事。正岁之旦，崔氏女归谒，责之曰："尔有姑，当治酒食待宾客为欢，何得来乎？"却不许见。其隆礼敦教如此。子五人，愿、宪、愬、听，皆奇贵。而愬平淮、蔡，继世为功臣。

郭汾阳之功优于西平，八子皆贵。然晞尝纵卒暴掠，为段秀实所诮，暧于公主争言至不逊，非遇宽主，几殆矣。余皆泯泯无闻，至自诧为奴才，则汾阳用宽而西平用严故也。圣人系家人而嗃嗃犹愈嘻嘻，至合父母而号之严君有矣夫。

○陶母却鲊，子镇八州

陶侃母谌氏，世贫贱，侃就学母纺绩给之，侃少为县吏，盐鱼梁以鲊遗母，不受，责之曰："尔为吏以官物遗我为悦乎？是增吾忧也。"（此安清贫气骨，丈夫所难）鄱阳孝廉范逵与侃善，来寓

宿，时大雪，母撤所卧新荐，剉以秣马，又截发，鬻以供馔，逵闻
太息曰："非此母不生此子"遂力荐侃，侃后为八州都督，勋贵震
天下。

○陈妻义方，门极四贵

陈省华与妻冯夫人俱善教子以大义，不以宠禄。子尧咨举进
士第一，而尧叟、尧佐，复同登进士。太宗问谁子？左右曰："是
楼烦令陈省华子也。"帝嘉其善教，召为太子中允，后封秦国公。
（一贵绝奇）。尧咨守河南还，冯夫人问有异政否？尧咨谢无有。
夫人不悦。一日，纵言州当冲要，过客与尧咨射，无水，让尧咨
能者。夫人大怒曰："汝父训汝以忠孝，今不务仁政教化（手段惊
人），而专一技成名，岂汝父之训耶？"杖击之，金鱼落地。其教
如此。长子尧叟至丞相。次子尧佐亦侍从，谥文惠。尧咨状元至
节度使，皆名臣，封秦国夫人。

不惟封君少此严整，且亦少此识见矣。太任胎教、邑姜佐治家之
兴，顾不在妇德哉？

○程父委贽濂溪，成两夫子

周茂叔，号濂溪先生。潜德隐耀，人莫知者，独二程父珦知
之，遣子受学焉。明道先生早贵，行比颜子，倡明绝学，封河南
伯。伊川先生以宰相荐，至白衣侍讲，师世淑人，封伊南伯，为一
代儒宗。珦官至大中大夫。

百世有一士，犹接踵而至也。而两圣贤并出一门，后人得其微言绪

论，成真者众矣，谓非大中公所贻乎？

○朱父奉书三贤，造百世师

朱子父松将没，命之曰："刘原屏、砭籍溪、李愿中三人，学有渊源，我死，子禀业焉。"朱子奉遗书受学，三君子卒为大儒，官焕章阁侍制，封徽国公。至我朝，世袭博士。

二程倡始，朱子集成，儒术之盛极矣，而皆贤父兄择师成之，故教子者以亲正人为第一机权云。父只患子举业不精，而二尊乃求之道德之彦，卓哉见也。天牖其衷矣。

琴瑟静好之报

○文绍祖不弃夙疾之妇，子孙登第

绍祖与柴公行议亲，既问名，柴女或中风，绍祖欲更之。其妻大怒曰："我有儿，当使其顺天理，自然长久。悖礼伤义，是为速祸。"大斥绍祖，即娶柴女为妇。次年，绍祖子登第，柴女风亦痊，生三子，皆登第。

○吴次鲁不鬻危病之妾，竟赖生子

次鲁年五十余，仅一子。国彦已受室，顾自念屡弱，欲其父更举子以为宗祧计。请于母。母语次鲁，鲁曰："贫家有子足矣，安用多为？"母子乃私罄衣饰余赢，置一妾。比入门，赢然病妇，遂迎医治之。病气已剧，金云不治，但亟卖，犹可得值。母子深自悔责，令原媒改遣。议已成，次鲁知之，曰："我既为人误，安可复误他人？且此妾在吾家。犹可望生。一出吾门。尤无生理。所得不过十金。安忍弃之。"竟留其妾。且实以告买者，还其直而去妾。自是病日愈，平复如旧，忽有身。国彦客楚膺，病归竟卒，卒不一月，而病妾举一子，里间嗟异，以为阴果之报。

○刘廷式笃爱瞽妇，二子皆贵

廷式本田家，有邻翁女美姿容，乃聘为婚。越五年，在太学，廷式中科。归乡，访邻翁已死，所定之女，双目失明，家极贫困。廷式使媒申前好，女家使人辞以贫病，不敢姻士大夫。廷式曰："与翁有约，岂可为翁死女病而背之？"卒成亲，而闺门雍睦，夫妻携手而行，生二子。及盲女疾卒，廷式哀哭良切。苏东坡慰谕之曰："子闻哀生于爱，爱生于色，子娶盲女，爱从何生？"曰："我之所亡者妻，所哭者妻也。不知有盲缘色生爱，色衰爱弛，于义何有？今之扬袂倚市、目挑心招者，皆可使为妻乎？"坡拊其背曰："此真丈夫也。"不惟今世罕有，古亦未闻。其盲女生二子，相继登第，世为仕族。

世有视妻子为尘缘，以外遇为旷达者，知此义否？○甚美者必有甚恶，则甚丑者必有甚好矣。

○孙泰娶独眼女，名知天府，子寿双高

泰，山阳人。少师皇甫颖，操守颇有古贤之风。泰妻即姨之

女也。先是,姨老,以二女为托,曰:"其长幼损一目,女可娶其女弟",泰娶其姊。或诘之,泰曰:"其人有废疾,非泰何适?"众皆伏泰之义。尝于都市遇铁灯台买之,既磨洗,即银也。泰往还之。中和中,将家于义兴,置一别墅,用钱二百缗,既半投之矣。泰道吴兴郡,约四日当诣所止。居两月,复以余赀授之,俾其人他徙。于时睹一老姬,长恸数声。泰惊怖,召诘之,姬曰:"老身尝达事姬于此,子孙不肖,今为他人所有,故悲耳。"泰怃然久之,因给曰:"吾适得京书,已别除官,固不可驻此也。所居且命尔主子掌之。"言讫而去,不复反矣。他日,泰梦一神人,紫衣象简,从容谓之曰:"汝平生德行不亏,名知天府,奉帝命增汝寿九十,生子展,进士及第,世为显官。"

举三事而平生隐德高行,当难枚数矣。让屋一条,更属难上难。

○张孝纯续取贫盲之女,四子显官

孝纯永锡,微时久依徐之滕县,吉氏见其淳厚,颇加顾遇,许娶以女,而未聘也。永锡登科甲,京师权贵竞捉婚,永锡皆谢绝,归就吉氏女。娶数年而卒。永锡渐显,吉氏复有次女,双盲,无问之者。永锡欲纳,吉氏逊辞甚力。永锡曰:"某荷公德,令女非某娶之,则谁肯顾者?"意极诚确。吉氏感其义,从之。永锡敬待过前室,生二子,先卒。吉氏有幼女,视永锡颇小,吉氏坚复归之。三室生四男,皆显官,盖报施之理云。

许贫女而未聘娶之,已难矣,况未相约之盲女哉?视田舍翁多收一斛,便欲易妻者,何啻千万里也。

○郑叔通不背哑女之婚，生子登第

叔通幼时，父母聘夏氏女为婚。及长，入太学登第，而女已哑。其伯叔欲别择，叔通坚不可，曰："此女某不娶，将何所归？且先人有约，岂可违背以伤伦理？若无恙而完婚，因疾而遂弃，岂人情乎？"竟娶之。叔通官至朝奉大夫，哑女生子登第。

负心离婚之报

○李生思以贵易妻，遂夺科名

宋李生，福建人，善读书为文，屡赴试。道过衢州，旅店翁梦土地告："明日有穷秀才赴省，是黄甲人，可善待者。"店主于是待之甚谨，给以裹囊，助其仆马。李生曰："何爱之厚？"主人曰："土地报梦，秀才必然高第，所以待也。"李生暗喜必贵，但贫陋时，妻不堪作夫人，当娶美者。既去后，店主复梦报曰："此人用心不善，功名未遂，便欲弃妻。此去赴省不成也。"于是果不第。士回店，向主一茶不与。并不纳宿。生问故。主人曰："土地知子有弃妻之念，故无功名。"生惊愧而去。吁！人之暗室，一念才起，鬼神即知。所云"暗室欺心，神目如电；人间私语，天闻若雷。"讵不信然？（《阴骘录》）

○王生代写休书，削其官

王生，定兴县固城镇人。年十五，学甚敏，当书馆侧有土地庙，忽一夕，里耆皆梦神告云："王生后当为郡太守，某职毕，每见其过，踏踏不宁，望为一屏障之，庶免起避。"里耆惊异，即为具土木。夜复梦曰："屏不必设，王生代人写休书，无前程矣。"遂终身不第。古云："一句非言，折尽平生之福。"信夫！

○史堂贵而薄其妻，夭折寿禄

堂微时已娶，及登第，自恨不得富家女为妻，悔之，遂日暌隔，不复同寐。其妻郁郁成疾，数岁，堂不一顾，妻亦饮恨。临终隔壁呼堂曰："我今死矣，尔忍不一视耶？"堂终不顾。及妻死，心不自安，乃从邪说谋为厌胜，以土气盖其面，兼以木栀索束，缚其尸而殓。是夕托梦于父曰："女托非人，生怀愁恨，死受厌胜。然彼亦以女故，寿禄皆削尽矣。"明年，堂果卒。

○孙洪代写休书，神谴下第

侍郎孙公，初名洪，少时与一同舍生游太学，相约无得隐家讯。一日，同舍生得书，秘不以示，孙诘之，生曰："非敢隐也，第书中语，公进取似不便。"孙曰："何害。某正欲知所避就。"生出书示之，书云："昨梦至一官府，恍若阅登科籍，汝与孙洪皆列名籍中，孙洪名下有朱字云：'于某年日月不合写某离书，为上天所谴，不得过省'。"孙阅书愕然。生曰："岂公果有是乎？"孙曰："有之。向来东上，在某州，适见鞭翁媪，相诟求离。某轻为写离书，初无他意，不谓上帝护责乃尔。"生曰："梦寐恍惚，亦何足言。如公高才硕学，俯拾无疑。"孙终怏怏。及就试，生果高中，而孙下第，方信前梦为不诬也。生曰："某西归，当为合之，以契天心。"因问孙所遇睽离人姓字，寻迹其处，得之，夫妇俱未有偶，生为具道一段因缘，置酒合之如初，乃驰书报孙，孙不胜感悦。其后孙以大学内舍生免省试，历跻腆仕，屡典大郡，所至有离婚之事，未尝不宛转调护。晚持从橐侍经闱，举二丈夫子，亦同舍生，有以全之。孙公祗畏天谴之功也。此事何雅州亲聆其说于公，今录之，使人知所畏避云。（《乐美录》。）

乃知室家和气之足以致祥也，乃知挑人家变者之亏败行止也。

○何元益弃失明之妻，父子俱夭

何元益与赵明夫议婚已定，而赵女失明，家计寥落。元益易其亲，与单子文为亲。次年，父子俱丧，赵失明，女适士人叶惟先。惟先登第三，典大郡。（《文昌化书》）

○裴章薄其妻李氏，寿录折尽凶死

章，河东人。父裴胄曾镇荆门，州僧昙照道行甚高，能知休咎。章幼时为昙照所重，言其官班位望过于其父。弱冠，父为娶李氏女。章从职太原，弃其妻于洛中，过门不入，别有所挈。李氏自感薄命，常褐衣鬆髻，读佛书蔬食。又十年，胄移镇太原，昙照随之，章从昙照叙旧，照惊吁久之，谓曰："贫道五十年前，常谓郎君必贵，今削尽，何也？"章自以薄妻之事启之。照曰："夫人生魂诉上帝，以罪处君"。后旬日，为其下以刀划腹于浴斛，五脏堕地而死。（出《独异》）

妇怨无终，天亦为动。然李氏尚在，而裴章既削寿禄，又死非命报，不啻数倍其直矣。薄幸郎视此，能不寒心？

人生莫作妇人身，百般苦乐由他人。彼其离亲别爱，生死随人，所主惟一夫耳。饥不独食，寒不独衣，舍其身而身我，舍其父母而我父母，一遇远旅之商，游学之士，孤房独宿，寒夜铁衾，岂易受哉？我则薄幸，委身外舍，钟情花柳，傲弄如狂。而或一旦知遇，姬侍满前，罔念结发，恐惧与女安乐弃余。吁嘻！何待人以不怒也。长舌之妇，恣志冯陵；失行之女，忘身澉泼，则亦已矣。若乃事舅姑，睦妯娌，和姑妗，以及前后嫡庶间，人各有心，众皆为政，其于忧烦展转，忍辱吞声，殆未可言。而盲穷颠覆之家，晨夜无炊，针指自活，亦有不能殚述者，岂其望我终身，而中道弃之，则情理谓何哉！此《卷耳》东征之诗，柔情婉韵，模写拈出，为王化第一义。而乐妻子，宜室家，顺父母，直吉祥善事哉。

不淫之报

○林茂先呵夜奔之妇，父子登第

茂先才高过人，以捧乡书，家极贫，闭户读书。邻家巨富，妇厌其夫不学，私慕茂先才名，夜奔之。茂先呵之曰："男女有别，礼法不容。天地鬼神，罗列森布，何得以此污我？"妇惭而退。茂先次年登第，三子皆登第。

○杨希仲拒调戏之妾，卒魁多士

希仲，蜀川人，未第时为城都富家馆宾。有一美妾，年少自负才色，潜诣馆调戏希仲，试以素志，希仲正色拒之而去。其妻在家，一夕梦神告曰："汝夫独处书馆，坚持清节，暗室不欺，神明知之，后必当魁多士。"妻觉想念，不知何由。岁终归家，妻告其梦，答以馆中美妾数来调事，妻然之。明年希仲登第。

此处容不得一分柔软。茂先之呵，希仲之正色，其刚肠梗概，凛凛不欺，足可见矣。稍稍依违，便未卜其能全璧否也。

○聂从志力却奔妇，延寿三纪，科名三世

嘉祐间，黄靖国为仪州判官，一夕被摄至冥司，主者曰："乡官，仪州有一美事，曾知之乎？"命吏取簿示之，乃医士聂从志于某年月日华亭杨家行医，杨妻李氏淫奔从志，志力言不可，李不能强而退。奉上帝勅："聂从志特与延寿一纪，子孙三世登科。李氏送狱治罪，既而得还，以语从志。"志叹曰："此固有之，妻子未尝与言，不谓已书阴籍。"其后子孙果皆登科。

忍得片时云雨，增了三十六岁活，富贵了八九十年。世间便宜，孰大于是？

○程彦宾不染虏掠之女，百寿无疾

宾为罗城使，攻遂宁。城下之日，左右以三处子献，皆有姿色。时公方醉，谓女子曰："女犹我女，安敢相犯？"因手自封锁，置于一室。及旦访其父母，还之。皆泣谢曰："愿太尉早建旌

节。"彦宾曰:"旌节非敢望,但得死时无病便好。"后官至观察使,九十七无疾而死。诸子皆为显官。

不染固佳,何如使军不侵掠之为愈乎?一城之中,戮辱何恨?岂权固有制焉,而彦宾不得独为政也?吾尤忆吾曹彬耳。

○王华却自献之妾, 状元及第

华号海日, 余姚人, 阳明先生父也。尝出馆, 主不为礼, 因为屈屈歌, 有分付儿孙莫教书之句。后又馆一富翁家, 翁婢妾众而无子。一夕, 遣妾就王盖借种也, 王峻词却之。妾出一纸曰:"此主人意也。"上书云:"欲求人间子。"王即援笔书其傍曰:"恐惊天上人。"终不纳, 明日遂行。后主人修醮, 一道士拜章, 伏地久不起。主人讶问曰:"适奏章至三天门下, 遇天上迎状元榜, 久乃得达。"因问:"状元为谁?"道士曰:"不敢言", 但马前有一联云:"欲求人间子, 恐惊天上人。"主人怒王薄德, 故泄前语。未几, 王果状元及第, 位至大宗伯。乃阳明以新建分第, 遂生封如其爵。世之昭昭饰饰, 而堕行冥冥者, 可儆矣。

○浙馆师却叩门之妇, 因得不杀, 后贵显

浙有挥使, 延师训子。师病寒, 欲发汗, 令其子取被。子告母, 母以卧被与之, 误卷母鞋一双。病已还被, 而鞋堕床下, 师徒皆不及知。使来视疾, 见鞋, 疑妻与通。夜讯妻, 妻不伏, 令婢诡以妻命邀之, 已持刀伺其后, 倚门启而杀之。师闻扣门, 问何事?婢告以主母命招师。师怒曰:"是何言欤! 明辰告尔主人, 将治尔

罪。"使复强其妻亲往，师固拒之曰："某蒙东君，延居西塾，敢以冥冥堕行哉？誓不及乱，请速回步。"门终不启。使怒稍释然，疑终不释。明日师辞去，使始释然谢曰："先生真君子人也。"始述昨夕事始末，谢其误。师随登第，位通显。喂肉虎口，不啖者几人，妻之命亦悬丝哉！假令师一开门科第也无，色也无，命也无矣。恋着须臾欢，误多少人，怕怕！

○直隶士人却授期之女，得以不死，遂夺元

南京某生赴京试日，旅邸对门，某指挥使第也。有女，年及笄，窥门见生出入，风流潇洒，遂属意焉。试毕后数日，女使婢授意于生，言："父已他往，期以是夜相会。"生惧累阴德，不敢领署。同居一友，素轻脱，窃知之，乃伪为生赴约。其婢暗莫辨，引之入。女相与就寝，欢泠倦而熟睡。适挥使归，见门未闭疑焉。突入，见之大怒，拔剑俱杀之，首于有司。明日榜出此士首列，因告人曰："使我若往，已在鬼录矣。"少年士子，当以此二人为法戒。(《谈林》)

○陈医师却报恩之妇，神祐一子登第

余干陈某业医，有贫士病弱症，几危矣，陈为治之，得痊。贫无偿药，陈亦不责其报。后陈偶薄暮过之，贫士出馆，母与妻留之宿。夜深，姑谓妇曰："尔夫之命，寔由陈先生再造，久欲报之，未能也。今在客途，尔往伴一宵以报德。"妇唯唯，夜就之。陈拒之曰："奈尊姑何？"妇曰："此姑意也。"陈曰："奈贤夫

何？"妇曰："夫之一身，皆君赐也，何有于妇？"陈曰："不可。"
妇强之，陈连曰："不可！不可！"遂坐以待旦，取笔连书"不可"
字于桌。最后几不能自持，又连书曰："'不可'二字最难。"迄明
乃去。后陈有子为庠士，应试考官阅其文，弃之。忽闻呼曰："不
可！"四顾无人，复阅其卷，又欲弃去，又闻连呼曰："不可！不
可！"最后阅其卷，决意去之。忽闻大声呼曰："不可二字最难。"
连声不已。考官曰："是必此人有隐德，故神告我。"乃录之，榜
出召问，述其详，乃知为妇不淫之报。后子登进士第。

　　此人几欲低回就之矣，幸守稍坚耳。欲火迷人处，百炼亦成绕指，
要在未动前吃力一刀。

○汪天与却自投之妇，并还遗金，贵胤高寿

　　汪天与世居兖山，孝友惇笃。父南崖郡庠，好客，天与倾囊
佐之。与二弟分产，自取瘠薄者。平生退让，无一字入公门。年
三十无子，客济宁，遇风鉴相之曰："君貌类罗汉，乏嗣，寿亦不
永。"公恬然不怪，愈轻财好施。尝寓清江浦，夜宿，有妇人扣
门，闭门不纳。其妇曰："君数游妓家，何独拒我？"公曰："彼则
可，此则不可。"妇惭而去。至瓜渚渡江，众竞渡，有遗囊从者，
欲携去，公不可。坐待久之，见一人号呼而来，且曰："吾鬻产得
此，举家待命，不得则入江而已。"公问状，与囊合，举而还焉。
其人叩谢，问姓名，不答而去。复至济宁，遇前相者，讶曰："君非
吾向所谓罗汉者，何顿变耶？必有阴功，当生贵胤且高寿。"公亦
恬然不答。后果生三子，幼子文璧，举孝廉，今典教秀水，孙曾绕

膝。年九十有二，步履如壮年。

两恬然处定见定力，不以得丧死生动其中矣。为善须如此坚贞始得。

○姚三韭却通书之女，子孙登第

三韭，本姓卞，博学善诗文。馆于怀氏，有女常行窥伺，卞岸然不顾。一日，晒履于庭，女作书纳于鞋中，卞得之，即托以他事辞归。袁怡杏作诗咏之，有"一点贞心坚匪石，春风桃李莫相猜"之句。卞不受诗，且答书，自辨其无此事。怡杏缄其书而题云："德至厚矣。"生子谌，及曾孙锡，皆登进士。至今青衿尚济济也。

○费枢不犯自托之妇，科名见贵

枢，字道枢，广都人。入京师，天晚宿旅馆，主家妇茕然倚户，继而前曰："窃慕上客高谊，愿申困苦之情。"费愕然曰："汝至此何为？"曰："我父京师贩缯，家在某里，以我嫁此店，夫亡家贫，不能忍饥寒，愿依于子。"费曰："我不敢犯非礼，汝情已知，当往访汝父，遣人迎汝。"妇感愧去。费至京，他日过某里，得贩缯者家通名求见。主翁曰："何事见教？"曰："蜀人费枢也。比经长安，邂逅翁女，有所托，是以来。"翁曰："昔夜梦神告曰，吾女将失身于人，非遇费道枢，殆失矣，君姓字是也，愿闻其详。"具以告翁。翁流涕谢曰："神言君为贵人，当不妄。"退而讯其梦，果所见女之时，即遣长子取归。明年，费登科为巴东太守。

此事往往撞着神明，令人无逃避处。

渔色宣淫之报

○汉亭长胁奸致杀鬼诉刺史，族诛。

信广县妇人苏娥，寡居无兄弟，自将杂缯帛并婢，过枪梧高要县卖之。暮至鹄奔亭，行人已绝，不敢前行，因即留止。而婢暴腹痛，娥往亭长舍乞浆，亭长龚寿操刀来至车傍，问娥曰："夫人从何来？丈夫安在？何故独行？"娥应之曰："何劳问之？"寿因捉臂欲污之，娥不从，即以刀刺胁之，立死。并杀婢，埋楼下，取财物去。杀牛烧车，扛及牛骨，投室井中，人无知者。至明年，何敞为交趾刺史，行部宿亭下，夜未半，娥出诉冤。敞曰："吾发汝尸，以何为验？"女曰："妾上下皆着白衣青丝履，犹未朽也。"掘之果然。乃捕寿，拷问具服，收其父母，皆系狱。敞表：寿杀人于常律不至族诛，但寿为隐恶经年，王法所不得者。鬼神自诉。千载无一。请皆斩之。以助阴诛。报可。（出《还冤记》）

杀人取物，最无赖不齿者。若乃见色而悦，胁之以刀，则淫心一荡，士人或不免焉。到骑虎处，乃有不自由也。可无戒欤？

○张节度夺李尉妻，为鬼殴死

天宝后，有张某为剑南节度使。中元日，令郭下诸寺盛灯以纵士女游观。时有华阳李尉者，妻貌甚美，张欲诱见之。数日，游玩者杂沓，而李妻不至。潜问其邻，果以貌美不出。乃于开元寺选众工绝巧者，极其妙思，作一铺木人，音声关捩在内，丝竹皆备，令士庶恣观。限三日满，即将进内殿。于是百里内车舆阗噎。李妻复不来。至三日，夜深人散，李妻乘兜子偕一婢至，而人已奔告张矣。张乃易服往院内脱空佛中坐。觇觑之，果神仙人也。及归，潜求李家来往者，浮圆尼及女巫，更致意焉。李妻皆惊拒之。会李尉以推事受赃，为仆所发。张乃令能吏深文按之，杖流岭南，死于道。张因厚赂李尉之母，强取之。其妻适李尉，每有庸奴之恨。至是亦许张，宠敬无比。然此后常髣髴见李尉在侧，令术士禳谢。无应。岁许，李妻亦卒。张疾病，常见李尉甚分明。忽一日睹李妻来，张惊问之，答曰："某感恩思，有以报李。某已上诉于帝，期在此岁。然公亦有人救拔，但过兹年，必无虞矣。彼虽来扰，公若不出，必不敢升堂，慎不可下。"言毕而去。其时华山道士符箓极高，与张结坛宅内，言亦略同。张数月不敢降阶，李妻亦数来，教以严慎。忽一日黄昏时，堂下丛竹里有红衫子袖招张，张以为李妻来也，都忘前戒，便下阶奔赴之。左右随呼止之，不得。至，则见李尉衣妇人衣，拽张林下。殴击良久云："此贼若不着红衫，子招肯下阶耶？"乃执之出门去。左右如醉，及醒，见张仆于林下矣，眼鼻皆血，惟心尚暖，扶至堂而卒。（出《逸史》）

○李登以淫妇女及横取罪恶，削去状元宰相

登年十八，为乡贡首。自后凡十年一荐，名愈下，年五十不第。

一日，斋沐诣叶静法师，具告曰："登自十八岁叨乡荐，后四举不第，何罪至此？"幸法师入冥，为勘此生何如。法师诺之，为叩梓橦神帝君命一吏持籍示曰："李登初生时，赐以玉印。十八岁魁乡荐，十九作状元，五十二位至右相。缘得举后，窥邻女张燕娘，事虽不谐，而系其父张澄于狱，以此罪展十年，降第二甲。二十八岁得举后，侵兄李丰屋基而夺之，至行于讼，以此又展十年，降第三甲。三十八岁得举后，长安邸中淫一良人妇郑氏，其夫白罪于天，又展十年，降第四甲。四十八岁得举后，盗邻居王骥室女庆娘，为恶不悛，已削其籍矣，终身不第。"法师以是语登，登无以对，一夕愧恨而死。吁！士人可不戒哉！

吁！此所谓"梏之反覆"者也。父祖积德许多年，方得状元宰相现世，而戕削如此，孤负天恩，孤负祖考矣。且其欢乐势要，视甲第万不及一，而竟以横入少少许，丧安享多多许哉！

○刘尧举私舟人女，贬其科名

龙舒人刘观，任平江许浦监征，其子尧举，字唐卿，傃舟就试。舟人有女，尧举调之，舟人防闲甚严，无由得间。既引试，舟人以其重扃棘闱，无他虑也。日出市贸易，而试题适尧举私课，出院甚早，比两场皆然，遂与舟女私通。刘观夫妇一夕梦黄衣二人驰至，报榜云："郎君首荐。"观欲视其榜，傍一人忽掣去云："刘尧举近作欺心事，天符殿一举矣。"觉言其梦而协，颇惊异。俄而拆卷，尧举以杂犯见黜，主司皆叹惜其文。既归观，以梦语之，且诘其近作何事，匿不敢言。次举乃获荐于舒州，然竟以不第死。

○洪焘以奸室女贬官，积善得复

焘，忠文公咨夔次子也。族叔洪璞杀其仆姓骆者，洪公与维持泯其事。明年如厕，忽睹其仆招之玩石，遂忘其处。连历阴险之路，至一大官府，见绿衣绯衣者东西坐，金紫人居中。绿衣吏高唱云："洪焘枉法行财，罪当死。"洪甚惧，不觉身已立庭下，漫答曰："为说解纷，初非枉法。"金紫人怒曰："此人问哗词，安得至此？"洪曰："死不辞，然有说。璞，叔也；骆，仆也。不忍以仆故致叔于辟，一也。骆无子，妻贫无以养，使璞资之终身，二也。且骆妻自谓一经检验，永失人身，意自不欲，非强之和，三也。"金紫人始首肯曰："可与骆氏立后。"具命绿衣导之。回途中问绿衣："人间何事最善？"曰："救人为先，继绝次之。"复问平生食禄。遂于袖中出大帙示之，已姓名下，其字如蚊，不能尽阅。后注云："合参知政事，以某年月奸室女某人，降秘阁修撰，转运副使。"洪悚然泪下曰："奈何？"绿衣曰："但力行好事。"且言："某亦人间在池州溺死，阴间录其正直，故得职。"已而前至大溪，绿衣人推堕之，恍然而寤，死三日矣。妻子环立于傍，以心暖口动，未就殓耳。未几，叔璞亦死。后洪公以秘撰两浙漕召，忆冥中书，甚恐后竟无他。官至端明殿学士，享上寿而终，非力行好事所致乎？此事洪公尝梓以示人，颠末尚多，姑略书之。

人人从这冥中详勘一番，亦知为善矣，但造物无许多烦剧耳。洪公梓以示人，大是公善，其力行不待言也，可享前职宜哉。

○历阳船长谋人妻不遂，为虎所杀

成化十九年，宜兴一人因无产有役，与其妻逃历阳，遇行船人曰："我正往历阳，遂搭去。"舟师悦其妻，至历阳，诱其人曰："我于此最多，熟识尔妻，可留船中，我与尔去觅舍。"舟师至山下，遂打死其人，回船给其妻曰："尔夫已落虎口矣。"妻泣。舟师曰："无苦，我自与汝成配。"其妻疑曰："虎岂能尽食吾夫？若得见，遗肉一脔，亦愿足，然后与尔为配。"舟师不得已，领其妻往山下寻之。不意遇一虎，竟搏舟师而去。其妻因哭曰："此真有虎，吾未果死于虎矣。"路人闻之，诘其所由。妻以实告。路人云："适从县前见一人被船长打死，复活来告状，岂尔夫耶？"其妇如其言，往县前，果遇其夫，复完聚。(《谈林》)

生中死，死中生，那云无复天道。

○王勤政诱奔妇不果，为鬼所随

政涤阳民与一妇奸，妇绝怜爱之，有偕奔之约，而尚虞其夫追及。未几，夫为妇所制而死，政闻变大骇，即独身逃江山，县相距七十里，自谓已远，祸可脱也。饥入食店，业店者供二人食，政问其故，曰："向有被发人随汝入，非二人乎？"政惊知冤鬼相随诣郡自首。蜀参知易公领郡，亲为谳决，而传其事焉。(《谈林》)

王勤政无预杀其夫也，妇自计死之，而政以宣淫当其辜，奸之谋杀也，殆非意所能规避哉。

○张会子从掷钗妇，相对就刃

金部田员，与豪家子弟张生同科，俱少年相得。一日，闲步经一大宅窗下过，密聆其中赞美声。过百余步，复回，窗中妇忽掷金钗一支。张生低回久之，即有紫衣者趋出见招，言："此某官子妇也，其夫使蜀未回，妇约郎君于崇夏寺中某日相会，以此致意。"张如期而往，果然，后辄时时相诣，田谏之不听。未几，其夫归备知其事，隐而不问。欵曲闲谓妇曰："吾前度险阁，颠危万端，愿饭百僧，女为我往尼院偿之。"妇诺往。张生知之，遂往会焉。某官率健卒携利剑入院，同谋者皆杀之。妇与张生一对就刃，自拘于有司待罪。太宗曰："此人间最巨蠹也，伤风败俗，杀之宜矣，何必致问？"中外快焉。

少年欲窦何所不至，辟如口腹嗜味，愈纵愈狂。力自敛饰，则益淡将去矣。又有邪说以鼓其欲曰："好色非慧男子不至此。"吁，鹊之彊彊奔奔，狐之绥绥纵媚，彼非慧性哉？任我之欲而无礼，则禽兽何殊焉？《阴律》有云："奸人妻者，得绝嗣报。奸人室女者，得子孙淫泆报。"概观行秽之家，源流踵弊，自可灼见。况奸则妒，妒则杀，又或遇尸瘵之妇，疮毒之妓，性命不保，胎产为烂，眉发堕落，臭秽可憎。尝有一友犯之，自言"片时失脚，终身腐刑"，且其楚痛难堪，几自缢者三次矣。少年豪士，染指良家，则阴遣祸杀可虑；恃财嫖荡，则耗家恶疾可虚。何似渐忍渐戒，亦省些肠断，累些阴功乎？有倡此蛊人者，罪益必及之。

资助嫁女之报

○刘弘敬嫁剽俘之婢，龄福俱永

唐彭城刘弘敬，字符溥，世居淮泗间，资财数百万。常修德不耀，人莫知之。家虽富，利人之财不及怨，施人之惠不望报。长庆初，有善相者于寿春道逢元溥，延而讯焉，曰："君财甚丰矣，然更二三年，大期将至，如何？"元溥涕咽曰："夫寿夭者，天也，先生其奈我何？"相人曰："夫相不及德，德不及度量。君虽不寿而德且厚，至于度量尤宽。且有二年之期，勤修令德，冀或延之。夫一德可以消百灾，犹享爵禄，而况于寿乎？吾三载，当复此来。"言讫而去。元溥流涕送之，乃为身后之计。有女将适人，求女奴资行，用钱八十万，得四人焉。内一人方兰荪者，有殊色，而风骨恣态，殊不类贱流。元溥诘其情，久而乃对曰："某代为名有，家本河洛，先父以平官居淮西，不幸遭吴冠跋扈，因缘姓与寇同，疑为近属，身委锋刃，家仍没官，以此湮没，无处告诉，骨肉俘掠，不可复知矣。贱妾一身，再易其主，今及此焉。"元溥太息久之，乃言曰："夫履虽新，不加于首，冠虽旧，不践于地。汝衣冠之女，而又抱冤如此，三尺童子，尤能发愤，我若不振雪尔冤，是为神明之诛焉。"问其亲戚，知其外氏刘也，遂焚其卷文焉，收为甥，以家财五十万，先其女而嫁之。兰荪既归，元溥梦见一人被青衣秉简，望尘而拜，迫之潸然，曰："余则兰荪之父也，感君之恩，何以报之？某闻阴德动天，今君寿限将尽，余当为君请于上帝，故奉告。"言讫乃去。后三日，元溥复梦兰荪之父立于庭，紫衣象简，侍卫甚严，前谢元溥曰："余幸得请于帝，许我延君寿二十五载，而富及三代，子孙无复及祸。其残害吾家者，悉案理之。存者祸身，没者子孙受衅。"帝又悯余之冤，署以重职，获主山川于淮海间，因鸣咽再拜而去。诘旦，元溥犹未甚信。后三年，相者复至，迎而贺元溥曰："君寿延矣，请君自眉至发而视之。"元溥侧冠露额，相者曰："吁！是有阴德上动于天者。自今后二十五载，庆及三代。"溥始以兰荪之父为告。相曰："昔韩子阴存赵氏，太史公以韩氏十世而位至王侯者，有阴德故也。况兰荪之家无后矣，身贱隶矣，而能不顾多财与殊色，而恤其孤，岂不谓阴德之厚哉！（出《阴德传》）

○范明府嫁故交之女，禄寿顿增

唐范明府者，忘其名，颇晓术数，选授江南一县宰。自课其命云："来年秋，禄寿俱尽，将出京。"又访于日者，日者曰："子来年七月数尽，何为远官哉？"范曰："某固知之。"一女未嫁，利薄俸以资遣耳。及之任，买得一婢子，因诘其姓氏，婢子曰："姓张，父尝为某堰官，兵寇之乱，略卖至此。"范惊起，问其父名，乃曩昔之交契也。谓其妾曰："某女不忧不嫁。"悉以女妆奁，择邑客谨善者配之。秩满归京，日者大骇曰："子前禄寿俱尽，今乃无恙，非甲子差谬，即当有阴德为报耳。"范曰："俱无之。"日者诘问不已，范以嫁女仆事告之。日者曰："此即是矣。子之福寿，未可量也。"后历官数任而终。（出《报应录》）

○韩魏公还郎官之妇，子孙世美

韩琦，封魏公，岁饥时为安抚使，汰冗职，逐贪残，活饥民一百九十万。后以故学士知扬州，徙定州兼安抚使，复赈活饥民数百万。在政府时，以三十万钱买女姬张氏，姿色甚丽。券成，张忽泫然。琦问其故，张谢以良家子也，流落至此，不觉堕泪。琦曰："尔初不以实告，吾无用尔。"命焚券，且逐去。张惶怖，遽吐其情，曰："妾本借职郎郭守义之妻也，守义前岁官湖南，部使者挟私劾以败官。今秋高岁晚，恐尽室饿死京师，愿身役于人，以活守义儿女。"琦恻然悯之，乃留券，遣张持三十万钱还舍，且令语守义："败官果非辜，可诉之朝，事白，汝却归我家。"张欣然而去。郭后得辨雪，且得调淮右，见阙，张来如约。琦不使至前，遣人谓之曰："吾位宰相，岂可妾士人妻？向者缗钱费用，应尽取，前日券包金二十星，助汝之官。善视郭氏儿女。"张不得见，望门涕泗感激，百拜而去。琦之隐德如此者甚多。琦后赠至魏郡王。子五人，忠彦为相，嘉彦尚主，端彦、纯彦、粹彦，俱显官，孙、曾孙富贵累累，皆魏公培植之也。

○鲁公亮赎鬻商之女，身登相位，子至尚书

公亮布衣游京师，舍于市侧，闻旁舍泣声甚悲，诘之，旁舍生欲言而愧，公亮曰："若第言之，或遇仁者。恻然动心，得免于难。"旁舍生顾视久之，曰："仆向官于某，以某事用官钱若干，吏督之急，视家无以偿，乃谋于妻，以女鬻商人，得钱四十万，

行与父母诀，此所以泣也。"公亮曰："商人转迁不常，且无义，爱弛色衰，即弃为沟中瘠矣。吾士人也，孰若与我旁舍？"生曰："以女与君，不获一钱，犹愈于商人数倍。然仆已书券纳直，不可追矣。"公亮曰："第偿其直，索其券，不可则讼于官，即与四十万钱，约后三日以其女来，俟吾于水门之外。"旁舍生如教，商人果不争，携女如期以往，则公亮之舟已行三日矣。其后女嫁为士人妻。公亮梦人谓曰："公有阴德，必获厚报。"后登第大魁，历官至相，累封鲁国公，以太保致仕，年八十，谥宣靖。其子孝宽复登第，官至吏部尚书。

　　他人此处还欲见面款曲，叙得无限仗义疏财模样，谁甘便行。〇伪欲娶此女，是其应变之才处。

〇马涓父不妾任官之女，子魁天下

　　涓之父，中年无子，因娶一妾，容貌姝丽，栉发时见公辄回避，怪问故，妾曰："父守官以死，去家甚远，无力可归。"母乃鬻妾以为遗骨之资，而未经卒哭，约发者实素帛，勉以缝彩蒙之，不欲公见，别无他故。公闻之恻然，即日，使寻其母，以女还之，不索原钱，又资助其路费。母子拜泣而别。是夕梦一羽衣人曰："天赐汝子，庆长涓涓。"明年果生一子，因名曰涓，即马巨济也。及长，中魁三次，天下第一，名为马氏三魁。

〇闽富人不妾任官之女，三子及第

　　富人无子，多美妾，皆不育。有赴任官携女妻而往，妻适没，行李萧然，进退不及其女。及笄，且有姿色，因言于父曰："母死久则腐，奈何？"父曰："汝将若之何？"女曰："将我债钱葬母，余为行费，立契券，期父任满，回可同归。"父泣曰："吾止有汝，安忍离弃？"女曰："舍此无策。"父流涕，以女计问于邸翁，翁言于富人，资钱三百千葬母。父子别去，女归富人。富人见其姿貌大喜，女不以忧戚之容见主翁。翁见其声音闲雅，行止自常，自意非吾偶也。又见其以素帛总发，使妻问故，女以贫告。复呼邸翁问之，翁以实告。富人感叹，即令女随邸翁去还父。父惊虑无钱偿，翁曰："以女还君，有助资二百千为路费，他日仕宦，回却相觅也。"父与女拜谢感恩而去。后富人正妻生二子，皆科举及第。

○冯京父不妾任官之女，生子京状元

京之父，岳州人，壮岁无子。其妻与银数锭，谓曰："君未有子，可为买妾之资。"至京师，问牙婆，引一女来，立契偿银讫。牙婆去，公问女之所由，女涕泣不言。固问之，女曰："父为官纲运欠折，鬻妾赔偿。"冯父恻然，不忍犯之，即呼牙婆遣女还父，不索原银。女拜泣而去。冯自京归，妻问妾何在，冯实告。妻曰："君用心如此，何患无子。"君数月，妻有娠，里人皆梦鼓吹喧阗，迎状元至冯家，是夕，生京乡会殿三元。

○时牙校不犯办丧之女，生子尚书

时邦美，阳武人。父为郑州牙校，补军将，吏部差押纲，至成都，年已六十岁，妇方四十岁，未有子，谓其夫曰："我有白金百余两,可携至成都求一妾归,异时得子,为身后计。"邦美父至成都,访牙侩,见一女甚华丽,诘其家世,不对。窥见以白布手总发,怪而问之,悲泣曰:"父本都下人,为州掾卒,扶榇至此,不以归,鬻妾欲办丧耳。"美父恻然,携金往见其母,以助其行。又为干行计,同上道,路中谨事掾妻至都下,殡毕方归。妻问买妾状,以实告。妻曰:济人危急,为德甚大,当更为君图之。"未几妻有孕。一夕,梦有数人被衲袄,舆一金紫人留堂中,及旦生邦美,后举进士第,官至吏部尚书。

人乃有恃财煽诱,罗致丧家,诈言妻死婚书定聘者,其亏行失心,为何如耶?

女壻廉义之报

○张孝其感化妇第,而还其财,升为岳神

孝基娶同里富人女,富人只一子,不肖,斥逐之。富人病且死,尽以家财付孝基,以治后事如礼。久之,其子丐于途,孝基见之恻然,谓曰:"汝能灌园乎?"答曰:"如得灌园以就食,何幸?"孝基使灌园,其子稍自力。孝基怪之,复谓曰:"汝能管库乎?"答曰:"得灌园已出望外,况管库又何幸也?"孝基使管库,其子颇驯谨,无他故。孝基徐察之,知其能自新,不复有故态,遂以其父所委财产归之。其子自此治家励操,为乡闾善士。不数年,孝基卒。其子数辈游嵩山,忽见旌幢驺御满野如守土大臣。

窃视专车者，乃孝基也。惊喜前揖，询其所以致此。孝基曰："吾以还财事，上帝命主此山。"言讫不见之。

世间固有岳丈死争折帛仪，纷纷聚讼者，况席卷数年之成业，肯还之乎？此事自开风化，非细故也。

○刘师父却鬻产之赀，登第高爵

师文，明州人，流落蜀中。母以缝纫教之学。成都大姓杨氏奇之，纳为婿。杨死数年方婚，既而谋归江南，妻晨起与母兄议事，窃往窥壁，见其母兄立文书，反覆再三，有不豫之色。妻至问故，曰："父存日，议以田四十亩为嫁赀，约铜钱二千缗，迩来多故，鬻之迨尽，今货居室之半，仅得千缗而已，适立券也。"刘曰："岂有为人婿而令其卖屋以相畀者？"取券焚之，携妻竟归。后得登第，官至侍郎。

今人却有无嫁赀而不妻其妻，不纳其妇者，何相去之远也？嫁娶而责财币，若偿宿负然，真夷狄之道，使贫家杀其女，皆是故也。又则有翁婿相忤于讼者矣，姻娅相对如仇者矣，母女姊兄弟妹都无实心相爱，直铺张好看耳。奢伪之贻害，可胜道哉！安得如师父者以转移一世也？

宽下之报

○王旦度量宽弘，致位宰相

旦，谥文正。平生未尝见其怒。饮食有不精洁者，但不食而已。家人欲试其量，以少尘埃投羹中，公唯啖饭而已。问其何以不食羹，曰："我偶不喜肉。"一日又墨其饭，公视之曰："今日不喜饭，可具粥。"其子弟诉于公曰："食肉不饱，为庖人所私，可治之。"公曰："汝辈料食肉几何？"曰："一斤。今但得半斤，其半见廋。"公曰："此后人料一斤半可也。"其不发人过，皆类此。公知枢密院五年，平章事十二年，佐太平天子，言无不从。任事既久，人有谤之者，辄引咎不辩。至人有过失，虽人主盛怒可办者，必得辩而后止。勋业盖世，为一代保泰之纯臣也。吁休哉！生子王质为待制，王素为尚书。

○张齐贤不台窃器奴，三跻相国

齐贤，谥文定。为运使时，家宴一奴，窃银器数事于怀中，公在帘下熟视不问。后公三为宰相，厮役皆得班行，而此奴竟不沾禄，乘间泣拜不止。公悯然语之曰："我不欲言，尔乃怨我。尔忆江南日盗吾银器数事乎？吾怀之三十年，不以告人。今备位宰相，进退百官，志在激浊扬清，安敢以盗贼荐也？念汝事我久，今与汝钱百千，汝去，自择所安。盖吾既发汝私，汝宜愧而不可复留也。"奴震骇，泣拜去。

○吕公著不治碎玉婢，遂定台弼

吕许公有子数人，皆知当贵，而不定其孰可。相国乃俟其齐集，令婢以一筐盛玉瓯茶齐饷之。既还，诈跌于地，瓯皆碎。诸子闹然，有自责骂之者，有驰以语父母者，独公著凝然不动。许公乃曰："此子真宰相也。"后果然。谚曰："有大量，有大福。"
信夫！

○胡公不以假引讼其仆孤，生子显贵

胡子远之父，唐安人，家饶财，常委仆权钱，得钱引五千缗，
皆伪也。家人欲讼之，胡曰："干仆已死，岂忍使其孤对狱耶？"
或谓减其半价，予人尚可得二千余缗，胡不可，曰："终当误人。"
乃取而火之，不少动心，其家暴贵，宜哉！（《老学菴笔记》）

刻薄人未尝无此想，直为利所啗，却抹杀过耳。

○于令仪以盗罪隣子，遂为令族

曹州于令仪，市井人。长厚不忤物，晚年家颇丰富。一夕，
盗入其家，诸子擒之，乃邻子也。令仪曰："汝素寡悔，何苦而
为？"盗曰："迫于贫耳。"问其所欲，曰："得十千，足以衣食。"
如其欲与之。既去，呼之，盗大恐，乃谓曰："汝贫，乘夜负十千
以归，恐为人诘。"留之至明使去。盗大感愧，卒为良民。令仪择
子侄之秀者起学宫，延名儒以掖之。子伋、侄杰傲举进士第，今
为南曹令族。（《渑水燕谈》）

○马翁不以爱子戕其婢，再生子贵显

马司徒，父年四十始得子。子五六岁，眉目如画，夫妻保若拱
璧。一日，婢抱之，失手，殒于火，左颧焦黑。封君偶见之，即呼
婢奔避。妇惊痛，撞封君倒者数次，寻婢挞之，无有矣。婢走归

匿母家，言其故，婢父母感泣，日夜吁天："愿公早生贵子。"次年，公果生子，左颧宛然黑痕，即司徒也，慈爱人有之。独念其时伤子，及忧绝嗣不暇，而忧婢死杖下，仁何至也！贵子重生有以哉！（《谈林》）

○沈心松夫妇慈仁，子孙皆登第

沈心松，袁黄之姑夫也。袁黄叙之云："公素慈祥恺悌，十六岁而孤，适里中陷以大粮长之役，恐破家，潜匿庐墟。后闻里人更报其叔代之，心松曰："叔家不及我，奈何我安逸而叔受困乎？"即自出认役，幸不大费，畏役，因纳司吏，随提学出巡，守法廉平。有同邑张旦，弃吏业儒，不闻考期，公连夜促之，且为效力。既入官，以银十两为谢，公笑却之，曰："我在学道，提携人甚多，未尝受谢，乃受故人之金乎？"公为人乐易，未尝口道人过。与人语，煦煦惟恐伤之，怒詈之声音颜色，绝不加于婢仆。一日，赴燕浦氏，夜深，仆从皆醉，公自操舟而归。既登岸，命诸仆之妻各扶其夫安寝。及旦，公未起，妻即吾姑袁夫人，促之曰：汝何今日独晏起乎？"公曰："吾恐诸仆见我而惭，故未忍起耳。且俟其下田作业，吾徐起未晚也。"其忠厚不肯斥言人过如此。吾姑袁夫人亦有厚德，未尝疾言遽色，予偶坐厨中片晌，见所行三事，不愧古人。时表兄有疾，姑亲携好酒一碗置桌上，仆文成自外入，不知，覆之于庭。姑询其故，曰："我将谓茶耳。"姑曰："汝不知，原无过，今凡事当仔细，千粒米难成一滴酒也。"其人愧悔可掬，盖耿耿数言，严于捶楚。又有小童持盘尽覆厨下，其母自责之，姑望见，急止之曰："此非故意，何得责之？但弃其碎者，勿留以伤人之足可也。"一田保附舟问病，姑为送舟金，且周食用，复度所送二物，加厚答之。语子曰："贫人问病，大是好心，岂可令其折本？"吁！片时所见，皆中伦虑如此。以此待人，终身岂有喜愠之色乎？予见婢仆有不如意事，思及吾姑，辄怡然解愠。今二十余年，无大怒矣。生子科，孙道原，皆登进。

○韩琦德量过人，鼎盛无比

琦为馆阁时，尝与同馆王拱辰、御史叶定基阅开封试卷，二人喧争不已，公安坐阅卷如不闻。拱辰以琦同馆，忿不助已，责曰："此中习气度耶？"琦和颜谢罪。出镇相州，因祀先师，宿齐馆，夜有偷儿挺刃，顾曰："不能自济，故来求公。"琦曰："几上器具可值百千，尽与尔。"偷儿曰："愿得公首以献西人，富贵何及？"琦即引颈受刃，偷儿叩首曰："以公德量过人，故相试耳。几上物已荷赐，愿无泄其事。"琦诺之。明日，于宝库中如数取偿，终不语人。后偷儿以他事坐罪狱中，备言其事，以传公德。后帅定武，尝夜作书，令卒持烛，卒他顾烛燃琦须，即以袖掩之，作书如故。少顷回视，已易其人矣。恐主吏鞭责，其卒急呼曰："勿易之，我命剔灯，故致焚须，幸书不燃，何罪之有？"尝以百金酬一玉盏，珍爱之甚。忽宴客次，吏将误触碎于地，坐客惊愕，吏将伏地待罪。琦神色不动笑曰："物破有定数，汝误也，非故也，奚罪？"

生子五人，以比五桂，而爵名过之。又具嫁女集中。

琦父子贵显，宋代一人，而其量亦大惊人矣。非此沧海度，哪容万福流？

家政酷虐之报

权贵之家长，犹郡邑之有主也，酷奴虐婢，楚苦堪怜。且渠亦人子，所少于我者惟钱耳。以乏财之故，甫七八岁即离父母，委身主人，业已颐指气使，惟吾命矣。又从而残忍之，虐使之，责所不堪，已又饥寒之，锢闭之，使其穷愁痛泣，无所控诉，令我身当此，将如何哉？每见妇女虐婢，有炮烙、拶指之刑，然多起于妒根，谁致之？纵之，则丈夫亦不得辞其责矣。又有骄贵子弟，粗豪势家，专以无道加人，虽妻妾犹不克堪，贫人为债所窘，一置男女其中求出不得，超生无路，名为"入生地狱"。吁！可言哉！可言哉！不思一般出世，我得如是，彼竟如是，是何业债，是何因缘，使我投入穷胎，得不有此光景耶？设身处地，试一受之。

○康季孙破戒杀婢，呕血死

季孙性好杀，滋味渔猎故恒事。奴婢愆罪，亦或死之，常病笃，梦人谓曰："若能断杀，此病当差，不尔必死。"即于梦中誓不复杀，惊寤战悸，汗流浃体，病亦渐瘳。后数年，三门生窃其两妾以叛，追获之，即并殴杀。其夕，复梦见前人来曰："何故负信，此人罪不至死，私家不合擅杀，今改亦无济理。"迨明，呕血而

卒。（出《太平广记》）

○王简易捶杀小奴，腹中作块死

简易暴得疾，腹中生物，随气上下，攻击腑脏，伏枕月余。一夕，块物筑心而死，数刻方寤，言为鬼录。至城隍所，阴人相谓曰："王君颇闻修善，何遽至此？"寻见城隍乞放，捡簿书，犹合得五年活，遂苏。至五年，腹块复攻心，逡巡又醒，曰："适到冥司，被小奴所讼，辞气不可解。"妻问："小奴何人也？"简易曰："吾旧使仆僮，年妙龄，因约束之，遂至毙。今腹中块物，乃小奴为祟也。"适见前任吉州牧锺初，荷大铁枷，着黄布衫，冥司勘非理杀人事，款问甚急。妻遂诘曰："小奴庸下，何敢如是？"简易曰："世间即有贵贱，冥司一般也。"妻又问："阴间何罪最重？"简易曰："莫若杀人。"言讫而卒。（出《报应录》）

○梁杜嶷枉杀其妾，夜见之而死

嶷新纳一妾，年貌兼美，宠爱特甚。妾得父书，倚帘读之。嶷外还，而妾自以新来，羞以此事闻嶷，乃嚼吞之。嶷谓是情人所寄，遂命剖腹出书。妾气未断，而书已出，嶷看讫，叹曰："吾不意忽忽如此，伤天下和气，其能久乎？"其夜见妾诉冤，嶷旬日而死。

○范略妻截婢耳鼻，生女如其婢状

略幸一婢，妻妒虐，截之。后诞一女，亦无耳鼻。及长，问此婢，具说听由。女悲泣恨其母，母深愧，悔之无及。

　　贪淫而又不能制妻，使虐婢若是，罪亦必及之。

婢仆善恶之报

　　○**李善立孤，官至太守。**

　　善，南阳李元苍头也。建武中，元家死于疫，一子名续，才生数旬，赀产千万，而诸仆私共计，欲杀续，分其产。善潜负续亡山阳瑕丘界中，哺养之，乳为生汁，推燥居湿。备尝艰勤，方孩抱，有事辄长跪请白。续至十岁，善与归乡里，理旧业，告奴婢于县，捕杀之。邑长锺离意上善行义于朝，拜太子舍人。显宗时，以能理剧，迁日南太守（此非常之义，亦有非常之报），道过李元冢，未到一里所，脱朝服持锄，去草拜墓，哭尽哀，自炊爨，执鼎俎以祀，泣呼曰："君夫人善在此！"留数日，乃去。（贵而能降，尤离）居官惠爱，迁九江守，卒。续亦为河间相。

　　哺养，可能也，而长跪白事，则不可能也；泣冢，可能也，而脱朝服持锄，则不可能也。使臣道知此，奚至以危易节，以宠骄功，使子弟知此，奚难亲长平天下哉？

　　○**乳母全孤，封为郡君。**

　　唐初有王兰英者，独孤师仁之乳母也。师仁父在王世克部下，谋归唐，见杀。师仁甫三岁，得不死。英哀之，请身髡钳为保养，许之。时天下丧乱，饿死相枕，英啜水茹草木自活而行乞饲师仁。竟生之。居无何，诈为樵采，窃师仁逃归京师。高祖嘉其义，封为荥阳郡君。

○马仆阴骘遇仙，健寿百岁。

孙锦衣，有仆苏氏卧柳阴下，一道士蹴之起曰："汝面何阴骘纹之多也？"仆曰："贫人阴骘从何来？"道士强叩之，曰："我平生于蜂蚁牛马之类有生气者，皆极力爱护之，不践其生，不尽其力，得食极难。然与妇分食，稍得疗饥，即以其余食丐者，故平生未尝得饱。"道士曰："即是矣，可随我来。"至其居，柏殿鸾驾，皆非人间。仆不悟，踟蹰曰："今主人马无草，当受责，又我妇明晨无食，奈何？"道士嗟叹曰："汝无福，必欲归耶？"明晨，以破草履一双、药一粒，给之，曰："汝从此道入京。"卒辞去。既抵城，而城门与京都异。问门卒，卒曰："此滇南省城门也。"仆哭曰："道士陷我也。滇南去京万里，身无一钱，何由得达？"门卒问："道士何状，以何物赠汝？"仆言其详。门卒曰："此我张颠仙也，汝轻弃之，真无福。然既有二宝，何虑难归。便可宿我家。"仆乃悟道士为仙人，而恐其夺己宝，即辞出，宿小店中。明日，着履行驰云中，第闻耳后风飋飋间，以药含口中，遂不饥。大约日行千余里，凡七八日至京，以余药啖其妇，主人知其从颠仙来也，遂不敢蓄，夫妇皆近百岁卒。主人着其履于园中，行亦如飞，是夜失履所在。（《谈林》）

○仆童还赎罪金，旋为挥使。

袁尚宝忠彻，家居时，有友蓄一童子，甚韶秀，且机警。尚宝相之，以为不利于主，使逐焉。友虽素神其术，然意不忍也，数言，乃遣之。童无所归，往来寄食，宿古庙中。一夕不寐，见墙角有破袖，裹金银数百两，欲取之，忽自叹曰："我惟命薄，故被主逐，令更掩有此物，天益不容矣。"遂守之，以待失主。旦见妇人掩涕而来，四顾彷徨，问之，答曰："吾夫军也，犯罪当死，某指挥治之。妾卖家产并借贷，得金银若干，将以献彼，因过庙少憩，不觉失下。今追寻无得，吾夫死矣。"童历问锭数多少，皆合，遂付还。妇人欲分谢，不受，遂携去。夫得脱，念童子之德，遍以告人。指挥闻而异焉，访致之，育于家，悦其美慧，年老无子，遂子之。数年习职，因归拜故主。主叹曰："袁君之术，乃疏如此乎？"留之，俟袁至，仍使素服捧茶。袁一见惊起曰："此故某人耶？何以至是？"主谬云："逐出无依，今又来矣。"袁笑曰："君母戏我，今非君仆矣。三品一武官也，形神顿异，岂尝有善事以至此乎？"此子备述前故。其友乃叹袁术之神云。

惟天下无神于术者，则人之倏祸倏福，无从定之，遂付之适然，此所以堕二义之守也。○得财非道，布施无益。此童平日必不肯欺主取财矣，妙哉！

○传家婢放鳖，解其疫疾。

宋传庆中，尝得数鳖，付厨婢臛之。其一甚大，婢不忍杀，放之沟中，主人以失鳖挞焉。踰年，婢病疫，烦热将死，舁致外舍。

翌日，见胸胁间皆青泥，询之不知所自，但热差减耳。家人伺之，夜有大鳖自沟中被体，以泥直登婢胸冰之，其病遂愈。

○公孙绰被群奴厌死，诉县令尽诛之。

绰为王屋主簿，数月，暴疾而殒，未及葬。县令独在厅中，见绰具公服入门，惊起曰："与公幽显异路，何故相干？"绰曰："某有冤，要见长官请雪，某命未合尽，为奴婢所厌死。长官有心，倘为密选健吏往捉，必不漏网。某宅在河阴县，宅堂帘从东第七瓦垅下有某形状，以桐为之，钉布其上，已变易矣。"言讫而没。令异甚，乃择强卒素于绰所厚者，持牒并书与河阴宰，尽捕其奴婢，于堂檐中搜之，果得人形，长尺余钉，绕其身，木渐为肉，击之哑然有声，绰所贮粟麦，悉为所盗。县遂申府，奴婢数人皆殪桐木。

此杀之最密者也，然而魂能悉之，可见恶无微而不彰。

○宋吕奴杀主，卒被焚灭。

吕庆祖家甚富，常使一奴守视墅舍。庆祖自往按行，忽为人所杀。族弟无期先贷庆祖钱，尽疑其为害。无期乃斋酒祝柩前曰："君荼酷至此，乃谓是我，鬼而有灵，使知其主。"还至三更，见庆祖来，云："因见奴畦畴不理，谓当痛治。奴遂以斧砍我，将帽塞口，因得啮奴三指，悉皆破碎，竟刺我死。奴今欲叛我，已钉其头着壁。"言讫而灭。无期以告其父母，潜视奴所住壁，果有一把发，以竹钉之。又看其指，并见伤破。录奴诘验，承伏，又问："汝既反逆，何以不叛？"奴曰："头如被系，欲逃不得。"即焚奴，并其二子。

○叶谏议奴击驿丞至死，转生为叶公子杀其奴。

叶，亳州人。尝乘传过某邑，适一奴后至，嗔丞慢己，相诟，遂击丞死。公闻，杖奴百，恨恚不已。抵家居，与客对弈堂上，而其夫人当娩，童子忽呼："丞入卧内！"以常识丞也。公闻疾入，亦若有见，而子果生，颖秀异常，公甚怜爱之。第胸中常快快，然绝无他异，独好挞奴甚毒，曰："必杀此伧。"公知阴遣奴远避他所。已儿成进士拜令，而臂常好佩一铁环。或问之，曰："但觉其快耳。"一日，遇奴于途，下舆以环击奴死，自是不喜佩环，盖击丞者，奴臂环也。

奴击丞，犹相诟争，公子击奴，不敢诟争矣。丞毙于奴，一失手间，而奴毙于公子，乃先饱其毒挞，怨积而偿必多也。故爪牙鹰犬者，可勿戒与！

○王成奴缚主求赏，卒得烹。

元末，东莞人王成作乱。乡绅何真时以副使请于官。起义兵除之，擒仲副，募人能缚成者，予钞十千。于是成奴缚成以出。奴求赏，真如数与之。笑谓成曰："公奈何养虎遗患。"因使人具汤镬驾车上，成惧，以为将烹己也。真乃缚奴于上，促烹之。使人鸣钲鼓推军，号于众，曰："四境毋如奴缚主以罹此刑也！"人服其赏罚有章，遂争归之。元授以江西左丞，后率众归附焉。

养男女，亦人子也，具有性根，皆可修行。且主有救济仁心，非左右不行。若能回心为善，则虽圣贤仙佛，皆可致之矣，岂限贵贱哉？最患以贫故，视财太急，瞒心逆理，不仁不义。一时虽可幸得，益增今世罪业也。缙绅家干，愈宜自敕，恃势凌人，必有天殃。

情冤之报

○吴景妒杀掠妇，索命寺中。

景，浙西军校，丁酉岁设斋于石头城僧院。既陈设，闻妇女哭声甚哀，初远渐近，俄在斋筵中矣。景乃告院僧曰："景顷岁从，军克豫章，获一妇人，殊有姿色。未几，其夫求赎，将军令严肃，不可相容，景即杀之，后甚以为恨。今之设斋，正为是也。"即与僧俱往，乃见妇人在焉。僧为之祈告。妇人曰："我从吴景索命，不知其他。"遽前逐之，景走上佛殿，大呼曰："还尔命！"颠扑而死。（《稽神录》）

斋筵忏罪，而罪恶之报，至此偿之。则世之积恶而媚神者，神能为之地乎？戒淫、戒贪、戒杀，是名真忏悔耳。

○严武诱奔邻女，命尽鬼祟。

武少时，与一军使隣居，悦其女，诱至宅。月余，遂窃以逃，为军使所觉，捕贼甚急，且见及，乃以酒饮其女，以琵琶弦缢杀之，沈于河。明日，军使至，搜船无迹，乃已。严武后为剑南节度使，病甚，性本强，不信巫祝。忽一日亭午，有道士至门欲谒武，门者初不敢言，道士声甚厉，不得已，遂进白。武亦异之，引入，见道士至阶呵叱，若与人论难者，良久乃止。寒温毕，谓武曰："公有疾，灾厄至重，冤家在侧，公何不自悔咎陈谢？"武怒不答。道士又曰："公试思之，曾有负心杀害人否？"武静思良久，曰："无。"道士曰："适入至阶前，冤死者见某被披诉，初谓是山精木魅，与公为祟，遂加呵责。他云，上帝有命焉，为公所冤杀，已得请矣，安可言无也？"武不测，且复问曰："其状告若何？"曰："女人年十六七，项上有物是一条，如乐器之弦。"武大悟曰："天师诚圣人矣，是也，为之奈何？"道士曰："他即欲面公，公自求之。"乃洒扫焚香。道士以柳枝洒地，瞑目叩齿。逡巡阁子中有人吁嗟声。道士曰："娘子可出。"良久，见一女子披发项带琵琶弦而至，向武拜。武见惊惭甚，且掩其面。女子曰："公亦太忍，某从公，是某之失行，于公则无所负，何忍见杀？"武悔谢良久，兼欲厚以佛经纸缗祈免，道士亦恳为请。女子曰："不可。某为公手杀，上诉于是仅三十年，今不可矣。期在明日晚。"拂然而没，道士乃谢去。严公遂处置家事，至其日黄昏而卒。

失计处在诱以逃，后来不自由矣。然忍手杀之，何甚也？有如此负心，安得不死？三十年富贵，固其未定之天乎？

○晋阳人枉杀其妾，化虎食之。

晋阳人，枉杀其妾。其妾死，言曰："吾无罪，为汝所杀，必报。"后数年，杀妾者夜半起，至母寝门，呼其母问故。其人曰："适梦为虎所啮，伤至甚，遂死。觉而心悸，甚惊恶，故启之。"

母曰："人言梦死者反生，梦想颠倒故也，汝何忧？然汝夜来未饭牛，亟饭之。"其人曰："惟。"暗中见物，似牛之脱也，前执之，乃虎矣，遂为所噬。其人号叫竟死。虎既杀其人，乃入院，至其房而处其床，若寝者。其家伺其寝，则闭锁其门，破屋攒矛刺之，乃死。人以虎为所杀之妾也。

○窦凝杀妾并二女，备尝鬼毒。

凝，扶风人。将聘崔氏为妻，而凝旧妾有孕，约遣妾后成礼。凝许之，遂与妾俱之宋州船中。妾是夕产二女，凝因其困羸毙之，实沙于腹，沈之，并沈二女。既而还汴，谓崔曰："妾已遣去。"遂择日结亲。后十五年，崔氏产男女数人，男不育，女二各成长。永泰二年四月，几上忽有书一函，开视之，乃凝先府君之札也，言汝枉魂事发，近在期月，宜疾理家事，长女可嫁汴州参军崔延，幼女嫁前开封尉李駉，并良偶也。凝不信，谓其妻曰："此狐狸之变，不足征也。"更旬日，又于室内见一书："吾前已示汝危亡之兆，何颠倒之甚也！"凝尚犹豫。明日，庭中复得一书，词言哀切，曰："祸起旦夕。"凝方怆惶，妻曰："君自省如何？宜禳避之。"凝虽秘之，而实心惮妾事。五月十六日午时，人皆休息，忽闻扣门甚急。凝心动，出候之，乃是所杀妾，盛妆饰，前拜凝曰："别久安否？"凝大怖，疾走入内，其鬼随踵至庭，见崔氏。崔氏惊问之，乃敛容自叙曰："某是窦十五郎妾，凝欲娶娘子时，杀妾沉于水，并二奴同命。凝欲娶妻，某自屏迹，何忍害某性命以至于此！妾以贱品十五余年，诉诸岳渎，怨气上达，闻于帝庭。

许妾复仇，今来取凝，不干娘子，无惧也。"崔氏悲惶请谢："愿
以功德赎罪。"鬼厉色曰："凝以命还命足矣，何功德而当命也？
譬杀娘子，岂以功德可计乎？"便升堂擒得凝，而啮咬掐掞，宛转
楚毒，竟日而去。言曰："汝未虑即死，且可受吾能事耳。"如是
每日辄至，则啗嚼支体，其鬼或异形异貌，变态非常，举家危惧，
而计无从出，并搏二女，不堪其苦。于时有僧昙亮，颇善持咒，
凝请之。置坛内阁，须臾鬼至，不敢升阶，僧让之曰："鬼道不合
干人，何至是耶？吾召金刚，坐见糜碎。"鬼曰："和尚事佛，心合
平等，奈何掩义隐贼？且凝非理杀妾，妾岂干人乎？上帝许妾仇
凝，金刚岂私杀负冤者耶？"言讫登阶，擒凝如初。崔氏令僧潜
求聘二女，鬼知而怒曰："和尚为人作媒，得无怍乎？"僧惭而去。
后崔氏、李氏娉女逃遁，而鬼不追，乃言曰："吾长缚汝足，岂能
远耶？"数年，二女皆卒。凝中鬼毒，发狂，自食支体，入水火，啗
粪秽，肌肤焦烂，数年方死。崔氏于东京出家，众共知之。(《通
幽记》)

十五年寂不闻声，何忘记也，及报之乃狠毒如此。世之为恶而尚存
者，亦其报未至耳。

○鄂州将杀妻并婢，为鬼所啗。

小将某者，本田家子。既仕，欲结豪族而谋其故妻。因相与
归宁，杀之于路，弃尸江侧，并杀其同行婢。已而奔告其家，号哭
云："为盗所杀。"人不之疑也。后数年，奉使至广陵，舍于逆旅，
见一妇人卖花，酷类其所杀婢。既近，乃真是婢，见己亦再拜，

因问："人耶鬼耶？"答云："人也。往者为贼所击，幸而不死。既苏，得贾人船，寓载东下。今在此，与娘子卖花给食而已。"复问："娘子何在？"曰："在近，可见之乎？"曰："可。"即随之而去。小顷中，指一贫舍曰："此是也。"婢先入，顷之，其妻乃出，相见悲涕，备述艰苦，某亦怃然，莫之恻也。俄而设酒具食，复延入内，置饮食于从者，皆醉。日暮不出。从者稍前觇之，寂然无人。因直入室中，但见白骨一具，衣服毁裂，流血满地。问其邻，云："此空宅，久无人居矣。"

○杨妪与娼妓盟誓，背之暴死。

余干民张某，商贩金陵。寓旅店，有小妇甚多。过门，张挑之。妇称邻居笑昐相许，遂私焉。久之，张察邻居无是妇，疑而咨之。妇曰："正有相托，妾非人也。有杨枢者，非君里人乎？"曰："然。""其人始贫暴富乎？"曰："然。"妇遂顿足啮齿曰："此天下负心人也，妾乃娼女穆少琼，少以艳丽与杨欢事妾，曲意无所不至，为誓盟迎妾归，生死相保。妾家箧笥颇饶，尽以归之。痴心守盟，谢客七年，久无耗息，闻已别娶矣，以是赍恨而死。此店即妾故居，有瘗金以赠君，但欲附君归舟，察杨新妇若何耳。"张如语，舟中置牌位，书"穆少琼"呼之即至，抵家别张，适杨宅。杨正康裕亡恙，而以诞辰张乐馔客，忽暴死。所娶亦剧病几死。张大惊，讳不敢言，自是呼牌名不至矣。

杨不肯娶娼女，真性也，特无奈情浓时，盟誓先结耳。穆作鬼亦复不贞，而以守誓责杨。倘所谓妇怨无终者，非耶？君子慎不可与他辈作缘哉！

○篚筲在娼家，本皆不义之财，而欺取之，竟以身受谴。世有权势在握，以横取豪民家私，为无伤者，又可看此样子。

附：家训

至亲莫过于父子兄弟，而乃有不和者。父子或因于责善，兄弟或因于争财，亦有不因责善争财而不和者。人徒见其不和，或就其中分别是非，而莫明其由。盖人之性，或宽缓，或褊急，或刚暴，或柔懦，或严重，或轻薄，或持检，或放纵，或喜娴静，或喜纷拏，或所见者小，或所见者大，所禀自是不同。父必欲子之性合于己，子未必然；兄必欲弟之性合于己，弟未必然。性不相合，则凡临事之际，必致于争论不胜，至于再三，则不和之端从兹渐启，而终身失欢者有之矣。悟此理者，为父兄必通情于子弟，而不责子弟之同于己，为子弟必仰于父兄，而不望父兄惟己之听，则处事之际，庶得和协，无乖争之患。

慈父固多败子，子孝而父或不察，此无异故也。中人之性，遇强则避，遇弱则肆。父严而子知所畏，则不敢为非，父宽则子玩易，而恣其所行矣。子之不肖，父多优容，子若愿悫，父必责备之无已也。此强即彼弱，此弱即彼强，积渐致之而不自知也。惟贤智之人可无此患。以他人之不肖子喻己，子则吾子固已孝矣；以他人之不贤父喻己父，则吾父固已慈矣，推而至于兄弟夫妇，莫不皆然。

自古人伦，贤否相杂，或父子不皆贤，或兄弟不皆令，或夫流荡，或妻悍暴，鲜有一家尽无此患者，虽神圣亦无如之何。譬如身有疮痍疣赘，虽甚可恶，未可决去，惟当宽怀处之，从容誉之，俟其自化，则胸中泰然矣。必欲事事争其曲直，终无了义。夫热肠须有冷手，人言居家久和，本于能忍，然知忍而不知处忍之道，其失尤多。盖忍或有藏蓄之意，人之犯我，藏蓄而不发，不过一再而已。积之既多，其发也，如洪流之决，不可遏矣。不若随而解之，不置胸次，曰："此其不思耳，此其无知失悮耳，此其所见者小耳，此其利害宁有几何？"不使之入而据吾心，则虽日犯我者十数，可不至形于言而征于色矣。此所谓善处忍者。

○往事莫记忆，往舌莫叨絮，虽发无根

骨肉失欢。有本至微而至终不可解者，止由失欢之后，各自负气，不肯相下焉耳。有能先下气，与之趋事，与之话言，则彼此酬复，岂不渐如平时。

○色难要在化心

头盛之家，长幼多和协，盖所求皆遂，无相争也。破荡之家，妻孥未尝有过，而家长每多责骂，衣食不给，触事不谐，积忿无所发泄，惟可施之于妻子也。知此则父兄者尤当保家，而子弟处此，倍须孝敬矣。

高年之人，动静恍惚婴儿，喜得钱财微利，喜受衣服饮食果

实小惠，喜与孩童玩狎，子孙若能顺适其意，不难尽致其欢。

人之有子，多于婴孺之时爱忘其丑，恣其所求，恣其所为，无故叫号，不知禁止，而以罪保母，凌轹同辈，不知戒约，而以咎他人。或言其不然，则曰小未可责。"日渐月渍，养成其恶，此父母曲爱之过也。及其年齿渐长，爱心日疏，微有疵失，遂成憎怒。摭其细过，指为大恶。或遇亲故，历历陈数，断然加以"不孝"之名，而其子实无他罪，此父母妄憎之过也。故子幼必待以严，子壮无薄其爱，庶几初终可守，慈孝两得矣。

教子，须令其有常业。贫贱而有业，可不至于饥寒；富厚而有业，亦不至于为非。凡富贵之子弟，耽酒色，好局博，异衣服，饰舆马，与群小为伍，以至破家者，非其本心尽不肖，由繇无业以度日，每起为非之心，小人赞其为非，则有餔啜钱财之利，常乘间而翼成之也。

人有数子，饮食、衣服之爱不可不均一；长幼卑尊之体，不可不谨严；贤否是非之迹，不可不明辨。幼而示之以均一，则长无争财之端；幼而责之以严谨，则长无悖慢之患；幼而教以是非分别，则弃取有常，而长可无为恶之患矣。

有兄弟不和，而至争讼破家者，或由于父母憎爱之偏，衣服饮食，言辞动静，必厚于所爱而薄于所憎。见爱者意气日横，见憎者心不能满，苟积久之后，遂成深仇，所谓爱之，适以害之也。

父母见诸子中有独贫者，往往念之，常加怜恤，饮食衣服之分，或有所偏私，子之富者，或有所献，则转以与其贫者。此正父母均一之心，而子之富者，或以为怨，此殆未之思也。试使我贫，父母亦移此心于我矣。语谓父母爱少子，公婆爱少孙，虽不尽然，要亦有由。盖人生一二岁，举动笑语，自得人怜，虽他人犹爱之，况父母乎？才五六岁、七八岁，恣性啼号，或损动器用，冒犯危险，又多痴顽，不受训戒，故虽父母亦将恶之。况长者可恶之日，正值幼者可爱之时。其爱憎之心，或者从此而分，亦势使然也。然则为子孙者，当知父祖爱之所在。长者宜少让，幼者宜自抑。为祖父者又须均爱回转，不可任意而行，使长者怀怨而幼者纵欲以毁其家。

凡人之子，性行不相远，而有后母者，独不为父所喜。父无正室，而有宠婢者亦然。此固父昵于私爱，亦为子者实有不是处。要当一意承顺，则天理久而自协，亲意久而自回，无徒怨天尤人，付之不可奈何也。妇有舅姑者，多不为舅姑所喜，亦宜持此法。

以好合为归宿

兄弟子侄同居，长者或凌轹卑幼，侵用其财，自取温饱，簿书出入，不令幼者预知，幼者有觉，必起争端。或长者处事至公，幼者不能承顺，辄取其财以为不肖之资，则长者必不能堪，甚至以最微细酿极患害者有之矣。要使长者总提大纲，时谋于幼者，分干细务，必听于长，各尽公心，自可无争。

父之兄弟谓之伯父、叔父，其妻谓之伯母、叔母。盖抚字教育，有父母之道，与亲父母不相远。而兄弟之子谓之犹子，亦谓其奉承报孝，有子之道，与亲子不甚异也。故幼无父母者，苟有伯叔父母，则不至于无所养；老无子孙者，苟有犹子，则不至于无所归。此圣王制礼立法之本意。今人或不然，自爱其子而不顾兄弟之子，又有因其无父母，欲兼其财，百端以扰害之者，如是则安得不如仇雠？

人视兄弟如仇雠，往往其子因父之意，遂不礼于伯父、叔父者。殊不知己之兄弟即父之诸子，己之诸子即他日之兄弟。我之兄弟不和，则我之诸子更相视效，能禁他日不乖戾乎？子不礼于叔伯父，则不孝于父，亦其渐也。故欲吾之诸子和同，须以吾之处兄弟者示之；欲吾子之孝于己，须以善事吾伯叔父者先之。明帝云："我子安得与先帝子等？"至哉言也！

凡人家有子弟及妇女，好传递言语，则虽圣贤同居，亦不能泰然。盖凡人作事不能皆合人意，宁免其背后评议。人不传递，则彼不闻知，若此言彼闻，必积成怨恨。况两递其言，或从而增易之，两家之怨且至，牢不可解。惟高明之人，有闻而亦不听，则此辈自不能离间吾所亲。

房族亲戚邻居，其贫者才有所阙，必请假焉。虽米、盐、酒、醋，计钱不多，然朝夕频频，令人厌烦。如假借衣服器用，既为损污，又因以质钱，借之者历历在心，日望其偿，其借者非惟不偿，又行行自若，且语人曰："我未尝有分毫假贷于他。"此言一达，岂不招怨？〇凡亲戚有假贷者，不如随力给与之。言借则我终望其还，不免有所索，索之既频，必反怒曰："我欲偿之，以其不当频索，则姑已之。"方其不索，则又曰："彼不下气问我，我何为而强还之。"故索亦不偿，不索亦不偿，终于交怨而后已。且贫人之假贷，初无肯偿之意。纵有肯偿之意，亦何由得偿？或假贷作经营，又多以命穷计拙而折阅。方其始借之时，礼甚恭，言甚逊，其感恩之心，可指日以为誓。至他日责偿之时，恨不以兵刃相加。俗谓"不孝怨父母，欠债怨财主"，不若念其贫，随吾力之厚薄，举以与之，则我无责偿之念，彼亦无怨于我。纵不满其欲，而怨亦不至如责偿时之甚也。

别宅子、遗腹子，宜及早收养教训，免致异日论讼。若已习为愚下之人，骤欲归宗，尤为难处。

嫁女须随家力，不可勉强。苟或财产有余，亦不可视为他人，不以分给。今世固有生男不得力，而依托女家者，岂可谓生女之不如男也？大抵女子之心最为可怜，母家富而夫家贫，则欲得母家之财以与夫家；夫家富而母家贫，则欲得夫家之财以与母家。为父母及夫者，宜怜而稍从之。及其有男女嫁娶之后，或男富而女贫，或女富而男贫，亦多用此意。为男女者，又宜怜而承顺之。若割贫益富，及务烦缛图好看，则不可从也。

凡兄弟翁婿朋友，亦须知有酌盈佐虚意思。若必视所来为所往，则市肆之道也。〇相抵心最害事。

人家不和，多由妇女谗构，而其原又多出于婢妾。盖婢妾愚贱，尤无见识，以言他人之短失，为忠于主母，呵之则亦已矣。稍稍听信，则必日造虚妄，使主母与人深成仇隙，而彼始扬扬得

志，自暱处于心腹也。非惟婢妾，虽仆隶亦然者。主翁听信，则
房族亲戚故旧，皆大失欢，而善良佃仆反致谴责矣！（多出《袁氏
世范》）

卷之六 公鉴二

大度入门

天下至大，万世至远，虽万手万目以救济斯世，而犹未足也。故最急度人，谓"必圣贤而后度人"，非也。闻善则喜，见善则乐，时时述善言，谈善事，说善报，则度已多矣。中间转移灵巧，机关妙活，自有愈进愈精处，极至变化恰合，而不自知也。而度众人之人，又不若度度世之人，得其一焉。以旋乾转坤，以守先俟后，人复生人，则度成普度矣。圣贤经世传世，皆此一大事在。

○虞舜与人为善

昔舜在河滨，见渔者皆争取深潭厚泽，而老弱则渔于急流浅滩之中，恻然哀之。往而渔焉，见争者皆匿其过而不谈，见有让者，则揄扬而取法之。期年，皆以厚泽深潭相让矣。其耕稼与陶皆然，夫舜岂不能出一语教人哉？乃不以言教而以身转，此良工苦心也。吾辈处世，勿以己长盖人，勿以己善形人，勿以己之多能困人，收敛才智，若无若虚。见人过失，则涵容而掩覆之，一令可改，二令其顾忌而不敢纵。见人微长可取，小善可录，翻然舍己而从之，且艳称而广述之，则天地之量满矣。（《感应注》）

○司徒敷教在宽

五品，自契一命，传扬万世，度何众也！宽之一字尤妙，未化人，先化心。自家忿疾于顽，逆耳强聒，则火气先动，安能入微？就是父兄之于子弟，亦有中养不中，才养不才。一法，从意气不及、声色不大处，触人肺腑，甘苦疾徐，自有神行也。夫子称颜子曰："自吾得回也，而门人日益亲，想其春风和气，觌面神怡，真足为吾道招牌，为后学接引。"此所以"年三十二，毫无建立，而佐圣称元勋"也欤！

○夫子循循善诱

全在虚活妙处，设梯设航，如为颜子说者，自为他人说不得，此度人之苦心也。道既不行，施济莫遂，而老安少怀，勤恳至死（心满），则又之宋、之卫、之晋、之楚，木铎道路，倡教求贤。如晏子、子产，视夫子何如？从而兄事之。又如浣女小童，微睹有异，即便加以钉门针（功满），此度世之苦心也。一时人心风俗，犹然唤不回头，则作为《春秋》，以惧乱贼，正王法，使大义凛若日星。而《鲁论》《五经》，传流万祀，治统圣学，与天无极，此度万世之苦心也。凡此苦心，政不知依傍何样，创立何格，只是救人愿重，无可奈何，自然活法之中生活法耳。人人以此立心，必有妙手，各能满虚空界。

○发圣人之蕴，教万世无穷者颜子

以能问于不能，以多问于寡，有若无，实若虚，犯而不较，分明尽出圣人替身来，只此是无穷之教。

○传圣人之宗，为天下得人者曾子子思

《大学》、《中庸》，俱是圣人真骨血。被他指点来，上以承接正统，如日之有月，月之有灯；下以开辟孟子，如嶓之出漾，江之出汉，俱是天地为夫子生的。虽逊迹埋光，而源远流长，恒必由之也。

○孟子愿学孔子，再肩世道

看圣贤者，要着大眼目，看他一生精魄所注处。孟子道接素王、功开后裔，真个是天下万世有一无二的，须看他担天下之大统，救天下之大势，转天下之大机。何谓大统？见知闻知是也，几希是也。这眇小的物事，要他何干？却说尧以是传之舜，轲之死不得其传焉，原来这几希是生天、生地、生人的。人之生也，与天开地辟、水绿山青、鸟啼花笑，同是一样风光。一团种子，各各带得乾坤来，便须各各带得乾坤去。所以才说几希，便关着伦物世界，便与天地浮沉、人心显晦同生共死了。上古圣人各显神通，随时遇地，都全盘捧出。尧舜圣人以揖让住持他，汤武圣人以征诛洗荡他，即至权所不在，一筹莫展，如孔子之一部《春秋》，孟子之一副舌头，无关无系，当时煞甚寂寞。怎知他满腔热血，运世精神，全靠这里尽挺了。移星换斗，握乾定鼎，手段不曾输亏些儿也。看他好辨章，说个不得已来，何等关切。天下都此蠢蠢然，待暴待仁、待正待邪的东西，云何别人已得，他却已不

得？此所谓"维天之命，于穆不已"也。天以生物为心，故万古来无日不生。天之于穆，天之几希也，圣贤与宇宙民物合成一套，只此生生主意，彪勃将来，容忍不住，独了不得。人之几希，人之于穆也，无此个心绪。虽修道迪德，矜名惜节，只是个小人儒，不干灵苗上作用，不干古来开辟人品矣。这里定得眼目，方晓孟子是个亚圣，与孔子是个授受一堂的（此所谓担天下之大统也）。然徒有此心肠，而不晓得天下大势，何处极重，当何干旋。如庸医存心救人，粗集古方，而不知病体安能起死回生。司马德操云："俗儒不识时务，识时务者，在乎俊杰。"事变且然，何况世变，何况心变？当日战国之天下，只被战争弄坏了，所以战争累累者，只为君心错下一点，要开疆辟土，要富国强兵，流毒出来，便至杀人盈野，而不可解救。如梁王劈头说个"有以利吾国乎"？此便是南辱东败、死长子的勾当。如齐王劈头说齐桓、晋文之事，此便是兴兵构怨、危士臣的勾当。然当时父作子述，朝讲暮修，以至结轫凭轼之士，都以此为窟宅，俱美得惯性了。虽至杀人父，孤人子，鳏人夫，寡人妻，只当得寻常事，眉儿上皱亦不皱。且不特战场中杀气汹汹，并其庙堂所区画，独知所拟议者，尽都是嗜杀心肝，何也？驱民于死，是何等事？势不得不重法，干戈扰扰，科税不给，势不得不重征。于是管商之功利，申韩之惨刻，孙吴之兵法，苏张之游说，交驱当世，士非此不学也，君非此不接也。吾孟子孤掌群闹之中，舌战如簧之世，东驰西突，不遇老死，而必不肯舍所学以狥，是何等根器，何等识力？其献于君者，则曰："言仁义不言利也，道王无道桓文也。深耕易耨，以之易刑罚税敛也，五母鸡、二母彘，以之易士臣甲兵也。"其告于士若臣者，则曰："以仁义说秦楚矣。"曰："引君当道，志仁矣。而又塞其必趋之路，揣其必避之涂，形格之势，禁之日后必有灾。"曰："善战者服上刑。"曰："不仁而得天下者未之有，虽与之天下，不能一朝居。"句句是对症药剂，活人手段，即当时褒如充耳。然后来秦政项籍，果不了所料，而汉唐诸君，皆从"不嗜杀"一语，立定基业。于是巨盗魁房，少有志者，如建德、世充、伯颜辈，犹能戒杀，殊胜七雄远甚，则仁人一言之利长也。向非《七篇》所传，别黑白而定一，尊申、韩、管、商之学，安知不流毒万代乎？此犹其显者也。至于杨朱、墨翟，以高妙超卓之品，羽翼圣真，而英锐之徒，从如归市，又孰不望旗而靡，涉尘而奔者？则又惟是吾孟子，独识破他无父无君，率兽食人，而尽力排之，与之争割裂离，跋之世界，而授之画一。观其言曰："能言距杨墨者，圣人之徒也。"其孤危寡援如此，盖已使尽生平气力矣。此等神心鬼眼，有谁勘破？后来孔宗大明，如日中天，万世杀人，学术又得他撑住一番，这两番功课，摧陷廓清，泽在万世，信非伊吕翊运之臣所可及也。（此是救天下之大势）虽然，此如医家识得病势，能用对治矣，然不晓得扶植元气，随方应变，未免攻劫太重，瞑眩昏瞀，而于活人心处终未入妙。却又看他轻轻着手，隐隐迎机，如小钩引巨鱼相似，如扁舟翻怒涛一般，是故货色痟矣。引之至王，则曰："公刘如是，大王亦如是也。"乐勇系心矣。引之公乐大勇，则曰："欣欣喜色在斯，一怒安民在斯也。"在沼则言："沼，鸿雁麋鹿，都把来洗发一番。"在堂则言："堂，牵牛衅钟，都供我拨

转物料，将一个刀山剑树的君心，点缀得慈祥满世了。"以至世界
之中、浊乱之代，惘惘冯生，不觉不知，白地叫他回头，他抵死亦
不肯认，则又从其知痛痒处，而指点之，曰："若乍见有先王也，
若夜气中有仁义也，若嚄蹜中有贤者也，这分明是点铁成金手
段。又教他实落下手处，令人为尧为舜，徐行即是，为舜为蹞，孳
孳即分，这分明是个缩地法。将一个梗麻顽石的世界，点缀得个
个神通、步步显化了，所以能还魂换魄、起死回生者在此。当时
之天下，虽叫得不灵，而千千万万世人心，却被他布下种子也。"
（此转天下之大机也）学者认得大统，随势迎机，虽极难为之时，
自然忍不住手，自然会作生活计，不枉了与尧、舜、禹、汤，共顶
世界耳，有志者勉之！

〇周子传心，二程重整乾坤

自唐汉以来，训诂、词赋以学圣道也，全似倡优。至周子始
约而归之性命，又有二程起而光大之。人人知尧、舜可为，而古
先心法、治法灿然复明于世，得道者几半天下也，可不谓功乎？
大程纯粹明备，已是再生的颜子，而伊川师严道尊，遍淑后学，
亦殆与孟氏无两矣。故三师者，定有一时报功崇祀，与曾、思、孟
俱无极也，请拭目俟之。

〇朱子弘毅持世

朱子力行，规矩甚严。为后学所不便，故今时显然骂为迂
阔。不知当理学大明，摸心拟性之世，而旷脱厌弃，机关即伏于

此。非朱子撑持一番，则溃裂久矣。当时禁道学，籍伪学，指邪气。其群闹者，有韩侂胄之优人，有林粟之伐异，有王淮、陈贾之修怨，六经、孔孟为世大禁。正心诚意为上厌闻，绳趋矩步之士，屏气伏息，趋炎软节之徒，自名他师，而熹独以身担道，不戁不竦，表章无遗书，汲引无虚日，札子封事，抉髓洞胸，社仓荒政，救焚拯溺，处进退则一步不苟，撄谗谤则百折自如，淑后学则多贤竞出，严律身则四勿不违。故虽攻击者众，而德望犹足以弹压之，屈于一时，伸于后世。邹鲁、濂洛之学，如日中天，固朱子之教也。

当江西学者，制行未纯，而昂首扬眉，自命得道，固非无见，然浸假敝矣。近世渐此一途，傲脱成风，尤宜崇守朱教，以表仪天下也。任重道远，守先俟后，如其仁，如其仁。

○王阳明性学开关

阳明之学，以万物一体为宗。其《答聂文蔚》一书，曲尽俗学之弊，备写公善之则，且曰："人皆病狂矣，吾得而不病狂乎？人皆丧心矣，吾得而不丧心乎？"所以毕世叫呼，委身度人，愿重力猛，无时休歇也。人但怪其排击朱子，不无胜心，此亦是火气未净处，孟子而下，不能无之，安可掩其开天辟地之功也哉？自陆子静以德性立教，于义利、王伯最为吃力，而学者多不紧严，故朱子引绳切墨救其狂。自朱学流为义学，见解日渐纷岐，操履日渐傀儡。故阳明"剖肝析胆破其支"，皆是圣贤不得已苦心，其于师世淑人，各有攸当也。今不问朱王同异，但求实有入手处，可修可证，又须以二尊师之心为心，救世度人，然后于读书为无负耳。

僻学诐行败坏风化之报

此非有"杀人"之名，而流毒人心，败坏风化，其为乱贼倡不少也。世有圣人，必慎防其微而剪之，待其殃及世道，天地诛戮，则已无及矣。

〇少正卯行伪而坚，两观著戮
〇专诸、聂政等习险而悍，磔骨分尸

战国时，有此一号学术，最为可恨。以死为能，以横为勇，至于弑父与君，亦自谓雄奇。如专诸之"剁为肉泥"，聂政之"刮面剜目"，要离之"燔妻子，断半臂"，古冶之"争二桃，杀三士"，皆其平生冯陵、稔恶已极，而自受天诛者也。又有途中两壮士，抽刀相啖，梦中受人辱，痛恨自死。此皆好勇争名，无所发恶，与猪狗就磔何异？志士杀身求仁，而此乃以杀身成其大不仁，尚得为勇乎？罗贯中作《水浒》，卓吾取李逵，正隐隐入此气脉。此等风，若长之助之，不知何纪极矣！

〇商鞅、吴起、韩非、李斯俱以刑名就死

彼皆自谓信赏必罚，平天下如指诸掌者也。然与"宁失不经，好生大德"者，相去何径庭哉？鞅以徙木立信，起以布幅去妻，非若斯俱以督责致治，卒毒天下而身随之甚矣，刑难言也。若从名法上运用，无得情哀矜者，以为之主持，则往往流入这边去，而恬不知，犹以为生道之杀也。此圣人教人，必自乾元处安身立命，而于刑名法律一切不任乎？

○何晏、邓飏、夏侯、玄王、衍俱以清谈见诛

晏好老、庄之书，与夏侯玄等，竞为清谈，祖尚虚无，谓"六经"为圣人糟粕（今玄虚傲睨者，易坠此习），由是天下士大夫争慕效之，遂成风流，不可复制。然晏尝问辂："作卦得至三公否？则是势利中人也？"辂曰："君侯位尊势重，而怀德者鲜，畏威者众，殆非小心求福之道，则是恣弄威福中人也。内多欲而外谈虚空，只成一个放浪解脱，恣情自快而已。"及曹爽之难，晏等皆夷族。○玄才不逮志，嘤嘤凌人，竟死于难，第其操履廉洁，比诸君犹为可称者也。○王衍诣舅羊祜论事，辞甚清辨。祜无以难，然意不然之，衍拂衣去。祜谓宾客曰："是子方以盛名处大位，然败俗伤化，必斯人也。"衍善清谈，宅心事外，名重当世，人争慕之。然首与弟王澄、王敦分居高要，为三窟之计，则鄙夫患失甚矣。后晋事败，为石勒所执，具陈祸败之由，计不在己，且言少无宦情（临死犹诳人），因劝勒称尊号，冀以自免。勒曰："君少壮登朝，居重任，何言无宦情？坏天下者，非君而谁！"夜使人排墙杀之。衍将死，叹曰："吾曹虽不及古人，向若不祖尚虚浮，戮力匡世，犹可不至今日。"

害天下犹不悔悟，到死临头，乃露出跟脚了。此等人岂复有人心！

○周顗盛名放达，身誉俱损

顗素有宿望，自渡江后，沉醉无虚日，人谓"三日仆射"。又尝悦一人家婢，即于席上露其丑器，其失捡如此。庾亮曰："周侯末年，可谓风德之衰也，竟死王敦之难。"

清谈，转而放脱，又转而酗酒，转而纵淫樗蒲，其始皆以真率自然为宗者也，而祸竟至此矣。世之敝也，见绳趋矩步之人，始而畏之，积渐而笑侮之。其于酒色赌荡之场，始而私之，积渐而纵横之，甚至放者鼓焰成风，守者束缚不展，而世愈不可为也。陶侃语人曰："大禹惜寸阴，吾人当惜分阴。岂可逸游荒醉，生无益于时，死无闻于后哉？"又取参佐酒博之具，悉投之江，曰："樗蒲者，牧猪奴戏耳。君子当正威仪，何有蓬头跣足，自谓宏达耶？吁！侃于晋俗，可谓砥柱矣。视周顗辈孰优孰劣乎？"

○楚王英佞佛祈福，作逆见诛

汉明帝得西域神来，惟楚王英最先好之，竟与方士造作图书。有逆谋，废徙丹陵自杀。此亦韩文公所谓"事佛弥谨，得祸弥酷"者也。大抵佛教欲人明心了性，众恶莫作，诸善奉行。而善为宏阔胜大之言，以劝诱愚俗。所云经忏，借以挑动修行之一诀耳。而奉者，率为福利所囿，既切福利，便生希冀。一倡群和，愈觊非分，其势然也。今但以慈悲清净为宗，则佛在径寸，而所谓慈悲者，亦当随在力量，至真至满。如君相自有君相慈悲，守令自有守令慈悲。若必披缁诵经，登坛作福，便是仗着金木土偶，而自家活佛埋却也。其不为楚王英者几希矣！

○王安石以偏僻我见靡烂士气，贻祸宋室

司马光曰："人言安石奸，则毁之太过，但不晓事，又执拗耳。然观其忌忮冒疾，诈善掩恶，党同伐异，强辨蔽明，尽是奸宄。"老泉曰："士之不近人情者，鲜不为大奸慝，尽之矣。《孟子》云：'訑訑之声音颜色，距人于千里之外，而与谗谄面谀之人居。'安石之谓也。故一时豪杰排击殆尽，而奸佞者皆依世以取功名，至使学术大行，浸人肺腑，家传户诵，莫知其非，而宋之敝极矣。"高宗时，陈公辅言："今日之祸，实由公卿大夫无气节忠义，不能维持天下。平时既无忠言直道，缓急讵肯仗节死义，岂非安石学术坏之耶？安石政事坏人才，学术坏人心，《三经》、《字说》诋诬圣人，破碎大道，非一端也。《春秋》正名分、定褒贬，俾乱臣贼子惧。安石使学者不治《春秋》、《史》、《汉》，载成败安危、存亡理乱，为世龟鉴；安石使学者不读《史》、《汉》，杨雄不死王莽之篡，而《剧秦美新》，安石乃曰'合于孔子无可无不可之义'；冯道事四姓八君，安石乃曰'善避难以存身'；使公卿皆师安石之言，宜其无气节忠义也。勘破安石乱原，可谓切中当时诸贤，未必知其流弊至此也。"疏入，即授左司谏，赐三品服。

○李卓吾以放脱俗情簧鼓世趋，自罹天宪

王安石甚溪刻，然有宽处，如公辅所称是也。又李定不丁母

艰，安石亦偏护之，盖中其所欲，不复顾名捡也。卓吾甚放浪，然有严处，如见道学名流，犯其所忌，即肆其诋毁是也。大略世皆宽于妆流俗，而苛于求圣贤，卓吾政堕此见，是以放而有才性者，既赏其真狂，放而无才性者，亦赏其真俗，皆谓即此是道。修而有破绽者，既嗤其伪行；修而无破绽者，亦嗤其迂阔，必掊击之而后已。要不过忌前傲慢，媚世求名之念，为之祟耳。士大夫幸平心破此一根。

公善奖善之报（此集显化第一）

○遂宁周篯常演说《太上感应篇》，增其禄寿

周篯获《感应篇》，逐日观阅，又好与人演说。绍兴二十一年暴死，经日还魂，谓其妻曰："有人追去阴司，见庭下皆立篮缕人，若有力士，执州府旗号管押，篯被驱立本府旗下盼左右，半是乡里饿死者，心甚恐怖。俄顷，呼至殿下，瞻殿上坐者，如人间画星官像。呼篯，谕曰：'汝本在饥馑籍中，以汝钦奉《太上感应篇》，为人演说。汝虽行未及一二，然闻而回心为善者多，亦有行持而证仙果者，皆因汝之功。今一概追至，已为汝注寿禄籍讫，放还之后，坚固善心，可证大道，不复来此。'篯既出，忽见一吏戒曰：'汝还阳间，宜更将《太上感应篇》广行流布，若一方受持，则一方免难，天下受持，天下丰治。传受之士，功业不浅，非但脱水火、盗贼、疾苦之厄，可求男嗣，添注寿禄、富贵之籍，富

贵之士，可得神仙。'"筻因醒以其事警世。

独为善事，何有了期。若得大力量人，同存此意，则所救济何限？大略化一曲谨人，不如化一豪杰人；化一卑贱人，不如化一权贵人；化近人，不如化远人。在在言善言，行善事，交游善人。要得此善脉满乾坤界，则福德自是满乾坤界矣。舜之大德，亦只是"乐与人为善"一味。却便历山雷泽，以及有虞天下，个个精神，人人风动，然非雄心、庆心、我能我会之心，脱化净尽，固未足与于此也。

○塾师勤教道数十年，易穷苦而荣达

《义命书》曰："昔一士子赴省试，甚慊意，在京华待榜。因游僧寺，廊庑下有鬻相者，遂扣之，相者曰：'公骨相寒苦，纵才高班马，文过韩柳，亦不能成名。'士子不信，揭榜果黜。再往问终身果何如，相者曰：'以公之骨相，岂敢相许？若于功名用心之切，莫如种大阴德，或可以回造化。'士子归途，心口自语，我贫穷，济人利物事，安能为之，何以种阴德？徐思，我平日尝见为师者，多诬人子弟，我从今只留心教道，以此种阴德。'后数十年，复与试，往省，复慊意，寻寺中相者尚在，一揖，相者曰：'公丰神照人，定应荣达，高中无疑。'揭榜果然。士子往谢曰：'何向者拒我之峻，今日许我之确耶？'相者曰：'某不记。'士子述前事，相者曰：'公形骨俱换矣，留心教人，非阴德而何？宜造物之默相也。'"

提督学校及教授等官晓得此意，则英才乐育，为利斯溥矣。长吏之于化民也亦然。教人以善，对日人在分财之上，特人未必知之也。

○宋登诚于教道，子孙皆登第

登，仁宗时人。为塾师，善于诱掖，又能遇人以诚，其后子孙皆跻禄仕。熙宁九年，神宗第进士时，登长子宋绾已为翰林学士，侍立上前。及唱名，弟续及二孙，皆一榜进士。上顾而笑，王恭从傍称美曰："此其父至诚教道所致也。"（出《阴骘录》）

○王文康父尽力教授，朱紫满朝

文康父家贫，翁所教者村童，然必尽职。晚得一子，即文康也，登第历位宰相；有二子，官至学士；孙二人，皆为大夫。子孙相继，朱紫满朝。（出《阴骘录》）

教人之利甚溥，为德甚大。契之司徒，六百年天子，孔之木铎，万世皇祀，即是此意。而充拓得尽者也，人患不用心耳。

○陈瓘好奖人善，官至宰相

瓘字此锡，性甚谦和，与物无竞，对人议论，多取人善，虽短未尝面折，微示警之，人多退省愧服。尤好奖励后辈，一言一行，苟有可取者，即誉美传扬，以称人善，谓己不能。后官至宰相，谥"忠肃"。

奖善之益弘矣。劝一人以劝千万人，使元善真种遍地发生。大舜之大德，只是隐恶扬善，才隐恶扬善，便是与人为善。故《孟子》云："闻一善言，见一善行，若决江河。"此正舜之大大圣处。又如乐正子只是一味好善，便说优于天下，此其间声气相嘘，不疾而速，殆有神行也。居官及名士，人知此意，利益不少，恨不得多衰数条，以告语人间耳。

○陈寔以德化行里闬，子孙世德贵显

寔字仲弓，颍州人。平心率物，乡人争讼，辄求判正。寔为谕以曲直，开以至诚，皆感动。退而言曰："宁为刑罚所加，毋为陈君所短。"岁歉民穷，盗夜入，止于梁上，寔阴见之，呼子孙训曰："人当自勉，不善之人，未必本恶，迫于饥寒，习久，遂至为非，如梁上君子是矣。"盗惊骇投地，稽首请罪。寔曰："视君状貌，不似恶人，宜克己反善。"遗绢二匹以归，自是邑无盗者。后除太丘长，以三公征，不起，享年八十四。海内赴吊，祭者万余。子纪、谌齐德，时称二贤。纪为尚书令，纪子群为司空，并著高名，时号三君。

按："寔本与膺、滂齐名，而独无纤芥之祸者，彼专嫉恶，此专扬善故也。其入人也，甘而不拂，而变化已多矣。"郭泰亦同此意云。

口业变乱善恶之报

○祝期生性好短毁，舌创岁余而死

期生为人儇薄，见智愚、妍媸、贫富，皆轻侮之，评品之。官则发其阴邪，士则发其隐曲，无可拟议者，则巧求其短，以毁之。晚年病舌黄，每作必须一刺，出血数升乃已。既而复作，又须刺之，一岁作者五、七次，痛苦切至，殆不可言，竟至舌枯而死。（见

《太上感应篇注》）

此等人，孰不畏其口者乎？亦岂不自谓"豪杰能干"，而无识小人，有不从而和之者乎？然其影射祸人及诬谤不少矣。视舌犹存，当任他快而已。

○道士章齐一好嘲诮人，后嚼舌而死（同上）

○聂崇仪好谗谤诋毁，窜死道傍

崇仪能诗好嘲，虽僚友所不问。人有丑行，必形于诗。由是盛传，不复可掩。甚至破人婚姻，隔人眷属，竟坐谤政，窜死登州，藁葬道傍，人无不唾骂称快焉。（同上）

○张瓛若好讦议人，舌出数寸死。

瓛若居汤家巷，好议人过失，发人阴伏，虽至戚莫逆，交面后即媒蘖其短。正德己卯，行过南教场，空中飞一石弹，正中其额，还家，流血斗余，舌出数寸而死。

○杨询好从臾人恶，自当其罪，恶疾而死

询性巧媚，善揣知人意，怂恿之以得其欢。丹阳县尹杨开，性暴横，果于决责，与询最厚，每事必访（佞，口之力也）。询明知其非，不敢有所忤意，助其所为，叹盛美而已。开一日盛暑中，杖公吏及囚系者四十余人。二人死，询犹盛称其快。后询梦至一处，金紫者谴之曰："成杨开之恶者，汝也。开罪当坐，无所避。"数日，果中恶疾而死。（出《太上感应注》）

此等人胁肩谄笑，总要求人欢悦，骗人东西而已。孰知成就人罪过不少哉？然此等人无不亲而爱之者，是以"痰"为药也。○此等业，缙绅多堕之，欲以赞叹得当道者欢心耳。不知彼肯询问某事，亦是善关可启，赞成其误，非吾恶乎？且有无因而诵某事处得快当者，此必有事私嘱，先发谀舌耳。故凡能直言则直言，不然则默。此默时，仁心已发不透矣。况变乱是非，以阿人意者乎。

精修大道

世尽是血肉躯，谈仙似属可笑，然记载信有之，即历代封号，及脱迹度人，种种可据。且如物之精者，窃天地灵气，日月光华，皆能长生变化。而况于人，要只在心坚力勤，又在积德累功。心到便是缘到，德厚方能福厚。而其指归，必极于修性修命，忘我忘人，而后为至焉。盖不修命，则宅舍易坏；不修性，则报尽还来。然要不外人伦日用中练己，返视却听里存神。则固与儒术相为表里也。人道即是仙道，是在修之。谨依纪载所及，略标其概。

○有炼神气法

容成公炼精玄牝，其要谷神不死，守生养气，发白复黑，齿落更生。○范幼冲旦旦存青、白、赤三气，各如线，从东方日下，直入口中，抿之九十过，觉饱止。行之十年，身中自有三色之气，

遂得升仙。(此内景法)

○有固想法

庄伯微不知求道，惟以日入时，闭目握固，想昆仑山，积三七年，得见昆仑山仙人传金液，方成道。

○有服食法

宋伦及皇太姥，俱服黄精，能呼风乘云。○赤将子舆不食五谷，而啖百花草，能随风雨上下。○毛女食松叶，身轻如飞。○古丈夫初饵柏子，后食松脂，岁久凌虚，毛发绀绿。○王兴服一寸九节石菖蒲，遂得长生。(汉武帝祠中岳神，忽有仙人，长二丈，耳出头颠。帝礼问之，言"此方遂失所在"。帝及从官遂采服之，皆觉闷而止，独王兴久服之。)鲁生女，初饵胡麻，渐绝火谷，九十余少壮，色如桃花。○吉志通居武当山，十年不火食，但饵黄精、苍术，行步如飞。

○有事天法

桓闿为陶弘景侍者，常修默朝之道，亲朝上帝九年，忽仙仗白云车，迓之而上升。

○丹慧

玉子(姓章名震)，周王征之不起，叹曰："人但贪富贵，不知养性命，气绝，虽为王侯，金玉如山何益？惟有学仙，可以无穷。"

乃师长棐得道。○雷隐翁业进士，再试即弃去，默坐终日。或诮其痴，翁曰："终不以吾痴易汝黠。"（亦是火功）○朱橘临池顾影，倏然警悟，遂厌名利，慕修炼。一日，遇道人曰："子何所慕，富乎？贵乎？惟汝欲。"橘曰："人生富贵，如海上沤，空中云，何足慕？惟神仙不死，所愿学也。"道人教之，后尸解去。

○丹诀

至道之极，昏昏默默，无视无听，抱神以静，形将自正。（《广成子》）○古先生善入无为，永存绵绵。（《老子》）○裴航曰："老子云：'虚其心，实其腹。'今之人心愈实，腹愈虚，道无由矣。"再问之，曰："心多妄想，腹漏精液，虚实可知也，人自有不死之方，还丹之术。"○白玉蟾指玄牝为念头起处。（自有妙理）又云："一贵乎守，回风混合，终日如酒。"（妙妙）

○丹头

兰公许旌阳，精修孝道，受孝弟明王秘诀。○吕真人恐误千年后人，则功行已满，又欲度尽众生成道。○王慕值天下饥疫，于静室飞章告天，祈救生灵。夜感神人语之曰："子念生民，吾今得盼子矣。"竟得仙教。

○守丹火

传先生学道，精思七年，遇老君与一木钻，钻石成穿，可得仙。乃钻四十七年，石穿。仙人曰："志坚矣。"授金液丹，仙去。

○马明生随王夫人入岱山，试以鬼怪、狼虎，不惧，挑以美女，不动。夫人曰："可教矣。"得丹，白日升天。○郝大通坐桥下不语，小儿辈戏累瓦砖为塔于顶，嘱以勿坏，头竟不侧。○谭处端劝斗，被打折齿，不怒，曰："谢他慈悲教诲。"

○结丹缘

酆去奢精思道术忘疲，住处州卯山，拱默静想。感神人谓曰："张天师有斩邪剑一口，并一石瓶，丹在大石下，可取之。"奢以石天造，非可用力谢之。神人首肯曰："但勤修无怠，剑丹当自致。"后三年，神自取付之，能役雷电，白日升天。○析象谓多藏必厚亡，散千金以赈贫乏，成尸解仙。○于吉精修苦道，忽得痼疾，感老君授以经，消灾治病，立愈。○刘德本散粟数万石，活饥民，遇老人引入诚真洞天曰："以你行善，故许到此。"后飞升。○张紫琼遇太虚，求金丹不与，因其施丐钱三十文，乃授之，得仙。

○尹喜损身济物而拔宅

喜隐德行仁，大度不修俗礼，损身惠物，不求闻达。为周康王大夫，见东方紫气西迈，知圣人当过，乃求为关令，敕关吏候异人。老君果白车青牛度关。吏白喜，喜即朝服叩顿，邀留之。老君诡拒再三，见其识真意恳，乃留百余日，尽传内外修炼之法，遂耸身而去，约以千日，可寻于蜀青羊肆。喜屏绝人事，内修三年，具臻玄妙。乃往蜀寻访，见一童子牵羊在市肆中，因问："此谁家羊？"答曰："我夫人生一儿，爱玩此羊，失来两日，啼不止，今寻得欲还。"喜嘱曰："为告夫人之子，尹喜至矣。"童子以告，儿即振衣起曰："令喜前来。"家忽高大，儿现数丈金身，坐莲花座，谓喜曰："吾向以子沿世来久，深染恩爱，初受经诀，未克成功，是以待子于此。今保形炼气，心结紫络，面有神光，金名表于玄圃，玉札系于紫房，已得气参太微，解形合真矣。"即召众真，授喜玉册，位为无上真人，长幼二百口，即时拔宅升天。

○彭宗捐躯事师而飞升

宗学于杜冲，尝从采药，忽堕深谷，伤重危困，良久苏息，肃恭如初。又使之采樵，被蛇毒，亦无愠色。冲悯之，乃授《丹经》及守一之法。宗宝而修之，日臻幽妙，能三日为一息，以气禁毒兽不动。年百五十岁，如二十许，迎为太清真人。

○茅盈蚤觉世为真君

盈少秉异操，独味清虚。年十八，即弃家入道，得见王母，授《太极玄真经》归。父母怒其远游，欲杖之。盈长跪，曰："盈已受圣师符箓，有天兵侍卫，恐相阻。"父故杖之。析成数十段，始知其道成。时二弟衷、固俱为太守，并之官，送者数百。盈笑谓客曰："吾虽不作二千石，来年四月三日送仆登仙，当不减今日。"众皆不许。及期，地忽自辟，青幄白毡，容数百人，众宾并集，大作宴会，杳无使从，金盘玉杯自至，奇肴丝竹满前，兰麝之香，达数里外。少顷，仙官毕至，旗仗耀日。盈乃与亲友辞别，乘云而去。时二弟闻兄飞升，皆弃官求之。盈与相见，曰："悟何晚也，今年已老，难补复，纵得真诀，只可成地仙耳。"于是授以诀，长斋三年，始转上道，号"三茅真君"。

○张道陵降妖，代袭真人

子房八世孙，初举贤良方正，身虽仕而心在修炼。和帝封侯不就，隐鹤鸣山。山有石鹤，每鸣则有得道者。陵苦节学道，啬气养神，鹤乃鸣。炼龙虎大丹，年六旬，饵之如三十许。遇神告曰："北嵩山中峰石室，藏《三皇内文》《九鼎太清丹经》，得而修之，乃升天也。"于是斋戒七日，入石室，足所履，崆然有声，掘之得丹书。精思修炼，能飞行遥听，分形散影。正月十五夜，老君下降，令治蜀鬼，以福生灵，则功德无量。乃授《正一盟威秘篆》及经诀、剑印。真人按修千日，内顾五脏，外集三万六千神。又感玉女教以步罡履斗，随其所指，隐遁自如。于是与鬼王战，画山分海，驱唤风雷，众鬼灭影而遁。一日，老君再降，徘云端不下，真人拜泣候之。老君曰："吾昔使子入蜀，但区别人鬼，以布清净之化，而子杀鬼过多，又擅役风雨鬼神，殊非大道好生之意。上帝正责子之过，故吾不得近子也。子且退居，勤行谢过，九年方得上升。"后又赈灾除妖，功德益茂，乃得朝元始天尊，拜正一大法师，子孙世袭。

真人于法力，进了又进，于功行，修了又修，道善之无穷至此也，学者可纤毫止息哉？

○许真君合眷飞升

讳逊，生而颖悟，嗜神仙修炼之术。师吴猛受法，为旌阳令，教民忠孝慈仁，发伏如神，以符咒治疫，立愈。拜谌姆，受孝悌王之道，归除妖社，禁烹祭，两次诛蛟。又杀巨蛇，首高十余丈，吐毒冲天。真君飞步劈之，蛇腹裂，有小蛇自腹中出，长数丈，甘君欲斩之，真君曰："彼未为害，不可妄诛。吾去千余年，小蛇若恣，当有八百地仙诛之。"真君道术高妙，求为弟子数百人，却之不可，乃化炭为美妇人，夜散弟子处，明旦阅之，不染者十人耳，则甘施及同飞升诸君也，余皆自愧去。真君一百三十六岁，仙官赍诏，授高明大使，职封三代，与父族、母部、仙眷四十二口，拔宅升天，鸡犬亦随。

是亦人性做得者，善如许大，福亦如许大矣。共勉之。○学无边法力，乃色根弄人，先守不得，谈何容易。

○吕真人万劫度人

洞宾，二十不娶，两举进士不第，遇云房，求度世术。云房曰："子骨节未完，须更数世。"遂别去。吕竟归隐炼性。云房十试，皆过。尝鬻货于市，定价后只酬半直，吕无所争，委货去。又遇丐者，与之财物，而求索不厌，且加诟詈，吕惟再三笑谢。又化美女，调美百端，竟不为动。又盗劫家私空尽，了无愠色。锄地得金，顿掩之。又见众怪鬼欲击欲杀，绝无所惧。复有夜叉械一死囚，血肉淋沥，言："汝宿世杀我，当偿命。"吕曰："杀人偿命，宜也。"遽索刀欲自尽。忽闻空中叱声，神鬼皆没。一人大笑百下，即云房也，曰："子心无所动，得道必矣。但功行未满，可修黄白济世。"吕以三千年当化原质，恐误后人不愿。云房即传《上真秘诀》，后兼《火龙天遁剑法》，遂除蛟害。誓愿度尽天下人，方始上升，故长游人间，神通妙用，变化莫测。

神仙之道，即在人伦、日用间，而后世帝王耽嗜佛老，往往废治，弊在以迹索之，而不探其理也。上元夫人谓武帝曰："汝胎性暴，胎性淫，胎性奢，胎性酷，胎性贼；虽慕长生，只自劳耳。"轩辕集答宣宗曰："绝声色，薄滋味，哀乐一致，德施无偏，自然与天地合德，日月合明，虽尧舜之道可致，况长生久视乎？"然则人主何必舍大取小哉？

左道惑众之报

得妖术可欺世者，皆其福缘极大。古人云："得隐形术，三年而不试者，必为仙也。"又云："君有黄白之术，而不轻用，可以入道。"盖修真者以划迹埋光，度人救世为主，若仗些小伎俩，眩惑于人，便是名利根未脱，视道远矣，况于为非诈冒者乎？青天白日，岂容此魑魅视形诳世也！

○宋子贤幻术集众被斩

隋炀帝时，唐县宋子贤多幻术。楼上放光，变化佛形，自称弥勒出世。又悬镜堂中，有来谒者，令照来生，作蛇兽形，教以礼拜，乃现人相。或聚数千人，潜欲作乱。官捕之，绕居皆火坑，不

敢进。师曰："此地素无坑，止妖妄耳。"及进，果无火，遂擒斩
之。愿良民毋为所惑。

○胡僧幻咒杀人自死

唐太宗时，西域献胡僧，咒术能死人，能生人，取壮勇旨试
之，皆验。帝以告傅奕，奕曰："此邪法也，邪不胜正，若使咒臣，
必不行。"帝召僧咒奕，奕不动，而僧忽自倒，不复苏矣。

○北山道者隐形窃女，卒被诛

唐时，密云令有女，年十七，姿色绝人，病逾年不愈。北山有
黄衣道人，已数百年，有道术，令自诣请之医，立效，厚谢之。月
余，女夜卧，忽有人与寝，至则昏魇，如是数夕，惧告父母，令乃移
床近，已夜伺其动，掩焉。遽命灯至，则北山道者也。缚而讯之，
泣曰："吾命当终，被惑乃尔。吾居北山，未尝到人间，垂千载
矣。蒙召殷勤，所以到县。及见公女，意大悦之，自抑不可，于是
潜形往来，今遇此厄，夫复何言。"遂杀之。

修命而不炼性，欲火一起，迷着自身，既有此，则道立败矣。人欲
险，六根魔，可怕可怕！

○侯元得法作乱，遂战死

元，上党樵夫也，家贫。伐薪，憩谷口巨石下，喟然太息，恨
己之劳也。声未息，石忽然开，若洞中，一叟羽服曳杖而出。元惊
前拜，叟曰："我神君也，汝何多叹，但随我来。"遂从入。洞中花

草台榭，俱目所未睹，奇宝焕然。行觞既毕，令元跪地上，授以隐显变化之术。元素蠢痴，至是一听不忘。叟戒曰："汝虽有少福，合于至法进身；然面有败气，宜谨密自固。如欲谒吾，但至心扣石，当有应门者。若图谋不轨，祸必丧生。"元拜谢而出，石泯然如故。遂入静室中，习其术，期月而成。能变化百物，役召鬼魅，草木、土石皆成骑甲。于是聚众数千，每朔望谒神君，神必戒以无称兵。上党帅虑其变，命将讨之。元心计，以为我奇术，制之有余，遂前突阵，先胜后败，酒酣被擒，执之府狱，严兵围守，且视枷穿，惟灯台耳。元径奔谒神君，君怒曰："庸奴终违我教，斧锧必及矣，非吾徒也。"不顾而入。元趋出，后扣石，石不为开。术渐歇，而其党犹慕之。是秋，率众掠并州，围者数重。术既不神，遂斩之于阵。

小人得奇术，而为盗者岂少哉？其始灵终皆败，若是也。用以救世扶国，何道不成？○后若得此术者，又傲然以为天授矣，亦知前人以此死乎？

○汴滑妖僧飞符扰众，合寺并命

黄巢将乱中原，汴州功德山有妖僧，能于纸画神寇，散入人家，令人疾苦。又作甲兵腾践状，又作犬吠相啮，居人不安。赠金作法，则患立除，趋术者甚众。滑州一僧亦与此同，公私患之。王镇在滑台，乃托祈禳启道场，延僧数千，并牒汴州功德山一行徒众赴之，分选为首者入于公廨，余悉散赴。遂栲讯之，皆黄巢之党，欲以二州应贼，于是诛剿无遗种。

○青城道士摄法采战，下狱决杀

蜀青城山道士，能幻术。引富家及勋戚子弟皆从游，时于幽僻宅院中，焚香设帷，独坐作法，则巫山神女及诸仙姑应召而至。杯馔寝处，生人无异，欢笑罢则蹑而去。皆令学者隙而窥之。又忽城中化出金楼，惑众殊甚，满城如狂。蜀少主擒之累月不获，乃以猪狗血赏行，追及，遂倾血沃之，不能施其术，下狱讯之，云："年年采民间处子，恣行采战，死者不知其数，豪贵之家多遭淫污。"即杀之。

世岂有秽行贪淫而成道者乎？色欲迷人，奚怪不欺弄若狂也。有此幻术，终归一死。欲求真性命者，慎毋为邪说所迷。○孝弟忠信，戒行修心，是为正道，勤而行之。

○诸葛殷以妖妄欺高骈，毒死两遍

高骈镇京口，求方士甚急。先得吕用之，宠任异常。诸葛殷其党也，将诣骈，用之先言曰："上帝以令公久为人臣，机务稍烦，遣左右一尊神佐公，不久当降，公善遇之。"明日，殷果至，巾褐进见，妖形鬼态，辩诈蜂起，谓可以坐召神仙，立变寒暑，骈莫测也，神灵遇之。每听其怪说，则亹亹忘倦。由是引用朋党，恣为不法。又虑言者有所漏泄，说骈谢人事，屏宾客姜媵，以复真气，无复见之。有不得已，则令其人斋戒被除，然后进拜，起即引出。由此内外隔绝，纪纲日紊，岁月已深，根蒂遂固。殷等对骈，公然云："与上仙来往，或叱咄风雨，或顾揖空中，骈随而拜之。"殷等指画纷纭，略无愧色。左右少有异论，则死不旋踵。尝以木刻一大人，足长三尺五寸，俟雨初霁，印于后土庙后，及江阳县前。用之谓骈曰："夜有神人斗于城中，用之遣阴兵逐之，已过江矣。不然，广陵几为洪涛。"骈骇然，饷以黄金二十斤。骈有良马死，圉人惧，求救用之。用之乃见骈曰："用之有事，命隋将陈果仁至淮东，果仁诉以无马，望令公大鸟（良马也）一借。"顷刻，廐吏报云："大鸟黑汗发。"骈徐应之曰："吾已借大司徒矣。"俄而告毙。骈与郑相不协，用之知之，忽曰："适得上仙书，言宰执有谋公者，夜将有侠士来。"骈悸，问计。用之曰："张先生（名守一，亦用之之党）少年时，尝学此术于深井里聂夫人，但请当之，无不粉碎。"骈召守一语之，守一曰："老夫久不为此，手足疏慢，然为令公何妨？"令骈衣妇人衣，匿别室，守一居其卧内。至夜分，掷器作声，出龃血，洒庭阶，如格斗状。骈泣谢荷再生，酬金玉无数。诸葛殷有风疽，于骈前恣意搔扪，脓血沾染，骈与之饮啖，曾无难色。左右以为言，骈曰："神仙多以此试人，汝辈莫介介也。"骈一犬闻殷腥秽，辄来近之。骈怪其驯狎，殷笑曰："某常在大罗宫玉皇前见之，别来数百年，犹复相识。"其虚诞如此。及城陷，吕用之被杀，殷窜至湾头，擒缚入城，杖至百余，绞死未绝。会王师铎母来，过法所，扶起避之，复苏，再以巨木蹄之，决罚如初。当其横也，族人或戒之，殷曰："男子患不得志耳，任事败，宁有两遍死者？"及是，果再行法，弃尸道左。人争剜其目，断其舌，投瓦成峰。

　　尽及光棍样，可笑可恨！有志大道者，求之伦理性命，其可也。若为此辈所愚弄，何堪哉！

精修禅行

人只有一条性命，任世间浩重荣辱，不敌生死，乃为一切幻缠，逐到头，而真根本不知安顿去处。如梦中躯，梦时非无，醒觉何在？又如牵牛就屠，愈行愈近，定有一时楚痛，倒地光景也。间有有志之士，寻求此中，而聪慧处多，斩断处少。贪嗔爱憎，既成种种真趣，则梦幻生死，一任汩汩浮沉，又安能超三界外，认自由身乎？经云："阿难惟求多闻，我惟求精进。"古云"下手便修尤嫌迟"。惕之！省之！

○菩提达摩泛海度众，化行南北

达摩，香至王第三子也。遇般若多罗（西天二十七祖）辨珠得法，服勤垂四十年。祖逝，达摩在南印度演法，经六十载，度无量众。值王轻毁三宝，达摩欲救之。以二首座波罗提、宗胜俱造玄关。而宗胜无宿因，欲遣波罗提行。宗胜自恃辩慧，乃潜诣王，往复不契。师悬知之，即令波罗提乘空而至。为王说法，心即开悟，悔谢前非。而宗胜既前摈出，愧恨投崖，神人捧之，不死。宗胜曰："我不能崇正遏邪，捐身自责，神何佑为？"神乃说偈曰："师寿于百岁，八十而造非，为近至尊故，熏修而入道。虽具少智慧，而多有彼我，所见诸贤等，未尝生珍敬。二十年功德，其心未恬静，聪明轻慢故，而获至于此。得王不敬者，当知果如是。自今不疏怠，不久成奇智。诸圣悉存心，如来亦复尔。"宗胜闻偈欣然。后王既礼请达摩，并迎宗胜供养之。师念震旦（中国也，祖言师缘在中国）缘至，乃泛重溟，三年达南海。梁武帝迎请至金陵，问曰："朕即位以来，造寺写经，有何功德？"师曰："并无功德，此但人天小果，有漏之因，如影随形，虽有非实。"帝曰："如何是真功德？"师曰："净智妙员，体自空寂，如此功德，不以世求。"既知不契，师潜投江北，寓魏少林寺，面壁而坐，默然罔测。有神光（僧名）者，晨夕参承，不闻训迪。至一夜大雪，光坚立不动，积雪至膝。师悯而问之，光悲泪求教。师曰："无上妙道，旷劫精勤。难行能行，非忍而忍。岂以小德小智，轻心慢心。欲冀真乘，徒劳勤苦。"光闻祖诲励，潜取利刀，自断左臂。师曰："汝为法忘形，求亦可得。"改名之曰慧可。可曰："我心未宁，乞师与安。"师曰："将心来与汝安。"可良久曰："觅心了不可得。"师曰："与汝安心竟。"为慧可说法，只教外息诸缘，内心无喘，心如墙壁，可以入道。慧可种种说心性，全未契理。师只遮其非，不为说无念心体。可忽曰："我已息诸缘。"师曰："莫成断灭否。"曰："不成断灭。"祖曰："此是诸佛所传心体，更无疑也。"出《楞伽经》四卷，付之曰："此是如来心地要门，令众生开示悟入。吾自到此，凡五度中毒，吾尝自出而试之，置石石裂。缘吾见神州，有大乘气象，遂逾海越漠，为法求人。今得汝传授，吾意已终。"端居而逝，葬熊耳山。后三岁，魏宋云使绝域，遇师于葱岭，携只履独逝，问何往，曰"西天去"。云归具说其事，门人启棺，无尸，惟只履存焉。

拼命传道，拼命求法。持此志，何事不可为。○造寺诵经，是画佛小影子，以起信心。今人便以影为形，然为未悟者说，又不得扫除，恐放将去。

○慧安国师乞食济众，光呈舍利

师住嵩岳，隋大业中，发丁夫开渠，饥殍相枕。师乞食以救之，全活者众。炀帝征师不赴。贞观中，谒黄梅，遂得心要。武后时，征至辇下，待以师礼。春秋一百二十八，命门人舁致林间，自起火焚身，得舍利八十粒，五粒紫色，留于宫中。

六祖云："慈悲名为观音，世僧供养在外，菩萨不解自心，如来纵奉佛千劫，何能见性？"若存此心，随在接引，专事救济，忍辱耐苦，化富赈贫，积久人自信之。且福德既满，慧心亦现矣。岂特不孤负信施已哉？

○宝掌住世千岁

左手握拳，断发乃开，故名宝掌。诵般若等经，至千余卷。尝谓众曰："吾有愿住世千岁，今六百二十六矣。"会达摩入梁，师扣其旨开悟。至显庆二年正旦，手塑一像。问其徒曰："此肖谁。"徒曰："与和尚无异。"即澡浴易衣趺坐，偈曰："本来无生死，今亦示生死。我得去住心，他生复来此。"凡千七十二岁。

佛法本不以长生为贵，然要住即住，要行即行。视二竖作祟，鬼道现前者何如哉？即曰"彼是再来人，然本来非我物事乎"。是在修之。

○庞蕴阖家成道

蕴，世本儒业，少悟尘劳，志求真谛。初谒石头，问："不与万法为侣者，是什么人。"头以手掩其口，豁然有省。后头问曰："子见老僧后，日用事作么生。"蕴曰："若问日用事，即无开口处。"乃呈偈曰："日用事无别，惟吾自偶谐。头头非取舍，处处没张乖。朱紫谁为号，丘山绝点埃。神通并妙用，运水及搬柴。"头然之。庞婆及女灵照，俱修禅行。蕴作偈曰："有男不婚，有女不嫁。大家团栾头，共说无生话。"蕴将入灭，谓女曰："日午以报。"照有顷报曰："日已中矣，而有蚀也。"蕴出看，女即登父座而逝。蕴笑曰："我女锋捷矣。"乃更留七日。于公来候，语之曰："但愿空诸所有，慎勿实诸所无。"遂枕其膝而化。

○邓隐峰飞空解斗

师幼不慧，父母听出家。游马祖门，而未能睹奥，复往石头，两番不捷，乃归祖得悟。一日推车，祖展脚坐路上，师请收足，祖曰："已展不缩。"师曰："已进不退。"乃推车碾损祖脚。祖归法堂，执斧曰："适来损我脚的出来。"师便出引颈，祖乃置斧。尝往五台，遇淮西吴元济，与官军交锋。师曰："吾党去解其患。"乃掷锡空中，飞身而过。两军观之，皆罢战。师虑显异惑众，遂入五台示灭。问："有立化也无。"曰："有。"问："有倒立也无。"曰："无。"乃倒立而化。众舁之不动，远近惊叹。师有妹为尼，乃拊而咄曰："老兄不循法律，死更惑人。"乃仆，遂焚，收舍利建塔。

似有这个在，然为未修者方便，则婆心至切矣。

○善觉师念佛化虎

觉住华林，裴休访之。问："有侍者否。"曰："有。"休曰："在甚处。"师乃唤大空小空，时二虎自庵后而出，裴见之悸。师乃曰："有客且去。"二虎哮吼而去。裴问师何行感此。师曰："山僧常念观世音，只是以慈化暴耳。"六祖云："迷人口念，智者心行。"

又有昙藏师遇蟒，长数丈，毒气炽然。侍者请避之，师曰："死可逃乎？彼以毒来，我以慈受。毒无实性，激发则起。慈苟无缘，冤亲一揆。"言讫，蟒按首徐行，倏然不见。又有群盗至，师曰："茅舍有可意物，一任将去。"盗稽首而散。

○应元十日了性

应元问其师曰："如何是佛？"师曰："无心是佛。"曰："以十日为期，而不能无心者，非应元也。"乃提刀入静室，念起即画其体，至十日无完肤，而心已空矣。问者随叩而应，少及隐微，皆掩耳而走，恐是迫心所现，不作圣证，然捷矣。

○寺僧七日销死

有一主事僧，见鬼使至，勾摄之，谓曰："我以事多，未及修行，能容数日乎？"鬼使许以请冥府意旨如何。既去，僧勤修七日，勇猛精进。鬼使觅其僧，不见，嗟诧而去。（《五灯》）

此短行僧，乃欺鬼使，然可为精进之劝。禅师云"肯七日不断念头，定有悟门。"又云："埋头理会，至七日不悟，斩却老僧首去。"此事人人有分，只怕泄泄，视之不作焚舟计耳。只见事逐眼前过，不知老向头上来。可怕！

儒者或以圣辟佛，或驾佛于圣，此皆我见能所，谬分大道。若圣与佛，则安有是？程子云：佛亦西方之贤者，如何不敬？但立法方便，各随所入到极处，无容折分，亦政无事参合也。纵擯之曰"独了"、曰"福利殊胜"，浮生不知，谩作恶业，远甚。况中下乘所据窟宅，又皆彼宗门之所诃也。若破戒诳俗，贪嗔痴杀，则罪益重，彼自不识佛为何物矣。〇儒所走路，大而员，释所走路，径而捷，成功则一。今不患儒释同异，患两无所据，以私意卜度，以浮心骋辨耳。能为圣贤，自不须问佛，不能，则借此以开迷途，接异根，不亦可乎？至帝王经世，自非彼事，并不得耽，向彼徒问之，盖其形迹远也。〇有专念佛、斋僧、造寺者，缘不识此理，且为福德所中，梁皇楚英可鉴矣。

僧家奸贪之报

〇僧惠明计娶周氏，凌迟处死

杨子江居民妇周氏有色。金山寺僧惠明，密使一老妪常送花粉。一日，夫外出。妪潜将僧鞋一双安凳下。夫归见鞋，怒责之。周氏不能自解，遂离归父家。惠明蓄发，托媒娶之，生一女。异日，惠明抱女戏曰："我无计，安得汝母？"周笑问之，惠明以夫妻情厚，遂吐实，周以计密击大明鼓伸冤，上亲鞫其事，惠明凌迟处死。同房十僧绞死，寺僧众六十，各边远充军。

○僧祖惠淫从妹莲真，俱雷震死

通州海门县景氏子，出家名祖惠，滥称禅师，不明本性。其伯景识之，有女名莲真，适其夫，失欢而回。祖惠出入伯氏，与莲真通淫，其伯以一家无间，初不知觉。仅两月，司命大怒，往奏上苍，命雷师碎祖惠尸首于通衢，栲其魂于酆都地狱，万劫受罪。又以雷火三绕莲真，焚之不令死，大书其背曰："乱伦怪兽，求生不得，求死不得。如是三年，方令入地狱受罪，配入禽兽。"景识之夫妻，以闺门不肃，各减寿纪，恶疾而死。莲真之姑，中间知觉，私受钱万贯，大刮其目，截其鼻，自称曰："我同乱伦怪兽，使我至此。"（出《文昌化书》）

《化书》又云："黑气二十四道，其一道是僧道淫秽，亵渎上真；一道是世人杀所生男女，冤气冲天，其他罪恶所积。"今通都大邑，有毁礼之家，或至亲，或宗党，既出家者，往来无间，男女杂遝，不知僧道坏俗，乱上天人伦，背至尊教法，天地震怒，罪人恶籍，侮戏三教。如此等罪恶，何时可忏耶？

○秦僧以焚身欺众，抵辟

有僧约众期焚身，施钱堆积，至时果就火，士民拥仰。御史闻来视之，令止炬，扣所愿，三四不应，令人升柴棚察之。僧但攒眉堕泪，不动不言。乃诸髡缚着薪上，加以缁衲，而麻药噤其口耳。讯得之，乃知岁岁如此，先邀厚施，比期取一愚氓当之也，合院诛焉。

活身自可济世，何事焚之？生焚已非法矣，况负心乃尔乎？

○天台寺僧以焚身欺主，了事

宋江东有僧诣阙，乞修天台国清寺，且言寺成，愿焚身以报。太宗从之，命中使卫绍钦督役，戒之曰"了事了来"，即与俱往，不日告成。绍钦积薪如山，驱使入火。僧哀鸣，乞回阙下，谢恩而后自焚。钦怒，以叉叉入烈焰，宛转悲号而绝。归奏曰："臣已了事矣。"吁！僧徒奸狡于人主之前，敢肆奸罔如此，纵使义勇，亦非见性，况以贪昧，哀呼就焚。则何如化三昧火，入涅槃地，之为深报佛恩哉！

○岐州寺主杀都维那以衣血，伏诛

寺主与维那不协，杀之，分十二段置厕中。寺僧告别驾验捡，都无踪迹，欲出矣。忽见寺主左臂上袈裟有些鲜血，勘问之，伏云："当日不着袈裟，有其鲜血，是诸佛菩萨所为。"竟伏诛。（《太平广记》）

○五戒劫僧昙畅，以托梦报杀。

昙畅，中京寺僧。将一奴二骡，向岐州棱法师处听讲。路逢一人，着衲帽弊衣，掏数珠，自称五戒。同歇马搜店，五戒礼佛诵经，至夜半不辍，畅以为精进。至四更即共同发。去店十余里，忽袖中出两刃刀子，刺杀畅，其奴入草走，五戒即骑骡前去。主人未晓，梦畅告云："昨日五戒杀我。"须臾奴走到，告之如梦。时同宿二卫子，持弓乘马，趁及之，拟以弓箭，即下骡乞死，缚送县决杀之。(《朝野佥载》)

僧家多有借鱼木菽珠，以成其奸盗者。其刻苦令人瞻仰，稍不败露，世便以活菩萨拟之，睹此能不寒心？

○儋僧妇冒破施财，受其冥报

东坡云："儋耳城西民李氏，有女病卒，两日复生。余与进士何旻往见其父，问死生状，云：初昏，有人引去，见官府曰：'此误追也，当放还。'见狱在地窟中，系者皆儋人，僧居十六七，有一妪遍身黄毛如驴马，械而坐。李女识之，盖儋僧之妇也，曰：'吾坐用施主钱物，已三易毛矣。'又见其邻里僧，死已二年，家方大祥，持盘飧及千钱，付之门卒，已分数百，系者又争取其饭，僧所食无几。又一僧至，见者皆惊跪作礼，疑地藏菩萨也，分付此女回，遂醒。"

施主物，是供养如来者，最难消受。惟能明见本性，说法度人，方可不负佛缘。不然，而盛说果报，接引未悟；又不然，而庄严梵修，苦行自饬，庶于兴起善力，未为失耳。倘随众作务，无所短长，则一粒寸丝，皆是自家业债，何论贪淫以下事哉？然不独僧道为然，吾侪蠢生大造，浪受供养，于世无补，积恶弘多，恐罪亦不减此也。

○僧审言欺隐施财，受业报死，再生为牛

云顶山慈恩寺，四方辐辏供者甚厚。而寺主审言，性贪鄙，欺隐本寺施财，饮酒食肉，畜妻养子，无所不至。一旦疾笃，自言见空中绳悬一石臼，有鼠啮之，绳断正中其心，大叫气绝，久而复苏，如此数十度方卒。逾年，寺下村中牛生一犊，腹下分明，有"审言"二字。(《儆戒录》)

○蜀僧秀荣与仁秀同害毛虫，相继死

金华寺多松柏，生毛虫，色黄，长二三寸，莫知所极。秀荣使人扫除瘗埋，或弃于柴积内，僧仁秀取柴煮料，于烈日中洒干，虫死者无数。经月余，秀荣暴卒。寺中有僧入冥，见秀荣荷铁枷，坐空地烈日中，有万万虫匝噬，僧还魂备说与仁秀。仁秀大骇，遂患背疮，数日而卒。(《儆戒录》)

曹武惠冬欲筑室，而惮坏壁虫，宜其将相累世也。思及毛虫，何地可忍！

○僧法惠烹逃死之鹿，即呕血死

蜀人母乾昭往庄收刈。有遭射之鹿，惊忙走投乾昭，昭闭于空房中。说与邻僧法惠，惠笑曰："天送食物，岂宜轻舍？"乃杀之。沽酒炙鹿，其僧饮啖。僧食一块，忽大叫云："刀割我心。"呕血至夕而死。(以刃心报忍)

鹿亦食不成，而空自死也。佛以喜舍慈悲为第一义，而僧乃曰："岂宜轻舍。"僧不舍鹿，鹿亦不舍僧矣。那大叫刀割时，亦思鹿味否耶？

医术种德之报

范文正不为宰相，则愿为名医，谓其救人多也。古来医道神者，多从神仙中来，假此度世。即不然，而此道一精，脉络亦豁，重以心满行满，必向成真处结局矣。最苦赚财妄下，又忌疑病试药，或乃诈小为大，移轻作重，故用毒虐，使之沉苦，而徐收其功，其为怨惨，何可胜言。故任医术者，世间之一大功罪也。勤而种之，是在修扁鹊者矣。

○沈羲善医救人，夫妇升天

羲，吴郡人，学道善医，一心救世，功德感天。周赧王十年，老君遣使召之，与妻贾氏同载，白日升天，授碧落侍郎。去凡四百十二年，乃还乡里，推求得十余世孙怀喜，留数日，自云："初谒老君，令玉女持药，赐羲曰：'此是神丹，饮者不死。夫妻各得一刀圭，复以符法，令羲且还人间救疾苦。若欲上升，以符悬之竿杪，仙吏当迎汝也。'"语已，奄忽如睡，已在地上。安帝时，犹存人间，后复升天。

人当病时，亦是鬼厄，有尽心扶持之者，神明那得不知。

○陶弘景本草济世，蓬莱水监

弘景好道养生，合丹药救世。有弟子桓闿者，先得升天。弘景曰："某行教修道亦至矣，得非有过，尚淹人间乎？"乃托闿探之。后报曰："师之阴功极著，但所修本草，多用虻虫、水蛭之类，功虽及人，亦伤物命。以此，一纪后方得解形拂世，作蓬莱都水监耳。"（伤物救人尚不可，况伤人乎！）弘景乃以草木药代物命，别修《本草》三卷赎过。一日，无疾而逝，屈伸如常，香气累日，盖尸解云。

○负局谪仙，以治疫功满

负局谪仙，语似燕代人，因磨镜，辄问主人有疾苦否，出紫丸药与之，莫不愈。时大疫，每列户与药，愈者万计，不取一钱。后止吴山绝崖，时时悬药，与人曰："吾功满，欲还蓬莱，为汝曹下神水。崖头一旦有水，白色，从石崖流下。服者病多愈，乡人立庙祀之。

此属成道来矣，然汲汲药功以修福德，况其他乎？

○思邈炼气以传方，道成

孙思邈，隐太白山，学道养神，求度世法，精求医药，务行阴德。偶见牧童伤小蛇，以衣赎之，傅药放于草内。旬余出游，有白衣少年邀思邈至一王府，王谢曰："小儿前出为牧竖所伤，赖道者脱衣赎救，深蒙厚恩。"乃指一青衣小儿，令拜谢。（放生之报）。设酒毕，取金珠赠之，不受。取《龙宫奇方》三十首，奉思邈曰："此可助道者济世救人。"思邈归，以方历试皆验，乃编入《千金方》中，刻牌传世。（传药不如传方）因此功德，遂得仙去。有人多印《千金方》本，因击碎其版，欲以市利，被雷震死。又一人者，从而再刻施之。梦思邈谓曰："汝命无子，今为吾刻《千金方》，当得贵子。"思邈，周宣帝时人，至明皇幸蜀，梦思邈乞武都雄黄，即命中使赍送峨眉顶上。上至半山，见一人皓首被褐，指大盘石曰："可置药于此石，上有表录谢皇帝。"视之，果有大书百余字，随录随灭焉。

○何澄有医功而不淫，得官得禄。

澄以医术著名，同郡孙勉之疾卒，妻寡居，以女病不愈，召澄视胝，母引于密室，谓曰："妾以女久病，家私典卖殆尽，愿以此身酬药之直。"澄正色曰："娘子何出此语？女病当为疗治，安心勿忧。苟以此相污，不惟使其永为小人，娘子亦失大节。"妇惭退。澄一日假寐，恍见一神，引至公署，主者曰："汝医药有功，且不以急难中乱人妇，上帝赐汝一官，钱五万贯。"澄未之信。未几，东宫得疾，诏澄视之，一剂即安。擢为内翰，赐钱五万贯，由是大富。

○滑世昌有医功而好施，脱灾致富

世昌为医官，家资巨万，常以救人为心，鄂人德之。后夜，本州城隍来访，言："此地有非常之灾，君家亦坐厄。上帝以君用心慈仁，多所济活，命我救尔一家，但耗财耳，然亦不至冻馁。"觉以语妻，所梦皆同。来日夜半，火作风迅，延烧无算。滑居烈焰中，阖家无计自脱。忽有壮夫数十，着紫衣，排烈火边，驱滑一家登轿，径至六七里。俄而风雷大作，适空屋趋避，相看如痴，莫知所以。黎明，人轿皆不见，旧居已为瓦砾场矣。掇剔埃烬，得银百余两，乃资日用，始悟不致冻馁之言。滑夫妇仆辈皆全僦宅城中，医道复振，凡有危疾，捐药救疗，家业愈盛，子孙十世皆富。

火灯中余金，亦有前定，人何必苦作牛马哉？捐药救人，而家道愈兴，此其间自不可晓。愚人犹自算析秋毫也。

○许叔微儒医济世，神报科名

叔微尝以登科为祷，梦神告曰："汝欲登科，须凭阴德。"叔微自念家贫无力，乃精意学医，久遂通妙。人无高下，皆急赴之。所治愈多，声名益著。复梦神授以一诗曰："药有阴功，陈楼间处。堂上胡卢，喝六作五。"是年，登第六名，第五姓卢，因上名不录，升第五。上则陈祖言，下则楼材，方省前梦不诬。

黄白真伪之报

黄白奇术，能富人，能活人，与君相造命无异，是化工之所甚秘也。今世修炼之家，动以此自愚，揣其意，大都为家事所累，不然则为穷乏，得我所歆，又不然则为奇巧所中。夫是三者，于道何居乎？以三者之心，而摩弄秘术，期夺天巧，不得罪天地乎？又有贫人标窃一二，辄傲游贵人，而饰众术以济之。问其何以不自为，则曰："力不赡也。夫煮土煎水，古人为之，何关财力？"不则又曰："我无福，傍有福人。夫福孰大于能造金银、救饥拯贫者哉？"彼既傲然当之，而又曰："无福，甚可姗也。"穷其归，不过翁银精干汞之法，以涂骗一二而无识者，遂见其小试有效，思欲节火候，坚心志，以全收其工。而彼炼师先得实腹之利，又伺便则揭箧脱金而遁矣。多少志士及良家子弟，堕此圈套，不知外丹原借内丹而成，只为初入道者度世功德之资，然尤不宜亵用。得之者尚惧损福，当大炼心性，积功行以居之，况复丝毫利己，丝毫炫耀乎？此范文正公得其书其术，终身不发封，而子瞻亦终身不试，所以为大豪杰也。近世于此，破家荡产者累累，执迷不悟，可不哀痛！自家既误，又骗他人，以偿宿债，获戾愈重。奚如以覆辙戒人，犹留些小阴功哉？人家一钱半亩，犹有分定，况天工秘宝，肯容俗人辄妄窥窃？思之，思之！

○许真君点金代税，致位仙伯

真君为旌阳县令。民有贫欠租赋者，悉令衙后锄园作工，阴点成金，埋园内，民掘得之，悉以输纳，然不知其为真君所化也。术不轻用，用必济世，又浑然不露，此妙手也，是为众仙之长。

○阴长生作金赈穷，白日飞升

长生不慕荣位，潜心好道。师马明生，不授以度世之法，日夕惟谈尘事。同学十二人皆怨恚去，独长生礼敬愈笃，积二十年。（此骨气、虚心，谁有？）明生始问所欲，长生跪曰："乞生耳。"明生哀其语而告之曰："子真求道者也。"始偕入青城山，煮黄土为金以示之。（云何二十年不明生作此？）即日授以太清金液神丹，乃别去。长生入武当石室中，合丹先服半剂，未即升天。乃大作黄金数万斤，以施天下穷乏。施尽，再服丹半剂，白日升天。

"惟乞生者，能济众生，惟济众生，是以长生。"若要把此物，作子孙田宅用，则此心已是死法矣。

○吕真人恐丹金误世，一念万功

纯阳为钟离师所度，十试皆过。因谓之曰："子功行未充，可作黄白济世，候满万行，方堪传度。"吕问曰："所点之金，能迁化否？"钟曰："五百年后，复还本色耳。"曰："如此，则误五百年后众生。"钟喜曰："只此一念，万行俱完矣。"遂授以《秘丹之要》，常游人间，誓愿度尽众生，特遇之者，自不识耳。

欲度天下众生，方成大道。吾人以是为心，虽欲轻着手细结缘，不可得也。又道书记纯阳尝以道士谒韩魏公，自称能作墨，乃掘坎，溲溺其中，韩不悦。及墨成，辞去，则视之皆金笏也。不以假金误世，故能以真金化人。吁，微乎！微乎！

○管归真恐丹金误世，传法得召

归真遇一青衣，言姓边，有黄白术相赠。归真曰："历久远不？"曰："五百岁当复尔。"归真谢曰："得不误后人耶？"青衣以手加额曰："子真人也，吾有《紫府符法》，珍藏已久，今岂可隐乎？"遂授之，符法大振。祥符中，召赴阙，行符救病，无一不愈。京师旱，能致雨，号"大法师正白先生"。一日，告其徒曰："吾功业成，上帝来召。"遂偃化。赵忭守杭，记其事。

天帝召，人帝召，只凭一心做出。

○王常切心救济，神授奇术

常，洛阳人。负义气，见人饥寒，解衣推食，略无难色。唐至德二年，入终南，夜半月朗，慨然叹曰："我欲平天下祸乱，无一人之柄以佐我；我欲救天下饥寒，而衣食亦自不充；福善徒虚语耳。"言讫。有神人自空而下，曰："尔何为言此。"常曰："我平生志也。"神曰："我有术，黄金可成。虽不足平祸乱，亦可济人饥寒，尔能受乎？"常曰："我闻此乃仙术，空有名，未之睹也。徒闻秦皇汉武好此道，而终无成，只为人笑。"神曰："帝王处救人之位，自有救人之术，而不行，反欲求此，非也。尔无救人之位，而切其志，固可行此。"常曰："真有之乎？"神曰："尔勿疑，夫黄金乃山石之精，千年为水银，水银犹太阴之气，故流荡不定。一合纯阳之气，则化黄金于倏忽也。"常乃再拜。神人于袖中取卷书授常，戒曰："异日当付一人，勿轻授，勿终秘，勿授贵人，彼自有救人之术。勿授不义，彼不以饥寒为念，济人之外无私侈，不然天夺尔算。"常再拜问何神，曰："我山神也。昔道人藏书此山，今遇尔义烈，故付之。"言讫而灭。常遂得其术，以游历天下，赈济乏绝。（《太平广记》）

有救济天下如斯人者哉？何学烹炼者之多也。昔贺阑百风服气，能点化黄金。真宗召问之，对曰："方士小术，不足为陛下道，愿以尧舜之道，点化天下。"吁！真大仙之言，与此若符契。固知翁文成、栾五利以化金劝人主者，尽妄也。又有卖姜翁在衡州，遇一道人，谓曰："吾有黄白之术，独求有常德者授之。"翁不应，但就担头取姜一块，纳口中，吐出，即成黄金。遂相顾而笑，皆隐不复见。（道人惟看此翁可授，定自不错。翁卖姜三十年，而人不知其有奇术也，何如哉？出《仙传》）"常德"二字妙。惟常能用奇，若作奇想，便受天谴。

○陈希亮得术营家，天夺禄命

苏东坡尝至一寺，有老僧两目有光，谓之曰："吾有炼金之术，当传之子。"坡曰："吾固不能用也。"僧曰："惟子得之，能不用，吾是以传之。若扶风陈太守日求吾术，吾不告之，非吝也。彼得之，不能不用，反为彼作祸耳。"遂以授坡。守陈希亮闻之，即向坡公处求，坡不以为意，遂教之。亮作金有成，坡叹曰："果有此事，吾乃负老僧矣。"无何，而亮以赃败官，坡既私讶之，又五年，不闻问。后遇亮子于都市。问曰："尊翁归若何？"曰："吾父既败官，即恣意炼金。未旬月而病，十指皆落，又逾年而死。"东坡始信老僧之言，为不诬也。

化金不得谴，则富填海矣，世宁有此理？

○程伟逼妻求法，反丧妻

汉黄门郎程伟好黄白，按枕中《鸿宝》，作金不成。妻方氏因伟炉中水银，出药少许，投之即成。伟大惊曰："道在汝处，而不早告我，何也？"妻曰："得之须由命。"（尚伺伟何如耳？）伟乃日夜说诱之，卖田宅以供，衣食甘美，终不肯告。伟乃与其侣谋，欲杖迫之。妻已先知，曰："传道必当得人，如其人，虽道路相遇，当传之；如其非人，虽寸断而支解，终不传也。遂佯狂，裸而走，以泥自涂，乃尸解去。

好好的仙女在家，乃容受不起。○看此案，必谓伟不可传，非也。他有此道心，又结此仙眷，便是有缘。既弄奇示之，而终不言，亦不去，分明是看他心术行谊如何，一以衣食啖他，已乖道念，况又欲下毒手乎？有缘弄坏，究竟贪心所使，可惜！可惜！

○沈某烧金起家，卒丧命

《七修汇稿》云：余甥孙沈某兄弟二人，为锻银以给食。数年，置室庐妻奴；又数年，罗绮银器毕具。人或言其得烧金之术，假锻银以掩人耳目耳，余且信且疑。无何，兄弟继死，家遂以废。其父一日携一书，告予曰："吾儿得此，粗得衣食。今献于翁，少丐钱谷，可乎？"予因益信张永德、陈希亮之事，为不诬也。予有侄好此，语之侄曰："沈与北司前某人同为，今亦弃世矣。"呜呼！不义之富，祸不旋踵，何益哉？

张永德有道人济以药金，求其术，不与，曰："惧减君福耳。"永德后至极贵。○老僧授东坡，有云："吾尝以术授人矣，有为之即死者，有遭丧者，有败官者。"后陈希亮为之，果然。

戏侮圣贤之报

戏侮心无处可用，况圣贤乎？愈聪明，愈伶利，愈足害事。要之，须从心上克去。

○宋书生偶戏圣像，神绝其慧

宋南昌李知县到任，谒先圣庙。见殿宇颓损，基址湫隘，遂作新庙于县南。往移夫子圣像，十余人抬举不动。一士子在侧，戏曰："夫是之谓重泥。"知县怒，正色责之曰："汝为士子，敢侮先圣如此？"其人惶恐而退。至夜，忽被阴吏追至一官府曰："李知县有状，申汝侮慢先圣，左右扶过，决杖二十。"及觉如痴人。自是更不识字，虽自己姓名亦不识。

吾侪自恃其舌根伶俐，辄好嘲谑。殊不知此伶俐根一讨便去，原不是坚稳的勾当，安得卖弄许多也？切当，三缄。

○武功县五生秽亵经藏，并皆死绝

县西有寺，积佛经一大藏。县学六人，讲读其中。时令月，四生取经烧炕，一生取经烧洗面水。一生诽烧经者，不敢言，则康海状元也。一夕，海梦三官排衙，六生前跪。中坐者曰："佛，大圣人也，何敢取经烧炕？"四生俯伏请罪。断云："皆合绝。"后复问烧洗面水者曰："何敢乃尔？"对曰："止一次。"断云："虽一次，可乎？无前程。"末顾对山："汝何不言。"应曰："我年幼，心知不可，不敢犯长者耳。"断云："一言劝谏之，可免罪；今姑恕汝，汝得志可扶持法门。"惊觉，遂书其事于书末。后数年，督学来试，五生皆被黜。六月，瘟疫盛行，四生门户皆死绝，洗面生作教读老人，嘉靖七年亦饿死，毫发皆不爽云。此对山亲与蒲州杨会宪言也。（出《心行录》）

○太学生鄢天泽讥侮先哲，面变三眼，转生为彘

鄢天泽好讥诮前人，名贤简册，无不遭毁。尝听人诵诗曰："野鸟啼到无声处。"辄唾曰："此放臭语，既已啼，如何无声？"凡所贬剥，多类此。一夜，鬼追其魂，至阎罗殿下，王谓之曰："汝平生肆作聪明，动肆讥弹，宜变面目以示戒。"于是令多眼鬼，再安一眼于天泽额上，放回。既出，天泽谓鬼使曰："曩殿上联云：'阎罗日月殿，偏阎罗殿有日月？明镜风霜台，偏明镜台有风霜？不通殊甚。'"鬼使怒曰："汝今日犹不变旧性耶？"推坠之。惊而苏，则额上三眸旭旭矣。自知其丑，不令人见，呼妻告语之，因掩户自缢死。即被阴府复还其魂，不得气绝。如是三缢，乃割喉而死。已而邻里产一豚，耳有文曰："鄢天泽，食糟早肥，旋就烹醢。"当时莫不盛传其事焉。（《新奇录》）

○温陵李贽好诽圣哲，进奸薄伏罪，自刎死

贽号卓吾，举于乡，后为郡守。其学以翻剔前案为奇，非毁圣贤为高，则创为两人语。其一曰："天不生仲尼，万古如长夜。"其一笑曰："然则羲农以下，尽燃纸烛而行也。"次至《孟子》，迄于朱、程，诽侮尤甚。所著有《焚书》《藏书》等篇，专一掊击绳趋矩步之士。以始皇为圣帝，武则天为圣后，冯道为圣相，反贼林道乾为二十分胆，二十分识，欲率天下放荡决裂、狼狼恣睢而后已。众乐其便于行私，快于恣谈，邪说暴行遂溢于世。晚年儿死，益任诞妄。削发为僧，仍黄盖紫袍，与人修佛事，引诱少年姿女，

日与讲玄说妙，诡谲傲放，无所不至。初与耿楚侗为友，后耿恶其诞，遂操戈攻耿，疾学士如仇，竟为张给事中所奏，付锦衣鞫问。贽惧罪不测，且畴昔妆饰魄磊，无以自解，遂刎于狱中。按：贽尝自谓“行年七十余矣，平生好嫚骂人，然所以得保全者，盖人谅其无心也”。首领牖下，是寻常事，而遂高标如此。分明欲以长生欺人，厥后获戾，计无所出。又自谓“将死于不知己者”。持剃刀自割，示其勇烈，复欲以死欺人也。进退无名，而人尚尸祝之。若使李贽不伏法死，鲜不谓白日升天，蝉蜕尸解矣。天纲昭昭，世迷不悟，可为浩叹！

如李贽者，败坏风俗礼教，无父无君，虽磔之，何足以塞其罪哉！○贽之取武后好拜月，人以为趣，不知其为淫心所使也；其取黑旋风，宗林道乾，人以为豪，不知其为杀心所使也；（唤起奸雄，最为利害，如战国时刺客枭张，亦是此学术炽弄耳。夫子作《春秋》，勇侠不名，直书之曰“盗”，惧人以名贾勇也，而卓吾乃鼓而舞之。）戏侮帝王，詈人狗彘，人以为奇快，不知其为放恣根所使也；（此根最害事，抑之犹惧起。）谩骂道学，凌灭绳准，人以为公恶，不知其为排狠根、媢嫉根所使也。宋人云：“道学更有何罪？”必名之曰“伪学”，而后一网打尽，使世界乐荡轶，叛名义，轻圣贤，喜蹶张，则乾坤竟成何等？夫诐淫邪遁，各有从出，生心害政，发政害事，知言哉！

有誉卓吾者，直曰：“彼不要室家，不要财，不要命。”吁嘻，似矣。夫妾妇之愤妒争言，与夫异宿，非断色也；斗殴毁戍，家私不顾，非轻财也；计无复之，阖户自缢，非齐生死也。卓吾之怨尤狠忿，中途决裂，何以异于是？

心术、世道之坏，只在一敢。

交情金玉之报

○荀巨伯以身卫友，化盗全城

晋荀巨伯远省友人疾，值贼攻郡。家人悉奔窜，留疾者在家，巨伯不忍去。贼至，执之曰："一郡并空，汝何男子，敢独止此？"曰："友人疾，不忍委之，愿以身代友之命。"贼感其义，旋军而还。

○朱晖受托副义，显爵扬名

晖南阳宛人，与张堪同县，所谓"张君为政，乐不可支"者也。堪于太学中见晖，接以友道，把其臂曰："欲以妻子托朱生。"朱以堪先达，不敢对，自后不复相见。张亡后，朱闻其妻子贫困，自往候视，分居食给之。晖子怪，问曰："大人不与张君为友，何忽如此？"晖曰："堪尝有知己之言，吾以信于心也。"晖后守临淮，亦有善政，民歌之。官至尚书仆射。

以先达不敢攀援，此所谓"淡若水"也。及死而托孤，竟不负焉，夫是之谓心交。世之炎凉，与此得无互异乎？

○狄仁杰代使绝域，化及官长

梁公为并州法曹时，与同僚郑崇善。崇当使绝域，公曰："彼

母老且病，岂可使有万里之行？"诣长史蔺仁基请代之。仁基素
与司马不协，因相谓曰："吾辈岂可不自愧乎？"遂相与辑睦。夫
善之感人，有如此者。（亦锡类之孝。）

○徐晦冒罪送友，举为监察

杨凭为京兆尹，御史李实简劾之，贬临贺尉。及行，独所善
友徐晦送至蓝田。故相权得舆言："君送临贺诚厚，无乃为累
乎？"晦曰："晦自布衣时，杨监贺知我厚，方兹流播，宁忍无言
而别，有如公为奸佞潜斥，晦敢自同路人乎？"德舆叹其长厚。未
几，李实简请为监察，谓曰："君子不负杨临贺，肯负国乎？"由是
知名。

李中丞固临贺对头也，而见晦之厚，不觉击节。彼附势排群，临危易
面者，虽权贵暂用，亦终薄其人矣。

○韩愈交寒士而名高山斗

愈为京兆尹，贾岛赴举在京。一日，于驴上得句云："鸟宿池
边树，僧敲月下门。"用"敲""推"两字未定，引手拥至尹前，
不知回避，问之，具以实对。愈立马久之，曰："敲字佳。"遂并
辔同归。论诗累日，与之友善。赠诗云："孟效死葬北邙山，日月
风云顿觉闲。天地文章声断绝，故生贾岛在人间。"由此名誉著
闻。李贺七岁能文，时未有知，韩愈与孟郊访之，题名其门，与之
为友，贺遂知名，举进士。愈文章冠一时，学者望之，如太山北
斗云。

退之贵显文宗, 乃与后学片晌定交, 并其小子。噫! 非特达能至是乎? 何损山海之大, 愈增日月之明。

○范仲淹资穷游而业满乾坤

仲淹在淮阳, 有孙秀才索游上谒, 公助钱一千。明年复谒, 又助一千。因问: "何为汲汲如此?" 戚然曰: "母老无以养, 若日得百钱, 则甘旨足矣。" 仲淹曰: "子非乞客, 吾补子为学职, 月得三千以供养, 子能安于学乎?" 孙生大喜。后十年, 有孙明复先生, 以《春秋》授徒, 道德高迈, 朝廷召至, 则前索游者也。仲淹乃叹: "贫之累人如是, 虽才如明复, 犹将汩没, 况其下乎?" 士如此, 不遇者何限? 此成德达材, 所以须上人也。

○陆参政义著丐友

陆孟昭送客出门, 偶见丐者于道。公熟视, 令人引进。语夫人曰: "此绝似吾少时友。" 令人询姓名, 果然。公即出, 持其手曰: "子何贫至此耶?" 遂令浴更衣, 与共饮食者旬余, 友感谢去。公亲送至一室, 曰: "吾为子置此矣。" 器用俱备, 又米十石, 金十两, 语之曰: "聊以此为生, 毋浪费也。" 吴人传为盛事。

○石大用名成代师

正统时, 李时勉为祭酒, 抑奔竞, 别贤否, 随材造就, 恩义兼尽。为王振所害, 枷于监前, 诸生皆伏阙。石大用, 蓟州人, 独请代罪, 曰: "民生于三, 事之如一。时勉年老风疾, 况值炎热, 死亡无日。乞容臣代枷，以全师生恩义。"上并释之，由是知名。是秋中式，遂铨户部主事。

负恩反覆之报（负师友）

○孔敞二子贼其师，遂死无后

会稽孔基，勤学有志操。族人孔敞使其二子从基为师，而敞子并凶狠，趋向不轨。基屡言于敞："此儿常有忿志。"敞寻丧亡，服制既除。基赍羊酒往看二子，二子怀怨，潜遣奴路侧杀基。奴还未至，乃见基来，攘袂厉声言曰："奸丑小竖，人面兽心，反天忘父，人神不容，要当断汝家种。"从此之后，数日见形。无几，大儿向厕，忽便绝倒，络绎往看，已毙于地，次者，寻复病疽而死，卒致兄弟无后。（《太平广记》）

杀人已该受恶业，况倍师乎？又况于肯言人过之妙师乎？

○袁粲门生杀粲幼子，其家并死于狗

齐高祖欲禅，宋尚书令袁粲举兵不从，被害。有乳母潜将粲幼子投粲门生狄灵庆，庆杀之。经年，忽见儿骑狗，戏如常。后复有一狗，走入灵庆家，遇灵庆，便噬杀之，其妻子并死于狗。（《太平广记》）

狗知主人，而灵庆乃不知恩主，义相悬矣，狗安得不声罪致讨哉？

○梁刺史张皋杀其恩民，得恶疾死

梁将张皋，尝因败入北，有一土民与皋盟誓，送还南国。其民因遂出家，法名僧越，皋供养之，后为东徐刺史。僧随至任，恃其勋旧，颇以言语忤皋。皋怒，遣两门生夜往杀之。尔后，忽梦见僧越，云："来报怨。"少时出射，而箭括伤指，才可见血，不以为事。彼因破梨，梨汁浸渍，乃加脓烂。停十许日，膊上无故复生一疮，脓血与指相通，月余而死。（出《还冤记》）

到富贵安乐时，能不忘大德、思小怨者有几？当破败入北，何以都无烟火气也？然后知生于忧患，而死于安乐乎？

○唐师夜光杀其恩友，见之庭中，遂死

师夜光，蓟门人，聪敏好学，尽通内典。又有沙门惠达者，家甚富，与为友。是时，玄宗好仙释，穷索名僧。而夜光贫不得西去，常怏怏。惠达因以钱七十万资其行，且曰："师之学艺，必将首出，为天子近臣，异日无忘。"夜光谢曰："幸师厚贶我，倘获遇，必当有以报惠。"遂至长安。赂九仙公主左右，选异学僧十辈，与方士议论，夜光预焉，演畅玄奥，无敢比者。上奇其辩，宠遇日隆，拜博士，赐甲第金钱，号幸臣。惠达遂入长安访之，夜光见其来，以为收债于己，大不悦。惠达悟，因告去。北归月余，夜光虑其再来，即密书与蓟门帅张廷珪曰："近者惠达师至辇下，诬毁公缮完兵革，将为逆谋。以公之忠，天下莫不闻。积毁销骨，不可不戒。"廷珪惊怒，即召惠达鞭杀之。后数日，忽见惠达来庭中，责夜光曰："我以七十万钱资汝西上，奈何遽相诬谤，使我

冤死，何负我之深也。"言讫，遂跃而上，捽拽夜光，师氏家僮咸
见之。后数日，夜光死。(《太平广记》)

○伪蜀将韦承皋杀其炼师，药成诛死

承皋典眉州，有僧行真，善黄白术，构木塔十三级，火辄焚
之，凡三构无窜，费钱数万计。承皋乃召至郡，修作金法。承皋谓
郡司马卢敬芝曰："某与行真同遇韦处士，授此丹术，今老矣，故
召之同修旧药，药成，子亦得分惠焉。"卢敬诺。药垂成，韦牧坐
罪，贬茂州参军。临行，卢送至蟆颐津，韦牧沉药鼎于江中，谓卢
生曰："吾罪矣，先是授术韦处士者，吾害之而灭口。今日之事，
药成而祸及，其有神理乎？"蜀国更变，以拒魏王之师，诛死。(出
《北梦琼言》)

黄白秘术，鬼神禁忌，用以作家犹不可，况杀其授师乎？韦承皋于
授术者，欲灭其口，而沾沾与卢司马言何为？是固天启其喙，留此一段公
案耳。不然，孰知韦牧以此死哉？

○丁戌负其盟友，为鬼所冯，自击死

戌，长洲人。游燕，与壮士某气力相悦，结盟兄弟。亡何，
其人以盗败，仓卒授百金于丁，为狱中饘粥资。丁利其金，且虞
祸及。行金于狱卒，毙之。越三年归吴，舟中忽自作鬼语，詈曰：
"汝好负心，今得相报矣。"因对众言其所以，众曰："固然，与
我等何罪？盍缓之？"曰："然，我且至其家候之。"遂寂然。丁抵
家三日，忽反目作声如前，而操锤自击，其齿皆落。人从旁夺锤，

则勇力愈奋。忽又操刀自断其臂，而以爪自抉其目，血流满地，观者倾市。人或谓："汝冤何待三年？"曰："向我系狱，近得赦始出。"遂死。

平生恃刀凌人，必自直一死，观其系冥狱可见。但丁自欺心结冤，则杀杀相报，将未已耳。然则人虽有可死之法，我不可无好生之心。

机巧侥幸之报

大巧必有大拙，陈平所谓"阴祸"也。薛文清云："天下事巧拙相半，未许有智力争此。"

○吕不韦阴谋，受族诛

不韦，阳翟大贾。遇秦太子子异人，质于赵，曰："此奇货可居。"乃以千金见太子夫人姊而说之，卒以异人为嗣，是为庄襄王。又娶邯郸姬绝美者与居，知其有娠，饮异人酒而献之，生子政，为始皇。不韦益尊宠用事，然竟为始皇所诛，夷其族。

○春申君阴图，受刺杀

楚考烈无子，赵人李园进妹于春申君，有娠，乃说春申君进之王。王召幸之，生男，立为太子。李园恐春申君泄之，伏死士，刺杀春申君，灭其家。

二人立此意，已得罪神明矣。竟以此死，富贵安在哉？

○宋齐丘沉景升而殊死

谭峭，字景升，因游三茅，过金陵，见齐丘子曰："予《化书》之化化无穷，愿子序而传之。"齐丘以酒虐景升醉甚，裹以革囊缝而投之深渊。有渔人获而剖之，一人鼾睡正浓，大呼乃觉。问之曰："我谭景升也，齐丘夺我《化书》，沉我于渊，今《化书》将无行乎？"渔人曰："行久矣。"景升曰："《化书》已行，吾不复人世矣。吾睡囊中，得大休歇，烦再缝而投之。"渔者如其言。齐丘后为唐相，成大功，然不得令终，宜哉！（《群谈采余》）

女巫诈公主而伏诛

靖康时，柔福帝姬随二帝北狩。有女子诣阙，称为柔福，自虏逃归，诏遣老宫人视之，其貌良是。问宫禁事，颇能言之，但以足长大为疑。女子颦蹙曰："金人驱迫如牛羊，跣行万里，宁复故态哉？"上恻然，即诏入宫，授福国公主，下嫁，妆资万八千缗。及显仁太后回銮，言柔福死虏中久矣，始知其诈，执付狱，乃一女巫也。尝遇宫婢，言其貌类柔福，教以宫禁事，使为奸诈，乃伏诛。吁！非显仁之归，则富贵终身矣。

○唐三盗以得金而丧命

唐天中，有盗三人发一古冢，金宝充塞，共收敛入囊。二人设计，令一人买饭，俟其饭至食讫，推其人于崖下。一人买饭，潜置毒于饭中，谋致二人死，而独得其物。饭至，二人遂推其人于崖下而死。二人食讫，毒发亦死。吁！若三人均分其物，皆得享富矣。奸险之贼，互相图害，皆致凶死。世情如此者不少，可戒哉！

○刘方远蔽罪赵林，为鬼所殴死

宛平民赵林，与刘方远饮娼杨三家，娼有故欢王宗义来并饮，相妒，遂至殴击。刘方远助林击伤宗义，归暴卒。卒时，语妻曰："方远实殴死我。"方远闻变，即出资贿宗义妻及娟、杨三，称是林击死，林竟坐死。自是方远家常失物，筐箱间有流火。一日，方远馈客，客忽起揪方远发，乱殴，作林声骂曰："我代汝死耶？然我已讼阴司矣。"数日，方远死。又数日，宗义妻曰："林事发，逮我与杨三矣。"自往觇，杨三已病捧心，展转皆卒。（《谈冶》）

即此一事，便堪破方远心事。赵林饮娼家即邀与俱，是个会搬弄人的；厮打便去助拳，是个会作爪牙的；闻变便纳贿，是个会脱身离己的。彼乘巧物事，欢会便相亲，有急便推出，原自如此。特赵林无眼，自被他哄耳。若赵林为嫖主，则娼家之奉承方远，必倍笃矣。若赵林与宗义讼，则方远之唆谋两家，必得后手矣。世上半是此辈弄坏，可惊！可怕！可怒！可杀！

○李循模攘贡嘱选不售，竟恨死

宁波郡庠生王录临贡，其次为李循模。李素乏行捡而多智术，乃百计攘得之。王，朴实人，不较也。李入京就选，遍于卿贵，夤缘得入首相严公之门，久而亲昵，遂求顺天府学司训。公为谕意铨曹，许之。于是扬扬自得，未挂榜前，纵步入顺天府学，登其堂，窥其衙，徘徊良久。斋夫辈异其举止，呵之，遂大声詈曰："吾不数日当坐于此，鼠辈敢无状耶？"斋夫辈乃群哗于吏部前，语闻文选，大骇，亟易以广西一小县学，李怏怏去。未几，身及一子一仆，俱死于彼。明年，王应贡就选，乃恰得顺天府训导云。嗟夫！设使当时李被人讦而他更，王选他所而远任，亦无足为异。今多智者，无上事而自贻伊戚，朴实者无心中适得，挤我者所谋之善地，岂非鬼神？故示与夺之意，以彰善恶之报哉？吁！可畏也已。

○孙邦华冒名莅任后谒选得之不敢往

邦华，归安人，与姐夫某，俱以省祭当选。其姐夫得太原府仓官，而华选期未及，将告归，不意其姐夫暴卒。华，黠人也，谓其甥曰："尔父一生辛勤已矣，顾文凭见在，盍使我冒为之，小官、异省谁人觉察？凡有所得，誓必均分。任满再考，则以尔父作逃，而我自可另选矣。"其甥从之，展转间，幸不败露，华甚以为得计。后脱身入京，投文听选，则恰补其姐夫之缺，而势不得往矣，遂涕泣弃归。向使不为侥幸之计，则太原仓官依然自在，且可独专其利，不必分所有以与人也。小人巧于为谋，而造物更巧于制命，任他千方百计，总不出其范围。可笑！可惧！

○二村民诱愚民没水取舟共渡，而二民竟以覆舟死

刘合峰言其近处村中，有三人同行，前临一渡，值溪水骤

涨，而舟在彼岸中。一人素愚蠢，二人乃诱使脱衣泅过取舟。其人出没湍流中，几至灭顶，仅获济。乃复竭力撑舟，来渡二人。二人登舟网，欲撑开，愚者忽肚痛欲泄，不可禁，亟跳登岸。二人遽挥手曰："日已暮，吾不能候汝矣。"遂撑去。俄而水急舟横，抵岸一触，俱覆溺焉。而愚者固在岸自若也。夫因其愚而挤之以自利，赖其力而复背之以自济，不仁甚矣，其覆溺也宜哉！（三事皆出《谈冶》）

迪吉录卷之六终

小善厚积之报

○杨雍辇水济众，种玉兴家

雍兄弟六人，以佣卖为业，少修孝敬，达于遐尔。父母殁，葬毕，长慕追思，不胜心目。乃卖田宅北徙，绝水浆，处大道峻坂下为居。晨夜辇水给行旅，兼补履屐，不受其直，如是累年不懈。

天神化为书生，问曰："何故不种菜以给？"答曰："无种。"乃与之数升。雍大喜，种之，其本化为白璧，余为钱。书生复曰："何不求妇？"答曰："年老，无肯者。"书生曰："求名家女，必得之。"徐氏，右北平著姓，女有名行，多求不许，乃试求之，徐氏笑之，以为狂僻。然闻其好善，戏曰："得白璧一双，钱十万者共婚。"雍即具送，徐氏大愕，遂以妻之。生十男，皆令德俊异，位至卿相，累世贵盛。凡右北平之杨，皆其后也。

一挑水补履耳，志诚不懈，遂动天人。若此，世间何事不可做？何地不可做？何人不可做？患志易移耳。

○葛繁积善不怠，冥府钦仰

大观中，有一官于京师铺中见皂靴一双，大类其父殁殡时物。就视问之，主人曰："昨有一官人骑马过此，令修理者，顷当来取。"其子因伫立以待,果见马上郎至,乃其父也,取靴径去。

子追数十里,看之在前,赶之不上,乃疾声呼曰:"既是吾父,何忍无一言教我,便尔相舍?"父回首嘱曰:"尔做人当如镇江守葛繁。"遂失不见。

其子到镇江谒繁,问曰:"平生何作,乃为幽明所重?"繁曰:"某平生力行善事,日或四五条,或至一二十条,到今四十年,并无虚日。"士问:"如何为善事。"乃指坐间踏子曰:"此物置之不正,便碍人之足。某为正之,如人饥与饭,渴与杯,几微语言动作,有可以利益于人者,无不为之,如是而已。"士拜谢而去。

(《传芳录》)

○裴延年好施不倦,遇仙获福

延年,长安人。兄弟三人虽家贫而俱好施惠,行之不辍。有一老父,过之求浆,衣服颜色稍异,待之甚谨。问其所事,云以卖药为业。问其思牒,曰不必言也。由是往来憩宿,虽数年,而延年无怠色。

一日谓曰:"观君兄弟,虽至婆而常能施与不倦,皆长者也。积德如是,必有大福。吾亦厚君之惠。此后二十年,有世难,当相接也。"

及安史祸作,为老人引入太白洞中,居处仙境,咸授道术。数年乱定,尽室生还。其后兄弟登第,皆至美官,子侄兄弟亦寿考焉。

延年已种福田熟矣,故能召老人之来,非第礼一异人,可幸觊兹报

也。觇报之施，安能无忝色哉！

○郑建中勤缮客舍，世禄不绝

建中五季时，居安陆，资镪巨万。城中居人多舍客，每大雨则载瓦以行，问有屋漏则补之，若客舍自为之屋，亦为缮治。又隆冬苦寒，蠲舍缗盈月。晚得一子，名纾，登进士第，官至礼曹侍郎。有五子：长曰弥由，登第至朝奉大夫；次即侍读公毅夫，皇祐五年魁天下士。孙亦任官，世禄不绝，为善之报长矣。

建中载瓦、杨雍挑水与富郑公之活数万人、唐汝楫之载二万金，并功絜德善，果可巨细量哉？

○李珏贩籴令自量，百寿登仙

珏，广陵人，世居城市。年十五，随父贩籴。父老，珏继之。人与籴授，以升斗自量，不计贵贱，每升取利一二文，以供父母。岁月既深，衣物甚丰。父异之曰："吾辈之业，无不用升斗，出轻入重，虽官府治之，莫绝其弊。吾早悟用一升斗出入，自为无偏。汝出入任之自量，吾不及也。汝之衣食丰给，岂非神明之助乎？"

父母没，珏年八十余，不改其业。后值李珏出相，节制江南。珏以节制同姓名，改名宽。节制下车数月，梦入洞府，烟花烂熳，鹤舞鸾翔。珏独步其下，见石壁光莹，填书金字，内有己姓名，甚喜，谓生明时，久历宰辅，能无功德及于天下，所以洞府有名也。

少顷，二仙童出，珏与揖，问："此何所？"曰："此华阳洞天,石壁姓名,非君也。"珏惊异,问何人。曰:"广陵部民李珏。"

及旦,召广陵官属诘之,无有知者。令遍城求之。数日,里巷相推,得李宽旧名珏。乃车迎入府,拜为道兄。年八十有余,仪容秀异,须长尺余,皓然可爱。珏愈加敬谨,问:"平生得何道术,服炼何药?某梦入洞府,见兄姓名,是以迎请师事,幸以见教。"宽曰:"愚民岂知修炼。"

珏问再三,以贩籴事告之。珏赠金帛,不受而返。年百余岁,轻健异常,忽谓子孙曰:"吾寄世多年,今日当去。沐浴正坐而终。三日棺裂有声,视之,衣带不改,蝉脱,尸已去矣。"《传芳录》

一云:"壁中志其升仙之期。至期,节制李珏迎到官,廨置上坐,见之,犹无奇也。倏天乐缭绕,云幢仪帐,半空而下,其民遂乘云车仙去。"未知孰是。

○黄兼济贩籴平价,后裔荣昌

兼济,成都人。时张咏知成都,夜梦紫府真君,接语未久,吏忽报曰:"西门黄兼济至。"见幅巾道服入,真君降墀接之,礼亦隆重,列坐咏上。

至旦问吏曰:"西门有黄兼济否?"曰:"有。"命请来,至如梦中所见。咏以梦告之,询所行何善,以致真君厚遇如此。黄曰:"初无善事,惟黍麦熟时,以钱三百缗收籴。至明年,禾黍未熟,小民艰食之时籴之,一样价值一般升斗。在我初无所损,而小民得济危急。"

咏曰："此公所以坐某上也。"令吏挟公座拜之。黄后裔蕃衍，居仕路者，每每青紫。

忍辱施济之报（此集精进第一）

○彭矩强力忍诟，累危获安

矩，自幼端重谨愿，未尝游戏，长益慈祥谦逊。有蔬圃与人联界，里妇每窃采之，彭佯不知。里人侵过圃界，彭亦不问。

尝与一商同宿于店，彭先早归，商失伞，意彭持去，登彭门索之。彭对以故，商怒骂，且言失衣。商欺彭懦，必索其偿。彭如数偿之而去。

彭性好善，喜行方便，见饥者必减食食之，寒者解衣衣之。至于整桥修路，但力可以为者，无不行之。又修合香苏散、百解散、香薷汤、解毒丸，以施病者。

里人侵彭圃者，以强横为人讼。官将杖之，彭恳言于邑吏张，张为请于宰，竟免杖。人愈服其长者。彭年三十七，未有子。诣西岳求嗣，既而生三子。后寓蜀，未几蜀乱，十室九死，彭举家亡恙。

挈家泛江，舟覆皆溺。彭于中流得一木以济。见其妻子二人先柱岸，云母子攀舟舵得。越三日，一渔舟并载其二子以至。一家亲属，遂得全安。

后遇光州乱，逃避山薮。哨骑数百至，被擒累累。又纵火焚山，无得免者。彭所避处，风返火灭。后卒于临安，年七十七。

火气一炽，善心退矣。世间大佛大菩萨，每以忍辱为第一精进。至云："有人割截我腹体，不得生嗔怒。"盖一嗔怒便现了刚恶衷肠故也。伊尹大圣，而称者乃曰"强力忍诟"，夫孰知此四字，非大圣大大圣不能也。

冯大呆，子孙享其呆；彭生懦，家室庇其懦。

○张良跪翁进履，得为帝师

良祖父五世相韩，为贵公子。秦灭韩，良尚少，豪爽负气。尝游下邳，圯上有父老堕履圯下，顾谓良曰："孺子下取履。"良欲殴之，忽念其老，强忍下取。老人又举足曰："孺子履我。"良既为取，因跪进之。老人曰："孺子可教也。后五日，平明会此。"良曰："诺。"

五日既明，良往，父先在，怒曰："与长者期而后，何也？"后五日再至，良鸡鸣往，父又先在，怒如初。又五日夜半往。有顷，父来，喜曰："当如是。"出书一卷，谓曰："读是可为王者师。"遂去不见。及旦，良视之，乃《太公兵法》也。由是习读，佐高祖取天下，封留侯，世铁券焉。

忍之一字最难，能忍时，其德量必大，到不能忍，已是骄贵气溢矣。昔人诗云："少年胯下安无忤，老父圯边愕不平。人生若非观岁暮，淮阴何必减文成。"至哉言也！信以辱胯下而王，以羞绛哙而亡，饮到满量，自然增益不得耳。亏盈益谦，能不惴惴然，祸至之无日，而戒惧之不可以怠乎?

○刘宽诬牛不较，官至侯封

宽，字文饶，为人仁恕，虽仓卒未尝疾言遽色。人失牛，就宽车认之，宽不辩解，与之。后数日，牛自归。其人惭愧，送还请罪。宽曰："物有相类事，因错误，幸劳见归，何罪之有？"自此称长者。桓帝征为南阳守，吏人有过，蒲鞭示辱。迁侍中，封建乡侯。子松嗣，官至宗正。

能受屈棒，是大豪杰。每念及此，不觉咋舌。

○卓茂诬马不较，封侯拜相

茂，字子康，为丞相府史。有人认其马，卓曰："子失马几时？"曰："月余。"茂知其谬，默解与之，挽车而去。后马主得马送还，亦纳之。性不好争如此。为密县令，视民如子，道不拾遗。后官至太傅，封侯。子戎，大中大夫，崇嗣大司农。

屈棒谁人肯吃？每任天下事，则是非交集，非受垢受不祥，火气都尽，未有能休休有容，沉默济世者也。

○步骘厮养不争，官至右相

骘，字子山，汉末避难江东，与卫旌皆种瓜相善。会稽有焦征，羌者，郡豪族，骘、旌寄食其地，惧为所害，以美瓜进，良久命见。焦坐中堂，自享大宴，另设坐牖，外留茹菜饭。旌不能食，骘极食饱，旌曰："何能忍此粗粝？"骘曰："吾等贫贱，主人以贫贱遇之,何所耻?"后骘仕吴,拜右丞相。

使我辈生于乞丐,则长为人曵、骂无所较,幸而比于人,辄客闲气,何耶?若士大夫竖立气节,则不在此限。

○雷孚数世不讼,官至极品

孚,唐人。自先祖枢以忠厚传家,至孚十一世,未尝讼人于官。孚登进士,居官清白,爱民好德,官至太子太师。人谓积善之报。

此所谓"柔软家"也。人情欺善怕恶,视彼不乐讼者,能无肆狎侮乎?非有忍能当此哉?

○李沆逊谢狂生,时号圣相

沆为丞相日,有狂生叩马献书,历诋其短,公逊谢曰:"俟归详览。"生即讪怒,随马后肆言曰:"居大位而不能康济天下,又不能引退以谢人言,久妨贤路,能无愧乎?"公于马上踧踖再三曰:"某屡求退,奈上未允,不敢去耳。"终无忤意。

宋朝推名相,必以文靖为首,且曰"真圣人"。然则狂生之诋,何伤日月之明,适表天地之量耳。被少诽谤,便分疏不辍者,视此何啻万里哉!

○富弼骂如不闻,卒为名宰

弼尝语子孙曰:"忍之一字,众妙之门。睦族处事,尤为先务。若清俭之外,更加一忍,何事不办?"

少时，人有骂者，佯为不闻。人曰："骂汝。"弼曰："恐骂他人。"又曰："呼姓名而骂，岂骂他人？"弼曰："天下无同名姓者乎？"其人闻之大惭。为宰执时，虽布衣，谒见必以礼，名齐韩、范云。

○松陵溪鬼忍淹泉下而不忍索代，帝敕为神

李正，松陵人，业渔，居一港，甚僻。一夕得鱼，沽酒独酌。俄有一人立门外，正曰："子何来？"曰："予非世人，乃鬼也，丧此水中数年矣。见翁独酌，欲觅一杯耳。"正有胆气，乃曰："子欲饮，可入坐。"鬼遂入对酌。少顷，酒尽，鬼辞去。

后因常往，如是半月。鬼谓曰："明日代我者至。"曰："何人？"曰："驾船者。"明日伺之，果一人驾船来，略无少碍。晚鬼至。正曰："何不代去。"曰："驾船者少年丧父母，养一幼弟。吾害之，彼弟亦不能生，故释之。"

又半月，鬼又曰："明日代我者至。"次日，果一人来岸，徘徊数转而去。少顷，鬼至，复问："何以不代？"鬼曰："此人有老母无依，故释之。"正曰："子有此心，必不久堕泉下。"

又数日，鬼曰："明日一妇代我，特来拜别。"次日候之，晚有妇人临岸，意欲下水，数次复登岸去。鬼又至，正问曰："何以舍此妇？"曰："予闻上帝好生，此妇怀孕在身，若损之，子岂能存？予为男子，没水滨数年，尚无生路，况此孕妇，何日超生？故又舍之，任使予魂销魄散于水中，誓不敢损二命也。"潸然泪下。

又别数日，见前鬼衣绯袍，顶冠束带，从者甚众。来辞正曰："上帝以吾仁德好生，敕为本处土地。"言讫不见。（《传芳录》）

此见人鬼一性也。幽魂沉冥，宁甘自忍而不忍人。一次二次至于三次，而此心不变，善根定矣。堕鬼趣者，犹能格天，况生人哉？人若不忍辱，不耐苦，纵有善心，一激即决，一折即堕矣。天降大任是人，而必动心忍性，意正欲其透此一关耳。

〇元自实忍气解怨，易凶鬼而福庆

自实与缪材成仇，夜往杀之。道经一庵，庵士轩辕翁，有道士也。见自实前往，有奇形异状之鬼数十随之，各执兵刃，势甚凶恶。少顷回，则金冠玉佩，百余人随之，和容婉色。翁意其死矣，天明询之，无恙。

翁曰："子夜来何往，而归之速？"且述其所见之事。自实曰："某与缪材有仇，夜将杀之。及到门，自思彼虽负我，其妻子何尤。且有老母，杀之何依。遂隐忍而归。"

翁曰："子一念之恶而凶鬼随之，一念之善而福神随之。子之事已知于神明，将有厚福矣。"后为庐山令。（《传芳录》）

非从事于忍，恶知忍字之难。非善恶两念对勘，恶知忍字之妙。凡施济人，定要受嗔怒。为人谋，定要受恨责。任事，定要任怨。劝化，定受讥弹。宽厚，定遭笑侮。此是挟以皆来的，不辨此根，非能善者也。

救济施与之报

匹夫存心爱物，于人必有所济。凡救性命，所损无几。特足

衣食者，不知寒饿之苦，视为可已，泛泛置之。菜色时既不当意，
及见病卧道涂者，又以为危笃，不能复振，遂坐视其死，即行道
有心人，忾叹焉耳。其他则侧目之，屏逐之矣。不知缘饿得病，病
既不能求乞，则愈饿愈深。此不过三四升米调护之，累日便能求
趁。既能求趁，便有生意。或乘其菜色将病时，早救尤妙。在富
人过宿之一费，足救十命矣；师巫之一费，足救二百命矣。千金之
子粒，十损一焉；岁月之衣服饮食，十啬一焉，足救千命矣。甚轻
而易举也。

　　若得数人共结此会，置一空屋，积草荐其中，以贮贫病者，
使免风餐水宿之患，则调养易愈。寒天尤急，第须得一善人以
掌管之。四门有此，则夭札者鲜矣。充之而逐总有此，则旅魂绝
稀矣。

　　盖人当病时，无揪无采，则益一病；吹风暴露，则益二病；
空乏忧危，则益三病。重以腹乱衣秽，拖逐展转，岂有再生之望
哉？试设身处此，痛苦何如？何惜损太仓一粒，不以惠此，且均
是人耳。我辈若托生非地，便是这等样子。幸得自足，又欲享丰
席盛，为子孙计长久，而眼前救人，一钱不舍，不知水火盗贼、疾
病横灾，皆能令我家业顿尽。少少福分，亦是天地庇之，岂一俭
啬钱癖能致然哉？

　　一旦无常，只供子孙酒色赌荡之资，于是一掷足救千命者有
之矣，何如积德邀庇于天之为厚也？此理至明，铜臭染身，直不
思量到此耳。

　　又有见贫人辄怨者，不惟己不肯舍，亦骂人之舍，此更无谓，

只是贱恶习辟而不自知耳。凡此意见，恐不可留枉胸中。

○浙馆师以束金付贫民，获吉地而荣贵

浙有士人，馆于富家。岁暮得束脩八两，至渡口，见贫民夫妇赴水。士止之。民言："岁暮债迫，欲卖妇，妇不肯行，故相率并命。"士闻言恻然，遂尽以所得与之。民泣谢，代负担送士归家。

妻问所得，士言遇贫民赴水事。妻曰："君胡不周之？"士曰："已与之矣。"妻亦不怨。至除夜，与妻治虾酒，和以糟。戏口占云："红虾糟汁煮，清酒水来搊。"夜梦至琼楼玉宇，有联续其诗云："门关金锁锁，帘卷玉钩钩。"士觉而记于柱。宗人哂曰："薄命汉得银入手，轻以予人，复为此梦语欺人乎？"

至明春赴馆，主人延一地师葬母。士以二亲未葬，常嗟叹之。主人嘱师为卜穴，至一处，见鹿卧其地，人至奔去。师曰："此金锁玉钩形，吉地也。"士忆与前梦合，但未知为谁家所有。

适前与金民至，见士曰："先生得非某乎？自得金完债，夫妇稍温饱，尝言未能报德，今为何来此？"士言求葬地。曰："此山一带皆我有，如可用，当奉献。"士指鹿眠处。民曰："正吾业也。"即邀至家厚款，书契以献，且助工费。士葬之，后登第，官至宪副。

○吕琪临终三善，增寿二旬

弘治甲寅，琪春日郊行，遇一已故府隶，出纸示曰："我身又充东岳役夫，今承批提七十二人，汝亦有名，我为汝熟识，安忍反目？汝当以家事干毕，伺我浙江并某处提完，亦得一月即至矣。"

琪归，以是故语诸子曰："吾平生三事，未惬吾愿：某五丧未举，俗殡未能，一也；某女二十未嫁，欲嫁未能，二也；某路经年倾圮，欲葺，理未能，三也。"

亟出囊，命诸子毕此三事，继而治后事，杜门以俟死。历数月，亦无他异，诸子悉意其为妄也。最后除夕，复遇前卒，揖而笑曰："向勾揖至中途，忽有免提牌云，以汝阳世有三善，独释汝一人，更加二十年寿矣。"琪后康胜愈常，果越二十年而卒。

○崔郸世善乐施，族甲一代

崔郸四世同居，家不藏资，有辄周给亲旧。男女未婚，死者未葬，皆为营办。居室卑陋无廊庑，霖雨则张盖。为虢州观察使，政治以宽，经月不笞一人。

郸五子瑶、瑰、瑾、珮、璆，皆达宦。兄弟六人至三品。邠、郸、郸凡五居礼部，再居吏部。郸后以简较尚书右仆射、同平章事，节度淮南，唐典以来未有也。宣宗榜其里曰"德星堂"。郸为金吾卫大将军，忽暴卒，以韩约代之。不阅旬，李训反，约死于难。世谓郸之福，死亦积善之报云。

积善早死，亦是好缘；积恶极贵，反蹈虎尾。久矣，人之不胜，天也。

○查道济丧赈贫，寿过其历

道幼时沉嶷不群，以词业称。淳化中赴举，贫不能上，亲族哀钱三万遗之。道出滑台，过父友吕翁家，翁贫无以葬其母兄，将鬻女以襄事。道倾囊中钱与之，且为其女择婿，捐财资送。

又故人卒，贫甚，其女为婢于人，道为赎之嫁，士族缙绅甚服其行。是岁罢举，次年，登进士高第，迁龙图待制，进右师郎中，出知虢州。岁蝗灾民歉，道不候报，出官廪米赈之。又设粥以救饥者，给州麦四千斛为种于民。民赖以济，所全活者万余人。

其居官时，多茹蔬，或止一食，默坐终日。尝梦神人谓曰："汝位止正郎，寿五十七，享年六十四，论者以谓积善所延也。"子循之，亦贵显。

○薛玠以祖父阴功，登位通显

玠，字藩卿。弘治壬戌举进士第。先一月时，夜梦其父同二老，一身半小，一身绝小，同声谓藩卿曰："你只说中举中进士容易，先要考我每阴骘，途间受了多少辛苦，方得汝荣显。吾儿尚积德以遗子孙。"

玠请问二老为谁，父指曰："半小者，汝祖父也；绝小者，尔曾祖也。"玠醒，为人述其语如此。

世之登高第者，尽以为己读书才能所致，权势在手，傲然无忌。孰知些小福分，祖宗殷勤得来，不添油注炭，热炎几何乎？其必有骈首号恸于地下者也。

○老书生济盗绢卒，预报科名，且赖其卫脱厄

宋有秀才年老，累举不捷，悔无进取之心。忽有盗踰垣入屋，谓盗曰："汝冒雨夜来辛苦，料汝必不得已也。"盗实告曰：

"我非盗, 营卒也, 因输欠, 惧军令不敢归, 故来相援。"秀才曰: "吾有绢二匹与之, 明日与汝请于军校。"盗乃拜谢而去。

越二年, 秀才赴举场, 忽梦一卒曰: "某是盗绢卒也, 欲报恩, 无由而死, 今秀才中矣。"后果中高第。

又一日, 梦报曰: "君为益州都尉, 有讨命者, 我合当卫之。"后果除益州都尉。道逢贼, 欲杀之。贼见有甲士救免。盖此卒盗绢, 后已死也。

○朱轼代纳青苗钱, 三子皆贵

轼家贫, 教学得束脩三千。归遇一田夫, 械锁悲泣。问故, 云: "欠青苗钱三千无还, 官司督责, 生不如死。"轼曰: "我恰有三千, 尽与之。"比得放出。

时同邑刘澈, 累举不第, 祈于神。神托梦曰: "汝弟负官钱不能助, 致死非命, 亏德如此, 何求福乎? 汝不知朱轼代纳贫民青苗钱耶? 天赐其子贵显矣。"澈悟。寻访朱轼, 信有之。轼生三子, 果皆贵显。

王半山以青苗祸天下, 又不知作何轮回耶?

○黄汝楫赎陷贼者千人, 五子登第

楫家富, 时方腊贼乱, 汝辑以金银瘗土中, 欲逃避之。忽闻贼掠士女千余人, 拘闭空室, 冻馁之, 欲金帛赎还, 不尔, 将杀之。汝楫恻然惨戚曰: "我有金二万斤, 欲悉赎其命。"乃起所瘗之物, 辇之贼营。千人皆得脱, 欢声如雷, 拜谢各奔去。

汝楫生五子，曰开，曰合，曰阅，曰闻，曰闿，皆相继登第，人以为积德之报。

莫云为善无此大机会，只是做不出手，或容易蹉过。

○尚霖护李尉之母女，尉转生为其子

霖为巫山令，邑尉李铸感疾，遽至困剧。霖怜之，因请所托，尉拭泪以老母少女对。及卒，霖为割俸，送其母及其函骨归河东，为嫁其女于士族。

一日，对尉如生，拜且泣曰："公本无子，感公之恩，已为力请于帝，今得为公子矣。"是月，霖妻果孕。明年解官归，又梦尉曰："某当明日生。"翌旦果然，因名曰颖。及长，敦厚笃孝，官至大理寺丞。

○王商救投水之妇，子寿双昌

正德初，徽人王某商于苏，年踰三十，未有子。其姑夫某风鉴甚精，言人祸福生死，无不奇中。一日，见王某，愀然语之曰："汝于十月，当有大难，数不可逃，奈何？"王某数神其术，亟往苏，敛资而归。

至某处，值梅雨水涨，不可以舟，乃暂寓客肆中。晚霁，出河滨数步，适见一少妇抱一孩投水。乃急呼诸渔舟曰："能救此者，与之二十金。"诸渔舟竞渡，出之，遂如数与金。

问其故，则曰："夫贫，佣工度日，家畜一豕，将鬻以偿租。昨有买者，值夫他出，遂自鬻之，不意所得皆假银也。非惟夫归捶楚，兼亦无以聊生，故谋死耳。"某更加悼恤，问豕价而倍偿之。

妇归，遇夫于涂，且泣且幸，具告其事。夫疑其言之诳也，而与妇同诣王某寓所质焉。至则某已合户就寝。其夫令妇扣门。问："何人？"曰："我投水妇，特来致谢耳。"某乃厉声曰："汝少妇，我孤客，昏夜岂宜相见？倘有意，明日偕汝夫来，一揖何迟？"其夫始悚然曰："吾夫妇同在此矣。"某乃披衣起，方启户间，闻室中轰然。回顾之，则砖壁因久雨而颓，正压卧榻粉碎。不然，某身当之矣，盖天所以报之也。

比过十月不死，乃特造姑夫家。姑夫愕然，谛视之，讶曰："汝满面阴骘纹现，是必曾救几人命矣。后福未可量也。"后果连生十一子，年九十六，尚康健。（《见闻纪训》）

○苏端正好施，遇异人指葬穴，出三苏

轼，祖端正道人，乐善好施。有一异人，频受施舍，因谓之曰："吾有二穴，一大富，一大贵，惟君所择。"道人曰："吾欲子孙读书，不愿富。"

于是偕往眉山，指示其处，命取一灯，燃之于地。有风不灭，道人遂以葬母。道人生老泉，泉生轼、辙，文章震天下。惟积善，故异人至，吉地得，文士出矣。

世之争地致讼，因而杀人，及图谋侵占，揭坟利己者，知此义否？

○吴承事专务赈恤，子孙世显

吴五承事者，合州赤县人。其家颇饶财，传四世皆一子，专务

阴德，凡可以济众赈贫者，无所不尽。至承事遂生两男。次庚读书力学，后登科，调果州相如主簿。后皆读书业科举，代有显官。（《阴骘昌后录》）

○焦公行阴功三年，遂生嫡嗣，修之奕世，科第不绝

焦公，东京人，因三世无嫡嗣，遂为商旅，游玩名山。遍访至人，问其因果，遂见一老僧，声清而远，目视精光，语言甚异，因执礼甚恭，问之曰："贫家三世无嫡嗣，虽得庶子亦不肖，奈何？"僧曰："乏嗣者，其故有三：一祖宗无德，自身无行；二夫妻年命，恐犯禁忌；三精神不守，妻妾血寒。"焦公曰："自身无行，夫妻年命，皆可受持。若妻妾血寒，有何法治？"僧曰："不难。但先修德，后修其身。三年之后，可到五台山，当授异方。"言毕不见。

焦公自遇老僧之后，时时行方便，种种作阴功。遇人临难者，效郭元振之行善，见物垂死者，助上帝之好生，施恩布德者。三年，竟往五台访老僧。数日不见，方欲回归。忽见行童手持一卷，对焦公言曰："老师傅语大夫，功成行满，回家合药，志试服之，必有富贵子孙，随念降生。"焦公曰："但得嫡子足矣，何望富贵乎？"于是依所著方服之，遂生焦员外。员外养子又不肖，自恨何损德如是？

忽遇一道人云："汝有忧色，何不往五台山见老僧？"员外顿首谢，遂往山。至处不见老僧，只见行童曰："老师昨日言汝今日到此，令行童接待也。再三传语，何必来问？但依汝父所行，则愚

者自贤，贫者自富矣。"

员外曰："贫者得富，自是命也。愚者性之本然，岂能反贤乎？"行童曰："昔窦氏五子，皆不全形，自后行恩布施，悉皆安愈，况尽登科第。"

员外拜谢而归，奉行刊施方书，不及二十年，子孙衣紫腰金，蝉联不绝。后人得此行状及方，受持行用，并获报应云。

○窦禹钧广积阴德，名隶高真，五子荣显

禹钧，范阳人。幼丧父，事母至孝。三十无子，梦亡祖亡父谓曰："汝命无子，寿且促，当早行善事。"禹钧唯诺。

先有家僮盗用房钱二百千，虑事觉，有女年十二三，自写券系女臂，云："永卖此女，偿所负钱，自是远遁。"禹钧见而怜之，即焚券。以女嘱妻曰："善抚养之。"及笄，以二百千，择良配，得所归。后仆知之，感泣诣罪，禹钧置之，不问。由是父子图禹钧像，晨昏祝寿。

元旦往延庆寺，得遗银二百两，金三十两，持归。明晨诣寺，候失物者。须臾，一人泣至，问之，曰："父犯大辟，遍恳贷得金银，将赎父罪。昨暮因酒失去，父罪不复赎矣。"禹钧验实，还之，复有所赠。

凡宗戚有丧不能举，出钱葬之。遗孤贫不能嫁，出钱嫁之。故旧相知，每遇窘困，多寡周之。四方贤士赖禹钧举火者，不能胜数。每量岁之所入，除伏腊供给外，余皆济人之急。惟尚俭素，无金玉之饰，无曳帛之妾。

宅南建书院数十间，聚书数千卷，礼文行之儒，延致师席，有志于学而无供须者，咸为留之，故其子见闻益博。由禹钧之门登贵显者，前后接踵来谢。后复梦亡祖亡父告曰："汝数年以来，上帝以汝有阴德，名挂天曹，延算三纪，赐五子，各显荣，仍以福寿而终，当充洞天真人位。"由是禹钧愈积阴功，为左谏议大夫致仕，年八十二，沐浴别亲友，谈笑而卒。

子仪，礼部尚书；俨，礼部侍郎，皆翰林学士；侃，左补阙；称，左谏议大夫，参知政事；僖，居起郎。八孙皆显贵。范文正公书其事于策，以示于孙。

○杨荣祖父一意救溺，神指吉地

荣，建宁府人，世以济渡为生。久雨，溪涨横流，冲毁民居，溺死者顺流而下，他舟皆捞取货资，独少师曾祖及祖惟救人，而货物一无所取，乡人嗤其愚。逮少师父生，家渐裕。有神人化为道者，语之曰："汝祖父有阴功，子孙当贵显，宜葬某地。"遂依其所指而定之，即今白兔坟。后生少师，弱冠登第，位至三公，加曾祖父皆如其官，子孙贵盛，至今尚多贤者。

"取物者智，救人者愚"。当其嗤时，无以自解也。天下是非，果焉所定乎？

○冯琦父救一寒僵，生子尚书

琦之父为邑庠生。隆冬早起赴学，路逢一人，倒卧雪中，扪之半僵矣。遂解己锦裘衣之，且扶归救苏。梦神人告之曰："女救人一命，出自诚心。吾遣韩琦为汝子。"生琢庵，遂名琦，官至尚书。

○台州应尚书救当缢之妇，官禄崇隆，科第不绝

应尚书，壮年习业于山中，夜鬼啸集，公不惧也。一夕闻鬼云："某妇人以夫久客不归，翁姑迫嫁之，明夜当缢死于此，吾得代矣。"公潜卖田，得银四两，即伪作其夫之书，寄银还家。其父母见书，以手迹不类，疑之。既而曰："书可假，银不可假，想儿亡恙。"妇遂不嫁。后其子亦归，夫妇相保如初。

公又闻鬼语曰："吾当得代，奈此秀才坏吾事？"旁一鬼曰："汝何不祸之？"曰："上帝以此人心好，命作阴德尚书矣，吾何得而祸之？"应公因此益自努励，善日加修。遇岁饥，辄捐谷以赈，遇亲戚有急，辄委屈维持。遇有横逆，辄反躬自责，怡然顺受。子孙登科第者，至今累累也。

○屠应埈还鬻屋之券，子孙竞显

应埈，屠康禧三子，世济其美，存心尤厚，居秋泾桥之浒。

有一邻人贫甚，负其子孟玄银不能偿，以屋基及小茔绝卖，准退前银。其子故长者，不肯受，告邻人曰："尔欲卖屋与坟，吾当另酬汝直。前银送汝，吾不追也。"其邻人亦感其高谊，以实诉曰："吾房实值若干，前因退债，故多写若干。今若还债，止当受若干，余不敢领也。"孟玄益高其义，复告之曰："汝不读书，尚知义理，不欲虚受吾直，况吾读书识字，岂肯见利忘义，而灭汝之直乎？"固与之，邻人不胜感激。

及埈归，邻人来访，埈留与小酌。邻人数其子之厚德，且叙其感激之衷。埈惊曰："尔之房已卖，尔今何居？"曰："移某所。"埈呼其子取前契还邻人，且为筑其坟墓。戒其家人曰："世世毋相犯也。"

以后登科第者甚众，皆埈子孙，号渐山，其德甚备，状志所不能悉其什一。

○王丹能化俗，周急起家，至宫傅

丹，京兆人，家累千金，好施周急。每岁农时，辄载酒肴于田间，候勤者劳之，其惰懒者耻不与，皆兼功自励，邑聚相率，以致殷富。其浮荡废业者，辄晓其父兄黜责之。有遭丧忧者，待丹为办，乡里以为常。行之十余年，其化大洽，风俗以笃。以邓禹荐为太子太傅。

匹夫乃能搘化俗之权如此，真大奇杰，长人知此，何事不便。

○刘翊累捐资济众，遇仙授道

翊，字子翔，颍阴人。少好道德，常行汝南界中，遇陈留张季札远赴师丧，寒水车败，停滞道路。翊见曰："君慎终赴义，岂宜久滞。"即下车与之，不告姓名，策马而去。

后为郡功曹。值黄巾贼起，百姓废业，翊出粟资食者数百人，乡族死亡，则为殡殓。献帝迁都，道阻群寇，翊夜行昼伏赴之。上加其忠，拜议郎，迁陈留守。

翊驾车东归，出关，见士民病死道次，以马易棺，脱衣殓之。

又逢故人，饥困于路，不忍弃去，与所驾牛助归。

后遇异人，谓翊曰："子多阴德，太上加子用情，使我授汝长生之术，汝能随我去否？"翊叩首曰："少好长生，愿从指教。"于是引翊入桐柏山中，授以隐地八术，服五星药法，遂仙去。

○全琮父子乐施，官至侯封

琮，字子瑾，钱塘人。父柔，简默冲退，好积聚。尝使琮赍米往吴市易。吴荒旱，琮将米散给士民，空舟而还，白父曰："所利非急，而吴民方有倒悬之难，故赈给之。"父大喜。琮仕吴，封钱塘侯。

孟尝豪杰，而冯骥市义，不能无介介。琮父好积聚，而乃能喜子捐资无吝色，真大圣父哉！

○张生捐钱救命，辟谷成仙

张，福州农家子。幼时父使持钱入山，市斧柯。遇一人欠官钱，追责甚紧，贫无以偿，欲系死于树。张怜之，尽赍为赠，其人拜谢而去。张坐石上，旁有人问曰："汝饥渴乎。"曰"然。"乃指路隅竹萌令食，坚不可咀。徐倾小瓢水命饮，异香遍野，类觉精爽非常，自此绝粒。忽识字能诗，言未来事，无不验，避尘世于昆仑，莫知所终。

○瞿嗣兴注意施济，年登高寿

嗣兴，常熟人，慈仁笃孝，路遇遗物，即访其人还之。寒士季不能支，灶突无烟。瞿知之，持钱二十缗，投窗隙与之，不告姓氏。岁歉，有贫人籴粟，衣不及胫，嗣兴受其钱五百，佯忘曰："汝钱十百耶？"倍与之。里人有疾，亲调粥药，赖以全活。自少至老，为善之念，未尝少怠。年八十四而卒。(《传芳录》)

李珏、黄兼济以匹夫小善，皆至高真，然不遇二公之梦，谁知之者？瞿嗣兴所积不浅，当亦与彼偕逝。第！神明不数数泄其机权耳。总之，强为善足矣。

士民赈饥之报

○宋祝染出廪济饥，子夺大魁

祝染，延平沙县人。遇岁凶赈济，煮粥疗病，无虚日。后生一子，聪慧，应举入试。乡人梦黄衣使者执旗报喜，奔驰而告曰："状元榜旗上有四字，曰'济饥之报'。"及开榜，子果中状元。

○倪闪济贫赈饥，身魁榜首

闪，字奏夫，沙县人。颖悟嗜学，用俭好施。每出以钱自随，遇贫则掷其家，不问知否。及领乡荐，赴礼闱，虽处京师，施与不减。屡试弗偶，人讥曰："君以济贫为事，何屡屈于春官，岂造物有未知耶？"

闪闻益自励。绍定三年，寇起，蔓延侵境。官兵获从贼者皆系狱。闪以无知罹法，日饮食之，已而得释。后火焚民舍，将及闪家，贼党相与扑灭，邻家获全。明年大饥，道殍相枕。闪以糜粥济之，活者万计。次年赴试，人多梦竖旗于闪门，旗上书"饘粥阴功"四字。是岁果魁天下。除宁国教授，出私帑，创斋舍，置义田，俸资悉分兄弟姑妹。仕至尚书。

○张八公岁饥平籴，孙累登第

八公，家富好施，乡人德之，号"张佛"。产分二子，每岁禾谷索铜钱六十文一把。其岁歉，乡价八十，其子亦增之。八公坐于门，看籴者出，问其价，曰："略增些少。"公以钱还之，自后其子价不敢增。至曾玄孙皆登第。

黄溪冯公为人本分，亦好施，人以呆称之。其子梦兰登进士，乡人谣曰："张八佛，子孙享其佛；冯大呆，子孙享其呆。"

佛是呆人做得。把来作对，趣甚，令可思。

○陈天福一生平粜，累世荣耀

茶陵州陈天福，素长者，有米皆平粜，无米或借银与人，乡里甚德之。

一日，有道人以钱一百二十文籴米一斗，陈辞钱而与米。道人出而题诗云："远近皆称陈长者，典钱籴米来施舍。他时桂子与兰孙，平步玉堂与金马。"

陈后富饶，起经济仓，平籴济人，生三子，皆显达功名。兰孙登第，官至太常，子孙累世荣耀。今湘湖陈氏之宦族，其后裔也。

平粜所损能几，子孙吃食有余。

○当湖陆氏两代济饥，三世九卿

袁了凡记云："凡系世家，未有不由祖德深厚而科第绵延者。"予旧馆于当湖陆氏，见其堂中挂一轴文字，乃其先世两代出粟赈饥而人赠之者。文中历叙古先济饥之人，子孙皆膺高位，谓陆氏他日必有显者。今自东滨公而下，三代皆为九卿，其言若为左券云。

舟陆济渡之报

○徐宗仁造舟济渡，延寿三纪

宗仁，蜀人。乡有两石桥夹江，四时湍急，下则深渊，惟此处可渡，溺死甚多。因船小，触石即碎。宗仁乃造巨舟，两头裹以铁叶，命仆撑渡。忽有道人称善星命者。叩门曰："公寿止四十三，有阴德，可延。"徐又夜梦至一官府，见湿衣鬼约三四百，执卷投王前，言："徐宗仁济生拯死，功德莫大，乞与夫妇寿考。"王呼左右以卷示宗仁，曰："汝阳数当尽，今延寿三纪。"及觉，益乐善好施。果逾三纪而终，人立祠于渡侧。

○程夷伯修理桥路，龄胤俱昌

夷伯，峡舟人，年三十九。梦父谓曰："汝今岁当死，可问觉海僧。"夷伯竦然往候之。僧善相，乃谓曰："君年促，然可延。"取水一杯，呵气入中，令饮之，曰："今夜当有一吉梦。"夜梦至一官府，左廊下男妇，衣冠严整，皆相欢悦，右廊下枷锁缧绁，哀号涕泣。旁有人云："左边是修造桥路者，右边是毁坏桥路者，尔宜择取。"夷伯自是于桥路平治，用功不倦，几济人事皆行之。后觉海复至曰："汝数年行济人事，甚多阴功，不惟寿算绵绵，子孙亦荣贵矣。"夷伯年九十四，历五世昌盛。

观此则不必施德于人，令人知之，凡隐微可以利物者，当无所不至也。

助丧修坟掩骼之报

○王忳葬客次书生，身子皆贵

忳尝诣京师，于空舍中见一书生，谓："我当到洛阳，而病，命在须臾，腰下有金十斤，愿以相赠，乞藏骸骨。"未及姓名而命卒。忳鬻金一斤营殡，余金悉置棺下，人无知者。后归数年，县署忳亭长，初到日，有马入庭中而止，大风飘一绣被堕忳前。即言于县，县以归忳。后乘马到洛阳，马奔走，突入他舍。主人见之，喜曰："今擒盗矣。"忳具说其状。主人曰："卿何阴德致此？"忳因说葬书生事。主人惊号曰："是吾子也，姓金名彦，大恩久不报，天以此彰卿德耳。"厚遗忳，忳辞让而去，由是显名。举茂行，除郿令，子孙皆显于时。

○唐郭震助五世之丧，勋名一代

震，字元振，年十六，与薛稷、赵彦昭同为太学生。家尝资钱四十万，会有丧服者叩门，自言五世未葬，各在一方，今欲一时称窆，乏于资财，愿假以治丧。震遂与之，以车，一时载去，略无留者，卒不问其名氏，深为薛、赵所诮，而震怡然曰："济彼大事，君何诮焉？"

十八举进士，历官至吏部尚书，封馆陶县，男加代国公，赐一子官。

十六岁便能独断独行，如是可谓夙令矣。以此处天下事，何有一丝滞蒂？"

○李之纯勤于掩骼，历官贵显

之纯登进士，尝为成都转运使，专以掩骼埋胔为念。吏人徐熙专为宣力，计其所藏，无虑万计。一日，金华街王生死复苏，云见冥官曰："汝以误追，今当还人间。阴司事虽禁泄露，然为善之效，亦欲人知。李之纯葬枯骨有劳，与知成都府一任。徐熙督役有劳，与一子及第。汝宜传与世间。"

后之纯以直学士知成都府，迁为户部，三迁御史中丞。徐熙子亦贵。

冥司不禁泄露，便不成幽明矣。而一二件露奇献巧，则其仁慈恻怛，不忍自没没者也。远近窈渺之间，人遂不复信，谬猜谬度，谓美恶无凭，不孤负神鬼哉？

○范纯仁以助丧养志，相业俱隆

纯仁，字尧夫，苏州吴县人，仲淹之子也。尝往东吴，得麦租五百斛，舟载以归。道会故旧石曼卿，自称三丧不举，世无郭元震，无以告者。纯仁悉以麦舟与之。归而拜父于庭。父问："东吴曾见故人否？"纯仁曰："见石曼卿，云：'三丧在浅土。'"父曰："何不以麦舟与之？"纯仁曰："已与之矣。"

后登进士第，官至尚书右仆射，兼中书侍郎，谥"忠宣"。

子捐租助丧，而父喜之。子难父更难矣，何也？哀怜不接于目，而无貌于心也。文正以"先忧后乐，矢志教子"，为万世美谈。至我皇祖，而犯罪之子孙，犹贷十死，仁人何不可为哉！

○赵狄舍牛助葬，贵至极品

狄，汲郡人，轻财好施。邻人李玄度母死，家贫无以葬。狄有二牛与之，度得以葬。他年，夜行见老母，与狄一饼，曰："子能葬我，是以相报。子五十以后，当贵极人臣，无忘玄度也。"后果登进士第，官一品。

施至二牛，其无所不舍可知。

○刘轲改葬书生之尸，文雄词苑

轲，韶右人，幼读黄老之书，究轻举之道。尝独处一室，数梦一人，衣短褐，曰："我书生也，顷因游学，逝于此室。僧因我瘗于北牖下，而尸踢促，死者从真，何以安也？君能迁葬，必有酬谢。"

乃询于缁属，果然。轲即改所着之衣，覆其骸骼，具柏棺，改窆于虎丘之上。是夜，梦书生来谢，持三鸡子，劝轲立食之，轲嚼其一，吞其二焉。后乃精于文学，因策名登科第，历史馆。

尸在寺中，阅人多矣，而独以嘱刘轲，足知鬼神勘破人也。

○傅敞瘗一旅枢，报题得官

敞，潍州人。为士子时，以绍兴二十年过吴江。纵步塔院，见僧房竹轩雅洁，至彼小憩。其东室有殡宫，问为谁。僧曰："顷者前知县馆客身故，问其家在福建，无力归窆，权厝于此。"敞恻然怜之。既还舟次，是夜梦儒冠人持名纸来见，曰三山陆苍。自叙踪迹，与僧言同。将退，拱手曰："旅魂栖泊无依，君其念我，君有德人也，故来相告。"

明日，敞复抵僧舍，遂倾其资，迁葬于官地上，仍修佛果以资助之。至七月，敞赴转运司，寓西湖小刹，复梦陆来致谢云："三场题目，苍悉知之，谨奉告，切勿宜泄，彼此当有祸。"敞寤而精思属稿，泊应试，如其言，遂荐名高第。

有德人一到，便为鬼神所知，德之感格大矣。然则德为圣人，岂有不得禄位名寿之理乎？患种未熟耳。

○宁崇礼施棺不懈，子孙无虚榜

崇礼性好善，常造棺椁施人。其贫不能葬者，又施以钱米，终其身不变。殁后，淳熙乙巳岁，其家小奴丁贵童，梦之如存，与语曰："我平生多做屋宅与人居住，积累阴德，庆延子孙。汝说与十四郎，明年秋试必得解。不惟若此而已，如此而后接续登名者常不绝。"

十四郎者，其子谦光也。贵童以告之，谦光不信，曰："汝侮我耳。"次年果预荐，自是殆无虚榜。至乙卯三举间，曰及、曰乃、曰时凤、曰时豹，皆崇礼诸孙。读书业文，日以益众。

施予之难，难在不懈。不懈者，心坚也，不望报也。人与人相处，不能以一善一德遽信其心，况昊天乎？惟远而难谌，故人多玩之。

○淳熙士人许瘗官员女，用其言登第

淳熙中，汪玉山为大宗伯知贡举。时有一布衣交，平生极相得，屡黜于礼部，心甚念之，乃以书约会于富阳箫寺中，与之对榻。夜分密语曰："某当为贡举，汝文冒子中可用三古字为记。"其人感喜。及试后，搜卷中，果有"冒子用三古"字者，遂取置前列。及拆号，乃非其友人也，私窃怪之。

数日，友人来见，玉山怒责曰："此必足下轻名重利，售之他人，何相负如此？"友人指天誓曰："某以暴疾几死，不能就试，何敢泄漏于人？"玉山终不怿。

未几，以古字得取者，来谒玉山，因讯之曰："贤甥头场冒子中用三古字，何也？"其人默然久之，对曰："兹事甚怪，先生既问，不敢不以实对。某之来就试也，假宿于富阳某寺，与僧闲步庑下，见一棺尘埃漫漶。僧曰：'此乃官员女也，殡此十年矣，杳无骨肉来问，又不敢自葬之。'因相与默然。是夕，梦一女子行庭下，谓某曰：'官人赴省试，妾有一言相告，此去头场冒中，可用三古字，必登高第。但幸勿相忘，使妾枯骨得早入土。'既觉，甚怪之，遂叩前列，已往寺中葬其女矣。"玉山惊叹。

此事可见科名有定，不用私嘱也。又人间私语，神闻若雷，如此，所谓发一念，措一事，不凛凛然临之在上，质之在旁已乎？

○广西周举子葬通判之棺，其年登第，子获其姻

周某，领乡荐，赴省试。道宿山寺，梦一人绯袍谓曰："某沉沦于此三十年，君能举我，葬之前冈梧桐树下，吾使君今年登科，且与世为婚姻。"周曰："君有以教我，当以死报德。"其人曰："此行入京，可去东瓦子陈家药铺安泊。"

旦见邻壁有棺，问僧，云广东李通判死寄于此，三十余年无来问者。周曰："吾眷也。"斋僧，于前冈葬之。至京东瓦子，果有陈家药铺，通姓名求寓焉。陈迎逢供给，莫解其故。试前一日，有馈筐箧者，中有《经义》三卷，周喜且异，熟读之。既入试，即此题也，不易一字。以书卷过省后知举，请相见，愕然无语。周后参谋制置司，制置即知举，因暇时偶言前梦，制置方言其亲与周同姓名。其年亦赴省，意与周，而其人死于途。周后为子娶广东富室李氏，乃言其祖通判死寄某处，后流落不能奔丧。某年家道横兴，前去取丧，则云某人葬之矣。盖鬼知吉地，而托之周也。

命合中时，有言行王道而王者，有传卤薄图者，有馈筐箧经义者，神明之假托变化不一，其途若此。总以成就福德人耳。固知行先于文也。

○李约理商胡之丧、嫁其女，福绵子孙

约为兵部员外郎。尝舟行，与一商胡舟楫相次。商胡忽病革，邀约相见。既至，乃以二夜光遗约，且以二女为托，女皆绝色。明日，商胡死，财宝数万，一舟之人，莫不窥觊。约乃悉籍其数，寄之于官。二女立为择配，乃殓。当殓之时，复以所得夜光舍之，人无见者。后胡属来理财，约请官发视，夜光在焉，时人莫不称叹。约竟福禄绵延，子孙贵显。（《昌后录》）

幸人之死以为利，仁者不为也。圣人甚祸无故之利，约最勘破此关矣。

○陈元瘗万殍，子孙业贵

元，金坛人。熙宁八年，饿殍无数，作万人坑，每一坑设饭一瓯，席一领，纸四贴，藏尸不可纪。是岁，生廓又生度，后皆为监司，子孙登仕相继。（《昌后录》）

○唐珏赋命贫，窭瘗宋帝陵骨，遂富有妻子

珏，会稽人，家贫，聚徒授经以养母。岁戊寅，金将发赵氏诸陵寝，至断残支体，攫珠襦玉押，焚其骴骨草莽间。唐年三十二岁，闻之痛愤，亟货家具，得白金百星许，执券行贷，得白金又百星许，乃具酒醪，市羊豕，邀里中少年若干辈，狎坐轰饮。酒且酣，少年起请曰：“君儒者，如是，将何为焉？”唐惨然具以告，愿收遗骸共瘗之。众谢曰：“诺。”

中一少年曰：“发坎中郎将，狁狁饿虎，事露奈何？”唐曰：

"子固筹矣。今四郊多暴骨，取窜以易，谁复知之？"乃斲文木为匮，复黄绢为囊，各署其表曰："某陵某陵"，分委而散遣之。掘地以藏，为文而告。诘旦，事讫来集，出余金酬谢，戒不泄。

越七日，金酋衰骨，杂置牛马枯骼中，筑一塔压之，名曰"镇南"。杭民悲戚，不忍仰视，不知陵骨之犹存也。后首祸者死，山阴始有籍籍传唐氏者。由是唐之义风，震动吴越。然名虽高，贫困自若。

明年巳卯后，上元两日，唐出观灯归，忽坐殒息，奄奄者良久，始苏，曰："吾见黄衣持文书来，告曰，王召君，道吾往。观宫阙巍峨，有一冕旒坐殿上，黄衣贵人逡巡降揖曰：'谢君掩骸，其有以报。'唐乃陛谒，造王前。王谓曰：'汝受命婺且贫，兼无妻若子。今忠义动天帝，命赐汝伉俪子三人、田三顷。'拜谢降出，遂觉，罔不知其信否也。"

踰时，越有治中袁俊斋至，始下车为子求师。有以唐荐者，一见置宾馆。一日，问曰："吾渡江，闻有唐氏瘗宋诸陵骨？子岂其宗耶？"左右指君曰："此人便是。"袁大骇，拱手曰："君此举豫让不能抗也。"曳之坐北，面而纳拜焉。礼敬特加，情欸益笃。叩之家徒四壁，恻然嗟矜。语左右曰："唐先生家甚贫，吾当料理，使其有妻有田以给。"左右逢迎，爰诹爰度。不数日，二事俱惬。娶国公之女，食故国公负郭田，所费一一自袁出。

人固奇唐之节，而又奇唐之遇，两高之曰："二公真义士也。"后获三子，鼎立顾顾，凡梦中人所许，稽其数，无一不合，其神巧如此。（出《逸民史》）

予怪世之言命者，穷通祸福，罔不在厥初生，一成而不变。今忠义所感，定命靡常，福极转移，易若反掌。乃知元命自作，多福自求，枢机由人，虽天有不能制，圣言岂欺我哉？一事通乎神明，报便如此。况力又有大者，其积弥厚，其泽当弥长，又可概量乎哉。

○宣城沈少参，让还古冢子，状元登第

少参卜葬地，启土，乃古冢也。有志，乃先朝名公之墓。沈命掩之，惧复有发掘者，立碑以识之。少参夜梦一官，峨冠博带来谢，曰："君掩吾冢，蒙德已厚，况又立碑，无以报德，当送一状元为公嗣。"已而少林生，幼聪慧，一目不再读，弱冠登科，少参奇之，以状元可立俟。

少林性慷慨，喜大节，不拘绳墨，稍淹滞，少参因告所亲曰："吾始谓人言不可信，讵知神言亦不足凭乎？"及丁丑，少林病不能会试，将归，梦人告曰："公今年当大发，何遽归？"及入场得题，觉有神助，出榜魁选，欲养疾不赴廷试。夜又梦人告之曰："公今年当大魁，何可归？"少林梦中谓其人曰："屡蒙见教，公为何人？"曰："君不知我，尊翁当知之。"少林勉入殿试，果状元及第，始知为不发古冢之报。

○兴化姚封君，捐金赎坟，子孙贵显

有姚姓者商于外，夜梦一人峨冠，貌甚修古，谓姚曰："某有室在某处，不肖儿孙将破我家，君能护之否？"姚应之曰："诺。"早行于道，见群佣方欲发冢。询之，其主并在。告以梦，

捐其金为子赎还，坟得不起。夜复梦其人告曰："蒙惠至深，已诉之上帝，必报尔鸣鸾鸣凤。"

姚后生二子，长曰鸣鸾，次曰鸣凤，皆登进士，为御史显官。一日，二子任中，忽心动，各辞官促道而归，同一日至其家，则封君病蔫矣。此虽二子天性，然亦封君福泽骈臻，宜及其子护从膝下也。有孙亦为御史，门第遂大显达云。

虐尸之报

○杨氏削尸头卖之，病肿死

庾宏为竟陵王府佐，家在江陵。宏令奴载米饷家，未达三里，遭劫杀死。流泊查口村，时岸旁有文欣者，母病，医云："须得髑髅屑服之即瘥。"欣重赏募之。有邻妇杨氏，见奴尸，因断头与欣。欣烧之，欲去皮肉，经三日夜不焦。眼角张转。欣虽异之，犹惜不弃，因刮耳颊骨与母服。即觉骨停喉中，七日而卒。寻而杨氏得疾，通身洪肿，形如牛马。见此头来骂，杨氏以语儿，言终而卒。(《幽明录》)

> 按：文欣之构髑髅，为母也，虽以误医杀其母，无罪焉。欣母之不救，命也，非报也。杨氏以利而戮死者，报故及之。

○唐王忠宪，剖恒阳寇心食之，三岁死

宪宗伐王承宗时，吐突承璀获恒阳俘虏马奉忠等三十人。驰

诣阙，命斩东市。有胜业坊王忠宪者，其弟忠弁行营，为恒阳所杀，舍弟之仇甚恨。闻恒阳生口至，乃佩刃往视之。敕斩毕，即剖尸心兼两胫肉，归而食之。

至夜，有紫衣人叩门，忠宪出见，自云马奉忠。忠宪与坐，问之，答云："何以苦剖我心，剖我肉？"忠宪云："汝非鬼耶？"曰："是。"《忠宪》云："我弟为汝逆贼所杀，我为不反兵之仇，以直报怨，汝何怪也？"奉忠曰："我恒阳寇是国贼，以死谢国矣。汝弟为恒阳所杀，则罪在恒阳帅。我不杀汝弟，汝何妄报乎？不闻父子之罪尚不相。汝妄报众仇，则汝仇极多矣。须还吾心，还吾胫乃可。"忠宪知失理，云："与汝万钱可乎？"答曰："还我无冤，然亦贯公岁月可矣。"言毕遂灭。

忠宪乃设酒馔纸钱祭之。经年两胫渐瘦，又言语错乱，如失心状，三岁而死。（《太平广记》）

○唐汴卒食郓士肉，梦征偿而死

元和末，王师讨平郓，汴卒有食其尸肉者，数岁暴疾。梦其所食卒曰："我无宿憾，既已杀之，又食其肉，何不仁也。我已诉于上帝矣，当还我肉，我亦食之，征债足矣。"

汴卒惊觉流汗。及晓，疼楚宛转。视其身，唯皮与骨，如人腊。一夕毙矣。

○宋升从韩溶议，取人骨作灰，溶灭门，升亦毙

宋升为洛中都运使，时营西内甚急，梁柱窗槛皆用灰布，限

期既迫，竭洛阳猪羊牛骨不足充用。属官韩溶建议，掘漏泽人骨以代，升欣然从之。

有属官李实者。与韩溶俱用事。一日暴卒，还魂，具言冥官初追正以骨灰事，有数百人讼于庭，冥官问状，实言："非我，乃韩溶也。"忽有吏趋而出，有顷复至，语实曰："果然，君当还。然宋都运亦不免。"适所抱文书风动，实视之，略有"灭门"二字。

后三日，溶有三子连死，其妻哭之哀。又三日亦死，而溶亦死。升已入为殿中监，未几忽溺不止，经日下数石而毙。人始信幽明之不诬也。

国家大事，一议关数万人命，尤可轻发乎哉？

○顺德令胡友信，弃枯骨水中，为鬼所卖，狂死

胡公辟教场，其地与漏泽围近，枯骨无算，尽弃之水中。后入觐，赴省参辞，忽一人称椽来见，曰："今日奉院明文，入觐官不必辞。"又曰："小人得公荐剡书。"索视之，皆其平日污行，胪列甚悉。公大怒，索之不见。既误参辞，随发谵语，回邑数日卒。（《耳谈》）

廉财之报

○范元之还赎金，世登科第

元之素贫，盛暑江浴，拾得金银一袋于岸，归谓其子曰："世

人以财为命，万一有人失此，自经于沟渎，枉杀性命。"

翌旦，父子携于岸待之，果见一妇悲号而至。元之诘其故。曰："夫坐狱当死，易田得银，至此失之。"元之即以还之，妇与分，亦不肯受。

既而乡里多薄之，谓其不能经营生理，空自守贫。元之笑而不答。次年，父子登第，遂十二世为二千石。

○刘留台还商人之金，神报贵显

刘少贫，专以趋谒为生。一日至泽泉寺浴堂，拾得一袋，皆金也，乃藏衣箱。浴毕，托疾卧浴箱前凳上，终夕不去。

翌日，一人号泣而来。自言为商八年，得金八十两，以袋盛之。昨浴罢而去，乘月行二十里，始觉金失。刘曰："我拾得，专此相候。"出以授之。商感谢，解包取数两相酬。刘不受，乡人皆笑其愚。

刘曰："我平生赋分止此，若掩人物为己有，必有灾殃。况商人辛苦八年而积此，一旦失去，岂不哀哉！吾所以俟而还之。"

忽梦神报曰："汝守贫不贪，将有大贵。"后果登第，官至西京留台，子孙仕宦者三十三人。（出为《善阴骘》）

○裴度还赎父之带，再造寿命

度质耿小，相者言其寿夭，当饿死，公然其言。他日到香山寺，徘徊廊庑下，忽见一妇人置褆褶于阑楯之上，祈祝于神，良久瞻拜而去。度见其物，知必遗亡，欲追还而不及，遂收以待其复至。抵暮不来，乃携以归。

旦复待于寺门，则妇哭而至。度问何为，妇悲泣曰："父被罪系狱，昨假得玉带一、犀带二，值千缗，以赂津要，不幸忘失于此。昨为夜不敢行，今至不见，父罪无逃矣。"度解袱视之，不差，乃授之曰："今我专候付还。"妇泣拜，留一以谢，度笑而遣之。

一日，相者复见度，颜色顿异，惊曰："此有阴德及物，前程万里，非某所知也。"度后位极人臣，名震天下。

按：度自赞像云："汝貌不扬，汝材不长，胡为将，胡为相？一点真心，丹青莫造"，此可以"相度"矣。

○杨存还商人之引天花证福

存赴试，宿旅舍，寝席下觉有一物碍。揭观之，乃盐串二百引，即收之。询店主曰："前夕何人宿此房？"店主曰："淮甸巨商某法名。"公曰："此吾友也，倘复至，令至京于某处寻。"店主诺之。

不数日，商果来寻遗物。店主以杨言告之，商乃诣京往见，具白。公曰："果汝物耶？当闻之官以还。"商如命，乃诣官交还。官欲与之剖分，存力辞不受。商不能强，捐数缗，就相国寺为公祈福。时有五色云，天花散空。众称公之阴德感天。是年及第，宫中奉大夫。

○张仲淳还客死之金，子孙登第

仲淳，秀州人，居乡教授，以文学知名，人皆师礼之。好周人之急，常以财济贫乏，病者给以药，务行阴骘，不求人知。

忽有一商旅，途中感疾，甚困惫，投宿于仲淳。淳询来历，但略言其名氏乡里，遂不能言而死。淳阅其行装，有金十两，乃遣人召其妻子，护尸持金而归，复资经营葬之。

是夕，淳梦其人谢云："平生不欺心，隐财阴德甚厚，故远来托公以死。公待我以恩如此，愿公明年生贵子。"

至期，师中生，登进士第，为尚书郎，世为宦族。

〇徐恭两还遗金，弈代弥芳

恭，保定府博野县人，素行忠实，乐善好义，非分不取。一日往邻县市物，饭店中见银一封，坐良久，待无人来觅，即挟归家。明晨起，复往，见店主被失银者告官，即出银以与，原封未动，店主获释。

又灌蔬于园，园旁有树，一人乘凉饮井毕，遗囊树下而去。公知亡矣，即收以待。行二十里，觉失，哭来曰："吾梁某，乃河南人，挟粮银三百两赴京输纳，今忘于此，吾家性命不保矣。"公验其封号及银数与之。其人出数两以酬，公坚辞不受。

输纳回，请客十余以谢，拜为父。将行，祝于土地祠曰："徐某厚德，不欺人物如此，乞达上帝，生好子孙。"后生子廷璋，璋生二子鸾、凤，同时举榜。孙行登进士，曾孙累累，皆以文学显，为燕辅名族，实公之所贻云。

〇刘尉却谢金，二子贵显

益州刘府君，初为连江尉，有争田十年不决，郡以属公。公得其奸，立为判其曲直。人皆谓公为神，不知特公心耳。

及去官，得直者候为建州，屏人告曰："某有好香数斤，聊为长者寿。"发视之，乃黄金也。公谢曰："君事本直，非私君也，敢以公事受私赂乎？"坚却不受。时皆伟之。后公二子原父、贡父，俱以文显。

〇宜山冯俊不酬伪金，其年登第

俊为举子时，以所赍路费百金易土仪入京，将求什一之利以自助也。行至山东折阅，颇有息，尽市之。

次日，细视其银，皆铜质，物色其人，计不可得。俊即取假银，悉投于河，曰："无陷后人也。"同伴相助至京，遂登第，累官至都御史。

俊官既显，有故人子为属官，以墨四挺馈俊。俊曰："汝所馈墨，必佳自取。"研之觉太重，验之则皆金也。俊怒，即以投之，几中其面。盖其志操如此。（《谈林》）

〇孙虿川祖不酬伪金，子孙大显

祖为人淳厚正直，生平无一毫机械，乡人皆取平焉。一日，偶货物得银二两，公持以示人，则假银也。念此银既不可用，亦不可持以误人。至东湖之滨，复于水中走数十步，投最深处。后生子登第为副使，孙即虿翁尚书。其曾孙辈皆贤，书香未艾也。

按：此虽所损无几，而平生之廉介长厚已可见矣，与冯俊二事一律。

〇余于舵师还商遗金，旋于舟下得金

舟师姓吴，与其子载商至瑞洪，商遗金一袋于舟而去。吴简船舱得金，惧其子见之，乃收置竈灰中。子欲发舟去，吴故迟延半日。商反觅金，吴举以还。商请均分，吴坚不听，商呼天拜谢而去。其子恚曰："横财入手不能享，乃举以还人。"吴笑曰："吾父子终日棹舟，犹不能饱煖，横财岂易享耶？"

命发舟去。其子不用命，吴自运舟，舟旋转不动，如有物碍其舵。吴乃入水验之，得一皮箱二，盛银二百余两，吴遂成富焉。

使贪商金，安得神运二百两哉？

〇密云富翁还边饷遗金，因得其亡子

翁一子，数岁失之，远近求之弗得。翁念殊切，值天暑，数入歇凉于其门，坐久竟去。翁策仗至门，见门后一黄袋，盛银数锭，盖饷边者。翁俟其还。

少顷，一人号至曰："我天津卫解边饷者，适与同伴借此歇凉，解腰间银袋置门后，乘阴快行忘取。倘长者收得，愿与均分。"翁验还之。其人拜谢，且恳所以报德。翁俯首久之，曰："老拙久失一子，此行但觅清秀孩童一二赐我足矣。"

其人铭刻而去。事毕回至途，见人携小儿请鬻。其人计翁恩厚，幸有余金，遂买儿联骑送到翁门，下马，儿遂竟入室中。举家号泣，始知鬻儿即翁子也。翁大喜，复厚赠其人。（《谈林》）

瞒心取财之报

○唐定州民，私绢十匹，托生为羊。

定州人王珍，能为金银作，曾与寺家造功德，得绢五百匹，同作人私费十匹，王珍不知也。此人死后，王家有礼事，买羊未杀，其羊频跪无数。珍已怪之，夜系于柱。珍将寝，有人扣房门甚急，看之无所见。珍复卧，又闻怪之，遂开门卧，未睡，见一人云："昔日与公同作功德，偷十匹绢私用。今已作羊，合为公杀。"叩头乞命，再三恳苦。言讫，出房门，即变作羊。

王珍妹于别所，见此人叩头，一如珍所见，遂放羊。珍及妹家皆断食肉。尝以咸亨五年海运，船上无菜，人皆食肉，珍竟殣空饭焉。（《太平广记》）

○解奉先多取画值，转世为犊

奉先，洛阳人，为嗣江王家画像，未毕而逃。及见擒，乃妄云："功值已相当。"因于像前，誓曰："若负心者，愿死为汝家牛。"

岁余，奉先卒。后王家犇牛产一驿犊，有白毛于背，曰"解奉先"。观者日夕如市焉。

○童安玕负郭珙财，为牛莫赎

安玕，唐大中末富人，初甚贫窭，与郭珙相善，尝借其钱六七万，以之经贩，遂致丰富。及珙征所借钱，安玕拒讳之。珙焚香告天曰："童安玗背惠忘义，借钱不还，倘神理难诬，当死后作牛以偿某。"安玗亦绐言曰："某若实负郭珙钱，愿死作一白牛，以偿珙债。"

未逾月，安玗死。死后半年，珙家牸牛生一白牯犊，左肋有黑毛，作字曰"童安玗"，历历然。观者云集。

珙遣人告报安玗妻子，并亲属往视之。大以为耻，厚纳金帛，请收赎之。郭珙愤其欺负，终不允。安玗家率童仆持白梃劫取之，珙多置守御，竟不能获。(《报应录》)

积财许多而不能买一白牯犊，虽多亦奚以为？

○刘钥匙横于生计，为犊见购

陇右水门村有刘钥匙者，不记其名，以举债为家业。能规求，善取民资财，如秉钥匙，开人箱箧不异也，故有"钥匙"之号。

邻家有殷富者，为钥匙所饵，放债与之，积年不问。忽一日执券而算之，即倍数极广。既偿未毕，即以年系利，略无期限，遂至资财物产俱尽。负债者怨之不已。后钥匙死，彼家生一犊，有钥匙姓名，在欹肋之间，如毫墨书。日为债家鞭使，役无完肤。钥匙妻男，广以重贿购赎之，置于室内，事之如父，毙则棺敛葬之。(《玉堂闲话》)

人间征子母，亦要有恕心，便是随处作方便，然不如其不为也。

○宜春姥欠寺钱，为牛恰酬其值

郡有齐觉寺，寺老僧年九十余，清修守戒，人皆呼为上公也。上公偶夜梦见一老姥，衣青布之衣，拜辞而去，云："只欠寺内钱八百。"上公觉而异之，遂自取笔，书于寝壁，同住僧徒，亦无有知者。

不三五日后，常住有老牸牛一头，无故而死。主事僧于街市鬻之，只酬钱八百。如是数处，不移前价。主事僧俱以白上公，上公叹曰："偿债足矣。"遂令入寝所，读壁上所题处，无不嗟叹。

（《玉堂闲话》）

欠寺钱有偿矣，舍寺钱有福乎？曰："如起此心于别处，皆客矣。君子问灾不问福也。"

○营田吏夺民田，变牛以代其耕

汴为卢州营田吏，恃势夺民田数十顷，其主退为耕夫，不能自理。数年汴卒，其田主家生一牛，腹有白毛，方数寸。既长，稍班驳，不逾年，生"施汴"二字，点画无缺。道士邵修默亲见之。

（《稽神录》）

○盛出血巧夺邻产，生子绝技

盛出血，吴城人，戏以手折人，辄出血，故名之。邻翁老无子，园池广衍。盛与翁狎，尝问其地所从得，翁辄道其详。盛潜写翁卖地券，择一已死者为中见人，藏久之。翁无恙，乃谓曰："汝地不归我何待？"翁以为戏。盛作色出券示翁，翁愕无辨，遂与盛地，愤恨而死。

盛初无子，既以计得翁地，又生子，意愿益溢。所生子五岁不言。一日，盛携之入园圃游行，谓曰："吾老矣，目前生业皆汝有，汝不言，吾不乐耳。"儿忽应声曰："我即某翁也，将有所待而言耳。"

盛惊悸，一仆卒。未几，子亦卒，遂绝。（《北梦锁言》）

○毛烈负田被诉，受阴狱破家

毛烈，合江县人，以不义起富，他人有美田宅，必谋得之。陈祈与烈善，举田质于烈，累钱数千缗。后载钱往赎，烈受之，有干没心，约以他日取券。祈曰："得一帖为证可也。"烈曰："吾与君何待是耶？"祈信之，后数日往，则烈避不出。

祈讼于县，县吏受烈贿曰："官要文券验，安得交钱数千缗而无券者？"言之令，祈以诬枉受杖。诉于上司，皆不得直。乃具牲酒，诉于东岳行宫。幡帷掩映中，彷佛有人语曰："夜间来，祈急趋出。"迨夜复入拜谒，陈状几上。又闻语曰："出去。"遂退。

抵三日，毛烈在门内，忽有黄衣人入，捽其首殴之，奔并得脱，至家死。又三日，牙侩一僧死，一奴为佐者亦死。最后祈亦死，少焉复苏，谓家人曰："吾往对毛烈事，善守我七日至十日，勿敛也。"

祈入阴府，追者引烈及僧参对，烈以无偿钱券为解。狱吏指其心曰："所凭惟此耳，安用券？"取业镜照之，见烈夫妇并坐，受祈钱状。一衮冕人，怒叱械烈，烈乃首服。主者又曰："县令听决不公，已黜官若干。吏受贿者尽火其居，仍削寿之半。"

烈遂入狱，且泣语陈祈曰："吾原券在某梜中，语吾妻，可还汝。又吾平生以谋得人田宅，有十三券，皆在梜中，可呼家人还之，以减我罪。"

主者又问僧，僧曰："但见初质田时事，他不预知也。"与祈俱得释。祈抵家而寤，遣子视县吏，则其居焚矣。乃往毛氏述其事。子取券还之。

僧归，已荼毗三日，无骸可托，日扰毛氏门，至家业衰替，乃已。

○刘悟争产削籍，以旼过得殿

营州彭方中因诣西岳祈嗣，梦至岳府。其里人刘某已死，见彭告曰："吾儿久当登第，在甲科，仕宦至监司，以占里人坟及一应大小罪恶，凡三十事，降第五甲，止得某邑簿尉。昨与族人争田，今又议削登科籍，只可请举，故在此照应。"

彭觉，首以语刘。时方与族人争田致讼，乃好让之。其年刘请举，明年登第五甲，终于簿尉。（《江湖纪闻》）

父母冥中感此不肖子孙，岂不心衰？然何不与乃嗣言之，岂善亦有缘耶？固知窦燕山得梦祖父者，未绝其人之天乎？

○蔡翁负周氏财，转世为其家狗

方通判乳媪周氏，性朴直，不虑人欺，村人从假贷，辄与之。

有蔡翁者，负最多，每督取，率托以他故。经数年，媪呼责之。妄言答云："欲偿婆钱，辄为官事所荡，愿宽今岁，如有背约，当为八乳牝狗以报。"

未几蔡死，而方家得一犬八乳。周媪尝戏乎曰："汝是蔡公耶？"即掉尾而前。后十年乃死。（《闲窗括异志》）

如此业报，只是开口一愿耳，不愿将如何？曰："心已是狗矣。"人家狗最多也，知是谁人转生来，故不食其肉亦可。

○陆氏横侵人产，生子荡其家业

嘉靖初，有淮民陆氏，奸而横，侵其邻郑氏，尽其产，撤其居，以为己。宫室苑囿所余，惟嘉树一本。晚得子而喑，数岁游于庭，忽指树而言曰："树乎，汝犹枉耶？"家人大惊。已而复喑不语。百方诱之，终不出一声。稍长，荒淫戏傲，靡所不为，家罄乃死。

人谓其郑氏后身云。朱瑄为都御史，总督两淮，征其里人问之，皆信。（《谈林》）

○月陂民贷高氏镪，转生为马偿之

高瑀家富，弘治时人。有民借镪若干，未偿而死。邻马产驹异常，高买得之。性循良，稳而且捷。他人即蹄啮不得近，甚爱焉。

一夕，梦民泣涕跪请曰："向借公银，可还文契。"高曰："数未杜奈何？"民曰："骑坐数年可偿前债矣。"明日，高晨起过厩，

马见高，连嘶跪地，若哀求状，随仆地死。高忆昨梦，启箧捡券焚之，而葬马于郊。(《谈林》)

焚券葬马，此心善于郭珙矣。正要寻此人心，有之亦快也。

○王稍负乡人金，变牛偿之

稍子太原人，姓王名彦须，渔算人资，后渐消乏。其乡长者怜王之贫，以银一两八钱借焉，令其相凑买船以度生。乃王稍顿忘前义，竟负不偿。倏经八载，而长者亦忘之，毫不索取。

一日，长者闲过家小屋中，忽见王稍腰系汗巾，明白窜入牛栏处。少顷，牧童报云："牛母生犊。"长者即往观之，其初生小牛，腰间宛然明着汗巾之纹不没。长者默识之。

后一周余，小牛肥润壮大。长者令牧童卖之。偶遇何屠于路问价，童应以一两八钱，亦长者所嘱也。屠私喜，以为此牛不止此值，遂依价牵去。

有农夫见，问曰："此牛甚肥壮，当此春时，何忍杀之，肯转卖我耕耘可乎？"何屠绐之曰："此牛适着价二两五钱，若再加价一钱，即与尔。"农夫又喜，此牛过于是值，随用二两六钱还屠，较之长者初卖，又增八钱矣。

农夫得牛，不胜欣喜。其牛归家，不须管理，自会往返，殊令人爱惜。一日不见，遍寻无有。已仆于山谷岩下，农恨之。

后遇前屠于市，叙失牛始末，屠乃云，是长者家买的。而农又耕长者之田，宛转通问，称知其实。农曰："此牛何故止卖此价？"长者曰："其中有缘由，此牛是稍子王彦须托胎投生，填还前债。我亲目所睹，王稍原欠我银一两八钱，故止卖此价。"

　　何屠闻之，始大悟曰："王稍亦欠我肉银八钱。"农人亦言云："我原问王稍借银二两六钱未还，今托生为牛，正所谓取此而偿彼也。"

　　共大叱咤。此真可为欺昧者戒。时系万历己丑年。（《谈林》）

　　三家假贷之数，何巧相值也？惟巧相值，故得成奇绝事。不然，其因缘变化，宛转抵偿，又不知何如矣。

○崔屠诈取赎母之金，雷震死

　　余杭民某死，惟余一妪之子。子聘胡氏女为妇，贫不能委禽，妪遂质身于机坊，为之治丝，得金二两，妇始得归。妇问姑所适，子言其故，妇泣下，尽脱簪珥，将以赎姑，而子先往与议。

　　当夫妇语时，邻人崔屠窃听之，因诈为夫语，索前物于妇。妇稚不察，即与之。及夫归，罔然莫知为谁所索也，怨恨触柱而死。母闻子死，伤之，亦自死。

　　妇欲相继自杀。里卒以闻于邑令周之冕，即出余俸，棺瘗二死者，而令护妇使毋自杀。且急捕贼，不得，时轰雷已击死。崔屠其物尚在手。而又起二死者皆活，则异之异矣。周令给子生理以养母焉。（《谈林》）

　　雷能杀人，又能生人，不更显赫哉。周令所作，大是有心人。凡横财多关性命，急思之。

○南康屠窃酬愿金，手持之死冢中

南康夫妇产一子，欲酬香真武庙而无银。鬻猪得银八钱，付妻。妻置神前磬中。屠窥见，既牵猪，乘闲窃银去。夫觅不得，以责妇。妇无以自解，因缢死。夫殓埋之，大恸，乃与其子往至庙门。登殿，见其妇先在。夫曰："尔已缢死，殆鬼乎，胡昼见也？"妻曰："我瞑目，为神所摄至此，原不曾死，安得为鬼？"

夫见其言语明朗，不解所以，亦不惧。却同进香毕，归家。发冢启棺，但见原屠者已死其中，左手持原银，右手执索。四方来观者皆骇异，以为神之显报如此。(《谈林》)

屠死则死耳，何以在冢棺中？此另是奇绝公案，以告语人间也。

○蒋举人放利取盈，为盗劫尽，身被惨酷，已而群盗亦毙

洞庭山消夏湾蒋举人，屡试春官不第，遂弃去。日夕执筹，居积算计，虽至亲不拔一毛，不数年，称高资矣。钱神作祟，盗斯劫之，鞭挞炮烙，惨于官刑。申而入，漏尽而出，罄其所有，席卷去。

盗喜过望，杀牲载酒，赛愿于小雷山神。山在湖中断岸，绝无人居。盗登祭毕，酣饮大醉，自恃逻兵莫及，不虞舟师截缆以去，盗归无所，严冬冻馁，骈首受毙，无一存者。买舶过者，皆知弗敢近。

吁！天以盗报蒋举人，而以舟师报盗，何巧相值也！岂非嗜利之明鉴哉！(《谈冶》)

○长兴民王某，霸占财产，转生为牛，呼子偿债

王某狡而横，武断乡曲。每设计买人田产，既成券，仅偿半价，放债则揾其原契，既还复索，习以为常。人畏其横，莫敢与争，惟饮恨而已。

亡何暴卒。邻家偶生一牛，主人视之，忽作人言曰："老官，我即邻人王某也。阴司以我设心不善，且尝负尔田价，故罚为牛以偿之。今烦召我子来，令渠措处奉还。"主人大惊，亟往呼其子。

子亦凶暴，掉臂入门，高声问："牛在何处？"主人指示之。乃问之曰："尔能言邪？"牛不应，又问又不应。乃挥其人殴之曰："汝敢詈我父为牛？"正争闹间，牛乃奋起，呼其子名，诃之曰："汝尚殴人耶？吾尔父也。适尔入门，乃问牛在何处，吾愤且羞，故不应耳，尚殴人耶？"

因历述：某产付价未足，还该若干；某债原契未还，今在何箧，须一一为我清楚，以脱我罪。言讫，即踣地而死。其子因赎回瘗之。（《谈冶》）

世之牛形而人心，人形而牛心者，岂少哉？

○陈明章以造假金起家，雷震死

明章，黄邑人，平生奸狡，造假银渐饶。加靖癸丑五月，章携小仆同捕鱼。忽雷从其家出，击死草塘中，而小仆乃在塘上亡恙，亦莫知其所由上也。（《耳谈》）

负债不返，便生为牛犬。然世之负债者多，此心已是牛犬矣，何待再

生哉!

奢俭之报

奢者必贪，手头既宽，物力易诎也。奢者必残，饮宴过丰，烹宰踰制也。是有二恶德焉。况福分有限，盈极不祥，谁能载之哉？

昔志逢禅师，以用洗钵盂水太多，而宿疾缠身；袁益九世高僧，以坐沉香座讲经，而人痈附体。岂以罪躯顽质，恣饕餮于天地，侈供奉于人间，而谓无其报乎？何如留几分享用，以济贫病，积阴功去也。

○鲁叔孙、东门，以侈失位

定王八年，刘康公聘于鲁，发币于大夫。季文子、孟献子皆俭，叔孙宣子、东门子家皆侈。归语王曰："季孟其长处鲁乎？叔孙东门其亡乎？若家不亡，身必不免。"王曰："何故？"对曰："二子者俭，俭则用足，用足则族可庇。二子者侈，人臣而侈，国家弗堪，亡道也。"王曰："几何？"对曰："东门之位不若叔孙，而侈泰焉，不可以事二君；叔孙之位不若季、孟，而侈泰焉，不可以事三君。若皆早世，犹可苟登年以载其毒，则必亡。"

已而子家、宣伯皆出奔，东门氏遂无后于鲁也。后数年，季氏行父执于晋。范文子曰："季孙于鲁相二君矣。妾不衣帛，马不食粟，可不谓忠乎？信谗慝而弃忠良，若诸侯何？"遂舍之。季氏世为鲁上卿, 至意如专国, 富于周公, 而子孙始替。

○晋何曾、石崇以奢殄世

曾日食万钱, 犹云无下箸处。尝谓诸子曰: "主上创业无远谟, 汝辈犹可免, 至孙辈, 必及于难。"厥后何绥见收, 兄嵩哭之曰: "我祖其殆圣乎! "议者以曾明于料主, 而暗于自克, 身侈豪奢, 暴殄天物, 子孙汰侈尤甚。永嘉之末, 族无遗种, 亦自取耳。使以俭约传世, 何必不令终也!

后明帝时, 石崇与羊琇、王恺之徒, 竞相高以侈靡, 而崇为特胜。琇、恺每愧羡, 以为不及。宅室车马, 僭拟王者, 庖膳必穷水陆。后房百数, 皆曳纨绣, 珥金翠, 而丝竹之艺, 亦尽一世之选, 竟以怀宝取祸。及见收, 谓曰: "奴辈利吾财耳。"收者曰: "早知财能取祸, 何不散之? "崇无以对, 竟斩于市。

曾、崇之富如此, 使以周急行仁, 不令功德半天下哉! 马援尝云: "富者贵能施济, 不则守财虏耳。"后来佐命大勋, 侯封累世, 何知非施济所致。

前辈有诗曰: "忽闻贫者乞声哀, 风雨更深去复求。多少豪家方夜饮, 贪权未许暂停杯。"此闻丐者有感而作也。"呜呼! 富人一盘飧, 足供贫人七日饱者有矣; 一日宴, 足供穷人两岁食者有矣。同是大块中人, 何忍拥肥自恃, 半钱不予乎? "

又寇莱公好声歌, 以绫帛赏妓者, 妾蒨桃有诗云: "一曲笙歌一束陵, 美人犹自意嫌轻。不知织女机窗下, 几度抛梭织得成? "又云: "风动衣单手屡呵, 幽窗轧轧度寒梭。腊天日短不盈尺，何似妖姬一曲歌。"此诗字字真切，引而伸之，凡可以约己施贫者，当无不至矣。

《归田录》云："莱公知邓州好夜宴剧饮，虽寝室亦然烛达旦，故邓州烛法冠天下，虽京师不能造也。去官后，人见其厕溷烛泪，往往成堆。杜祁公清俭，未尝然官烛，油灯一炷，荧然欲灭，与客相对清谈而已。"二公皆为名臣，而奢俭不同如此。后祁公寿考终吉，莱公晚谪南崖，遂殁不返。虽其不幸，亦足以为戒也。

○梁富人虞氏，日夕宴博，祸中腐鼠

虞氏起高楼，临大道，日夕歌宴，击博于上，博者胜，掩口而笑。适有三客过楼下，飞鸢唧腐鼠堕客，客举面值其笑。二客相与谋曰："虞氏富乐久矣，我不侵犯，何为辱我？"乃聚众灭其家。谚云："骄奢之灾，祸非一致。"（出《列子》）

○唐杨收婚嫁奢侈，竟殛岭外

杨收、段文昌皆以孤寒进贵，为将相，率爱奢侈。收女适裴坦长子，嫁资丰厚，什器多用金银。坦尚俭，闻之不乐。

一日，与夫人及儿女到新妇院，台上用碟盛果实，坦欣然，视碟子，内乃卧鱼犀，遽推倒茶台，拂袖而去。乃曰："破我家也。"他日，杨相竟以纳赂，遂至不令，宜哉！（《北梦琐言》）

○贾相郎吏，以妻饰过丰而就殛

王涯为相，笃利权，其女嫁窦氏。归，请曰："玉工货一钗奇

巧，直七十万钱。"王曰："我一月俸金即有此，岂于尔惜之。但一钗七十万，妖物也，必与祸相随。"女不复敢言。

数月，复告曰："前钗为贾相公外郎冯球所买矣。"王叹曰："郎吏而妻，首饰如此，其可久乎？"后未浃句。冯晟谒贾相。有二青衣捧地黄酒出饮之，食顷而毙。盖贾有苍头与冯吏隙鸩之故也。贾为出涕，罔知其由，卒符王涯所料云。

按：郎吏之钗妖固矣。涯知物妖而不知权妖，贾至以贼获害门客而罔觉也。故二公亦皆不令焉。（具见《柳玭训家》）

○黄州教授以享用过尽而早殀

昔太学士二人同年月日时，又同年发解，过省，二人约相近差遣，庶彼此得知祸福。故一人授鄂州教授，一人授黄州教授。未几，任黄州者死。鄂州为治其后事，咒柩前曰："公与我年月日时同，出处又同。公先我去，使我今即死，已后公七日矣。若有灵，宜托梦以告。"

其夜，果梦告云："我生于富贵，享用过了，故死。公生于寒微，未尝享用故生，以此知人之享用，亦不可过。"后鄂州教授，历官至典郡，岂非闻此微悟，恐惧修省而然耶？（《乐善录》）

《清波杂志》云：生而富贵，穷奢极欲，无功无德，而享官爵，又求寿，当如贫贱者何？若又使之永年，为造物者，毋乃太不均乎？履富贵者，其可不思持之以德。

诱人荡业之报

○徐池诱夺人产，被鬼诉而惊死

池，嘉靖间人，富而暴厉。欲得徐八房，故令人诱其子臣为赌荡。累债数多，果得其房。后二子五孙俱染瘵。召巫祷，巫为神言："此徐八为祟。"池惧，设醮向城隍庙求解。

次蚤建醮。有乞儿迎问曰："公非徐池乎。"曰："然。"曰："昨夜我宿庙僻地，有人向神呼汝名，言汝害他。"池惊返，归枕而卒。子孙俱无噍类。

其贫宿庙中耶？抑死为鬼祟耶？

○邓荣以诱荡起家，遭劫辱而穷死

荣性哗狡，常谋人为不善。乡有宦家子不肖，邓结其亲，骗其家产，殆尽丐而死。邓为盐商，于江湖者二十年。绍定年间，湖遇寇，一寇俨如宦家子，缚邓父子，淫其媳女，尽掠其货而去。邓贫困十年而死，子亦丐焉。（《劝善录》）

知诱宦家子之报矣。生子使人诱，亦是宦家之报。今见宦裔痴迷赌荡，轻薄少年从而蚕食之，则为之愤。此点念正要充扩，莫令虚发此善根可也。司马光家训，须熟记得。

○丁湜谋人赌博，削夺大魁

湜少年俊爽，酷嗜赌博，父责不悛，逐之。湜遂旅游京师，经营补太学。熙宁九年，南省奏名，相国寺有一术士谓湜曰："君气貌极嘉。"即书粘于壁云:"今年状元是丁湜。"

湜益自负,而赌如昔时,同榜二蜀士,多资好赌,湜延之,胜六百万,如数携归。又数日,诣相寺,术士惊曰:"君今气色大非前比。"湜请之。曰:"相人先观天庭,明润黄泽则吉。今枯燥且黑,得非设心不良,有谋利之举,以负神明乎?"湜竦然,以实告曰:"然,悉以反之可乎?"曰:"既发心,冥冥知之,果能悔过,尚可占甲科,居五人之下也。"湜亟还其所得。是科徐铎首冠,湜居第六焉。

唆谋讦讼之报

○文光赞父以前生唆讼,历桎狱无虚日

赞之父,忘其名,自少至老,无岁无狱讼事。以宿因问昙相禅师,师曰:"汝父前生本写词状,为人斗合争讼,故今反受其报。"光赞恳求救免,师令其自着桎梏三日,为作忏悔,矢心行善,事稍解云。

每见好讼之家,祸人祸己,破荡不可胜数,则唆谋者,其阴毒可胜道哉!矧官长利人纷争以实囊橐者乎?

○黄鉴父以舞文起家,生鉴贵而灭门

鉴,苏州卫人。厥父善舞文,起灭词讼,荡人产业,为害不少。既而晚生鉴,弱冠登正统壬戌进士,以青年美才获宠,实为

近侍。苏人咸曰："父苦事刀笔，而子若此，何天理耶？"

景泰间，宠渥益甚。后驾自北还，禁锢南宫。及改元，天顺复位，以旧恩待鉴，升大理少卿，朝夕召见无期。(此时献媚自周，又必然好听矣。)一日，上御内阁，露一本角微风漾之。命取以观，乃鉴所进《禁锢疏》。上叹曰："不意鉴之奸有是耶。"

亟召甚于平日。鉴至，上掷此本视之。鉴连呼万死，伏诛，遂灭族。吁！使鉴宠不及此，何能报之深耶？

唆帝王兄弟以固权宠，即是唆讼本色耳，可谓能世其家矣。小人希旨，每每可喜，自家亦喜得便宜，一日天算实难当，小人枉了做小人矣。

○米信夫唆兄弟争讼而有其资，一家皆诛死

信夫，浙西人，柔狡哗捷。里有大家兄弟二人，以父死纷争，因唆其弟以讼其兄，结合官吏，破其家而有之。兄弟抑郁而死，米由是富者二十余年。(自家必定叫豪杰，别人必疑无人道矣。)

至元戊寅，遭反谋逆讼，牵连到邑，见吏俨如其弟，抑令招承，罄其资没焉。忿而讼吏于府，(尚是前日手段。)见府吏俨如其兄，抑令招承，与其妻女子息入，人俱死于狱。然则破人家，取其财，得无报乎？

唆之机甚隐微，何报之烈也？惟弄人于兄弟间，故罪益倍乎！抑亦巧恶五分，便足当值恶十分耶！所坐事亦冤愤，然不冤不见巧报耳。

又有权势人，见乡邻亲戚有讼隙，辄鼓人讼，又乘其愚忿，辄鼓之当劲敌，俟其颠踬，出而扶之，以树恩取利，此何心乎？

故劝人息，量人力，亦是随处方便。然乡邻亲戚有不德之者矣，惟造物知之。

卷之八 公鉴四

放生之报

物被杀者，或前生罪业，或与我冤对，故此偿债。然冤可解不可结，罪贵出不贵入。彼以多杀，堕此恶道，我既杀彼，彼复杀我，杀杀相寻，债债无休。何如解结宥罪，以德易怨之为愈乎？若属今生，贪嗔恣杀，种下怨毒，则祸愈重。故能放生，永保人生；亦惟放生，可得长生。

○毛宝赎龟，堕水得救

晋咸康中，豫州刺史毛宝，戍邾城。令一军人于武昌市买得一白龟，长四五寸，置瓮中养之，渐大，放江中。后邾城遭石氏败，赴江者莫不沉溺，独毛宝被甲入水中，觉如堕一石上，须臾视之，乃是先放白龟。既得至岸，回顾而去。

赎一命，赢一命，所得何多！

○刘之亨，放双鲤而延寿

梁，刘之亨，仕南郡。尝梦二人姓李，诣之亨乞命，亨不解其意。既明，有人遗生鲤两头，之亨曰："必梦中所感。"乃放之。其夕梦二人谢恩，云："当令君延寿一算。"（《诸官旧事》）

鲤未至门而梦已先感，物之神灵如是，庸可妄杀？

○严泰赎龟而还钱

陈宣帝时，杨州人严泰，江行逢渔舟。问之，云："有龟五十头。"泰用钱五千赎之。放行数十步，渔舟乃覆。其夕，有乌衣人扣门，谓其父母曰："贤郎附钱五千，可领之。"缗皆濡湿，父母虽受钱，怪其无由。及泰归问，乃说赎龟之异。因以其居为寺，里人号曰严法寺。

○陈弘泰，放虾蟆万头，获金虾蟆

伪蜀广都县，百姓陈弘泰者，家富于财。尝有人假贷钱一万，弘泰征之甚急，人曰："请无虑，吾先养虾蟆万余头，货之，足以奉偿。"泰闻之恻然。已其债，仍别与钱十千，令悉放虾蟆于江中。经月余，泰因夜归，马惊不进，前有物光明，视之，乃金虾蟆也。（《儆戒录》）

○王五，活苍蝇无数，蝇释其冤

王五，京师酒保。当酿酒时，苍蝇每投死其中。于是，以炭灰数器置其傍，遇溺者，辄取起安顿之，湿干自能飞动，所全活无数。后遭陷，官议置之死，执笔欲判，蝇辄成群，集其笔端，飞去复来，不得下笔。乃知此人，是阴德所致，为解其狱。

蝇至无力，乃露一假，奇怪如此，世间何物无佛性？

○隋侯活蛇报珠

隋侯见大蛇被伤而活之。后蛇含珠以报，其珠径寸，纯白，夜有光明，如月之照，可以烛百里。故世号为"隋侯珠"。

○杨宝庇雀衔环

宝，性慈爱，年九岁。至华阴山北，有一黄雀，为鸱枭所搏，堕地下，为蝼蚁所困。即怀之，安置梁上，又被蛇虫所啮。乃移巾厢中，采黄花饲之。羽毛既成，朝去暮来，积年之后，忽与群雀俱来，哀鸣绕宝，数日乃去。

是夕，忽见一童子，向宝再拜曰："我是西王母使者，往蓬莱，过此，为鸱枭所搏。君仁爱拯救，数承恩养，今当受使南海，不得朝夕奉侍。"流涕辞别，以白环四枚，与宝曰："令君子孙洁白，位登三公，后当如此环矣。"宝生子震，震生秉，秉生赐，赐生彪。四世三公，果应白环之数，天下无比。及杨震葬，有大鸟随之。陈留蔡伯喈论云："是黄雀感恩而致也。"（《记齐语》）

○韦丹赎就烹之鼋，报以禄命

丹年近四十，举五经未第。尝乘蹇驴，至洛阳桥，见渔者得一鼋，长数尺，置桥上，呼呷余喘，须臾将死。群萃观者，皆欲买而烹之。丹独悯然，问其值几何。渔曰："得二千则鬻之。"是时，天正寒，丹衫袄袴，无可当者，乃以所乘驴易之。既得，遂放于水中，徒行而去。

时有胡卢先生，不知何所从来，行止迂怪，占事如神。后数日, 丹因问命, 胡卢先生倒屣迎门, 欣然谓丹曰: "翘望数日, 何来晚也?"丹曰: "比来求谒先生, 曰: '我友人元长史, 谈君美不容口, 诚托求识君子, 便可偕行'。"丹良久思量, 知间间无此官族。"因曰: "先生误耶? 但为决穷途。"胡卢曰: "我焉知君之福寿? 元君即吾师也, 当自往详之。"

遂相与策杖, 至通利坊, 静幽曲巷。叩一小门, 有应者延入。行数十步, 复一板门。又十余步, 乃见大门, 制度宏丽, 拟于公侯。丫头数人, 皆极殊美, 先出迎客, 陈设鲜华, 异香满室。俄一老人, 须眉皓然, 身长七尺, 褐裘韦带, 从二青衣而出, 自称曰元浚之向丹尽礼先拜。丹惊, 即急趋进拜曰: "某贫贱小生, 不意丈人过垂采录, 实所未谕。"老人曰: "老夫垂死之命, 为君所生, 恩德如天, 岂容酬报? 仁者固不以此为念, 然受恩者, 思欲杀身报效耳。"公乃矍然, 知其鼋也, 终不显言。遂具珍馐, 留连竟日。

丹将归, 老人即于怀中出一通文字, 授与丹曰: "知君要问命, 故辄于天曹, 录得一生官禄, 聊以为报。有无皆君之命也, 所贵先知耳。"又谓胡卢生曰: "幸借吾五十千文, 以充韦君改一乘, 早决西行, 是所愿也。"丹再拜而去。

明日, 胡卢生载五十缗, 至逆旅中, 赖以救济。其文书具云: "明年五月及第; 又某年平判入登科, 受咸阳尉; 又某年登朝, 作某官。历官十七政, 皆有年月日。最后迁江西观察使, 至御史大夫。到后三十年, 厅前皂荚树花开, 当有迁改北归矣。"后遂无所言, 丹常宝持之。已而及第, 历官日月无少差。洪州使厅前皂荚

树一株，岁月颇久。一旦树忽生花，丹遽去官，归至中道而卒。子宙尚书仆射，同平章事，岫擢福建观察使。（《活物摘训》）

此鼋乃神龙也。苟非韦君赎之，则妄加烹杀者，又不知谁当其祸矣。

○宋郊渡蚁数百万，易卑名而上第

郊，后改名庠。丱角时，与弟祁同肄业太学。有胡僧相之曰："小宋他日当魁天下，大宋亦不失甲科。"后十余年，春试罢，复遇僧于鄽邸，僧执大宋手惊曰："公风神顿异，似曾活数百万命者。"郊笑曰："贫儒何力及是？"僧曰："不然，肖翘之物，皆命也，公试思之。"

郊俯思良久，曰："旬日前，所居堂下，有蚁穴为暴雨所侵。群蚁缭绕穴傍，吾乃戏编竹桥以渡之，由是获全，得非此乎？"僧曰："是也。小宋今岁，固当首选，然公终不出其下。"二宋私相语曰："一岁岂有两魁？其言妄也。"及唱第，小宋果中首选。时章献太后临朝，谓不可以弟先兄。乃以郊为第一，祁为第十，始信僧言之不妄也。后官至宰相，封英国公，谥元献。（今人好烧蚁，宜戒！）

使当时不再遇僧，则以为相术之未真，谁复知其宿因者？天下祸福之变，如此者岂少？不遇异人点缀之，遂委于一定，无如奈何。或终日营营，而不识恢功积德，反造非分之求，可叹也。

祁得第后，便肆力酒色，郊尝遗书戒之。可见，根器原自不同，后来至相，又别有栽培，非特蚁也。

○蔡襄放鹑，身膺高爵

襄字君谟，仙游县人。未达时，每喜食鹑。一夕，梦褐衣老人曰："来日当被害，愿公贷命。"襄问："汝何人？"乃诵诗云："食君数粒粟，充君羹中肉。一羹断数命，下筋犹未足。口腹须臾间，祸福相倚伏。愿君戒勿杀，生死如转毂。"觉而异之，询于厨中，有黄鹑数十，放之。经夕，复梦褐衣老人云："感君从祷复生，今上帝已命注公高爵。"其后举进士，至端明殿学士，赠侍郎，谥忠惠。孙佃，大魁天下。

鱼念佛，鹑能诗，可见尽物性便有感格灵通无穷之妙处。鸟兽不乱行，非诳语也。

○李遂夫不食牛三世，父子登科

遂夫，父名李田，台州仙居人。其子梦人推车过门，满载皆书卷，问："何等文书？"曰："他年南省及第人姓名也。"揖而求观，遍阅无己名。独有李遂夫者，车人指曰："是尔姓名乎？"漫应之曰："然。"其人曰："此一乡皆食牛，而汝家三世，独不食牛，当父子登科。"既觉，亟更名遂夫，果验。

不食牛，细事也，而独异流俗，历久不变，遂至动天。然则善何微而可忽？积何久而可怠乎？

○顾待问以食牛涂榜，悔而登第

隆兴癸未试，礼闱未揭。有江阴顾待问者，忽梦入仙府，正见放榜。末甲有"顾待问"字，而墨涂去之。叩所以，一真官曰：

"以汝爱食牛肉，姑示罚耳。"即谢过，曰："今后不复敢再食。"真官曰："汝果自此不食耶？"曰："然。"遂取笔，复注姓名。因借榜细观，觉而忘去，独记友人葛楚甫又在己下。因趋候与谈之，泊揭榜，果然。顾自是不食牛。

此法应得第者，故露朕以警之耳。真官大是有情人。

○陈元植爱护众生，寿延百岁

元植，初有家道而好行阴骘，至于禽虫，悉蒙其惠。每将食于高原之上，百鸟遥见，必飞鸣前后，或来迫其坐隅。元植甚悯之，禽鸟亦不畏惧（已与物却同体了），凡如此十余年。

一夕，梦有衣绯人，长三尺许，巾箱备具，谓元植曰："尔寿甚促，缘有阴德及物，于一切生命，皆欲济活，以此当延其寿，汝尚勉之。"觉后饮食倍增，至年九十九岁。

一旦昼坐，忽然袖中有一物投地，化为着绯衣人，长三尺余，拱立于前曰："君寿本不逾四十，为有阴功，增至百岁。今须还常理，辞尔去焉。"瞥然不见。元植遂与子孙述之，令选地封墓，逾月无疾而终。（出《谈冶录》）

○唅参救鹤，衔两珠以谢

参养母至孝。曾有鹤为弋人所射，穷而归参。乃牧养疗治，疮愈，放之。后鹤夜到参门，秉烛视之，鹤雌雄双至，各衔明珠来谢。鬻数万缗，家遂殷富。（《搜神记》）

○杨序，活亿物，延其寿

序，湖广人，家颇丰。一夕，梦神告曰："子逾旬当死，能活亿万物命，则可免。"序曰："大期已迫，物命有限，未易满数。"神曰："佛书云：'鱼卵不经盐渍。'三年尚可再活，曷不图之？"序遂遇有命物，悉赎之。见人杀鱼，取卵投江中。如是月余，梦神告曰："亿万之数已完，寿可延矣。"已而果然。（《传芳》）

○刘子屿，感鲤放生，锄地得金

子屿，吴江人。有鱼塘一所，至冬筑小堰，以放塘水，竭泽取鱼。水放将半，见二大鲤越出堰外，复跃入，如此再三，子屿异之。观所至，乃新育小鲤数百尾，聚一窟中，不得出。故二鲤往来跳跃，且衔且涉，而救其子，宁身陷死地，不恤也。子屿慨然叹息，乃去堰放鱼。越二年，锄地得金，遂致大富。

天地间，只是此有情种，到处堪怜堪痛。被二鲤画出仁人孝子之脉，横溢四海矣。

○李进勖放一船鱼，度厄获金

进勖，以贩彭蠡湖为业。常以大船满载其鱼，入维扬肆易之。一日，复贩鱼，至三山浦。其夕，月色如昼，勖乃步于岸侧，闻船内有千万人诵经，声清亮非常。乃登舟察之，则船内鱼耳。

进勖惊曰："我自来贩易众生，轮回之身，不可测也。"因悉放鱼于江中，言曰："诸鱼既各通灵，他日某若困苦，敢希方便。"由是改业，贩鬻狄薪。数年间，作大筏，载薪于金陵货之，未到间，值大风，簰筏一时沉溺。惟进勤浮于江中，足下如有所履。俄而，被风飐竹数竿，至于进勤身侧，遂扶此竹获济。乃见大鱼数百头，于进勤足下乘之，又共拽竹而行。到州登岸，回顾诸鱼各已散去。

至夜不得渡江，即栖洲上。更已深矣，独坐愁苦，两泪迸洒，嗟身之蹇踬一至于此。忽见荻丛碎罅中光芒，进勤即以手模之，获金二斤，乃袖于怀中。愁闷颇息，俄见一人着白衣，向波心踊立，谓进勤曰："朝来得存性命及获金，乃子前者所放诸鱼，今各报恩也。"言讫不见。待旦即有鱼数十头，又拽一叶舟来，桡棹俱备。进勤因得及岸而归，遂成家致富焉。(《搜神记》)

众生皆能念佛乞怜，特人无得闻之耳。进勤明是有善心者，故白衣点化之如此。

人尽谓造物生畜养人，不知人亦天地间一物耳。能修真好生，参赞位育，方灵于物。不然，与蠢动何异？贪嗔嗜杀，假手相啖，一入冥途，则转换不可知矣。如枭攫鸟，如虎吃人，亦将谓天地生以养之乎？

且性命与钱财孰急？与滋味孰珍？我舍至轻，彼得至重；我捐至纤，彼活至众。视含冤鼎镬、恣意贪残何如哉？设身入物性中，一思之。

杀生之报

○晋余杭县令许宪男，好火猎火，反其面死

宪为令，宪男于仇王庙侧放火猎，便秽祠前。忽有三白麋，从屋走出，男引弓射，忽失所在。复以火围之，风吹火，反覆其

面，欲去无从，而宪以事免官。(《太平广记》)

火猎最酷，昆虫蠕动之为害者多矣。仇王庙其籍手以报者也。

○宋益州人，入山遇龟引出，膗一龟者，立死

元嘉时人，刺史遣三人入山伐樵。路迷，忽见一龟，大如车轮，四足各蹑一小龟而行。又有百余黄龟，从其后。三人叩头，请示出路，龟乃伸颈，若有意焉，因共随之，得出。一人取小龟，割为膗，食之暴死，不唊者亡恙。(出《异苑》)

○宋元稚宗好渔猎，冥受割脔

钟离太守阮愔，遣元稚宗，巡行至民家，寐不复寤。经一日夕，乃言云："初被百余人缚去。"有神人曰："汝好猎，今应受报。"便取稚宗，皮剥脔截，如治牲兽之法。复内于渗水，钓口出之，剖破解切，如为脍状。又镬煮炉炙，初悉糜烂，随以还复，痛恼苦毒至三乃止。问："欲活否？"稚宗便叩头请命。神人令其蹲地，以水灌之，曰："一灌除罪五百。"凡三灌，见有蚁类数头。神人曰："此虽微物，亦不可杀，无复问巨此者也。缘尔愚蒙，不识缘报，故以相戒。"因尔便苏，数日能起，终身不复渔猎。(《太平广记》)

○东兴人得猿子，击杀之，家死于疫

其人入山，得猿子，将归。猿母自后逐至家，此人缚猿子于庭中树上以示之，其母便抟颊向人哀乞，直口不能言耳。此人既

不放，竟击杀之。猿母悲唤，自蹲而死，破肠视之，皆断裂矣。未半年，疫起，遂灭门焉。（《搜神后记》）

不忍一麂，可以为相，则忍此猿者，尚可为人乎？抑又有感焉？母子天性，其恩怛一脉，寄在畜生道中者，犹能感动疫鬼，况冤人乎？况仁人孝子精气之所勃窣、所会钟，而有不兴云澍雨，裂石贯日者乎？

○沛国士人毒三燕雏，而三子皆哑

有士人者，同生三子，年将弱冠，皆有声而无言。忽有道人过门，因问曰："此何人也？"答曰："是仆之子也，皆不能言。"客曰："君可内省，何以致此？"主人异其言，思忖良久，乃谓客曰："昔为小儿时，当床上有燕窠，中有三子，其母从外得哺，三子皆出口受之。后燕母出，以指试之亦然，因以三蕾茨食之，既而皆死。昔有此事，今实悔之。"客曰："是也。"言讫，其三子之言语，忽能周稳，盖悔过之故也。（《续搜神记》）

此人必是有善种者，且害物亦稀，故此小事，一想便着心头。其曰："今实悔之，足可知已。天盖托道人以醒觉之耳。"

○齐贵人好啖牛。病，见牛来触，死

贵人奉朝请，家豪侈。非手杀牛，则啖之不美。年三十许，病笃。见大牛来，举体如被刀刺，叫呼而死。（《颜氏家训》）

○苏巷妇杀一异蛇，即死。（见《女鉴》）

○阮倪割牛舌，生子无舌。

倪性忍害，因醉出郭，见有放牛，直探舌本，割之。归为炙食，后生子无舌。人以为牛之报也。（《述异记》）

○梁望蔡令杀牛饮啖，癞疾而死

孝元时人，县廨被焚，寄寺而住。民将牛酒作礼，县令便杀之以供客。未杀之顷，牛径来，至阶而拜，令大笑，遂宰之。饮啖醉饱，即卧于檐下。及醒，即觉体痒，爬搔隐疹，因尔成癞，十年死焉。"（《颜氏家训》）

○梁郡文立杀一孕鹿，遂疮其身

文立，世以烹屠为业。尝欲杀一鹿，鹿跪而流泪，以为不祥。鹿怀一麑，寻当产育，就庖哀切，同被刳割。因斯患疾，眉须皆落，身疮并坏。乃深起悔责，倾家买地，建小庄严寺焉。

鸟兽恋子如此，刳胎杀夭，能无罪乎？

○释僧群折一鸭翅，见报而死

群蔬食持戒，居罗江县之霍山，绝粒庵舍。第时从石盂汲水，而石盂与所居隔一小涧，常以木为梁，度而汲之。年至一百三十，忽见一折翅鸭，舒翼梁头。群将举锡拨之，恐有转伤，遂绝水数日而终。临终谓左右曰："我少时，曾折一鸭翅，此以为报也。"（《高僧传》）

○僧法昭折一鸭脚，后足以掷废

法昭师，竺法惠，关中人，方直有戒行。行至嵩高山，忽谓法昭曰："汝过去时，折一鸭脚，其殃即至。"俄而，昭为人所掷物折其脚，遂永废疾焉。(《高僧传》)

此等案，无明眼阐悉之，终不能了。

○隋王将军好田猎，报见其女

骁骑将军王某，田猎所杀无算。有五男无女，后生一女，端美。见者皆爱怜之，父母尤钟爱。既而女七岁，忽失所在，皆疑乡里匿戏之。访问不见，诸兄驰马远寻，去家三十余里，得于荒野中。已冥然无识，口中惟作兔鸣，足上得荆棘盈掬。经月余不食而死，咸以为田猎杀害之报也。父母痛甚，遂合家持斋，不复食肉。"(《冥报记》)

○唐都督李寿，频杀邻犬，犬责命死

寿，贞观中，罢职归第。性好田猎，常笼鹰，又杀邻犬饲之。既而公疾，五犬索命，公曰："杀汝者奴，通达之过，非我罪也。"犬曰："通达岂得自任耶？我等不盗汝食，自于门首过，而枉杀我等，终当相报。"公谢罪，请为追福。四犬许之，一白犬不许，曰："既无罪杀我，我未死间，又生割我肉，裔裔苦痛。我思此毒，何有放你耶？"强而许之。有顷，李寿苏，遂患偏风，肢体不遂。于是，为犬追福，而公疾竟不瘥。(《冥报记》)

○唐王遵兄弟断鹊舌, 而皆患口疾

遵, 河内人, 兄弟三人, 并时疾甚。宅有鹊巢, 旦夕翔鸣。忿其喧噪, 及病瘥, 乃张鹊, 断舌而放之。既而, 兄弟乃患口齿之疾。家渐贫, 以至行乞。(《宣验志》)

○唐陆孝政忿杀群蜂, 蜂螫其舌, 死

贞观中, 孝政为隰州府佐, 果毅, 性躁急, 多残害。府内先有蜜蜂一窠, 分飞聚于宅南树上。孝政遣人移就别窠, 蜂未即去。孝政大怒, 遂以汤就树沃死, 殆无孑遗。至明年五月, 孝政于厅昼寝, 忽有一蜂螫其舌, 遂即红肿塞口, 数日而死。(《法苑珠林》)

○唐果毅宰豚待客, 闻哭声而惊死

果毅, 鄠县人。每客来, 恒买豚设馔。卫士家生十豚, 总被买尽。其最后买者, 煮尚未熟。果毅对客坐, 忽闻妇人哭声, 意疑其妻, 向家看之, 不哭。至厅, 又闻哭声, 看妻复不哭, 如此数回。后更向家, 即闻哭声在门外。在门外, 即闻哭声在家中。其客大惊, 不安席, 细闻哭声, 似云: "男女生十个, 总被果毅吃尽。" 其客数遍听了之了了, 闻此, 客恻然皆去。果毅惊, 因此得病, 数旬而终。长安共传其事焉。(《法苑珠林》)

《左传》: 介葛卢来朝, 闻牛鸣, 曰: "是生三牺, 皆用之矣。" 然则, 畜之恋情爱子, 何异于人? 独此豚媪, 能为人语哭, 为可讶耳。闻此者不数数得之, 传者又以目所不及, 诞不复信, 此世所以多杀业也。

○唐屠人病死，为群羊所刺，遂伤颈

总章、咸亨中，京师有屠人，积代相传为业。因病遂死，乃被众羊悬之，一如杀羊法。两羊捉手，诸羊捉脚，一羊持刀刺颈，出血数斗，乃死。少顷还苏，此人未活之前，家人见绕颈有鲜血。惊共看之，颈有被刺处，还似刺羊。一边刀孔小，一边刀孔大，数年疮始合。

○唐司马杨舜臣，嗜胎畜，冥中见诉而死

舜臣为虔州司马，谓司士刘知元曰："买肉必须含胎，肥脆可食，余瘦不堪。"知元乃拣取怀孕牛犊，及猪羊驴等杀之，其胎仍动，良久乃绝。亡何，舜臣一奴，无病而死，心上仍暖。七日而苏，云："见一水犊白额，并子随之，见王诉云：'怀胎五个月，枉杀母子。"须臾，又见猪羊驴等，皆领子来诉。见刘司士答款，引司马处分。如此居三日而知元卒，又五日而舜臣死。（《朝野佥载》）

杀兽胎，奉上旨，且得罪，况杀人媚上者乎？

舜臣以口体之奉，而剚胎杀殀，卒罹其罪，欲之不可纵也如是。然命买者舜臣，而特杀者知元也。官长一语，下人遂希旨屠虐。此外其不及见闻者众矣，况帝王意向，可不慎乎？

○唐季全多杀，报见其子

季全，则天时京兆人。家富而奢，性好杀戮，猪羊驴犊皆烹宰于前。常养鹰鹞数十联，春夏采鱼鳖，秋冬逐狐兔。又与诸子取鸟雀，以刀齐刌其头，即放飞，看其飞得近远为胜负，以此为

戏乐。在家极严残,婢妾及奴客,皆被酷虐。其妻初生一子,头皮两垂至项,似人着帽。后生子,爪牙如虎,口似鹰吻。又生一子,从项至腰有缝痕,拨看之,见其心肺五脏,生而俱死。季全有兄弟,亦好鹰犬弋猎,同一残忍。其妻生男,项有肉枷,或象鸟兽鱼鳖,或无眼鼻者,数矣。(《太平广记》)

均一杀也,而若此,则残忍极矣。造物之报也,不报其人,而报其人之天,此类是乎?

○当涂民断三鳝,化蛇去,一家并命

吴俗取鳝鱼皆生之,欲食则投之沸汤,宛转移时方死。天宝八年,当涂有人,业取鳝鱼。是春,得三头鳝,其子去鳝皮,断其头,燃火将羹之。其鳝即化为蛇,蝙蠕长数尺,行趋门外。其子走,反顾余二鳝,亦已半为蛇。须臾化毕,皆去,其子遂病。明日死,一家七人皆相继死。十余日且尽,当涂令给葬之。

此虽不恒有之怪,然物类叵测。多杀者,或遇之,亦足用为戒。

○唐朱化贩羊,为羊鬼所杀

贞元初,化贩羊抵邠宁。有一人见化,谓曰:"市羊当易其小者,小则羊多,羊多则利厚。自小而易,及大而货,其利不亦博乎?"化然之,因托为买小羊。其人数日,乃引一羊主至,遂易得小羊百十口,回归洛阳。行至关下,小羊尽化为鬼而走。化大骇,急往邠宁,索其人。将执之,曰:"尔以小羊回易我,尽化为鬼,得非汝用妖术乎?"其人曰:"尔贩卖群羊,以求厚利,杀性害命，不知纪极，罪已弥天矣。自终不悟，而反怒我。我即鬼也，当与群羊执子而戮之。"言讫而灭，化大惊惧，寻死于邠宁焉。（出《奇事》）

躬为羊贩，非操办也，而利羊之肥以为利。乘人之杀以为生，罪不免焉。然则杀人以刃与政，有以异乎？入利之一途，其不戾神谴者鲜矣。

○唐李詹，耽味受责，并及传者狄慎思

大中时，进士李詹广求滋味。每食鳖，辄缄其足，暴于烈日。鳖既渴，即饮以酒而烹之，鳖方醉，已熟矣。复取驴于庭中，围之以火，驴渴即饮炭水荡其肠胃。然后取酒，调以诸辛味，复饮之。驴未绝，而为火所迫烁，外已熟矣。詹一日，方巾首，失力仆地而卒。顷之，詹膳夫亦死。一夕，却苏曰："某见李爷，为地下责其过害物命。李对以某所为，某即以李命不可违，答之。李又曰：'某素不知，皆狄慎思所传。'故得以回。"无何，慎思亦卒。慎思登进士第，时为小谏。总之，饮食之人，不免烹醢过多，皆伤福德者也。

○唐民王公，直瘗蚕，化为人尸，伏其辜

咸通庚寅岁，洛邑大饥，谷价腾贵，民有殍于沟壑者。至蚕月，而桑多为虫食，叶一斤，直一镪。村民王公直者，有桑数十株，特茂盛阴翳。公直与妻议曰："歉俭若此，家无见粮，竭力于蚕，未知得失。莫若弃蚕，乘贵货叶，可获钱十万，蓄一月之粮，则接麦矣。"妻然之。乃携锸坎地，卷蚕数箔瘗焉。明晨荷桑，诣市鬻

之，得三千文，市彘肩及饼饵以归。

至徽安门，门吏见囊中殷血，连洒于地，遂止诘之。公直曰："适卖叶得钱，市彘肉，贮囊中，无他也。"请吏搜索之。既囊，惟有人臂，若新支解焉。

吏乃白官，鞫之款，具告某瘗蚕，卖桑叶市肉以归，实不杀人。官遂遣人至村，验埋蚕之处，掘坑中，惟有箔甬一死人，而缺其左臂，取臂附之，宛然符合。集邻保责手状，并称："埋蚕是实，原无恶迹。"吏具报府，府尹曰："王公直，虽无杀人，然蚕者，天地灵虫，绵帛之本，故加勤绝，与杀人不殊，当置严刑。"（《三水小牍》）

奇事如此，令官断人命事，益当加谨。不然，使公直死于杀人，那肯甘心地下？

○唐道士王洞微，初好渔猎，病疮痏者数年

洞微，汾州人。初为小胥，性喜杀，常钓弋渔猎。自弱冠至壮年，凡杀狼狐雉兔，泊鱼鳖飞鸟，计以万数。后为里尹，患病热月余，忽觉室内有禽兽鱼鳖万数，环其榻而噬之，疮痏被身，殆无完肤。中夕之后，其父母兄弟，俱闻洞微卧内，有群鸟啁啾，历然可辨。凡数年，疾益甚。因修斋持戒小瘳，后十年而死。"（《宣室志》）

○唐进士崔道纪，烹杀井中鱼，除其禄寿

道纪及第后，游江淮间。遇酒醉甚，卧于客邸中。仆井中汲

水，有一鱼，随汲而上。仆得之，以告道纪，道纪喜曰："鱼羹甚能醒酒，可速烹之。"既食久，有黄衣使者，自天而下，立于府中，连呼道纪，使人报捉，宣敕曰："崔道纪，敢烹龙种，官合至宰相，寿命七十，并除讫。"言罢，升天而去。是夜，道纪暴卒，年三十五。（《录异纪》）

此安知是龙种乎？《道纪》有冤矣，然倘亦平日嗜杀乎？

○唐河泽，豪于烹杀，子死镬中

泽，容州人，摄广州四会县令。性豪横，惟以饮啖为事。鸡犬鹅鸭，胥里正咸令供纳。常豢养千百头，日加烹杀。晚只有一子舜，怜特甚。一日烹双鸡，汤正沸，其子，似有鬼物，撮置镬中。一家惊骇，就出之，则与双鸡俱溃烂矣。（《报应录》）

岳州民，涸泽尽鱼龟鬻之，疮烂死

唐咸通中，有人涸湖池取鱼，获龟鳞倍多。悉刳其肉，载龟板至陵鬻之，厚得金帛归。忽遍身患疮，楚痛呼叫，邻里不忍闻。须得大盆贮水，举体投水中，渐变作龟形。逾年，肉烂而死（《报应录》）。

今生且变。来生若何？

○建业妇人，焚蚕茧，瘤膺其背（见《女鉴》）
○章邵杀鹿儿，寻杀其子

邵为商，饶有财帛，而贪猥诛求。因逢鹿，避人而去，鹿子为邵所获。邵便打杀,弃之林中,其鹿母遥见,悲号不已。其日,邵欲夜行,意有谋也。只有一子,方弱冠,先父一程,行宿大树下,憩睡以伺其父。邵至,乃不晓是子,但见衣袱在旁,一人熟寐。遂抽腰刀刺其喉,取衣袱前行。天渐晓,见其衣袱,乃知杀者,是己子也,毒恨无及矣。

邵之狼贪如此,既忍于人,何有于物?杀鹿固不足以罪之也。然杀鹿儿于前,而毙己子于后,则亦巧相值矣。

○蜀民韩立善,以钓钩永其业,食鱼鲠,颔脱而死(出《儆戒录》)

○蜀僧修准,愤蚁,置灰火中,蚁漏、疮满面而死(同上)

鱼以鱼报,蚁以蚁报

○翟楫,好食牛,生子不育,悔罪乃得嗣

楫,京师人,居湖州四安镇。年五十无子,绘观音像,恳祷甚至。其妻方妊,梦白衣妇人,以盘送一儿,甚韶秀。妻大喜,欲取抱之,一牛横隔其中,竟不可得。既而生子,弥月不育,又祷如初。有闻者告之曰:"子酷嗜牛肉,岂谓是欤?"楫爽然而誓,合家不复食牛。遂再梦,前妇人送儿至,抱得之,妻乃生子成人。(《阴骘录》)

○侍禁孙勉，杀鼋见诉，以为众除害，获免

熙宁中，孙勉监澶州堤。见一鼋，自横河顺流而下，射杀之。继而暴卒，入冥为吏，追去证事。既至一宫阙，守卫甚严。吏云："紫府真人宫也。"勉仰视真人，乃韩魏公。勉经为其属官，亟俯伏诉。公微劳之曰："汝当往冥府证事乎？"勉述杀鼋事，以监元城堤，堤以鼋故，多垫陷，费工料，故伺出射杀之。公曰："鼋不与人同，彼害汝堤杀之，汝职也。"遣使去，出门遂寤。

此事可为三鉴：一见鼋之不可轻杀；二见除众害者之以杀机为生机；三见魏公没为真人，君子赢得做君子也。

○武翼大夫焦仲，好射猎，妻子无孑遗

仲，四明人。性嗜杀，日以臂鹰走狗为业，所杀不可纪。新成一宅，迁居之，房门间，巨蛇纵横，至相纠结如辫，杀之复然。家有三男，长嗣昌，举进士，忽得心疾，朝夕恸哭，云："忆其亡父母。"

其妻谓之曰："堂上坐者，汝父母也，何狂易至此？"嗣昌愤然曰："此乃害吾父母者，恨不能杀以报仇，然不可与同居。"日挽妻以出，不可禁止，乃听之。

嗣昌竟以病惑死，次子、季子亦相继死。晚年，仲复丧妻，至家计益落，孑然孤身，老而不死。此可为嗜杀戒云。（《暌车句》）

○芝里朱某，好塞蜂窍，生子亦塞窍而死

某平生，最恶蜂窍。梁上间，每见蜂从窍入，辄以物塞之。虽在高处，必设梯以塞，见他人家亦然。后连生二子，谷道皆塞

而不通。人教以秤尾烧红钻之，俱死，嗣竟绝。乃问于紫姑神，神降笔，告以塞蜂窍之故。（《谈冶》）

○张四儿，业杀牛，为牛触死，并毁牛肆器械

四儿，家泸州，业杀牛。适卫军马祥，牵牛登舟，绳忽断，牛奔入市。遇四儿，儿恃膂力，素惯缚牛，直前缚之。忽不能制，异常时，大惧。奔入一店中，牛亦迫入店，四儿登楼，牛亦登楼，触四儿肠出，死。牛自下楼，复转入一巷，觅卖牛肆主。适其主他出，尽毁其器，始徐徐出郊。（《耳谈》）

○应天举子，多杀猪，变为猪，死

举人家巨富，善食肉，每食必数斤。日宰三四猪，宴集商旅。忽一夕，梦城隍谓："汝多杀，不戒，当变汝为猪。"举人不信，且谓人曰："城隍管闲事，猪杀何罪？"卒不戒，越半载暴死。既殓，闻棺中有吱唧声，开棺视之，变为猪矣。此事在正德末年，江南士人悉传焉。然则遇变而惧者，犹是善根存也。

○刘万杀一大鱼，一家肿死

万，天长人，以打雁为业，呼"雁刘"然。秋冬打雁，春夏则取鱼，其取也，以芦竹为箔而发视，谓之起筬。忽有僧到乞施，纤白异常，适厨中碎米饭熟，因与食。既去，语刘曰："君必得大鱼，慎不可奏刀，君不闻白龙而鱼服乎？"已起筬，果得大鱼。刘不能舍，剖之，腹内犹是前碎米饭，盖僧所化鱼也。刘自是一家病死。

（《谈林》）

当其业打雁时，罪根已种矣，特未熟耳。大鱼化僧，僧化大鱼，虮虱龙象，都是佛性也。杀业不断，利心无已，而以施僧功德，何功德之有？

○龙江镇民，世业屠，怪征于鸭，破其家

万历甲午时，某家群鸭中，一鸭独呼云："算帐，算帐！"始一婢闻之，既而群听，无不闻者。以告家翁，翁听亦然，遂怒杀之。置釜中，愈烹愈大如鹜，皆不敢食，投之江中。已而无故构异讼，家私尽破。盖其先世皆业屠，而翁又横暴，好夺人资。所谓算帐，必有主者，借以鸣其冤也。（《谈林》）

种种报杀，差不分毫，则遇物便生之。念勿谓邀福，实以避祸。

○蜀民李绍，嗜犬，儿毙于犬，身作犬吠，死

绍好食犬，前后杀犬数百千头。尝得一黑犬，绍怜之，蓄养颇厚。绍因醉，夜归，犬迎门号吠。绍怒，取斧击犬，有儿子自内走出，斧正中其首，死。一家惶骇，且捕犬，犬走不知所之。绍后得病，作狗嗥而死。

广放生论（稍删原稿）

陈荐夫曰："夫灵蠢者性，躯命奚分；贪怖者情，生死各一。凡人遇疾病、罹水火，莫不号呼争命，目不瞑不休。间遭盗贼，

临刀锯，筋缩股战，齿击毛竖。见主者异色稍改，辄惊辄喜，忡忡往来。有人出一语，从旁解救，即感激生悲，铭刻至死。一旦捕致生物，此情多忘。香味作业，恣意屠剥，震悚遑遽，既不暇辨，哀鸣凄怆，亦复罔顾。不知四生轮转，物或为人；此施彼报，易体相啖，岂不痛哉？！

所以仁人动念，知士镜机，捐未用之余资，买垂死之肌骨，鉴哀吁之至情，施不报之厚德。使断肠残喘，续命于锋刃之颠；槁魄惊魂，回生于鼎镬之上。其为功德，盖可知也。

然而曲体详推，机宜不一，分而列之，则有三无常放，两不必放，有物生放，有人生放，有我生放，区分派别，可得而言。世人放生，多克定时日，广购生命。射利之夫，因而网罗钓弋，以赴之，多致困毙，是以杀为放也。途间世上，耳目所及，随便买放，是谓放无常期。世人放生，凿池置苑，既有常处。人得伺之，方脱豫且之网，旋作校人之羹，是以放为杀也。江河林沼，地利随宜，监以善信，倏然而往，是谓放无常处。

世人放生，外买生物，家中之畜，宰割不疑。至谓扰畜，待人而生，职宜供馔。不知子孙奴仆，亦所豢养，横遭屠啖，彼心谓何？谚云："经营还债，胜于布施；结会放生，何以戒杀？以至草木斩伐，亦属生命；虮虱虫蛾，都关佛性。或坏垣而破蛰，时覆巢而毁卵。种种伤生，道不一途。又如弃膳聚蚁，积水生蛆；珍玩鱼鸟，致物以饲。我虽无杀之心，彼则有死之道。皆宜避忌，豫护生全，是谓不放之放，放无常物也。

若乃遭噬触网，颠坠束缚，应手而放，未必有生。更宜调养，使其平复，即不全活，因而瘗之。又有猛兽毒鱼，恶虫鸷鸟，虽困厄可悯，而吞噬成性，救彼一生，实延众毒。是当较丧全之多寡，量功过之重轻，听其自存自死，比之不见不闻。此二种者，不必放可也。

凡若此者，随缘随力，相机相宜。无以杀小为无伤，无以放小为无益。无惮劳而阻善念，无争价而废善缘。一物非寡，众生非多，肖翘非小，马牛非大，一文非不足，万缗非有余，所谓有物生放，其尽于是矣！

物既有之，人亦宜然。或柄国主家，或莅官当事，或遇讹误可悯，或遇冤困莫救，或厄盗贼水火，或遭疾病阽危，或营求失利而忘生，或逋负莫偿而欲死。此能资以物力，开其生路，惠之周旋，图彼解脱。人生我放，其视物生厄为关切者也。故念我困厄望救心，自然形骸不隔；推我感恩救护心，自然功德有归。

若乃我放我生，倍当吃紧。我所放处，是人所贪，人贪生处，即能丧生。此而能放，是谓真放。放下无生，是以长生。凡人未生时，面目何在？既无四大相缠，安有一切苦厄？一入凡身，血肉为吾陷阱，躯壳为吾牢笼。络我以恩爱之网，牵我以得失之饵，供我以腥秽之豢，驱我以功名之策。无火而焦，不疾自炙。

是故，拘累鞭挞，匍匐劳役，便是驴驮生。牵荚在途，行与死近，便是屠牛生。集膻附臭，抟焰身死，便是蝇蛾生。偷食顽睡，痴伏一室，便是圈豚生。争长攘臂，相啖相噬，便是斗鱼生。毒螫害人，怨怒作孽，便是蛇蝎生。惊网畏法，游魂汤火，便是鸡鹜生。光阴瞬息，转盼生死，便是蜉蝣生。又有疾病水火之虞，重以饥馑盗贼之苦。前魄未安，后肠复断；人祸未已，天刑荐至。甚者，宿愆今业，难解难分，阱上加阱，缚复添缚，沉沦辗转，化为异物。真是众生，真待人放矣！

倘能六时打磨，一切透悟，直认本来，了取无生。断世谛之网，撤尘劳之锢。一条洒洒，不系来去，无拘无迫，逍遥自在。种心放之壳外，真生脱彼轮回，则非人非物，高出四生之中；不德不功，永超福报之上矣。因系之以偈，偈曰："种种生成患亦成。有生才有放生名。与君打破牢笼去，悟得无生是放生。"

莲池上人放生文

盖闻世间至重者生命，天下最惨者杀伤。是故，逢擒则奔，蚊虱犹知避死；将雨而徙，蝼蚁尚且贪生。何乃网于山，罟于渊，多方掩取，曲而钩、直而矢，百计搜罗，使其胆落魂飞，母离子散。或因笼槛，则如处囹圄；或被刀砧，则同临剐戮。怜儿之鹿，舐疮痕而寸断柔肠；畏死之猿，望弓影而双垂悲泪。恃我强而凌彼弱，理恐非宜；食他肉而补己身，心将安忍？

由是昊天垂悯，古圣行仁，解网著于成汤，畜鱼兴于子产。圣哉流水！润枯槁以囊泉；悲矣释迦！代危亡而割肉。天台智者，凿放生之池；大树仙人，护栖身之鸟。赎鱼虾而得度，寿禅师之遗爱犹存；救龙子而传方，孙真人之慈风未泯。

一活蚁也，沙弥易短命为长年，书生易卑名为上第。一放龟也，毛宝以临危而脱难，孔愉以微职而封侯。屈师纵鲤于元村，寿增一纪；隋侯济蛇于齐野，珠报千金。拯已溺之蝇，酒匠之死刑免矣；舍将烹之鳖，厨婢之笃疾瘳焉。贸死命于屠家，张提刑魂超天界；易余生于钓艇，李景文毒解丹砂。孙良嗣解矰缴之危，卜葬而羽虫交助；潘县令设江湖之禁，去任而水族悲号。信老免愚民之牲，祥符甘雨；曹溪守猎人之网，道播神州。雀解衔环报恩，狐能临井授术。乃至残躯得命，垂白璧以闻经；难地求生，现黄衣而入梦。

施皆有报，事匪无征，载在简编，昭乎耳目。普愿随所见物，发慈悲心，捐不悭财，行方便事。或恩周多命，则大积阴功。若惠及一虫，亦何非善事。苟日增而月累，自行广而福崇，慈满人寰，名通天府，荡空冤障，益多祉萃于今生矣。

劫杀私杀之报

○何法僧杀诸葛元崇，以梦发其贼

琅琊诸葛覆，为九真太守。家在扬都，独将长子元崇赴职。覆病亡，元崇始年十九，送丧欲还。门生何法僧，利其资，与伴共推元崇，堕水而死，因分其财。

元崇母陈氏，梦元崇还，具叙父亡，及身被杀委曲，尸骸流漂，怨酷无双，歔欷不能自胜。又云："行速疲极，困卧窗下床上，以头枕窗。"陈氏悲怛惊起，把火照儿眠处，沾湿犹如人形，于是，举家号泣。于时，徐道立为文州长史，即陈氏从姑儿也。具疏梦，托道立验之。道立遇诸葛丧船，验其父子亡日，悉如鬼语。乃收行凶二人，即皆款服，依法杀之，遣人送丧还扬都。（《还冤录》）

推水而死，自谓定无破绽矣。微儿自言之，几失贼哉！人法穷处，天巧乃出。

○洛阳劫盗，焚午桥人家，天火驱杀

时，杜某为捕尉，城南午桥失火，七人皆焚死。忽有一人，为门者所执，狼狈至前。问其故，曰：“此人适来，若大惊恐状。再驰入县门，复驰出，故执之。”

其人曰：“某即杀午桥人家之贼也。尝为伴五人，同劫其家，得财物数百千。恐事泄，则杀其人，焚其室，如自焚死者。将财至城舍，欲与伴出外，辄坎坷不能去。今日出道德坊，忽见空中，有火六七团，遮其前，不得南出。因北走，有火直入心中，蒸其心腑，痛热发狂，遮绕无路，驱之令入县门，及入则不见火，心中火亦尽。于是出门，火又尽在空中，遮不令出，自知不免，故备言之。”县命并取其党及财，申府杀之。（出《纪闻》）

清空世界，忽有许多火相，他人又自在薰风中，可见火从心生矣。若欲不受熬煎，须是不添油注炭始得。

○杜通达杀一僧，蝇入鼻中而死

通达，在贞观中。县命送一僧向北，疑其经箱是丝绢，乃与

妻共计击杀。时僧未死，闻腹中嘤嘤，遂有一蝇，飞入杜鼻，久闷不出。通达眼鼻既喝，眉鬓即落，恶疾狂惑，未经年而卒。临终之际，蝇遂飞出，还入妻鼻，岁余复死。(《太平广记》)

○邢文宗杀一客一僧，蝇入鼻中而死

文宗，居河间，家性粗险。路逢一客，将绢十余匹，回泽无人，因即劫杀。此人云："欲向房州买经纸。"终不得免。少间，属一老僧，复欲南去。遇文宗，惧事发，挥刀拟僧，僧叩头曰："乞存性命，誓愿终身不言。"复杀之，弃之草间。经二十余日，行还，遇僧死处。时当暑月，疑即烂坏，视之乃俨如生。因以马蚁筑僧之口，口出一蝇，飞鸣清彻，直入宗鼻，久闷不出。因得大病，眉鬓落尽，就寺忏悔，自言如此，岁余死。(《太平广记》)

此皆人漏网，而天诛之也。观此则为恶而拜忏者，何益哉？僧腹何以都变蝇，疑是逐臭所成。

○舟师杀崔尉而纳其妻，崔子诉之，伏诛

天宝中，清河崔氏，居荥阳。甚富，有子，授吉州大和县尉。母卢氏恋故产，不之官。为娶妻太原王氏，与财数十万、奴婢数人。赴任，谋赁舟，有吉人姓孙，云："空舟欲还，佣价甚廉。"遂赁之。不数程，舟人窥其囊橐，伺崔尉不意，遽推落深潭。以刃拟其家人，皆惶惧，无敢喘息。是夜，抑纳王氏，王方娠，遂以财物，居于江夏。后王氏生男，舟人养为己子，极爱焉。母亦窃诲以文字，而不告其由。

崔母候子，久不得息，又方乱离，人多飘流，己念绝矣。而崔尉子，年十八九，学艺已成，遂入京赴举。西上，途过郑州，约远五十里。遇夜迷途，常有一人前引，而不见人。随火而行，二十余里，至庄门，扣开寄宿，即崔庄也。其家人窃窥，报其母曰："门前宿客，绝似郎君。"又言语行步，辄无少异。

母召升堂，与语，一如其子。问之，乃孙氏矣。母乃垂涕，留明日住食。将去，不觉发声恸哭，谓此子曰："郎君无惊，昔年惟有一子赴官，遂绝消息，几二十年矣。今见郎君貌酷似，不觉悲恸耳。郎君西去，回日必须相过。老身心孤，见郎君如见儿也。"亦有奉赠。

春应举不捷，归。还过母庄，母欣然，遂留停数日。临行赠资粮，兼与衣一副，曰："此是亡子衣服，去日为念，今既永隔，以郎君貌似吾子，便将以奉赠。"号哭而别。此子归不道及，后忽着老母所遗衣衫，下襟有火烧。其母惊问："何处得此衣？"乃述本末。母因屏人，泣谓子曰："此衣是吾与汝父所制，初熨之时，误遗所爇，汝父临发之时，阿婆留此为念。比为汝幼小，恐申理不了，岂期今日神理昭然。"其子闻言恸哭，诣府申理，孙棹伏诛。而王氏以不早自陈，断合从坐，子哀请之，乃免。（《太平广记》）

熨衣之火，与照夜之火，两火证成杀人贼，岂非天公开眼火哉？（夫妻与子母孰亲？）

○高安小儿，为舅所杀，托里儿，白其辜

儿作田中，为人所杀，不获其贼。至明年死日，家人为设斋。

有里中儿，见其小儿，谓之曰："我某家死儿也，今日家人设祭，同往食之，可乎？"里中儿随至，共坐灵床，食至辄餐，家人不见也。久之，其舅后至，望灵床而哭，儿即径指之曰："此人杀我者也，吾恶见之。"儿既去，而家人，见里中儿，坐灵床上，皆大惊。问故，儿具言之，且言其舅杀之。因执以送官，遂伏罪。（《稽神录》）

○唐李参军，少年劫掠，后为王士真所杀

贞元中，有李生，家河朔间。恃气好侠，常与轻薄少年游。年二十余，方折节读书，累官至深州录事参军。美风仪，善谈笑，曲晓吏事，廉谨明干。至于击鞠饮酒，皆号为能，雅为太守所知。时王武俊帅成德军，恃功负众，不畏法度，属郡守皆畏之侧目。尝遣其子士真巡属郡，至深州。太守大具牛酒，备声乐，奉士真之礼甚谨。又虑有以酒忤意者，僚属宾客，一不敢召。士真大喜，以为他郡莫能及。

饮酒至夜，士真乃曰："幸使君见厚，欲尽欢，今夕岂无嘉宾，愿得召之。"太守曰："偏郡无名人，惧副大使之威，不敢以他客陪席。惟录事参军李某，足以侍谈笑。"士真曰："但命之。"召李生入趋拜，士真目之，色甚怒。既而命坐，貌益恭。士真愈不悦，瞪目攘腕，无向时之欢矣。太守惧，莫知所谓，顾视生，腼然而汗，不能持杯，侍从皆愕。有顷，士真叱左右，缚李某系狱，左右即牵去，械狱中。已而士真欢饮如初。

迨晓宴罢，太守且惊且惧，乃潜使狱中，讯李生曰："君貌甚

恭，且未尝言，固非忤于王君，君宁自知耶！" 李生悲泣久之，乃曰："尝闻释氏，有现世之报，今知之矣。某少贫，无以自资，好与侠士游，往往掠夺里人财帛。常驰马腰弓，日百余里。一日，遇一年少，鞭骏骡，负二巨囊。吾利其资，顾左右皆岩崖万仞，而日渐曛黑，遂力排之，坠崖下。即疾驱其骡骑，宿逆旅，解囊得绘百余假。自此家稍赡，因折弓矢，闭门读书，遂仕至此，及今二十七年矣。

昨夕，君侯命以王公之宴，既入而视王公之貌，乃吾囊所杀少年。一拜之后，中心惭惕，自知死不朝夕。今则延颈待刃，又何言哉？为我谢君侯，幸知我深，敢以身后为托。" 有顷，士真醉悟，急召左右取李某之首来，左右即狱中斩首以进，士真熟视而笑。

既又与太守大饮郡斋，酒醉，太守因欢乃起曰："某不才，幸得守一郡，而副大使，下察弊政，宽不加罪，为恩厚矣。昨日副大使，命某召客，属郡僻，无足奉欢宴。窃以李某善饮酒，故请召之。而愚戆不习礼法，大忤于明公，实某之罪也。今明公既已诛之，宜矣。窃有所未晓，敢以上问，李某之罪为何。愿得明数之，且用诫于将来也。"

士真笑曰："李生亦无罪，但吾一见之，遂忿然激吾心，已有戮之之意。今既杀之，吾亦不知其所以然也，君无复言。" 及宴罢，太守密讯其年，则二十有七矣。盖李生杀少年之岁，而士真生于王氏也。太守叹异久之，因以家财厚葬李生。

以少年贾客，而报以王公子，固已奇矣。于了不关涉之中而忽斩之，则益奇。不奇不足以为神刀鬼斧也。人之阴肆其毒者，知命悬何日哉？！

○唐卢叔敏，为盗所杀，托梦尉斩之

叔敏，崔相祐甫之表姪。崔相有书，令赴举，遂自缑氏赴京。行李贫困，两驴一文袋，一奴十余岁而已。初发县，有紫衣人擎小袄同行，云："送书至城。"辞气甚谨，生以僮仆小，利其作伴，接鞍乘。每到店，必分以茶酒，紫衣者亦甚知愧。至鄂岭，早发十余里，天才明，紫衣人与小奴驱驴在后。忽闻奴为所殴击叫呼声，生曰："奴有过，但言必为科决，何得便自打也？"言讫，便见紫衣人抽刀刺奴，洞肠流血。生惊走，紫衣逐及刺之，与奴同死岭上。

时缑氏尉郑楚相，与生中外兄弟。晨起厅中，忽困睡，见生被发血污，谓尉曰："某已被贼杀矣，然此贼，今捉未得。"乃牵白牛一头来，跛左脚，曰："兄但记此牛。明年八月一日平明，贼与同党买牛来，入西郭门，最后驱此者是也。"郑君惊觉，遂言于同僚。

至明日，府牒令捉贼，方知卢生为贼所杀。于书帙中得崔相书，河南尹捕捉甚急，都无踪迹。至明年其日，郑君潜布弓矢手于西郭门，自领徒伏于路侧。日初出，果有驱牛，自西来者。后白牛跛脚，不及其队，与梦中所牵者同符，遂擒捕之，并同党六七人。驱跛牛者，果杀卢生贼也。问之悉伏，云："此郎君与某有恩，某见其囊中，谓是绫绢，遂劫杀之。及开之，惟得绢两匹耳。自此以来，常仿佛见此郎在侧。如未露，尚欲归死，已就擒，岂敢隐乎？"具言始末，与其徒皆弃市。

魂既托梦，此贼应时可擒。而必俟之明年，则贼之偿券，固有期也。世以目前祸福，而疑天公，亦恶知其期之未至乎？作恶者恶知死期哉？

○王安国，七岁儿，为盗所杀，牛发其贼，伏诛

唐宝历时，农王安国家被盗。皆利刃入，安国不敢抗，而室内衣裘无遗。安国一子，名何七，甫六七岁，方眠惊起，因叫有贼，登时为贼射死。有二驴紫色者，亦为攘去。迟明，村人共集，商量捕逐之。俄而，何七之魂，登房而呼云："我死自是命，那复多痛，所痛者，永诀爷娘耳。"邻人会者，皆为雪涕。魂又曰："勿谋逐之，明年当自送死。"乃附安国耳，言其姓名。

洎明年麦秋，安国有麦半顷，方收拾，晨有二牛来，蹂践狼藉。安国牵归，遍谓里人曰："谁人牛伤我苗？已系之，牛主当赍偿以购；不尔，吾将诣官焉。"里中共往，皆曰："此非附近素畜者。"聚视久之。忽有二客，至曰："我牛也，昨暮惊逃，不虞至此。所损之田，请酬倍资，而归我畜焉。"

共里人诘所从来，因验契书，其一乃以紫驴交致也。安国即醒何七所言，及询名姓皆同，遂缚之曰："尔即去冬，射我子、尽我财者。"二盗相顾，不复隐，曰："天也，命也，死不可逭。"即述其故，曰："我既行劫杀，遂北窜宁庆之郊，谓事已积久，因买牛将归岐山。昨暮抵村北二十里，徘徊不进，俟夜黑，方将过此。既寐，梦一小儿，七岁许，裸形乱舞，纷纭相迷，经宿乃寤。及觉，二牛之縻纠不断，如被解脱，则已窜矣，因踪迹至此。去冬之寇，讵敢逃而曲蔽焉？"里人送邑，皆准于法。（《太平广记》）

二僧之蝇，卢生、何七之牛，皆能伸冤死、杀逆贼。彼杀人者，何物不得而讨之哉？

○密州殷氏家，为盗所掠，狐发其赃，获盗

太和中，殷氏被劫，父子死者三人。刺史捕之甚急，月余不获。时魏南华捭司法椽，梦数人皆被发，诉曰："姓殷氏，三人被杀，甚冤。"南华曰："杀汝者谁？"对曰："某所居东十里，有姓姚者，盗之魁也。"南华惊悟，驰往捕盗。未至，忽见一狐，起于路旁深草，驰入里人姚氏宅，噪而逐者以百数。其狐入一穴中，南华命以锸发之，得金帛甚多，乃群盗劫殷氏财也。即召姚氏讯其自，目动词讷，遂收劾之，果盗魁也。尽擒其支党十辈。然穷穴中，卒不见狐，岂非冤魂之所假与？"

○蜀民以微物谋杀人，误杀其子

蜀民，地瘠民稠，生艺甚薄。偶值岁荒，人有负米五斗，过巫山村落中，投宿。主人与妻谋，期夜杀之。子不知也，夜与负米者同宿。至二鼓，负米者起如厕，主人持锤至卧所，昏黑中，见一人睡正熟，即以锤碎其首。呼妻曰："好了，这五斗米又属我矣。"其妻举火照之，则死者其子也，遂大恸。负米者自外闻之，惊逸去，次早闻官，执主人置于法。

○山西僧齐能，为旅人所杀，转生其家报仇

僧齐能诣京，请度牒归，至别邸，而橐尚饶。主人因鸩之，

埋尸炕床下。妇适生子渐长，常欲杀父，父讼于官。儿忽作僧语曰："我僧齐能也，渠杀我如此如此，度牒尚在某箱底，尸尚在炕床下。"发之皆得，主人伏罪死。官即以度牒，度其儿，名曰再能，送还乡。

○王冠以幼孩入药，求长生，凌迟死绝

冠，南京富人。习房中修炼术，遍招方士，配以妻室。自置婢妾十余人，恣意淫毒。俟有娠将产，辄以药攻之。孩一下，即提入臼中，和药杵烂为丸。或购别家初生幼孩，烹之，其惨酷所不忍言。事发，属刑部郎中严溪亭鞫问。比拟采生折割，凌迟处死，噍类无遗，而家墟矣。咄咄枭獍杀人以求生，能逃天刑乎？（《谈冶》）

此等罪逆，不知几世支销。好生是为长生诀。

○李宝善焚陈匠家，被雷震死

宝善，纵火烧陈匠父子。时族叔孝廉李之庄，适见之，不敢泄，惟书于册以观天道。后四载，宝善与族众捕鱼。田忽有青鱼长数尺，与宝善搏，天雷震迅，击死宝善。孝廉又适见之，其尸焦灼，正如陈父子，而青鱼已失所在。众异尸归，雷复碎匋，皆奔避，莫敢近之。（《耳谈》）

此叔是有心人。

误杀之报

○翟愿侄铜乌，以疑怨杀张超，呕血死

宋元嘉中，高平金卿张超，先与同县翟愿不和。愿为方舆令，忽为人所杀，咸疑是超。超后除金乡令，解职还家，入山伐材。翟兄子铜乌，执弓持矢，并赍酒醴，就山馈之。斟酌已毕，铜乌曰："明府昔害我叔，无缘同戴天日。"即引弓射之，超死焉。铜乌其夜见超云："我不杀汝叔，横见残害。今已上诉，故来相报。"引刀刺之，吐血而死。（出《还冤录》）

○蜀民郭景章，醉击赵安脑，毙之，寻以脑疮死

景章家富，因醉以酒注子，打贫民赵安，注于嘴入脑而死。安有一子，景章厚与金帛，随隐其事，人莫知也。后景章脑上忽生疮，可深三四分，见骨，浓血不绝。或时睹赵安迫疮透喉，遂死。（《儆戒录》）

醉打乞儿，自是富豪常性耳。而竟以此死，气之不可纵也如是。造化手里，却使不得买命钱。

○汴邮卒误杀一民，后误死于婿手

卒一骑巡警，出都门甚早。至棘野中，有早行赍轻资者，见卒来，疑有他志，匿棘丛中，而卒亦暗不辨也。第闻途左似有行步声，近身不见，恐是虎豹。因以枪遍刺丛中，中之，拽而出则死矣，方知其误。既无奈何，取其囊中金，弃尸于棘，人莫知也。卒

由是遂富，娶妻久无子，止育一女。

　　早晨，在门首逍遥，遥见所刺之民，前而来。亟阖门潜窥之，竟入对门皮匠家。俟晏问之，则匠昨夜生子矣。卒既知其因缘，了不敢言，第厚遇匠，并怜其子，以女许妻之。匠氏大过望，令其子事卒如父。一日卒饮酒醉卧，盛暑汗涌出，匠家子侍侧，微以刀刮去其汗。卒醉中不辨何物，以手击之，刀遂入腹。未即死，亟呼家人言其故。女卒归之，并家私皆还焉。此所谓巧报矣。

　　卒以向晨杀其人，而其人亦以向晨投胎，托于恩以酬其怨，岂非天乎？微卒自言之，此刀债复不知为何等理矣。

○聂司务，掌死一吏。生子，掌痕宛然，遂破家

　　司务因早朝，从行吏失携笏板，怒甚，掌打其面，遂仆地死。后家居，其妻有娠，忽一日，见前吏入门，径至其家。已而妻生一子，掌痕宛然在面，父已心知之矣。始能言，即有报仇之语。比长，日以杀父为事。谨防之，几被其弑者屡矣。夫妻相与逃于异乡，其子遂纵酒色为非，将家业费尽而为丐云。（《谈冶》）

　　如刘宽污朝衣不怒，夏原吉污文书，自以身抵罪。彼何人哉？不养到此，尚恐误杀。

草泽啸聚之报

　　杀人者死，王法无赦。每见害一性命，则冤鬼随之，不发觉不

休。况于啸聚劫掠，放火屠戮者哉？故古来奸雄首事，倡造逆萌，百无一脱者。勇如项籍，自刎乌江；强如赤眉，诛屠殆尽。安禄山、史思明、朱温，俱杀于其子，黄巢斩于其婿。（此尤报复之巧）

张丰信肘后玺，被斩方悔；公孙述为全蜀帝，被刺洞胸；李密智谋绝人，馘斩传首。隗嚣谦恭下士，饿死覆灭。窦建德为夏王而被斩，刘黑闼据汉东而枭戮。（临刑叹曰："我幸在家锄菜，为高雅辈误至此。"）

李世勣，少年为无赖贼，后虽为将救人，而功不补罪。二世灭宗，宋江自号为忠义寇。虽以三十六人横行，而势穷力屈，束手就擒。其余鼠窃狗偷、斩头截领者何限？盖天道好生，桀纣人主，肆其虐杀炮烙，身犹死焉。岂容奸宄匹夫，劫杀淫纵，惨酷难堪哉？或有饥饿逃难，失计为此，急宜改图，誓心天地，不敢伤生，忏罪神明，早遂招款。倘自揣才略可用，结客连骑，则南倭北虏，何患无壮士成名之处乎？

昔田畴躬耕山中，众争归附，为立礼教条约，佐汉立功，封为列候。魏胜才力压众，以白衣起兵，恢复州郡，扶宋破虏，身为名将，此其效也。

至若陈婴、窦融、钱镠、何真，乘时险乱，保障一方，不敢自居。效忠帝室，皆有智有勇，伺便宰割，而犹若此。用能免民锋镝，获上宠眷，富贵数世，荣植无比，岂非庇民效忠之所致哉！英雄早自觉悟，弃罪立功，委身殉国，移游釜之偷生，作勒鼎之忠义，则才大功大，功多福多。纵死忠死孝，危险不无，不犹愈于杀人放火，贼名终身，显惧磔诛，阴畏鬼哭者乎？或见承平之世，富欺贫、贵凌贱，便忿然不堪，此为大错。

古人云："宁为太平犬，无为乱世民。"纵使为盗劫掠，积有银两，然而千辛万苦，酉长行法，动见诛戮，未必不惊于公赋原差也；逢敌交战，遇险铺设，受饥忍饿，力役劳苦，未必不甚于农业生涯也；藏迹畏人，强弱交并，海角波涛，舍身锋刃，未必不辱于负贩仆隶也。

当乱离之后，赏望太平，庆若更生。乃处清时，则不知其乐，自投速死，甘犯刑宪，亦愚矣。一二冥顽，又谓："天生我辈，如虎狼蛇蝎。"原以害人为业，不知虎狼蛇蝎，原是恶报，食人还为人食。

昔有一指挥官，自知前生为蛇，地气熏蒸，毒热难堪。遇一孕妇斫竹，忍饥不吃，即便神魂离舍，眼界光亮，遂得投胎富贵。以此言之，异类尚可修行，何况人身？是以假干木为驵侩，周处为恶侠，五百罗汉，俱属强徒。一改过迁善，便跻贤圣，立证真果，是在自修而已。

又有谓："饥饿迫死，不如偷生。"不知饥饿只在一时，积恶受报无量。况命该饥饿死者，虽富如邓通，贵如周亚夫，亦不能免。独有修德，能脱此籍。是以裴度还带，腾蛇立销；周箓好善，鬼箓放回。且世之穷无立锥者，勤俭作息，亦有好期，未便坐死也。若乃家事殷殖，衣冠楚楚，徒以胸中磈磊，直犯大戮，尤为颠悖。有此粗心大胆，何不扶危锄暴，宣力效忠，自求多福乎？

又有豪爽少年，气力方刚，谬称无敌，驱弄若狂。不知拔山盖世，何如项羽；开刀头落，何如黄巢？大限到来，一筹不展，螳螂当车，蛮触贾勇。称雄于天地间，白眼就死，可悲可恨！不及论古来巨奸，即我朝造业小丑，足为覆鉴。谨书数条于后，不能痛自猛省，转危为安，非英雄也。

○辽东倭寇，至望海埚，诛死无遗

永乐时，辽东都督刘江，以望海埚，噤喉诸岛。寇所必由，乃筑堡守之。有倭贼乘海埚二十余，逼埚下，登岓鱼贯行。一贼貌甚狞恶，挥兵率众，如入无人之境。江先伏壮士，潜烧贼船，截其归路。又伏兵两翼，以炮为号，夹击之，贼众大败，死者横仆满路。余众奔樱桃园空堡内。我师围之，开西壁，仍分两翼夹击之，生擒数百，斩首千余。有潜脱走艒者，又为壮士所缚，无一人得脱。寇害屏息者，数十年。

今奸民往往欲引倭寇为孽。夫引异类，攻乡里、辱中国、伤坟墓，天地肯容之乎？且倭奴有尽，一登城郭，官军乘之不至，纤灭不休。往年又为戚继光所败，无噍类焉。附之者如投膏于火，徒增其热。然卒与俱烬，良民亦何苦为此也？

○护卫官孟贤，谋不轨，全家杀戮

永乐时，皇太子处分军国，小人多不便。宦官黄俨等，常怀谗谤。又造言中外，谓上注意赵王，以诳诱邪徒。指挥孟贤、陈旭等连结贵近。候上晏驾，即以兵劫内库兵符，而分兵胁文武大臣。伪撰遗诏，付中官杨三，至期从禁中颁出之，废太子而立赵王。或告总旗王瑜，瑜惊曰："奈何为此灭族计？"遂诣阙告。

上急捕贼，悉得，亲鞫之。立斩杨庆，余党皆磔诛，籍没其家。王瑜升千户，寻擢锦衣卫指挥。

此等人欲希非常之功，然天命岂人力耶？与其行险侥幸，作短命鬼，何如留片时首领，尚安享富贵乎？

○唐赛儿获宝剑、妖书，坐反，覆灭

山东民林三妻也。夫死，祭墓回，见山麓有石匣，发视之。中藏宝剑妖书，遂取究习，洞晓诸术（得此能不用，或用以为国救民，则可以成真得道矣）。因诵佛经，自号佛母，施教村里，颇能知成败事。（不知为寇之不能久也）

青、齐细民，翕然从之，云能剪纸为人马，以术致百物。久之，妖徒转盛，遂拥众据寨。指挥高凤捕之，败死（盖谓有天命矣）。犯莒州，山东大震。安远侯柳升勤之，获贼党刘俊等百余人，而赛儿犹遁。既而贼攻安丘，指挥卫青率千骑，奋击败之。城中人亦鼓噪出，杀贼二千余，生擒二千余，皆斩之（从贼掳掠，金宝何在）。是日，鳌山卫指挥王真，亦击败贼众于诸城，尽歼之（赛儿虽妖术脱，不得大限）。山东贼平，卫青、王真俱升官；安丘知县张旟，以守城破贼，升左参政；县丞张执升左参议。

赛儿妖书，只以性命成就知县作大官耳，剽掠能有几时？守土之吏能以死拒守，捍卫百姓，此亦尽有功德也。若望风先遁，能保不死乎？

活活的太平良民，要与赛儿同吃刀。

○邓茂七，争输租鸡鸭，作寇，射死

正统中，巡闽御史柳叶，令乡村各置隘门望楼。编乡民为什伍，设总甲统之，以御寇。不从令者，听总甲究治（弊在此）。由是，总甲得号召乡民，无敢违者。茂七为总甲，乡例佃户，输租田主外，馈新米鸡鸭。茂七倡其民革之，又令田主自运租，不许辄送其家。田主诉县，逮之不至，乃下巡简追捕之。

因格斗，杀弓兵数人，遂刑马歃血，誓众举兵反，至十余万人。借王号，以十三年四月反，至十四年二月寇延平，中流矢，死烂横尸。众推其兄子伯孙为主。有张留孙者，从茂七反，健斗，伯孙疑而杀之。十一月，伯孙亦被擒，磔诛。

嗟乎！使茂七不为盗，则虽年费几只鸡鸭，犹自收米拖租，作一恶佃户自若也。做十月日贼首，耽惊受怕，身死家灭，何益哉？彼视其身，不直一鸡鸭。且杀了千生万生，恐后来必向这里投胎，还刀枪债矣。愚民从之，更为痴蠢可怜！

○黄箫养枯竹生枝，反。九月而磔死

箫养，坐盗下狱。逾年，所卧竹床忽青，渐生竹叶。有同禁者曰："此祥瑞也。"因教以不轨。使人藏利斧饭桶中，遂十九人叛狱而出，遁舟入海，啸聚群盗。赴者如归市，旬日万人（只为竹床眩惑，便弃性命，从一狱囚。箫养犹在死中求生，他人却生里寻死。）攻围广州，几为所破。都督董兴帅官军，至大洲头，与贼遇，大破之。箫养中矢被擒，伏诛，余党悉平。八月反，至明年三月败死。

术之妖，莫妖于唐赛儿；瑞之显，莫显于黄箫养，皆不一年破败，

则作贼宁可久哉？使二人能安分守善，赛儿未必不成道，箫养未必不获生也。见奇贾众，卒陷大戮，世俗见有此者，犹争趋之，独何欤？

一年显官荣华而死，平常人未必肯就之也，况贼乎？况作贼爪牙，而争先代死乎？

○刘千斤，借号南漳甫，一鼓而擒戮

襄阳贼首刘千斤，聚流民为乱。以石和尚为谋主，刘长子苗龙、苗虎为羽翼，每战辄胜，（自谓有真命矣）。遂借称帝号，势甚猖獗。命白圭、朱永讨之。圭督总兵，李震分道进攻，摧其前锋。贼退，保寨栅，官军乘胜攻破之，擒千斤并苗龙等。刘长子、石和尚退走，深入岩险，兵复捣其巢穴，斩首九十级（此是谁家子弟失计，为此至死）。招降刘长子，诱执石和尚，贼遂溃散。又战古路山，斩首万余级，悉平之。

千斤有力而被擒，石和尚有谋而被诱，所谓知勇俱困者也。有一法焉，不智不勇，天下无敌，曰"为良民"。

流民失计，图生就死，容有之。然没于饥，视没于刀剑孰惨？且何不斩贼首来降，不愈于为之死乎？

○固原达贼、满四，反石城，半岁械诛

陕西土达也。天顺末，率众劫掠，事觉，遁逃。捕甚急，会参将刘清等，索达酋贿物，皆怨。满四遂纠众反，据石城，四面皆山，峭壁数十仞，顶可容数千人（自以为得地利，莫能攻矣）。刘清与战不利，巡抚陈介，复为贼所袭，又大溃。项忠主困贼之计，以

师据其水草，贼夜汲者，设伏擒之。刍水俱乏，人马多死，出降者众。

有杨虎貍者，满四谋主，骁勇有谋，至是诣军门降（智于石和尚矣）。忠示以赏格，令回寨擒满四来献。余党溃走，捕斩七千级，满四械至，立磔诛。

土酋恃险顽，数谋叛逆，好看此样子。

○思恩，土官岑浚，袭田州，被斩革爵。

浚谋叛乱，袭破田州府，放兵劫掠。诏调湖广永顺、保靖三宣慰苗兵，合两广征进。直抵其城，破浚斩之，因改设流官。

使浚不反，则世袭知府，何等富贵？乃思量兼并，却弄坏家业。我朝土官数叛，然未有不就诛夷者。不论大小险夷，只争早晚间。盖天祐皇国，自不容一犷狼，踯躅其间也。然则世袭酋长者，若有此心？自是祖宗福尽，数该诛死了。思之可怕。

岑浚没入家口，有妾殊色，大学士焦芳求得之，父子蒸淫。吁！其余女妇，又不知何家作践，奸酋亦思量到此乎？

○刘六等为响马贼作乱，满岁歼尽

刘六、刘七，霸州人。初为响马贼，与大监谷大用等同乡。容同家人，溷入禁内，纵观游幸之所。及为法司所迫，拒捕遂反，劫略畿内，屡败官军。都御史马中锡，欲招降之。刘六来谒，已而使人探京中贵人无此意，又赍贿求救不得，遂大肆劫略。伏羌伯、毛锐与战，大败（岂无得意，总无久长）。以七月作乱至明年五月，为官军所挫。夺船入江，下过南京，凡三往来，如入无人之境。八月，至通州狼山，飓风大作，舟覆，贼尽歼焉。

这样强盛，人不及诛而天诛之。并从贼者，尽葬鱼腹，畴昔货宝安在哉？早知河伯要银，何苦劫掠投死？

○赵风子，被虏从贼，数月伏诛

赵风子，霸州文安县生员也，有勇力，好任侠。刘六等劫其妻，将污之。风子怒，杀伤二贼，为所擒降。遂与分道为寇，掠河南，入泌阳，尽发焦芳先世冢墓，曰："使吾手诛此贼，以谢天下。"欲屠钧州，以马文升家在围中，引众去之。已而寇掠河南州县，为官军所败。转寇至六安，官军复追击之，刘三、杨虎、邢老虎先后俱死。风子夺一僧度牒，削发诈为僧，欲渡江，为军赵成所执，遂寸斩焉。

自家妻，畏人劫掠，乃劫掠他人耶？使其时，能执刘六等立功，不亦善乎？毒焦芳、全马文升，亦是良心。然明恶狼虎，而身自为狼虎食人，尚为能充其类也乎？

昔张齐贤云："贼盗非龌龊子所为，彼其智统千人者，必有过于千人者也。但以桀骜之气，当迫阨之秋，不觉失身为此耳。"贼首王善对宗泽曰："民在此中，如鱼游釜，知不可久，别无生路。痛哉言也！充此一念，便当发奋自新，锐求招安，百计散伙。虎狼不食人，不惟人怜之，天亦怜之矣。

且此辈亦有良心，如见王祥兄弟争死，便自悲泣；见蔡顺桑椹养亲，不忍杀戮，此皆是圣贤心肠。依此一点，安神定魄，可以成颜、闵，可以见阎罗，可以往西天。中间有一二强暴，良心刿丧者，可以化之导之。又不然，则可除之杀之。能率众伙入于善缘，功德无量，况又全百千生灵之命乎？自此以前，虽有积恶，亦足补矣。愿英雄者听之。

○张琏，水现龙爪，终归败灭

琏，初为生员，被黜，潜蓄异志。以蜜书树叶曰："张琏为天子，蚁食其叶，皆成此字，愚人争赴之。"又有官兵捕者将至，琏浮水而遁。众见其龙爪，遂降焉（焉知非假设者乎）。势渐炽，逐攻破兴化及漳南靖县。借号改元龙飞，入寇平和，为官军所擒。械至京，磔诛之。

闻贼党凌迟之时，余众呼号痛楚，张琏独曰："大丈夫死则死耳。"就刑不变色。吁！以是为豪杰乎？豪杰必死忠、死孝、死仁、死勇。胚作草贼、玷辱父母、覆灭宗族也，与狐豚之就烹，何以异哉！又有强人伏法，动曰："我杀人已多，就死无恨。"不知提刀杀人时，快在何处？一旦自己头上过，却脔脔痛苦。况杀愈多，冤愈重，死后之仇对，不可言矣。静言思之，当自敛手。

积善立命之学

袁黄《自叙训子》云："余童年丧父，老母命弃业而学医。谓可以养生，可以济人，且习一艺以成名，尔父夙心也。"后予在慈云寺，遇一老，修髯伟貌，飘飘若仙，予敬礼之。

语余曰："子仕路中人也，明年即进学矣，何不读书？"余告以故。

曰："吾姓孔，云南人也。得邵子《皇极正传》，数该传汝，故万里相寻，有何处可栖止乎？"予引之归家。告母曰："此高士也，多奇方。"母曰："善待之。"试其数，纤悉皆验。余遂起读书之念，礼郁海谷为师。

孔为余起数：县考童生，当十四名；府考第七十一名，提学考第九名。明年赴考，三处名数皆合。复为卜终身休咎，言：某年考第几名，某年当补廪，某年当贡。贡后某年，当选四川一大尹，在任二年半，即宜告归。五十三岁八月十四日丑时，当终于正寝，惜无子。"予备录而谨识之。

自此以后，凡遇考较，其名次先后，皆不出孔所悬定者。独算予食廪米九十一石五斗当出贡，及食米七十余石。屠宗师即批准补贡，予窃疑之。后果为署印杨公所驳。直至丁卯年，始准贡，连前食米计之，适九十一石五斗也。予因此益信进退有命，澹然无求矣。

贡入燕都，留京一年，终日静坐，不阅文字。归游南雍，未入监，先访云谷会禅师于栖霞山中，对坐一室，凡三昼夜不瞑目。

云谷问曰："凡人所以不得作圣者，只为妄念相缠耳。汝坐三日，不见起一妄念？"

予曰："吾为孔先生算定，荣辱死生，皆有定数，即要妄想，亦无可妄想。"

云谷笑曰："我待汝为豪杰，原来只是凡夫。"

予问其故,曰:"人未能无心,终为阴阳所缚,安得无数?但惟凡人有数。极善之人,数固拘他不定;极恶之人,数亦拘他不定。汝二十年来,被他算定,不曾动转一毫,岂不是凡夫?"

予问曰:"然则数可逃乎?"

曰:"命自我作,福自己求。诗书所称,的为明训。我教典中说:'求功名得功名,求富贵得富贵,求男女得男女,求长寿得长寿。'夫妄语乃释家大戒,诸佛菩萨,岂诳语欺人?"

予进曰:"孟子言:'求则得之,求在我者也。'道德仁义可以力求;功名富贵,如何求得?"

云谷曰:"孟子之言不错,汝自错解了。汝不见六祖说:'一切福田,不离方寸;从心而觅,感无不通。'求在我,不独得道德仁义,亦得功名富贵,内外双得,是求有益于得也。若不反躬内省,而徒向外驰求,则求之有道矣,得之有命矣。内外双失,故无益耳。"

问:"孔公算汝终身,若何?"余以实告。

后问曰:"汝自揣,应得科第否?应生子否?"

予追省良久,曰:"不应也。科第中人有福相。予福薄,又不能积功行,以基厚福;兼不耐烦剧,不能容人;时或以才知盖人,直心直行,轻信妄谈,此皆薄福之相也。又好洁善怒,多言耗气,善饮烁福,彻夜长坐,而不知葆元毓神,皆宜无子。其余恶尚多,不能悉数。"

云谷曰:"岂惟科第哉?世间享千金之产者,定是千金人物;享百金之产者,定是百金人物;应饿死者,定是饿死人物。天不过因材而笃，几曾加纤毫意思。即如生子，有百世之德者，定有百世子孙保之；有十世之德者，定有十世子孙保之；有三世二世之德者，定有三世二世子孙保之。其斩焉无后者，德至薄也。

汝今既知非，将向来不登科，及不生子之相，尽情改刷。务要积德，务要包荒，务要和爱，务要惜精养神。从前种种，譬如昨日死；从后种种，譬如今日生，此义理再生之身也。夫血肉之身，尚然有数，义理之身，岂不能格天？

《太甲》曰：'天作孽，犹可违；自作孽，不可逭。'孔先生算汝不登科第，不生子者，此天作之孽也，犹可得而违也。汝今克广德性，力行善事，多积阴德，此自己所作之福也，安得而不受享乎？易为君子谋，趋吉避凶。若言天命有常，吉何可趋，凶何可避？开章第一义，便说：'积善之家，必有余庆。'汝信得及否？"

予信其言，拜而受教。因将往日之罪，佛前尽情发愿，为疏一通。先求登科，誓行善事三千条，以报天地祖宗之德。

云谷出功过格示余，令所行之事，逐日札记。善则记数，恶则退除，且教持《准提咒》，以期必验。

予初号学海，取"百川学海而至于海"之义也。是日，改号了凡，盖悟立命之说，而欲不落凡夫窠臼也。从此而后，终日兢兢，便觉与前不同。前日只是悠悠放任，到此自有战兢惕厉景象。在暗室屋漏之中，常恐得罪天地鬼神，遇人憎我、毁我，自能恬然容受。

到明年正月，刑部考科举，孔先生算该第三，忽考第一，其言不验，而秋闱中式矣。然行义未纯，检身多误；或见义而行之不勇；或救人而心常自疑；或身勉为善，而口有过言；或醒时操持，而醉后放逸。以过折功，日常虚度。"自己巳岁发愿，直至己卯岁，历十余年，而三千善行始完。

时方入关，庚辰南还，始就东塔禅堂回向。遂起求子道场，亦许行三千善事。辛巳，生男天启。

予行一事，随以笔记。汝母不能书，每行一事，辄用鹅毛管，印一朱圈于历日之上，一日有多至十余圈者。

至癸未八月，三千之数已满，复就家庭回向。九月十三日，起中进士道场，许行善事一万条。丙戌登第，授宝坻知县。

予置空格一册，名曰《治心篇》。所行善恶，纤毫必记。夜则设桌于庭，效赵阅道焚香告帝。

孔公算余五十三岁有厄，予未尝祈寿，是岁竟无恙，今六十九岁矣。书言："天难谌，命靡常"，又言："惟命不于常"，皆非诳语。吾于是而知，凡称祸福，无不自己求之者，乃圣贤之言。若谓祸福惟天所命，则世俗之论矣。

云谷所授立命之说，乃至精至邃，至真至正之理，宜熟玩而勉行之，毋自旷也。

附：功过格引

功过格甚精微，男女贫富，俱可行之。且修事修意，直接上根。受此格者，每日自计功过，记历日上。一功记⊖，十功记⊕，百功记⊛。一过×，十过⊛，百过⊛。将功补过，算所余者为定。朔望焚香告天，至满善愿，而回向之。勤修不已，积至百⊛，圣贤己成，神明钦敬，无福不臻，有愿必得。

前辈范文正、苏眉山、张魏公俱受此格，敬信奉行。余尊人得此于会稽陶家，藏室夜光，宝而行之。尝梦此格，化为金字，遂生宏。又梦此格化为银字，生弟寀。惟贱兄弟，深惧不类，朝夕虔奉，特用公之同志云。（铅山费宏记）

袁了凡云："余遇云谷禅师，言命由我造，自求多福。因授《功过格》一册，使忏罪行善，忍辱治心。且云：依此修者，成真几百人，富贵几千家矣。天堂地狱，照此秤量，毫厘不爽。余信受奉教，应若桴鼓，盖心诚而愿坚也。此格主张造化，转祸为福若神，观者宜共宝之。因刊行并注一二云。"

一日中，有十余功可修，积至半月，纯心不倦，则于本等功外，另加记十功，贵纯善也，须见精进为妙。中间有一二日、一二事不合格，则半月不得另记功。

一日十功，半月又得增记，则一月可三百二十功。又有一事而为一功、十功者，是一年可五六千功也。积之甚易，然须严自刻责，微过必录，不得详功恕过也。

所积功，皆日用常行，不用钱财，故贫人妇人，俱可行之。

劝亲善，以一大事为十功，劝外人只当一功者，重亲善也，且化外人易，化至亲难。

凡大悖恶逆，偷盗败伦，及妇人横淫撒泼，虐杀异生，妒忌绝嗣，俱罪重恶极，不在此限。

○孝顺格

以化亲于道为第一。非生母能孝，功德尤倍。

一日间，事父母公姑，服劳承欢，亲常喜悦，为一功⊖。赞成亲善，解怒舒忧，各一事为一功⊖。劳而怨、骄而惰，致亲怒，为一过×。

孝顺十五日，精进不倦，为十功⊕。劝亲改过迁善，一大事十功⊕。为利欺亲，忤逆争竞，教善不从，千过✦。化亲行仁成德，百功✦。亲伦理有暌，劝化之至和乐，则一一事为百功✦。阻亲善，唆亲恶，百过✦。久淹亲柩百过✦。

○和睦格

以化妇女，友爱行善，为第一。妇女能自和好行善，功德尤倍。

一日间，兄弟夫妻，妯娌姑妗，相爱，任劳推逸，一功⊖。赞成善事，一事一功⊖。不和悦，为一过×。

十功同孝顺之例。争竞谗谤、顺妻子、废孝弟，一事为十过✦。

百功亦同孝顺例。阻善赞恶，终身不睦。丈夫私宠弃妻，妻凌制夫，俱百过✦。

○慈教格

自幼教使，交游善人，为第一。非所生者能之，功尤倍。

每日训子孙甥侄，仁慈一体，不恕不纵，一功⊖。有大事教道见从，则一事为一功⊖。纵恶各占己子，俱一过×。

慈教十五日不倦，见子孙长进十功⊕。求得贤师，及化以善，十功⊕。酷虐教打、骂人、占便宜，或赞成其恶，为十过㊣。

化至成德，各一人为百功㊣。酷虐非己生，纵子孙成恶习惯，百过㊣。

○宽下格

正身以教为第一。妇能容爱妾，功尤倍。

一日间，宽婢仆、和侍妾，体悉艰苦，一功⊖。可怒不怒，又善教之，一功⊖。咒骂冤打，饥寒不恤，一过×。

宽教十五日不倦，十功⊖。同室养仆，一体训化，见从则一事十功⊕。酷刑虐使，纵不礼于尊长，占婢仆、怨尊长，十过㊣。

化至忠信慈仁，可仗以救济，各一人百功㊣。妒虐侍妾，锢奴婢，不嫁娶，残其肢体，百过㊣。奸淫女婢，百过。

○劝化格

不言之化，及求贤为第一。化豪杰权贵，功尤倍。

一日皆隐恶扬善，常说果报，求劝化一功⊖。劝人善见从，每事一功⊖。扬过恶、讦阴私，好谈淫赌佳趣，一过×。

十五日不倦，机权愈妙，十功⊕。得一善人，交修共化，十功⊕。善书易化人者，荐之十家共习，十功⊕。赞恶唆讼，诬善人、演淫戏、变是非，俱十过㊣。

化一人至仁孝，化人伦理，亲戚间和好，俱百功㊣。得十善人，同心广化，刊施极妙善书，俱百功⊛。唆人亲戚争讼，刻淫书、诱荡子，俱百过⊗。

○救济格

以救未然，及仁术救虫，为第一。善医善泅，富商远游，皆可救人。

一日遇物辄救，求借不吝，医药急赴，一功⊖。济饥寒、乏绝，则一事一功⊖。能济贫苦，不济杀虫虐畜，妇人私施僧道，一过×。

十五日汲汲救放，约大命一走兽，及大禽鱼，如无可放，多放中小命折之。中命百小鱼鸟，小命千虫虾螺属，全此为十功⊕。施赈当厄，扶持危病，俱十功⊕。教渔猎、倡杀生，疑病妄药，十过⊛。

救饿死，拯溺缢、服毒，劝养小孩，设法收救弃儿，倡修紧要桥梁险道，俱百功⊛。溺杀子女，百过⊗。劝化十家，可补过。私烹牛犬、偷杀畜物，百过⊗。

○交财格

以绝私利便宜根为第一。贫者不贪尤为功。

一日交关买卖，俱从宽厚，一功⊖。放债出当佃田，济人危急，不论利息，一事一功⊖。克剥利己，乘急多取，俱一过×。

十五日利物不倦，十功⊕。赦贫债十功⊕。率乡里平量衡斗斛，为十功⊕。急迫穷债，亏心负财，两样秤斗，造假银，俱各十过✳。

赦债，免人典妻、卖子，及关性命者，拾重宝还，俱百功。侥灭重债，谋人破产，赌荡迫人，流离失所，俱百过。

○奢俭格

以俭己能施，为第一。富贵不淫，及妇女不争华饰，功尤倍。

一日间，饮食衣服，甘澹惜福，以行施济贫者，安心作业，不怨不贪，一功⊖。暴贱天物，享用过丰，觊图非分，俱一过×。

如是十五日，绝烹杀、忍嗜欲，男业女工，不虚度衣食，十功⊕。越礼犯分，烹杀多，仪冠婚丧，祭过侈，各十过✳。

感化十家俭朴好施。化十人勿赌荡奢淫，俱百功✳。破产荡业，恃财淫人妻女，戏妓俊仆在家，致启邪淫，百过✳。

○性行格

以受污辱、变气质，为第一。当时时进步、改过。

一日间，敬老慈幼，亲爱同辈，忍辱受劳，贵贱平等，报恩解冤，一功⊖。傲慢笑侮，一过×。妇人好佚游、多言秽骂，一过×。

十五日不倦，十功⊕。变化一件气质大事，难忍而忍，十功⊕。侵弱欺愚，十过✳。用机阴图妇人，咒咀窍魇，十过✳。

火气不生，在在欢喜，在在感化，百功✳。常习斗讼、侵侮，百过✳。妇人魇制，丈夫魇人，夫妻不和，或病或死，俱百过✳。

○敬圣格

以常对越效法，为第一。

一日间，敬事神明、祖先，或祈亲福、求善缘，斋戒至诚，一功⊖。怠慢祖先、神灵、经典，泄唾不忌三光，妇人好入庙院、结菜会，俱一过×。

斋诚半月，无杂诱、无怠志，十功⊕。时存想贤圣仙佛，貌相庄严在心，或存日月轮相光明，至十五日，俱十功⊕。戏侮非诽神圣，十过⊛。

至梦寐灵通，时见光轮宝相，流转肺腑，若游天宫，闻神语，为百功⊛。打骂神明，作秽梵寺，无识毁经，倡说叛圣，百过。

○存心格

以忘善无我，为第一。

一日言行俱善，存心施济天下，化道众庶，一功⊖。淫念、恶念、贪念、妒嫉念、媚世念，展转不除，一过×。

十五日不倦，道心纯熟，十功⊕。善与人同，改过日新，半月十功⊕。恶念、邪念，展转数日，形之动作，十过⊛。无私念，能寡所思，息梦生意，愈惘一月，为百功⊛。常常如此，恻怛自然，存虚应圆，为无量功。

颂曰："不出门，救万命；不费财，行万功；不假法，度万人。"

此《灵圣真君偈》也，格其所传者也。虫蚁随狂，扶持教成，子孙济世，是谓不出门救万命；孝友方便，立地可做，忍辱存心，功德无量，是谓不费财行万功；我自至愚至贱，人皆极神极圣，赞扬善人，欢喜善事，挑剔善书，兴起善念，即樵夫牧竖，亦自能之，是谓不假法，度万人。"

女鉴

孝逆门

○田妇，养食天谷

常州一村媪，老而盲，惟一子一妇。妇一日方炊未熟，而其子呼之田所。妇嘱姑为毕其炊，媪盲无所睹。饭成，扪器贮之，误得溺器。妇归不敢言，先取其当中洁者食姑，次以饷夫。其亲器臭恶者，乃以自食。良久，天忽昼暝，觌面不相见，其妇暗中，若为人所摄去。俄顷开明，身乃在近舍林中，怀腋得小布囊，贮米三四升，适足供朝哺。明旦，视囊米，复如故，宝之至于终身。

○杜妇，逆变异类

延平府，杜氏兄弟三人，轮供一母。子虽有三，各事农业，寄三妇以待养焉。子既出，三妇辄诟諙相胜，致姑饘粥不赡，姑欲自缢者数次。嘉靖辛卯七月中，白昼轰雷一声，只觉电光，红紫眩目。三妇人皆人首，而身则一牛一犬一豕，环视如堵，延数月而死。乡人画图刻印、分鬻，以为劝戒。

○开封，长妇、幼妇，生死巧换

开封有老翁，长子娶妇别居，幼子聘某氏，未娶。适周王选宫女，女家惧选，促男家完娶。翁苦贫，乃典身富家，得钱充聘。新妇入门拜姑，而不见翁。密问其夫，夫讳之，因扣姑，姑漏言焉。妇大恸曰："为妇，岂忍令翁为佣耶？"遂取簪珥，令人持白父母，求质钱以赎翁。父母贤之，予钱而还其质。新妇置钱床头，期明日往赎。适长妇来，新妇具以告。长妇不孝而贪，乃乘间窃钱去。

明旦，妇捡钱无有也。夫疑妇中悔而匿其钱，妇不能自明，又伤翁无可赎，乃投缳而死。夫殓而厝枢他所。三日，姑令长妇携箪食，往祭亡妇枢。俄雷雨作，复闻唤门声，姑以为长妇，而疑其声不类，隔户问为谁，曰："我新妇也。"姑以为鬼物，于门隙窥之，良是。乃集邻妇开门曰："尔人耶？鬼耶？"曰："新妇人也。"

姑曰："尔死已三日矣，何由再生？"妇曰："我初如睡梦中，神魂飘摇，不知底止。适间大震，不觉身乃在此。"姑呼妇入室，复偕邻妇，往枢处视之。棺盖已揭，长妇已殛死于地，原钱在手。

○徽州李氏、秦氏，祥祸各殊（见《公鉴·孝门》）

○酸枣妇，雷换狗头

贾眈，为滑州节度。酸枣县有俚妇，事姑不敬。姑年甚老，无双目。旦食，妇以食裹犬粪授姑。姑食之，觉有异气。其子出远还，姑问其子："此何物？向者妇与吾食。"其子仰天大哭。有顷，雷电发,若有人截妇首,以犬续之。耽令牵行于境内,以告不孝者。时人谓之狗头新妇。

○喻氏孝,免雷厄（见《公鉴·孝门》）

○姜诗妻,事姑感鲤

姜诗庞氏,事姑至孝。姑好饮江水,江去舍六七里,庞常溯流汲以共。值风还迟,姑渴甚而恚,诗责妻遣之。庞止旁舍,昼夜纺绩,市珍羞,使邻母自以其意遗姑,如是者久之。姑怪问,邻母具以告。

姑惭感,令还,恩养愈谨。生一子,因远汲溺死。庞恐姑哀伤,不敢言,托以行学宽之。姑嗜鱼鲙,又不能独食,呼邻母共食,夫妇力作供鲙。后舍侧忽涌甘泉,味如江水,每旦辄出双鲤以供。

赤眉经其里,弛兵过之,曰:"惊大孝必触鬼神。"敛帛米,予之而去。朝廷拜姜诗郎中,至下诏言,大孝入朝为宠荣云。

○王氏女,哭父开眼

永兴王氏,有女五岁,失明而孝。年三十,父死,伏尸哭,涕尽以血。其少妹娥,鸹其血,左目遂明,人以为孝感。

○林妇三孝,相承子孙世贵

丽水,林侑妻周氏,知书奉道。夫卒,奉姑谨,三馈非手所治，弗以进。子妇徐养，周亦如之。宋季乱，徐生子定老。甫六月，为盗迫，夫弃儿泽中，走死。

时周妇姑，避地东山，闻变，间行往迹之，又遇盗。周既老矣，盗麾之去，而迫徐东行。姑妇相持哭曰："愿同归九泉，不相离苟生也。"周事神谨，默祷神，而寇忽目眩，若见有负装橐行者。急持戟趋劫之，得脱去，自翳灌莽中。

盗去，行失道，过泽畔，则先所弃儿乃在。弗怖弗啼也，亟腹以去。兵退，寻夫尸得焉。而家燬，僦宇舍以居，妇姑相为命。

时徐年甫三十耳，或说其再适，则指儿泣曰："林氏数十世，惟姑及儿，吾何忍弃之？"儿幼多病，母大母日夜保护，稍长，刻意为学。乡先生潘架阁弼，以女妻之，荆钗练裳，提瓮出汲，忘其家之富盛也。奉二母孝，徐晚有疾，不能行，昼夜行扶掖。疾革，刲股肉杂淖糜以进。夫定老，举进士，为秘书丞。得赠父母如其官，则前所弃儿也。子孙多举进士，至大官，皆三孝之遗荫云。

○戚母，三美兼备，两子荣宠

戚如圭，母周氏，七岁丧父已，又丧母。家人恐伤其祖母意，撤几筵，而周与姊食必祭，见者为涕下。长归戚生，姑高夫人，临诸妇甚严，无当意者。母始盥馈，则说之，行止召与俱。时不在，小大侧足，旁睨不敢前。

母调甘鲜、伺颜色，时共之，高夫人未尝不为之举箸也已。高患风痹，母与俱卧起，扶持终其身。戚生卒，时四子一女皆幼，为生难。母攻苦食淡，勖子力学。性慈祥，虽呼指仆婢，如恐伤之。岁时祭享，虽甚病，必自力供具。子如圭，登进士，次子乡荐。吕祖谦曰："女美、妇德、母道，有一多矣，戚夫人兼焉。"

淑睦报

王览妇，妯娌均役，子孙世贵。（详见《盖愆门》）妇人同姒，已易启争。况异生婶，为姑所恶，其不谗潜凌制，幸矣。乃能代劳分役，卒成姑之慈德，其昌后宜哉！

○徐郑，妯娌二难

唐张孟仁，妻郑妙安，其弟张仲义，妻徐妙圆。共处一室，纺绩寸丝，不入私房。有所馈，俱纳于姑，临用则请取之，不问孰为己物。徐富不骄，郑贫不谄。郑归宁，则徐乳其子，徐归亦然。太平间，表其门曰"二难"，以为妯娌师法。

徐更难焉，然总之缺一不可。

○章氏，二嗣继贵

昌化章氏，兄弟俱未有子。其兄抱育族人一子，未几，自举一子。弟曰："兄既有子，盍以所抱与我？"兄以告妻，妻犹在蓐，乃曰："未得子而抱之，甫得子而弃之，谓何？且新生那可保也？"弟请不已，嫂曰："不得已，宁以吾新生与之。"弟不敢当，嫂竟与之。

二子皆成立，长曰栩，次曰诩。栩之樵楗，诩之子铸鉴，皆相继登科。睦姻之报如此。

妇人私子至切，况又艰嗣，乃肯捐以与叔哉？其娣姒之一体，不言可知矣。若不忍弃嗣子，犹人情所能也。

○鲁义姑，弃子存侄，竟以却敌见褒

齐攻鲁，至郊，见妇人携一儿、抱一儿。及军至，乃弃其抱，而抱其携者。军追及，问之，曰："彼吾子，此兄子也。子于母，私爱也；侄从姑，公义也。背公而私，妾不为也。"齐军曰："鲁野人妇，犹持节行，况朝廷乎！"遂还。鲁公闻之，赐束帛，号义姑。

以两妇人观之，必不党己子、争偏宜，以致妯娌相怨、姑妗胥谇者矣。安得此义妇，风厉一世哉？

○薛义姑，辞婚鞠弟，遂以创业兴隆

薛年已及笄，适父母沦亡，二弟幼孤。媒者议己之婚，则辞之。俟为二弟娶毕，乃定礼而适倪氏。将适之时，集亲众焚香告天，验己所得妆奁，而明其不欺。既适之后，敬夫育子，创业改坟，而家道兴隆。

倪氏科第绵达，则曰："此祖母之泽也。"薛氏子孙兴隆，则曰："此祖姑之义也。"一女人能造两家之命，顾不伟欤！

总 论

《紫霞造福诀》云："凡女人修善，不异男子。但女无外事，三从为良，自有善行，不若劝双亲、丈夫行之之为妙也。故亲有三善，则女妇分一；夫有二善，则妻分一。经预思量者，即与同功。若爱妇女，劝化而善者，其功比妇女自为善，倍难倍多也。娣姒姊妹有善，能交赞其决，功亦相等。所贵欢喜同志，无妒忌心耳。

至若孝敬聚顺，则身所自尽者也。劝修不倦，仙佛可致，富贵子寿，何难得哉？每见妇女，越家会斋，施僧受箓，既惹物论，亦无福利，甚非宜也。又如子孙有疾，祈神祭祷，动费数金，何如平生为善救生，自得神祐乎？闺门内自有洞天福地，勉而行之！

人家不和，多因妇女以言激怒其夫及同辈。盖妇女所见不广、不远，又其所谓舅姑、伯叔、姒娌者，皆人合称呼，非自然天属。故轻于割恩，易于修怨，非丈夫有远识，则为其役而不自觉，于是有亲兄弟子侄，至死不相往来者；有无子而不肯以犹子为后；有多子而不肯与其兄弟者；有不恤兄弟之贫，必欲供膳如一，宁弃亲而不顾；葬亲必欲均费，宁留丧而不恤者；有做小姑则谮嫂于母，做嫂妗则谮姑于夫者。其事多端，不可概述。

不知我既入人家，同谷同冗，生子生孙，长与此家，传世无极。则其亲者，乃是我之亲也；和睦致祥，乃是我之吉事福庆也。待舅姑处，即是儿妇待我样子；待伯叔、姒娌处，即是我儿妇相处家法。终日与人亲厚，好恩情、好礼数，岂不快活？终日与人作对，赤面相向，懊恼争竞，有甚佳趣？要不过忍些气，破些零钱而已。我饶人，人必知，一时不知，后亦自知。纵彼人不知，旁观诸亲，感我盛德，自然加爱加敬我也。我受人爱敬，彼受人讥弹，又复如旧饶他，倍能亲洽，则彼无不动者矣。

缘是人合的，易以笑貌仪节相与。原无实情，故自觉无味，但学实心相爱，痛痒关切，积久自能倾动，亦不可以我如是真切，便责望于彼也。盖感动自有时耳！

忠义报

○曾妇，守节却敌，封为恭人

曾妇晏氏者，汀州宁化人，夫死不嫁。绍定间，寇破宁化，县官令土豪各为寨，结约以拒贼。晏首助兵、给粮、多杀获贼。来攻诸寨，不能御，晏独依黄牛山傍，自为寨以居。一日，贼遣数十人，求索妇女金帛。晏召其田丁，谕曰："汝曹衣食我家，贼求妇女，意在我也。汝等必用命击之，不胜，杀我降未晚也。"倾资财犒之，众感奋。

晏自抱桴鼓，使诸婢鸣金，作其气，贼复退败。邻乡知其可依，挈家依焉。有不能自给者，晏悉以家粮资之。于是，聚众日广，与其豪柝黄牛山为五寨，选少壮练训之。有急，互掎角相援。贼屡攻弗克，所活老幼数万计。知南剑州陈韡遗金帛，名其寨曰万安。晏悉散给其下，又分遗五寨。事闻，封恭人，赐冠帔，补其子承信郎。

○李侃妻，奋勇全城，名著烈妇

李希烈，袭陈州。时项城令李侃，以城小贼锐，欲弃去。妇杨氏曰："君而逃，尚谁与守？死职焉可也。"侃曰："兵少财乏，何以守？"妇曰："县不守则地贼地也，仓库百姓，于国家何有？请发重赏、募死士，必可济。"侃乃召吏民入庭中，约死守，众泣许诺。妇身自爨以享士，享必周。侃中流矢，欲归卧，妇责之曰："君不乘城，孰有固心？死于外，不愈死于贼乎？"侃遽登城，贼将中流矢，引去而城完。封为烈妇，侃升太守。

慈残报

○魏母慈前子，而己子并贵

魏慈母者，孟阳之女，芒卯后妻也。有三子，前妻之子五人，皆不爱。慈母遇之甚厚，犹不爱。慈母乃令其三子，不得与前妻子齐，衣服、饮食、起居、进退甚相远。前妻之子犹不爱。于是，前妻中子犯魏王令，当死。慈母忧戚悲哀，带围减尺，朝夕勤苦，以救其罪。人有谓慈母曰："子不爱母至甚也，何为勤劳忧惧如此？"

慈母曰："如妾亲子，虽不爱妾，犹救其祸而除其罪，况于假子而不为，何以异于无母？其父为其孤也，而使妾为其继母。继母为人母，而不能爱其子，可谓慈乎？亲其亲而偏其假，可谓义乎？不慈不义，何以立于世？彼虽不爱，妾安可忘义乎？"遂说魏王。

王闻之，高其情，乃赦其子，复其家。自此五子亲附，慈母雍雍若一。母以礼义，训导八子，咸为魏大夫卿士云。

○徐妻杀前儿，而己儿继死

东海徐甲，前妻许氏，生一男，名铁臼。而许氏死，再娶陈，酷虐之甚，欲杀前妻之子。陈氏生子，名铁杵，欲以捣臼也。徐甲性暗弱，又多不在舍，后妻得以行其酷暴。捶打铁臼，备诸毒苦，冻饿而死。

时年十六，亡后旬余，鬼忽还家，登陈氏床，曰："我铁臼也，实无罪，横见残害。我母诉怨于天，得天曹符，来雪我冤。当令铁杵疾病，与我遭苦时同，将去自有期日，我今停此待之。"声如生时，家人不见其形，皆闻其声。

恒在屋梁上住，陈氏跪谢，频为设奠，鬼曰："不须如此，饿我令死，岂是一餐所能酬谢？"陈氏夜中，窃语道之，鬼应声云："何故道我？今当断汝屋栋。"便闻锯声，又大响彻，如栋实崩。举家走出，秉烛照之，亦无异。又骂铁杵曰："杀我安坐宅上，为快耶？当烧汝屋。"即见火然烟烂，内外狼籍，俄尔自灭，茅茨俨然，不见亏损。

日日骂詈，于时铁杵六岁，腹胀体痛。鬼屡打之，打处青黯，月余而死，鬼便寂然。

下手杀儿，即毒妇且稀。然狠虐挤陷，而阴利其死，刃与政无异矣。孰知其微哉？

○荥阳继母，犯天诛

唐盈州令，将之官，止属邑古寺。方寝，见老妪以桐叶蒙其首，伛偻而前。令以柱杖拂其叶，妪俯拾而去，俄复来。如是者三，久之不复来矣。

顿有缥裳者，升阶而前曰："将有告于公，公无惧焉。"令曰："是何妖物？"曰："实鬼也，非妖也。以形容衰瘵，不敢干谒。向者窃令张奶，少达幽情，而三遭柱杖之辱，老奶耻复进，是以自哀诉焉。"

某荥阳氏子，严君牧此州。未逾年，钟家祸，乃护丧归洛，夜止寺。继母赐野葛花汤，并室妹同夕而毙。张奶将哭，首碎铁锤，同瘗于此墙之竹阴。

某陇西先夫人，即日诉上帝，帝敕云："为人之妻，已残戮仆妾；为人之母，又毒杀孤婴。理宜诛殛，用谢诸孤。"传司命处置讫报。

是日，先君复诉云："某游魂不灵，乖于守慎，致令嚚室，害及孤孩，黩于天听，罪岂一死？某三任县令，再剖符竹，实有余绩，岂图见此狼狈？长男既已无辜，媵妇又俾酬死。念某旅榇，难为瘗埋，乞延其生命。使某得归葬洛阳，附先人之茔，某无恨矣。"

明年，继母至洛阳，疽发背死。

"帝谴已至如此，某无怨焉。所苦者，被僧徒筑溷于骸骨之上，粪秽难堪。况妹为厕神姬仆，身为厕神役夫，积世簪缨，一日凌坠。藉公仁德，故来奉告。"

令曰："吾将奈何？"

答曰："公能发某朽骨，沐以兰汤，覆以衣衾，迁于高原之上。脱能赐木皮之棺，苹藻之奠，亦望外也。"

令曰："诺。"鬼呜咽再拜。

令张奶密召鸾娘子致谢。张奶遽至，疾呼曰："郭君怒晚来轩屏狼籍，已三召矣。"于是，缞裳者憧惶去。

明旦，令召僧徒，发溷土求之。三四尺，乃得骸骨，与改瘗焉。

○歙县商妇，作地狗

歙县有商，无子。娶妾，岁余得子，商喜甚，名曰祖胤。复商于外，嘱妻善视之。妻口诺而心不然，令妾置儿于地。当饭时，掷一团，教儿以口就食，更名"狗儿"，呼之辄应。

妾或抱儿，妻怒，必掷于地乃已。三岁，犹爬沙地上，啖食如犬。夫归省子，妻伪颦蹙曰："家门不幸，生子类狗。"商验之，怒以为祖宗玷，遂踢死之。妾畏妻，不敢言，亦痛子，自缢。未几，妻忽疯颠，仆地数日，饮食如其子。夫泣曰："吾子如此，吾妻又如此，天之罚我何惨也！"邻人为言其故，始知果报。言讫，妇乃气绝。

妇弄其子痴，大巧，而天工之所以弄痴其妇者，则又巧。究竟天定胜人耳！

○石揆妻，以溺女丧命

石揆妻，杀二子，后一孕四胎。产时，楚毒难堪，母子俱毙。

附《文昌化书》云："元秀，家财四十万，养子四人。自余诸妾所出。不问男女，并瘗埋之。日梦中见数十辈，来追杀人贼。元秀大惊起，两手两足已为牛蹄。展转于床，大叫三日，头断而死。"

阴府申闻天曹，帝大怒曰："性根不坏，方得人身；天神诵章，始离母腹。愚人不禁情欲，婴儿有何罪愆？揆以正条，倍于故杀，杀人偿命，理所当然。"天曹牒下阴府，判断元秀受罪处，拘囚系狱。在生四子，注籍刑名，四十万财，没入官府。近者四方奏牍，类此者众，下酆都别置一籍，收录此等名字。差地方飞天神王，统领神兵，巡行天下。有似此者，即许便宜施行，不待事终，付十狱司鞫。

帝君曰："人子不孝，自有天条。诛戮无罪杀儿，是杀天下人民也。故元秀身堕地狱，四子犯刑，家财没官。且人之杀儿，何不节欲？乃敢杀人不顾。今世如元秀者，何地无之？吾观酆都城中，以此受罪者，不可胜数。各宜省悟，不可自取天谴。若元秀永囚地狱治罪，子孙受刑，可不悲哉！"

○陈夫人，孝慈，受诰赠

陈，张一清之妻也。一清娶妇廖，生子而廖卒。陈来继室，事姑孝，而遇廖子特恩。姑晚有疾，陈扶挟卧起者十余年。既而陈自生子以宁，幼颖健记。

陈夜宿火，至四鼓，辄起爇灯，呼儿读，坐其傍相之。以宁嗜读，或忘食，亲执匕喂之。举进士，为翰林。累赠母及太母，皆清河郡夫人。

○吴夫人，慈仁，受累封

吴夫人，临江判官王益继妻也。好学强记，而恂恂自下，于事未尝有所专。前配生二子，爱之甚于子。二子卒，遇其媭妇异诸妇。处内外，疏戚甚恩。有谗讪，置之，未尝藏怒也。自奉养甚薄，而人有以穷来归者，必分衣食给之。嫁三从女如己女，待长子之母族如己族。自生子五人，王安石为宰相，封荆公，宠荣无比。安礼、安国皆贵显，称名臣云。

○柴母，舍己子荫前子而光宠

柴母，晋陵秦闰夫继室也。柴甫生子，而闰夫死，以前妻子为托。已而家日落，柴辛勤纺绩，抚二子，笃恩造就学。至正中，盗作，前妻子没于贼，当论死。柴引己子求代，不许。子亦前请曰："从贼者我，罪何可加兄？滨死不易言。"吏疑次子非柴出，讯他囚知之。

乃太息曰："妇不忘夫命，信也；子以死成母志，仁也。"上其事，免之，旌其门，复其家。

非所生子能慈，则感恩必倍。且前人冥冥中，以子为命，有不保祐我者乎？每见酷虐前子者，己子无不受报，可见也。然当教之亲正人、行正事，不可徒务宽厚姑息。盖与善人居，自然知亲当孝，自省了许多是非骄恣。且兄弟相依一世，未有前子破家败行，而己子能晏然者。但要实爱之心，信于丈夫及子，则异同之际，自无事矣。

教子报

○文母胎教，生圣子

太任者，文王之母，挚仲氏中女也，王季娶为妃。太任之性，端一诚庄，惟德之行。及其有娠，目不视恶色，耳不听淫声，口不出傲言。生文王而明圣，太任教之，以一而识百，遂为周天子。君子谓太任，为能胎教。

古者妇人妊子，寝不侧、坐不边、立不跸，不食邪味，割不正不食，席不正不坐，目不视于邪色，耳不听于淫声，夜则令瞽诵《诗》，道正事。如此，则生子形容端正，才德必过人矣。故妊子之时，必慎所感，感于善则善，感于恶则恶。人生而肖万物者，皆其母感于物，故形音肖之。文王母可谓知肖化矣。

○孟母习教，成大贤

邹，孟轲之母，初舍近墓。孟子少时，嬉游为墓间事，踊跃筑埋。孟母曰："此非所以处子也。"

乃去，舍市傍，其嬉戏为贾人炫卖。孟母又曰："此非所以处子也。"

复徙，舍学宫之傍，其嬉游乃设俎豆，揖让进退。孟母曰：

"真可以居子矣。"遂居之。

孟子既学而归，母方织，问学所至，孟子自若也。孟母以刀断其织，孟子惧而问故，母曰："子之废学，若吾断斯织也。"

孟子惧，勤学不息，师事子思，遂成天下之名儒。封邹国公，子孙世袭博士。

○程母和而训义，子为名儒

程母侯氏，程大中公珦之妻，明道、伊川二程子之母也。母事舅姑，内外闻其孝，大中公礼敬特甚。而母益谦顺自牧，罔或悖焉。虽小事未尝专，必禀命而后行。治家有法，不严而整，不喜笞朴婢侍，或儿女诸子。

小有呵责，必戒之曰："贵贱虽殊，人则一也。"恕仆妾之过，惟恐有伤。独诸子有过，小则诘责，大则请命于大中公，必求其改而后止。尝曰："子之所以不肖，皆母蔽其过，则父不知，而无由以正之也。"故二程夫子，于饮食、衣服一无所择，学成大儒。大程官至御史中允，二程官至侍讲。一代名儒，多出其门，配享孔庙，封为伯。后世诵程母之教不衰。

○陶侃母贫而训廉子，作三公（见《公鉴·慈教门》）

○吴母，教子以让，成进士

吴贺之母也，教子有义方。贺与宾客语人短，母闻，怒笞之。所亲解之曰："臧否士之常，当有何过？"母太息曰："吾闻爱其女者，必取三复白圭之士妻之，诚全之也。今独产一子，当知礼让，出言忘亲，岂可久之道哉！"因泣不食。贺由是恐惧，自敕为名人，举进士第。

虞潭母、陈尧咨母、暴胜之母，俱善教。在《公鉴·慈教》中，妇人深爱而不知大义，见己子与他人子，或同姒之子，相争竞，则必占己恨人。即自家子，而少长互异，偏护过多，不知教以礼逊，致积相仇恨，家门不睦。或见丈夫责子，又与作闹，意欲树恩，甚则欲其子不孝父而孝我者有矣。

夫不孝父，岂能孝母？又偏爱之子，反多骄蹇，刻责之子，实尔孝顺。而意向既极，不自知也，且复转其夫从之。如此，则贤愚是非，安得不颠倒哉？故妇人之慈，过于丈夫，而其猜嫌同异，亦复甚于丈夫。若夫若子，复不知大义，则争乱立见，尚须自克其福心哉？

有子而朝廷赖之，乡里爱之，宗族亲之，则爱子至矣。不然，而一母庇之，叔伯兄弟恶之，乡里斥之。或至破家荡产，凌竞取祸，可谓爱否？故不可不知大义也。

守节背夫之报

○郑夫人，节而义，子为显相

郑夫人，欧阳修之母也，为赠崇国公妻。崇公，举进士，再任推官，卒。修甫四岁，贫，自力于衣食，以供修力学，授之书。尝大雪夜，拨寒灰画字以教。

居，恒泣告修曰："而父廉而好施与，吾不及事舅姑，然知汝父之能养也；吾不能知汝之有成，然知汝父之将有后也。吾归于汝父，免丧逾年矣。每祭必涕泣，或遇酒肉，必涕泣，以不及养为恨。始以为新免于丧，适然耳。乃其后常然，至终身亦莫不然，以此知汝父之能养也。

"汝父为吏，尝夜视刑书，屡叹曰：'吾求其生而不得，为可哀耳！'回顾乳母，抱汝立于旁，指而言曰：'吾命宜早夭，恐不及见儿之立也，当以我语告之'。其教子弟率由是，以是知汝父之将有后也'。"

于是，修感泣、奋于学。至举进士，贵显，俭薄依旧。寻以直谏贬，夫人言笑自若，曰："贫贱素也，汝必安之。"修卒以忠正为贤相，累封母越国太夫人。

○计夫人，节而忠，两代传芳

计夫人，张浚母也，方正有法。浚父官华州，早卒。年三十五，父母欲嫁之，誓不许。浚能言，即令诵父所为文；能记事，即告以父言行，无顷刻失教。

故浚虽幼，视必端、行必直、坐不欹、言不诳，教使然也。甫冠，入国学，母送之，泣曰："门户寒，赖尔成立，当以尔祖、尔父之业为念。"条《戒语》数十端授焉。

浚隆贵，所为不当意，必变色示戒。谪永州，欲论秦桧奸，恐祸不测，为母累，忧之，至体为瘠。母怪问，以实对，母不应，惟诵浚父。

绍圣初，对策曰："臣宁言而死于斧钺，不忍不言，以负陛下。"浚遂决，书上，窜封州。母送之曰："行矣，汝以忠直得祸，何愧其贤如此。"子浚，宰相名臣，封魏公。孙栻，为大儒，封伯。累赠母秦国太夫人。

二假亦属善教，而于节义尤为钟情。

○景连真，淫于从兄，三受雷震（详见《奸僧门》）

○魏溥妻，断耳守节，生子太守

房氏，太守湛女也。幼有烈操，年十六，归溥。溥疾病，谓曰："死不足恨，恨汝少。吾母老家贫，子蒙稚无托耳。"妻泣曰："妾承先人遗训，事君子，义在偕老，今如此，命也。太夫人在堂，弱子襁褓，妾岂以身少，抱长往之恨乎？"

溥卒，将敛，房操刀刑左耳投棺中，曰："相期泉壤矣。"姑哭抚之曰："妇何为若是？"对曰："妇年少不幸，虑父母未量至心，欲持此自誓耳。"时子缉，生未十旬。鞠室内，不出户，终身不听丝竹，不预几席。

既缉生十二年，父母存，挟与归宁，有异议。缉闻，密以告房，潜驾归家，觉而追之，竟不反。训子有母仪，子后成名，为济阴守。

○朱买臣妻，弃夫而夫贵，身恨死

买臣，汉武时人。穷读自放，不拘细行。自知四十必贵，负薪于市，啸歌竟日。妻劝其无复狂歌，乃益甚。因羞而求改适，买臣留之不可，乃改嫁一吏胥。颇温饱，亦时顾藉买臣，以食予之。

未几，买臣以严助荐，得会稽太守。呼其弃妻并夫，以邻居界之廪给焉。妻自伤失身莫赎，见冠盖车骑，殆不可忍，毒恨而死。

按：买臣之妻，非有失行，特羞贫耳。然谏之是也，求改适则非也。以身事二姓，虽有故人，意曷赎哉？今世之薄其夫者，得无甚乎？

○杨志坚妇，弃夫而夫显，身受杖

杨志坚，学而贫，妻窘乏殊甚，乃索书求离。志坚以诗送之，妻因持诗诣官，请公牒。时颜鲁公为内史，以其污辱乡闾，败坏风俗，决二十，任改嫁。因怜志坚清贫，赠绢及布米，署为军官，令远近知悉。于是，江左十数年，莫有敢弃其夫者。

妻求离即是求杖，又并为丈夫求官牒也。杖痕虽愈，面孔安置何地？且欲嫁与甚人？（《颜内史全败兴》）

○郑妇背夫改适。未几，辄死

郑朝议之从子，娶陆氏，伉俪甚绸缪。郑尝于枕席间，谓陆曰："我不幸死，汝无得嫁。汝死我亦如之。"陆曰："要共百年偕老，奚为出此不祥语？"

居数年，郑感疾，自度必死。临终与陆对父母，复申言之，陆但俯首悲泣。郑死，陆竟携资，改适曾工曹。

曾一日考试他郡，陆昏暮独坐，恍见一卒报书。陆视之，则笔札宛然，前夫手迹也。其词曰："十年结发夫妻，一生祭祀之主。朝连暮以相欢，俸有余而共聚。忽大幻以长往，慕何人而轻许？违弃我之田畴，攘资财而遂去。不惜我之有子，不念我之有父。义不足以为人之妻，慈不足以为人之母。吾已诉于上苍，行对理于幽府。"陆愧骇汗流。未几，果卒。

○京民妇私通校尉，为尉所杀

洪武中，京师有校尉与邻妇通。一晨，校瞰夫出，即入门登床，夫复归，尉伏床下。妇问夫曰："何故复回？"夫曰："天寒，思尔熟寝，恐伤冷，来添被耳。"乃加覆而去。

校忽念彼爱妻之至，乃忍负之，即取佩刀杀妇而去。有卖菜翁，常供蔬妇家，至是入叫，无人即出。邻里为夫告累，执卖菜人抵之。

狱成，将弃市。校出呼曰："妇是我杀，奈何累人？"监决人引见，上备奏其事，愿就死。上曰："杀一不义，生一无辜，可嘉也！"即释之。

妒毒报

○杜昌妻虐两婢，身受毒报

杜昌，后魏末，嵩阳人，妻柳氏甚妒。有婢金荆，昌沐，令理发，柳氏截其双指。无何，柳被狐刺，螯指双落。又有一婢名玉莲，能唱歌，昌爱而叹其善，柳氏又截其舌。后柳氏舌疮烂。

事急，就禅师忏悔。禅师已先知，谓柳氏曰："夫人为妒，前截婢指，已失指。又截婢舌，今又合断舌。悔过至心，乃可以免。"柳氏顶礼求哀。

经七日，禅师大张口咒之，有二蛇从口出，一尺以上。急咒之，遂落地，舌亦平复，自是不复妒矣。

既尔毒恨，便是蛇心。既是蛇心，必入蛇道矣。人当毒恶时，恶知蛇入肺腑哉？

○胡亮妻烙妾眼，眼亦双枯

唐，胡亮征獠，获一妾。亮不在，妻遂以烧钉，烙其双目，妾因自缢死。后贺氏有娠，产一蛇，两目无睛。以问禅师，师曰："夫人曾烙女妇眼，以夫人性毒，故为蛇报，此是被烙妇也。夫人好养此蛇，可以免难。不然，祸及身矣。"

贺氏养蛇一二年，渐大，不见物。唯在衣被中，亮不知也。发被见蛇，大惊，以刀斫杀之。贺氏两目俱枯，不复见物，悔无及焉。

○梁仁裕妻捶婢脑，脑亦创溃

唐，梁仁裕，为骁卫将军。先幸一婢，妻李氏甚妒而虐，缚婢击其脑，婢呼曰："在下卑贱，制不自由，何苦毒如是？"婢死后月余，李氏病，常见婢来唤。于是，头上生四处瘴疽，脑溃。昼夜鸣叫，苦痛不胜，数月而死。

○韦女以疑毙妾, 卒与妾俱死

唐, 韦安石, 为左仆射。有女适主簿李训。未婚以前, 有一妾, 成亲后嫁之, 已易两主。女患传尸瘦病, 恐妾厌祷之。安石令河南令秦守一捉来, 搒掠楚苦, 竟以自诬。前后决三百以上, 投井死。不出三日, 其女遂亡。时人咸以为冤魂之所致也, 安石坐贬蒲州。

○押司妻笞杀孕婢, 为孕羊见杀

唐, 火井县人。李明府, 经过本县, 馆于押司录事私第。主人将设酒馔, 欲刲一白羊, 方有胎。其夜, 明府梦一素衣妇人, 将二子拜明府乞命, 词甚哀切。李不测其由, 云: "某不曾杀人。"妇人哀诉不已。李睡觉, 思惟无端倪。又寝, 复梦前妇人乞命, 称: "某命在须臾, 忍不救也。"李竟不谕其意, 但惊怛不已。

再寝, 又梦前妇人曰: "长官终不能相救, 某已死讫, 然亦偿债了。某前身即押司录事妻也, 有女仆方妊, 身怀二子, 时某嫉妒, 因笞杀之。绐夫, 云: '仆盗金钗并盒子, 拷讯致毙。'今获此报, 然已还其冤债。其金钗并盒子, 在堂西拱科内。为某告于主人, 请不食其肉, 为作功德。"

李惊起, 召主人诘曰: "君刲一白羊耶? 有双羔否? "曰: "然。"具话夜来之梦, 更叹其异。及寻拱科内, 果得二物, 乃取羊埋之, 为作功德追荐焉。

○缙云妇虐其从嫁，饱鬼毒

缙云妇，姓朱，悍妒特甚。从嫁颇有姿色，恐夫嬖之，日常棰楚百端。一日，妇察其有娠，肆怒殴系，剥剔无完肤。比死，断尸置溷中。越岁，其妇孕在床，病魔。

时见故婢，以手剜其心，痛如割，呼号求救，声彻四邻。其魅去来无常，妇之兄弟，遍请师巫治之。至则有大鸟数十翼，奋爪抟风而撞拄，人震惧不可立。庖厨皆遍投粪壤，妇竟死于婢之害。

○祝氏烙其宠婢，受畜报

嘉靖初，有祝氏悍妒，不孝公姑，凌驾夫子。一婢姓汪名海棠，微有姿色。祝妒，辄加鞭朴，又有烙铁火钳之刑。未几，婢死，身无完肤。越三日，祝构疾在蓐，梦为鬼挐击，索命而死。

邻有老翁，梦有神二人，押一妇往汪宅。白牌书曰："悍妇祝氏，枉死无辜，当沉苦海，永锢轮回。"姑发汪宅为犬，以偿其恶。翁觉，往汪氏询之，而汪母梦亦同。晓间，果产一犬。

○徐氏损妾胎，腹疾狂死

湖广岳州卫、赵指挥，妻徐氏，悍妒无类。赵本孤族，无嗣，尝置一妾。徐氏残虐百计，无令其妾与夫相处。及妾有娠，数月，徐氏令人饮以寒剂，暨胎皆陨焉。徐氏后患腹疾，谵语。既为妾声乞命，又为儿声乞棺，罹苦数月，医禳弗效。徐氏亦死，赵亦继亡，家无噍类。噫！一妒妇而斩绝世勋，痛哉！

○休宁商妇饿杀妾，喉结就毙

商妇妒，幽闭一妾。饿未死，缢之，仍未绝。乃生纳之棺中，令四人舁行。至旷野，妾从棺中作声曰："我衣带中有金，汝释我，金为汝有。"四人出之，取金，而惮妒妇，竟纳棺中瘗之。

后四人皆暴死，妒妇患喉结塞，延医金淮、丁洋治之。忽白日，见妇人颜色惨淡，登几而坐，曰："两君无怖，我本某氏妾，始死以悍妇，继死以四舁棺者，乃冤鬼耳。四人者，其一吾沉之河，其三皆伺便杀之。悍妇始饿我，今病结塞，是吾搤其项也。公等乃欲治疗之，不亦过乎？"两人因问冥途事，对言勾摄地狱轮回，所传皆实。

二人曰："吾皆老无子，何故？"妇谓金淮曰："公少年时，与一壮士角力，度不能胜，乃以计绐杀之，今为祟。"淮胁息，不敢仰视。谓丁洋曰："公子孙方盛。"后淮竟无子，而洋有五子，孙倍焉。

妇人之情最深，怨最重。彼朝斯夕斯，情结不散故也。然当思一般女子，彼以贫穷，委身婢妾，起居受制，舒展不得。绝亲戚之聚，无夫妻之好，更自可怜。使我居彼地位，又不知当何如也。况若艰子畜妾，又是彼命我命，合受磨折。我若慈之以恩，退火忍辱，则福德从此而受，恶缘从此而消。

昔谭真人，被丐者殴折两齿，反谢他教诲。重阳以为消尽平生业是也。使悍然争竞交加，则恶业不消矣。又有谪仙为奴，士人知而敬之，便不足度劫。然则使婢妾畏我，受我苦楚，又不足损福乎？若乃冤怨所结，感动神鬼，大伤阴德，抑又甚矣。

廉贪报

○李郡君，还珠增寿

郡君有贤德。尝有货珠老媪，携珠子至，既去，遗在地上，郡君收之。后媪逾时不至，一日既来，形容枯瘦，精神恍惚，非昔时也。郡君诘之曰："时所货珠子，归辄失去。"告其主，以金十四两偿之，其主不许。因忧戚感疾，几不能起。郡君曰："珠子当时遗在地，我得之，今在此。"媪惊喜泣下，愿致金六两以请。郡君取还之，却金不受。

忽微疾，梦乘车入旷野，至大宫府。见二伟人，衣冠坐堂上，引至堂下，吏持大簿书至案，伟人曰："记得还李媪珠子事否？"郡君曰："记之。"其一伟人曰："当增二十年寿。"其一曰："得无太多也？"其一曰："妇人不受珠宝，无贪得之心，可尚也。"即命还。乘车至门首而入，遂惊寤。后果二十年乃卒。

○周氏妇，盖贪获福

周才美，子妇贤德能干。才美令分理家，以翁用两样斗、斛、秤、尺，不愿为妇。翁悟，乃轻入重出，二十余年，以酬前日欺瞒之数。生二子，皆少年登科。（详见《公鉴·盖愆门》）。

○元氏妇，饰价化牛

万年县阎村，有元氏妇，姓谢，永徽末亡。龙朔元年，托梦于女曰："我生时酤酒，小作升，乃取价太多，量酒复少。今生于北山下人家为牛，近被卖与法界寺夏侯师。将我向城南耕稻田，非常辛苦。"女寤涕泣，为其夫来阿照言之，犹恍惚不甚激悼。

至二年正月，有法界寺尼，至阿照村。女乃问尼，尼报云："有夏侯师是实。"女即就寺访之，果于北山下买得一牛，见在城南耕地。其女涕泣求请，乃引女至牛所观之。此牛平常惟一人禁制，若遇余人，必陆梁抵触。见其女至，乃舐其遍体，又流泪焉。女即就夏侯师赎之，归家养饲。

○煤郎母，负债作驴

崇文门右，一贩煤郎，梦其母告曰："我宿逋某面户，债托为驴偿之。今已数载，将鬻我于屠儿，念母速来赎命。"子惊悟，访于面户果然。言驴欲卖，须价一两二钱。煤郎止有银四钱，乃以情告，愿书券约还。面户执不允，旁观者疑信参焉。呼煤郎同视，驴平直。驴见煤郎，两泪交堕，有哀诉状。

众悯之，捐钱助成两，其家尚不名。煤郎恳至再，面户曰："此驴从来不渡独木桥，尔能驱之渡，即授尔。"煤郎祝驴，驴跃然逐煤郎越桥。事闻于陆锦衣，陆唤人驴验之，驴见子跪，亦伏蹄跪阶下。陆大异之，予银一两、米一石，给煤郎饲驴。

仁虐之报

○杨夫人，慈祥，一门三贵

罗夫人，杨诚斋妻。年七十余，寒月黎明即起，请厨作粥，令奴婢遍饮，然后使之服役。其子东山启曰："天寒何自苦如此？"夫人曰："奴婢亦人子也，清晨寒冷，须使腹中有火气，乃堪服役。"东山曰："吾母高年而劳贱事，何倒行而逆施乎？"夫人曰："吾自乐如此，不知寒且劳也。"

后东山守吴，尝于郡圃稼苎，夫人躬纺绩为衣，时年八十余。东山得俸，分以奉母。夫人忽小疾，乃出所积曰："此长物也，积此故，心不乐，遂致疾。今以谢医，则吾无事矣。"疾遂愈。平居衣饰，止用银帛。生四子三女，悉自乳，曰："饥人子以哺吾子，是何心哉？"三子皆登第。

○会师母，严酷，再世作狗

唐，京都市北店，有王会师者。母亡，服制已毕，其家乃产一黄牝狗。会师妻为其盗食，乃以杖击之。狗遂作人语曰："我是汝姑，新妇杖我大错。我为严酷家人过甚，遂得此报。今既被打，羞向汝家。"因即走出。会师闻而涕，抱以归家。而复还去，凡经四五。会师见其意，乃于己店大墙后，作小舍安置，每日送食。市人及行客，观者甚众。此犬恒不离舍，遇斋时即不食，经一二岁，莫知所之。

○胡泰母，虐，转世为鸡

泰，卫千户，其母素酷虐。死十年，父已再娶矣。泰忽梦母曰："我已托生为雌鸡，毛色黔黄，明日为屯军之赘，来汝家也。"及旦，泰外出，适有屯军携鸡来者。家欲烹以享军，鸡作人语曰："毋烹我，待泰儿还。"家人以为怪。

俄而泰还，鸡绕喃喃，叙家事甚悉。泰涕泣告父，畜之既久飞啄，后妻诉訾不已。泰出，后妻逐入炕下，扑杀之。

今之鸡狗许多，知是谁家娘子？可怜可怕！

○郑太君，宽厚，生子作相

比部郎元宽之妻，元稹之母也。孝悌夙成，敬恭祀事，虽隆冱服勤，亲馈无怠色。比部早世，亲手《诗》《书》授二子。曰稹，曰积，皆举高第入官。

初入仕，禄甚薄。每给衣食，皆始自孤弱者，次疏贱者。由是衣无常主，厨无异膳。亲者悦，疏者来，佣保、乳母有冻馁垂白，不忍去元氏之门者。持家二十五年，专用训戒。去鞭朴、正颜色，以训诸女妇孙子，兢兢若挞于市。婢仆终岁，不闻忿争声，童孺成人，曾不识榎楚，其化如此。子积，至宰相。

○练氏，仁勇全城，八子皆贵

章太傅，妻练氏。太傅出兵时，有二将违令，欲斩之。练氏智识过人，素知二将之勇，乃设席以劝太傅，密令二将逃之。二将奔南唐，重用之，遣攻建州。时太傅已故，练氏与子皆在建州。

二将遣使遗金帛，且密以白旗授曰："吾将屠此城，植旗于门，士卒勿敢犯也。"练氏返白旗、金帛，谓使曰："将军果思旧恩，愿全此城。必欲屠之，老身与众俱死，不愿独生。"二将感其言，遂止。太傅子十三人，练氏生者八子，皆登第。

○秦夫人，同谋害忠，胤嗣无遗

秦桧妻，素阴险，狠过其夫。方岳侯狱成，一日桧居东窗下，食柑玩皮，以爪画之，若有所思。王氏笑曰："捉虎易，放虎难，老汉何一无决？"桧恝然当其心，即书片纸付入。是日，岳侯薨，王氏竟无子，未几亦死。

后有押衙何立者，秦桧差往东南第一峰勾干。恍惚人引至阴司，见夫人备极刑法，楚毒难言。语何立曰："告相公，东窗事发矣。"押衙复命，言其状。桧忧骇惶惶，数日遂卒。

放生杀生之报

○建业妇，焚茧，生奇瘤

建业妇人，背生一瘤，大如数斗。囊中有物，如茧果，甚众，行即有声。行乞于市，自言村妇也。常与姊妯辈分养蚕，已独，频年损耗，因窃其妯一囊茧焚之。顷之，背患此疮，渐成瘤，以衣覆之，即气闭闷，常露之乃可，而重如负囊。"（《搜神记》）

○店家妇，烹羊，杀二命

唐，显庆中，城西路侧，有店家新妇，诞一小儿。月满日，亲族庆会，欲杀羊，羊数向屠人跪拜。屠人报家内，家内大小，不以为怪征。遂击杀之，将肉就釜煮。余人贪料理葱蒜饼食，令产妇抱儿看煮肉。釜忽自破，汤冲灰火，直射母子，俱死焉。店人见闻者，多断杀生云。

○苏巷妻，杀蛇即死

新野人，苏巷与妇佃于野舍。每至田时，辄有一物来，其状若蛇，长七八尺，五色光鲜。巷异而饷之，经数载，产业加焉。妇后密打杀，即得能食之病，进三日饭，犹不为饱，少时而死也。"（《异苑记》）

○傅家婢，放鳖全生（见《婢仆门》）